TRAITÉ

DE LA

CONNAISSANCE INTELLECTUELLE

TRAITÉ

DE LA

CONNAISSANCE INTELLECTUELLE

D'APRÈS SAINT THOMAS D'AQUIN

Par LE P. LIBERATORE

Traduit sur la troisième édition italienne

AVEC L'APPROBATION DE L'AUTEUR

Par l'abbé F. DESHAYES

Docteur en Théologie et en Droit canonique, Professeur de Philosophie
au Grand Séminaire du Mans

PARIS	LE MANS
BERCHE ET TRALIN	LEGUICHEUX-GALLIENNE
Libraires	Libraire-Éditeur
69, Rue de Rennes, 69	15, Rue Marchande, 15

1885

PRÉFACE[1]

Afin qu'on ne soit pas exposé à se méprendre sur le caractère de cet ouvrage, je crois devoir déclarer nettement ici le dessein que j'entends y poursuivre. Je n'ai point voulu faire une œuvre de polémique, et n'ai eu d'autre intention que d'expliquer et de propager, dans la faible mesure de mes forces, la doctrine philosophique de saint Thomas d'Aquin.

Devant cette déclaration formelle, plus d'un, peut-être, sera tenté de sourire et de me trouver par trop rétrograde. Mais si l'on veut bien se montrer loyal et courtois à mon endroit, j'espère qu'on ne tiendra point pour définitif un pareil jugement, avant d'avoir tout d'abord entendu ma défense.

La philosophie de saint Thomas a été pendant une longue série de siècles l'ornement et la gloire des écoles chrétiennes. Les catholiques honorent

---

[1] Nous croyons devoir prévenir le lecteur que cette préface est extraite d'une introduction publiée par l'auteur en 1857, en tête de la première édition italienne de la *Conoscenza intellettuale*. (Note du traducteur).

dans le Docteur angélique le prince de la pensée et les ennemis de l'Eglise eux-mêmes l'ont toujours eu en haute estime. Parmi les protestants les plus célèbres, les uns rendent hommage à la solidité de sa science, les autres admirent l'éminence de son génie et la vaste étendue de son savoir (1). A supposer donc, que je n'obtienne pour résultat de mes efforts que de faciliter aux hommes d'étude l'intelligence des écrits d'un si profond philosophe, mériterais-je à ce titre d'être accusé du crime de lèse-progrès? Il serait étrange, en vérité, qu'en un siècle où la tolérance philosophique traite avec tant de faveur quiconque s'en va tirer de l'oubli du passé les systèmes les plus extravagants, on n'eût que dédain et répulsion pour ceux qui s'appliquent à faire revivre la pensée d'une des plus brillantes lumières de la science catholique. Pourrait-on se refuser à reconnaître que notre pauvre labeur peut avoir quelqu'utilité, tout au moins à titre d'érudition historique?

A vrai dire, ce n'est point l'intérêt de l'histoire qui me décide à prendre la plume : je n'ai ici en vue que le seul intérêt de la science ; car j'ai la ferme conviction que la doctrine de saint Thomas, loin d'être un obstacle au véritable progrès, est au contraire la seule qui le puisse mener en bon chemin.

Quelque nombreuses et remarquables que soient les acquisitions nouvelles faites depuis deux siècles dans bon nombre de branches du savoir humain,

---

(1) « *Thomas Aquinas ad solidum tendere solet.* » Leibniz. Theod. § 330.
« ... *Virum magnum* (S. Thomam) *et excellenti ingenio præditum.* » Buddée. Instit. Theol. dogm. L. III. c. 2.
« *Fatemur omnino fuisse in Thoma judicandi aciem non mediocrem, ingenium excellens, lectionis copiam et inexhaustam prorsus solertiam.* » Brucker. Hist. crit. phil. T. III. part. 2, period. 2. libr. 2. c. 3, sect. 2.

on ne saurait nier que les arts et les sciences se trouvent encore aujourd'hui dans un état complet d'isolement, faute d'un principe commun qui les puisse réunir. Tout cela constitue une collection confuse, une sorte de masse inorganique à laquelle on n'est pas encore parvenu à donner l'unité synthétique qui devrait en faire un seul et harmonieux système. Ce principe d'ordre et d'union ne peut se trouver dans les sciences qui sont appelées à en recevoir leur dernier perfectionnement, pas plus que le principe de la vie n'a sa source dans la multitude des atomes qui constituent le corps d'un être vivant. Il faut nécessairement que ce principe de vie et d'organisation scientifiques, procède d'une science d'ordre supérieur qui, par son influence pour ainsi dire substantielle, sur les sciences particulières, les embrasse et les comprenne toutes dans la vaste étendue de son domaine. Il suffit de la plus légère réflexion sur la condition essentielle des sciences, pour se convaincre qu'il doit en être ainsi.

Outre les sciences particulières qui ont pour termes de leur étude des objets déterminés et d'ordre secondaire, comme sont, par exemple, la physique, les mathématiques, la physiologie, etc., il existe une science première et universelle qui a pour but de rechercher les principes suprêmes et les causes les plus profondes des phénomènes que nous observons dans l'univers. Cette science, c'est la philosophie. Comme science spéciale, elle a son objet propre qui ne se confond avec aucun autre, puisqu'elle considère ces principes et ces raisons dernières en eux-mêmes et d'après leurs propriétés générales et abstraites. Si l'on vient à considérer ces principes et ces raisons non plus en eux-mêmes et sous un point de vue absolu, mais dans leur application à quelque sujet déterminé, par exemple, à l'histoire, au droit, aux beaux-arts, on n'a plus alors la philosophie proprement dite, mais bien la philosophie de l'histoire, du droit, des beaux-arts; en un mot, la philosophie sous un rapport donné, sous une considération spéciale. Mais en dehors de ces applications particulières, l'objet de la philosophie est susceptible d'une application générale à toutes les branches différentes de la science humaine quand il réunit entre elles leurs lois et leurs raisons dernières pour les considérer non plus séparément et en elles-mêmes, mais dans leur mutuel entrelacement, dans leur vie commune. Alors apparaît une science matériellement et formellement universelle, une philosophie vraiment encyclopédique qui sert à donner unité et mouvement à toutes les autres sciences particulières. Son caractère d'universalité et de supériorité lui fait, à juste titre, donner le nom de *Sagesse*, c'est-à-dire de science souveraine et régulatrice de toutes les autres dans l'ordre naturel. On l'appelle encore *Science première*, parce que la connaissance de ses conclusions est indispensable pour la pleine et complète intelligence de toute science d'ordre inférieur.

Or, voici la grande œuvre vers laquelle semblent converger toutes les aspirations de l'époque présente, comme le prouvent de nombreuses tentatives, maintes fois répétées, souvent avec les plus funestes résultats, en Allemagne, en France et en Italie. L'esprit humain, rassasié déjà des progrès obtenus dans les sciences particulières, cherche maintenant l'élément philosophique qui devra réunir ensemble tous ces membres épars ; et comme il n'y a pas de meilleure manière d'atteindre ce but qu'en étudiant tout d'abord cet élément en lui-même, de là vient qu'un mouvement insolite s'est manifesté universellement dans les esprits et que tous désirent avec ardeur le perfectionnement de cette science, la première de toutes dans l'ordre naturel. De plus, tous, même les plus obstinés, se laissent persuader de la grande influence des idées sur les actions ; car il devient trop évident que c'est dans la pernicieuse influence de fausses doctrines spéculatives, impunément divulguées par les discours et par la presse, qu'il faut aller chercher la source de cette corruption morale qui a détruit tant de choses en ces derniers temps, au point d'ébranler les fondements eux-mêmes de l'ordre politique et religieux. Aussi les spéculations abstraites, jadis si négligées et si souvent tournées en ridicules, sont aujourd'hui remises en honneur. On s'accoutume à regarder comme une occupation fructueuse et digne de bons esprits, de laisser pénétrer sa pensée dans les régions sublimes de la métaphysique.

Les choses en étant là, se peut-il rien de plus conforme au progrès que de coopérer à cette tendance universelle pour essayer de la redresser en purifiant et éclaircissant cet élément philosophique, d'où dépend actuellement le sort, non seulement de la science, mais encore de la morale privée et publique de l'avenir.

Toutefois, ce serait grande illusion que de se flatter d'arriver à un si heureux résultat si l'on prétendait s'en tenir aux systèmes scientifiques modernes. De nombreux et remarquables génies se sont, pendant deux siècles, livrés à l'étude et au perfectionnement des principes nouveaux qu'avait substitués aux anciens la prétendue réforme philosophique; et pourtant, leurs efforts n'ont abouti qu'à des conséquences d'autant plus désastreuses que la recherche avait été plus approfondie. Aussi, ces principes sont-ils regardés par beaucoup comme de mauvaises plantes dont il serait bien étonnant qu'on pût recueillir quelque bon fruit. Un cri presque universel les accuse d'avoir engendré l'incrédulité dont tant d'esprits souffrent si cruellement à l'heure présente. Loin de contester ce fait, les plus francs parmi leurs admirateurs le constatent volontiers et s'en font gloire. Par contre, les gens honnêtes s'accordent tous à reconnaître l'urgente nécessité d'une restauration radicale dans cette partie la plus élevée de la science et la nécessité de revenir à la source des Pères et des Docteurs catholiques, pour y puiser à nouveau des eaux pures et fécondantes. Je laisse ici la parole au docteur Clemens, écrivain fort célèbre dans cette Allemagne où le renouvellement de la science paraît avoir reçu son plus complet développement. Voici ses propres paroles : « La condition des temps présents n'est point de trop mauvaise augure; car, s'il est vrai qu'on a fait toutes sortes de tentatives pour la restauration philosophique, si l'on est remonté jusqu'à Descartes pour chercher en vain dans sa doctrine, corrigée et mieux expliquée, un remède à nos maux, il semble désormais conforme à la nature et à la raison, qu'on remonte encore plus haut et qu'on s'applique à faire en sorte que cette pierre, si malheureusement rebutée jusqu'ici par les constructeurs, redevienne la pierre angulaire de l'édifice. (1) » Ces graves paroles d'un laïque, professeur de philosophie dans une université allemande, doivent trouver un profond écho dans l'âme de tout homme qui sait justement apprécier son époque.

On dira : mais d'où peut provenir un principe de ruine si intrinsèque et essentiel dans la philosophie moderne ? Je pourrais me dispenser de répondre ici, car il me suffirait d'avoir constaté le fait sans avoir à me préoccuper d'en rechercher les causes. Toutefois, pour ne pas laisser complètement sans réponse une question, dont le lecteur aimerait peut-être à connaître la solution, je dirai que ce principe consiste précisément en ce qui est pour nos modernes novateurs un motif d'orgueil. Quel a été, en effet, l'esprit de la réforme philosophique ? L'émancipation de la raison, c'est-à-dire son affranchissement de toute ingérence religieuse, et, pour ainsi dire, son passage à l'état laïque. « Descartes est venu afin que l'émancipation religieuse fût poussée à toutes ses conséquences, afin que le monde laïque fut complètement et radicalement affranchi de l'Église, afin que l'homme de l'avenir fût un homme complet. (2) » Ainsi s'exprime Pierre Leroux, admirateur fanatique de la réforme philosophique, et je pourrais multiplier indéfiniment les citations de ce genre. Or, cette séparation qui a privé la philosophie du secours que lui apportait le principe surnaturel de vie, devait nécessairement la conduire à un concept faux ou tout au moins incomplet. Le

---

(1) *De scholasticorum sententia : Philosophiam esse theologiæ ancillam, commentatio*, p. 83.

(2) *Réfutation de l'Éclectisme*, par Pierre Leroux. Ire partie, § 1, page 9.

concept philosophique dans toute sa pureté et sa certitude, l'esprit humain ne peut le trouver qu'à la condition de le chercher sous l'influence de la religion; non qu'il lui soit nécessaire de prendre les principes révélés pour point de départ, comme le prétendent les traditionnalistes; mais la lumière naturelle de la raison ne peut atteindre avec plénitude son objet et le saisir dans tous les rapports qui le relient aux fins dernières et à leurs suprêmes relations, si elle n'est illuminée et comme réconfortée par l'irradiation directe du premier soleil des intelligences. Le monde, œuvre divine, n'est, de quelque façon qu'on le considère, que la réalisation d'un plan unique. Or, peut-on comprendre parfaitement et sans péril d'erreur une œuvre d'art reproduisant parfaitement son modèle, si l'on ne pénètre dans l'esprit de l'artiste pour saisir sa pensée? L'univers, tel que nous le montre la condition de la vie présente, n'est que le vestibule d'un temple qui est la vie future. Dans ce temple, Dieu habite, mais non plus Dieu aperçu confusément dans le miroir de ses œuvres et voilant à nos yeux les splendeurs de sa gloire.

L'univers est intimement pénétré de relations surnaturelles qui le rapportent à Dieu, non seulement comme au créateur et à l'ordonnateur de toutes choses dans le pur ordre naturel, mais encore comme au principe et à la fin d'un ordre plus élevé qui est l'ordre de la grâce. Comment pourra-t-on expliquer le monde et en donner la raison dernière, si l'on n'a continuellement présent à l'esprit l'ordre où il est disposé d'après les desseins de la Providence surnaturelle? Peut-on concevoir parfaitement tous les détails de construction d'une machine merveilleusement combinée, ainsi que l'usage et les proportions de toutes ses parties, si l'on ne connaît d'une certaine manière son organisation complète et la fin que doivent atteindre ses divers éléments d'après toute la pensée de son auteur ?

Cette considération de l'ordre surnaturel est si nécessaire pour arriver à l'explication de la nature dans ses raisons les plus profondes, qu'il ne suffirait pas de s'y arrêter d'une manière quelconque : il faut encore la posséder dans un degré assez élevé de connaissance. L'on n'est parfait philosophe et guide sûr dans les régions les plus élevées de la science naturelle qu'à la condition d'être en même temps théologien ; je veux dire théologien capable de joindre à l'orthodoxie de la foi et à une pleine connaissance des dogmes une profonde intelligence des liens merveilleux qui, dans l'un et l'autre ordre, rattachent le monde à Dieu, et la pensée de l'homme à la pensée divine. De là cette fatale condamnation à l'imperfection dans les idées, et, souvent aussi, à des erreurs substantielles, qui pèse, dès l'origine, sur tous les systèmes modernes inventés dans l'intention préconçue de faire abstraction de l'ordre surnaturel, et présentés par des hommes ignorants de toute science sacrée, ou hétérodoxes dans la foi. Leur concept religieux étant faux ou incomplet, ils ne pouvaient aboutir au véritable et parfait concept philosophique ; le vice de la foi faisait nécessairement ressentir son influence dans tous les ordres de la science. Aussi l'histoire de la philosophie ne fait-elle guère, en ces derniers temps, que mettre en évidence le peu de solidité de tous ces systèmes ainsi que des alternatives répétées de victoires et de défaites dans la perpétuelle lutte qu'ils se livrent entre eux.

S'il nous faut revenir à la doctrine des anciens pour la restauration d'une philosophie vraiment catholique, où trouverons-nous des sources plus pures et plus abondantes que les immortels ouvrages de l'angélique Docteur? Trois qualités me semblent tout spécialement requises pour le sujet qui nous occupe : sûreté de doctrine, étendue de la pensée, union intime avec les dogmes révélés. Que saint Thomas possède le premier de ces trois caractères, c'est ce que nous apprend une voix autorisée entre toutes et à laquelle aucun catholique ne peut refuser son humble soumission. D'un accord unanime, les Souverains Pontifes ont, de tout temps, honoré de leurs éloges la doctrine de ce maître éminent, sans cesser un seul instant d'en recommander instamment l'étude. Citons, entre beaucoup d'autres, le remarquable témoignage d'Innocent VI : « *La doctrine de saint Thomas, dit-il, possède plus que toute autre, la Sainte Écriture exceptée, la propriété dans les termes, l'ordre et la mesure dans le développement, la vérité dans les opinions ; de sorte qu'on n'a jamais vu dévier du chemin de la vérité ceux qui l'ont embrassée, et qu'on a toujours tenu pour suspect l'enseignement de ceux qui l'ont combattue* (1). » La sainte Église, dans l'acte le plus solennel de son culte, rend des actions de grâces publiques à Dieu, parce qu'il a bien voulu

---

(1) « *Hujus doctrina præ cæteris, excepta canonica, habet proprietatem verborum, modum dicendorum, veritatem sententiarum, ita ut nunquam qui eam tenuit, inveniatur a veritatis tramite deviasse, et qui eam impugnavit semper fuerit de veritate suspectus.* » Bullarium ordinis Prædicatorum, Tom. VIII.

l'éclairer de la merveilleuse érudition d'un si grand Docteur, et elle lui demande pour ses enfants la grâce de pénétrer ses enseignements (1). Quoi de plus? Le saint concile de Trente, la plus vénérable assemblée qui se soit jamais réunie pour décider les plus graves questions touchant la foi et la morale des peuples, a fait à la *Somme théologique* cet insigne honneur de la placer à côté de la Bible et des décrets des Souverains Pontifes (2)

Quant à l'étendue de la pensée du saint Docteur, qui pourrait un seul instant la mettre en doute, après la simple réflexion que voici? La Scholastique

---

(1) « *Deus qui Ecclesiam tuam S. Thomæ Confessoris tui mira eruditione clarificas..... da nobis quæ docuit intellectu conspicere.* » Orat. in festo S. Thomæ Aquinatis. 7 Mart.

(2) Tout récemment encore, le Saint-Siège vient de rendre un solennel et éclatant hommage à la gloire de saint Thomas. Dans son Encyclique *Æterni Patris* (4 août 1879), S. S. Léon XIII résume et confirme les nombreux éloges dont la philosophie du Docteur angélique avait déjà été l'objet de la part de plusieurs Souverains Pontifes. Nous engageons vivement nos lecteurs à méditer les termes de ce savant et magistral document où ils pourront apprendre à apprécier, dans la mesure qui convient, la haute autorité de l'Ange de l'École en matière d'enseignement philosophique.

Citons seulement quelques mots de la très pressante exhortation qui termine la lettre Pontificale :

« *Vos omnes, Venerabiles Fratres, quam enixe hortamur, ut ad catholicæ fidei tutelam et decus, ad societatis bonum, ad scientiarum omnium incrementum, auream sancti Thomæ sapientiam restituatis, et quam latissime propagetis..... Doctrinam Thomæ Aquinatis studeant magistri, a Vobis intelligenter lecti, in discipulorum animos insinuare, ejusque præ cæteris soliditatem atque excellentiam in perspicuo ponant... et ad grassantium errorum refutationem adhibeant.* »

Les mêmes éloges et les mêmes exhortations se trouvent répétés dans deux lettres apostoliques de date plus récente :

1º La lettre « *Jampridem* » *De Academia S. Thomæ Aquinatis Romæ instituenda, deque nova omnium operum ejus editione curanda* (15 octobre 1879).

2º La lettre « *Cum hoc sit,* » *De sancto Thoma Aquinate Patrono cœlesti optimorum studiorum cooptando.* (4 août 1880).

Ces trois documents pontificaux ont été publiés en tête du premier volume de la nouvelle édition des Œuvres de saint Thomas, qui se publie actuellement à Rome par ordre et autorité de Sa Sainteté Léon XIII. (*Note du traducteur*).

que saint Thomas trouva déjà constituée et en bonne voie de progrès, n'était autre chose qu'un développement plus scientifique et mieux ordonné de la philosophie des Pères. « Pour définir exactement la philosophie du moyen âge, dit fort à propos le docteur Clemens, il faut la considérer comme une continuation ou plutôt comme une ordonnance mieux raisonnée, un développement et un perfectionnement de la philosophie des saints Pères. » (1) Saint Thomas, en y mélangeant la doctrine aristotélicienne, puisée aux sources grecques et purifiée à la lumière de la foi chrétienne, sut lui donner, par la force et la lucidité de son génie, une parfaite forme scientifique. Grâce à lui, la science catholique entra en possession de tout ce que l'esprit humain avait produit de meilleur en fait de spéculations idéales, avant l'apparition de l'Évangile. Réunissant ensemble Aristote et saint Augustin, c'est-à-dire les plus hautes personnifications de la sagesse païenne et de la tradition patristique, il est arrivé à former un corps de doctrine admirable par son unité, sa solidité, la précision de ses formules et l'universalité de ses applications. Rien de plus vaste que le concept philosophique de saint Thomas, parce qu'il est à la fois rationnel et traditionnel, humain et divin.

Est-il besoin maintenant de montrer comment sa doctrine philosophique est en parfaite harmonie avec la doctrine révélée? Qui sut mieux que lui pénétrer les secrètes relations qui unissent la terre au ciel, la nature à la grâce, la vérité rationnelle à

---

(1) Opusc. cit. p. 76.

la vérité d'ordre supra-rationnel? Nul autre ne mérita jamais, d'un consentement plus général, le titre de prince de la théologie chrétienne; souveraine a toujours été son autorité dans l'Eglise; et ses formules mêmes ont passé dans le langage sacré de l'enseignement et dans les solennelles définitions des conciles. Enfin, l'étude de ses écrits a été prescrite comme une règle absolument sûre aux Universités et aux Congrégations les plus célèbres. (1) Si cet homme proposé à la fois comme modèle aux savants et aux saints, et qui a compté parmi ses disciples les plus illustres génies du catholicisme, si cet homme, dis-je, revenait parmi nous en ces jours d'anarchie philosophique, n'aurait-il pas le droit de relever l'étendard du salut et de rallier autour de lui tous ceux qui aspirent encore à la possession de la sainteté et de la vérité?

Ce maître de la pensée vit toujours pour nous dans ses écrits et dans son école. Pourquoi nous refuserions-nous à constater le pur éclat de sa gloire et à nous rallier franchement à sa doctrine?

Cette doctrine est trop vieille, dira-t-on. Qu'importe son âge, si elle est vraie? La vérité vieillit-elle avec le temps? Non, sans doute. Elle est immuable et toujours fraîche de la même éternelle jeunesse, exempte qu'elle est des vicissitudes matérielles et de la caducité des siècles. Il y aurait véritablement

---

1 « *Omnes prope conditores et legiferos ordinum religiosorum jussisse constat sodales suos doctrinis S. Thomæ studere et religiosius hærere, cauto, ne cui eorum impune liceat a vestigiis tanti viri vel minimum discedere. Ut dominicanam familiam prætereamus, quæ summo hoc magistro jure quodam suo gloriatur, ea lege teneri Benedictinos, Carmelitas, Augustinianos, Societatem Jesu aliosque sacros ordines complures statuta singulorum testantur.* » Ep. enc. Æterni Patris Leonis XIII P. M. (4 Aug. 1879). (*Note du traducteur.*)

folie à concéder que la philosophie de saint Thomas est vraie et à la déprécier en même temps, sous prétexte qu'elle est trop vieille. Cette raison la devrait rendre, au contraire, plus acceptable et digne de vénération ; car c'est pour elle une preuve de plus de sa ressemblance avec son divin exemplaire.

L'âge d'une doctrine pourrait en diminuer la valeur, seulement dans le cas où il serait pour nous un motif légitime de douter de son accord avec la vérité. Mais nous n'avons rien de pareil à craindre ici. Il ne s'agit pas, en effet, de ces sciences expérimentales qui nécessitent la recherche ou l'étude minutieuse de faits multiples et cachés et qui s'appuient sur des expériences dont le succès dépend de la perfection des instruments et des machines qu'elles emploient. Il est clair que sur ce terrain, le travail des anciens devait se trouver imparfait, non par insuffisance de valeur intrinsèque, mais par pénurie de moyens. Il serait parfaitement ridicule de prétendre revenir à Aristote et à ses commentateurs en matière de physique et de chimie, ou, en astronomie, à Ptolémée et à Tycho-Brahé. Il ne s'agit point de tout cela dans le cas présent. Nous parlons ici de la doctrine rationnelle qui s'appuie tout à la fois sur les premiers principes de la raison et sur l'étude de phénomènes universels et communs qui ne sont point des produits artificiels, mais que la nature offre indistinctement à l'observation de tous les hommes. La philosophie, par là même qu'elle est une science universelle, ne relève point, dans ses théorèmes, de ces mille recherches de détail qui n'ont pour objet que des êtres particuliers, considérés dans les limites déterminées de leur propre sphère. Ce genre d'étude appartient aux sciences inférieures qui peuvent bien fournir à la philosophie matière à de nouveaux éclaircissements sans entrer pour cela dans son intime constitution ; elles peuvent la rendre plus parfaite *extensive* mais non pas *intensive*. La philosophie a son point de départ dans les faits généraux qui se manifestent d'eux-mêmes aux sens et à la conscience et auxquels elle applique la lumière des vérités intellectuelles étudiées dans leur valeur ontologique. Une pareille science emploie comme instruments l'observation attentive de tout ce que la nature offre à la méditation du premier homme venu, une connaissance profonde et étendue des idées et des principes de la raison, et, par-dessus tout, cette puissante subtilité d'esprit qui sait pénétrer, sur les plus légers indices, jusqu'à l'essence intime des choses, découvrir dans les effets apparents les causes les plus éloignées et les plus cachées, découvrir enfin, sous de simples analogies, les lois les plus universelles et les plus constantes de la nature. Elle réclame, en somme, une grande élévation d'esprit, une méditation profonde, un sincère amour de la vérité, fortifié par une connaissance pure et parfaite des dogmes révélés. Que peut avoir à faire en tout ceci une vulgaire question de chronologie ?

La raison suprême des choses, c'est Dieu, cause première, efficiente, exemplaire et finale de toutes les créatures. Or, Dieu est relié, pour ainsi dire, avec l'ordre de la nature tout entier et avec chacune de ses parties. Pour s'élever jusqu'à lui et contempler ses perfections souveraines, point n'est besoin de s'attacher à la découverte de faits plus ou moins extraordinaires ou à l'invention de nouveaux instruments. Après Dieu, la cause la plus élevée des phénomènes créés c'est, sans aucun doute, l'âme humaine, principe de vie dans cet être, noble entre tous, pour qui a été fait l'univers visible qu'il possède comme son royaume. Or, nous arrivons à la connaissance de l'âme humaine par la réflexion sur nous-mêmes ; connaissance d'autant plus parfaite que nous savons mieux nous concentrer en notre propre conscience et en pénétrer les plus secrets replis par une subtile et profonde analyse. Enfin, les causes les plus élevées des phénomènes restreints aux conditions matérielles de l'espace et du temps, sont les essences intimes et spécifiques des choses. De ces essences découlent, il est vrai, des propriétés cachées et des faits qui nécessitent des recherches longues et difficiles; mais, de la même source dérivent également nombre de phénomènes que nous révèle en toute clarté une expérience facile et quotidienne. L'absence de ces moyens, dont la science actuelle est si riche, pour l'exploration de la nature matérielle, ne pouvait donc en aucune façon empêcher ni fausser dans une époque plus reculée, la contemplation de l'objet propre et formel de la philosophie.

Une dernière difficulté reste à résoudre, qui se présente sous des apparences assez spécieuses. A supposer, dira-t-on, que les éléments d'une doctrine purement philosophique se soient rencontrés à l'état parfait dans les temps passés, il n'en resterait pas moins vrai que son développement et les innombrables applications de ses principes ne peuvent atteindre leur apogée que dans le cours des âges postérieurs. Rien de plus vrai, répondons-nous, quand les nouveaux venus ne font que continuer, en la perfectionnant, l'œuvre de leurs ancêtres et transmettre fidèlement à d'autres le patrimoine qu'ils ont reçu de leurs prédécesseurs.

Mais il n'en va plus de même s'il y a brusque rupture de la chaîne qui reliait ensemble les deux époques. Lorsque la tradition est interrompue, et qu'on a, au lieu de le conserver précieusement, profané et dissipé à tous les vents de l'erreur le précieux dépôt de la science des âges précédents, il ne reste plus désormais qu'un remède radical à employer, c'est de revenir au point qu'on avait sottement abandonné et de ramener la science par une restauration substantielle à la pureté de ses premiers principes.

A quoi bon m'attacher plus longtemps à démontrer ce que tous les bons esprits accordent aujourd'hui volontiers? On désire universellement le retour aux doctrines philosophiques de saint Thomas. On s'applique à étudier et à commenter ses enseignements : les éditions de ses œuvres se multiplient, et ceux-là même qui semblent le moins disposés à l'aimer, prouvent assez l'estime qu'ils en font, par le soin qu'ils prennent de travestir sa pensée afin de confirmer autant que possible leurs opinions par la haute autorité de son nom.

S'il en est ainsi, on ne saurait me blâmer d'entreprendre une œuvre qui répond si bien aux besoins et aux vœux de notre temps. J'ose espérer que mon travail sera un auxiliaire utile de véritable progrès, puisqu'il a pour but de remettre en honneur cet élément vivant et impérissable de la science, qui doit, comme le sang dans le corps animé, vivifier toutes les branches de l'érudition humaine, pour y répandre partout la force et la fécondité.

Or, cette restauration de la philosophie, par la doctrine de saint Thomas d'Aquin, exige un double travail, analytique d'abord et synthétique ensuite. Le premier consiste à puiser dans les œuvres du saint Docteur, pour les exposer fidèlement dans toute leur pureté, les diverses théories qu'il a enseignées. L'autre consiste plutôt dans l'application qu'on peut faire de ces théories aux divers éléments des autres sciences, afin de les élever au rang de sciences philosophiques et d'en former un tout harmonique, qui puisse mériter vraiment le nom d'encyclopédie. Cette synthèse, qui ne peut être que le résultat de nombreux et persévérants efforts, suppose nécessairement le travail préalable de l'analyse ; car il serait impossible de développer et d'appliquer une doctrine qui n'aurait pas été auparavant parfaitement éclaircie et démontrée.

C'est ce dernier travail que je me propose d'entreprendre, en publiant cette étude *de la Connaissance intellectuelle* où je me suis efforcé d'exposer et de résoudre, à la lumière des principes du Docteur angélique, l'une des plus importantes questions de toute la philosophie. J'espère que d'autres, encouragés par mon exemple, sauront continuer et achever l'œuvre à laquelle je n'aurai fait que mettre la première main.

Rome 1857.

DE LA
CONNAISSANCE INTELLECTUELLE

CHAPITRE I

DE L'IDÉE

L'importance capitale du problème philosophique de la nature des idées est telle que S. Augustin n'hésite pas à regarder comme indigne du nom de savant quiconque n'en aurait pas acquis une parfaite intelligence. *Tanta in eis vis constituitur, ut nisi his intellectis sapiens esse nemo possit* (1). Aussi ne croyons-nous pas exagérer en disant qu'il faut, en grande partie, attribuer aux fausses doctrines qu'enseignent sur ce point bon nombre de philosophes, les erreurs qui transforment de nos jours en une terre stérile et désolée le champ fécond des sciences. C'est donc à bon droit que nous commençons notre travail par l'étude de ce problème, en essayant de dissiper, avec le secours des lumineux principes du Docteur angélique, les épaisses ténèbres dont il est obscurci.

ARTICLE I

Ce que saint Thomas entend par « idée »

1. On peut considérer deux sortes de connaissance : l'une spéculative et l'autre pratique. La connaissance spéculative s'attache à la contemplation de la vérité que la connaissance pratique fait ensuite passer dans le domaine des actions. *Intellectus speculativus est qui quod apprehendit non ordinat ad opus*

---

(1) S. Augustin, *De divers. quæst.* LXXXIII, Q. XLVI, n. 1.

sed ad solam veritatis considerationem; practicus vero intellectus dicitur qui hoc quod apprehendit ordinat ad opus (1). Ainsi, par exemple, spéculatif est le travail de l'astronome quand il étudie la marche des astres; pratique, au contraire, celui de l'architecte quand il considère la forme artistique qu'il convient de donner à un édifice. Ces deux genres de connaissance se distinguent par leurs fins. L'une en effet se rapporte à la simple connaissance d'une vérité, tandis que l'autre vise à l'exécution réelle d'un travail: *intellectus practicus differt a speculativo, fine. Finis enim speculativi est veritas absolute, sed practici est operatio* (2).

Or, l'idée peut être considérée dans l'une et l'autre de ces deux sortes de connaissance. Dans l'ordre de la connaissance pratique, elle désigne particulièrement le modèle ou type que l'artiste possède par avance en son esprit et qu'il se propose d'imiter dans la création de son œuvre. Voilà pourquoi nous demandons parfois : quelle est l'idée qu'a voulu incarner tel peintre, tel sculpteur, tel poète ? Nous disons encore dans le même sens, qu'en Dieu, suprême Artiste de l'univers, se trouvent, de toute éternité, les idées dont tous les êtres créés ne sont que des reproductions. Dans l'ordre de la connaissance spéculative l'idée exprime seulement la représentation intellectuelle de l'objet connu, c'est-à-dire la forme qui vient actualiser et déterminer l'intelligence à telle ou telle perception particulière. C'est cette dernière signification qu'on a en vue, quand on demande, par exemple, si les idées sont innées ou acquises, et quelle est la cause qui les produit en nous.

Saint Thomas distingue en maint endroit ce double sens du mot idée. Qu'il nous suffise de citer, entre autres, le texte suivant : « *Idea grœce latine forma dicitur. Unde per ideas intelliguntur formæ aliarum rerum præter ipsas res existentes. Forma autem alicujus rei præter ipsam existens ad duo esse potest : vel ut sit exemplar ejus cujus dicitur forma, vel ut sit principium cognitionis ipsius secundum quod formæ cognoscibilium dicuntur esse in cognoscente* (3). »

L'idée est donc, d'après le saint Docteur, distincte de la chose à laquelle elle se rapporte, *forma rei præter rem existens*. Tel est précisément le sens donné à ce mot par Platon qui fut le premier à l'introduire dans le langage des sciences. Il enten-

---

(1) S. Thomas. *Summa th.*, I. p, Q. LXXIX, art. 2.
(2) S. Thomas, *Qq. dispp.*, Quæst. *De ideis*, art. 3.
(3) *Summa th.*, I. p, Q. XV, art. 1.

dait par idées les types éternels des choses d'ici bas, subsistants en eux-mêmes en dehors de la matière. Saint Thomas, dégageant cette opinion des erreurs qu'elle renferme, précise le sens de ce mot *idée* en lui faisant signifier tantôt le modèle ou exemplaire d'une œuvre d'art, *exemplar ejus cujus dicitur forma*, tantôt le principe déterminant de la connaissance d'un objet, *principium cognitionis ipsius*. Dans le premier cas l'idée appartient à l'intellect pratique, et à l'intellect spéculatif, dans le second. Mais dans l'un et l'autre elle se distingue de l'objet, à la condition toutefois d'en garder la ressemblance. Car c'est toujours la même forme qui se trouve également reproduite dans les deux ordres ; et l'on sait, par ailleurs, que deux choses qui possèdent une forme commune sont semblables : *similia dicuntur quæ communicant in eadem forma*. (1).

2. Bien que l'idée soit susceptible de ces deux sens différents, le premier cependant exprime plus spécialement sa signification propre. Voici la raison qu'en donne saint Thomas : le concept de *forme* (que le latin traduit par le mot grec *idea*), semble impliquer ordinairement la notion de causalité qui convient au modèle comparé à la copie, sans convenir le moins du monde à la simple connaissance comparée à l'objet intelligible. La forme idéale, en effet, meut et dirige l'artiste dans l'exécution de son travail ; et l'on peut dire qu'elle influe véritablement sur la production de l'effet. Tout au contraire, la forme déterminante de la connaissance n'influe en aucune manière sur l'objet qu'elle fait connaître ; elle le représente tout simplement au sujet connaissant ; de sorte que cette forme qui n'est qu'une pure détermination actuelle de la connaisance, au lieu d'être appelée idée, mériterait plutôt, à proprement parler, le nom de ressemblance, image ou raison intellectuelle de l'objet. *Forma semper notat habitudinem causæ. Est enim forma quodammodo causa ejus quod secundum ipsam formatur, sive formatio fiat per modum inhærentiæ, sicut in formis intrinsecis, sive per modum imitationis ut in formis exemplaribus..... Si ergo loquamur de idea secundum propriam nominis rationem, sic non extendit se nisi ad illam scientiam secundum quam aliquid formari potest ; et hæc est cognitio actu practica vel virtute tantum... Sed tamen si ideam communiter appellemus similitudinem vel rationem, sic idea etiam ad speculativam cognitionem pure pertinere potest. Vel magis proprie dicamus quod idea respicit cognitionem practicam*

---

(1) *Summa th.*, I. P, Q. IV, art. 3.

actu vel virtute, similitudo autem et ratio tam speculativam quam practicam (1).

3. Il résulte de ce passage que pour employer indifféremment le mot idée dans les deux ordres de connaissance, spéculatif et pratique, il faut le prendre dans le sens de simple représentation ou raison des choses. Mais si l'on veut s'en tenir au sens propre du mot, on doit en restreindre l'application à l'ordre pratique, puisqu'alors il exprime exclusivement la forme idéale que l'artiste possède en lui-même, ou, en général, une forme que l'agent doit imiter dans la production de son effet. *Hoc videtur esse ratio ideæ quod idea sit forma quam aliquid imitatur ex intentione agentis qui determinat sibi finem* (2). Voilà pourquoi saint Thomas, toujours attentif à rechercher avec un soin jaloux la propriété du langage, n'emploie ordinairement cette dénomination d'idée, qu'au sens que nous venons d'expliquer en dernier lieu. Il se sert plus volontiers du mot *espèce* quand il veut désigner l'image de l'objet qui est dans l'ordre spéculatif le principe déterminant de la connaissance ; ce qui d'ailleurs est assez conforme à la bonne latinité, puisque Cicéron lui-même, pour traduire ce mot grec idée, prend *species* comme équivalent de *forma*. Ainsi dans les *Topiques*, il dit que les « formes » sont ce que les Grecs appellent « idées », *formæ sunt quas Græci ideas vocant* (3), tandis qu'il donne à entendre dans les *Questions Tusculanes* que « l'idée » des Grecs peut parfaitement se rendre en latin par le mot « espèce » : *quam Græci ideam, nos recte speciem dicere possumus* (4). Toutefois pour me conformer au langage de la philosophie moderne, je ferai usage du mot idée même dans l'ordre spéculatif. Qu'il me suffise d'avoir fait remarquer ici, une fois pour toutes, qu'il est ordinairement traduit dans la terminologie scholastique par le mot *espèce* accompagné le plus souvent de l'épithète « intelligible » : *species intelligibilis est forma secundum quam intellectus intelligit* (5).

(1) S. Thomas, *Qq. dispp.* Quæst. *De ideis*, art. 3.
(2) S. Thomas. *Qq. dispp.* Quæst. *De ideis*, art. 1.
(3) *Topic.*, 30.
(4) *Quæst, Tuscul.* lib., I.
(5) *Summa th.*, I p., q. lxxxv, art. 2.

ARTICLE II

Vaine jactance de Kant relativement au mot « idée »

4. Emmanuel Kant, dans sa logique transcendantale, après avoir pompeusement promis de remettre en honneur et de perfectionner le sens platonicien du mot idée et avant de l'employer à signifier, dans l'usage le plus élevé de la langue transcendantale, les trois prétendus absolus de la raison, adresse aux philosophes une pathétique exhortation pour les encourager à en prendre la défense. « Je supplie, dit-il, tous ceux
« qui ont à cœur les intérêts de la philosophie (ce qui veut dire
« plus qu'on ne croit communément), s'ils sont convaincus de
« tout ce que nous avons dit et dirons plus tard encore, de
« prendre sous leur protection le mot idée dans son acception
« primitive : afin que la science n'ait plus désormais à en
« déplorer la perte et qu'on ne vienne plus, à l'avenir, en
« dénaturer le sens en le confondant avec d'autres expressions
« employées à désigner d'une manière peu précise toute espèce
« de représentations (1). »

Le désir de Kant s'est trouvé amplement satisfait. Ceux en effet que cette harangue a pu attendrir, ont si bien flatté et poussé dans le monde sa chère cliente, que les uns en ont fait une sorte de demi-divinité en lui attribuant, au moins en partie, les caractères de l'être divin ; tandis que d'autres, pour achever ce bel ouvrage, la mettaient absolument à la place de Dieu. Pouvait-on mieux répondre aux souhaits de l'éloquent avocat ?

5. Mais revenons à notre sujet ; car ce n'est certes point ici le lieu de démontrer la fausseté de toutes les parties de la théorie transcendantale de Kant sur les idées. Toutefois nous ne saurions nous dispenser d'accompagner de quelques observations cette gracieuse apologie. A s'en tenir aux paroles que nous venons de rapporter, il semblerait qu'après Platon le mot idée eût été, ou entièrement relégué dans l'oubli par les sciences, ou, du moins, condamné à des significations peu dignes de lui. Or, il n'est pas permis, pour peu que l'on connaisse, sinon

---

(1) *Critique de la raison pure*, trad. Tissot, tom II. *Dialectique transcendantale.*

la philosophie elle-même, au moins l'histoire de la philosophie, d'ignorer le très fréquent usage que saint Thomas et la scholastique ont toujours fait de ce mot dans un sens qui ne manque ni de distinction ni de noblesse. Ils l'emploient aussi bien dans l'ordre des choses divines que dans l'ordre des choses humaines; dans le premier, ils s'en servent pour signifier les archétypes et les raisons éternelles de l'intelligence divine; dans le second, ils l'emploient pour exprimer tantôt les types ou modèles qui existent dans la pensée de l'artiste, tantôt les représentations mentales des choses intelligibles. Qu'y a-t-il à reprendre dans un pareil usage? Dira-t-on, par hasard, que la langue platonicienne l'entendait autrement? Mais, à supposer qu'il en fût ainsi, ne suffit-il pas que cette interprétation soit raisonnable et conforme aux habitudes du langage ordinaire? Or, qui prouvera que les hommes n'entendent pas en général par idée ce que nous avons dit, c'est-à-dire, dans l'ordre pratique, un type que l'artiste possède en son esprit, et dans l'ordre spéculatif une représentation intellectuelle? Mais, d'ailleurs, encore que le sens du mot idée, chez saint Thomas, ne soit pas platonicien, là seulement où il conduisit Platon à l'erreur, il n'en reste pas moins parfaitement platonicien là où Platon s'est trouvé d'accord avec la vérité. Car si saint Thomas a corrigé et restreint la signification platonicienne du mot idée en ce qu'elle pouvait offrir d'erroné, il faut reconnaître aussi qu'il l'a scrupuleusement conservée dans les limites d'une interprétation conforme à la vérité. La théorie de Platon s'appuie, en effet, sur les deux principales considérations que voici : premièrement, les idées sont les archétypes éternels des choses créées, ce qui est parfaitement vrai ; deuxièmement, elles subsistent séparément en elles-mêmes, ce qui est non-seulement faux, mais absurde. Saint Thomas et les scholastiques, sur l'exemple des Pères, surtout de saint Augustin (1), ont conservé la première de ces propositions en rejetant la seconde, et soutenu la nécessité des exemplaires éternels, tout en niant qu'ils pussent subsister ailleurs que dans l'intelligence divine. Ainsi ils admettaient l'idée au sens platonicien après l'avoir purifiée de l'erreur qui s'y était glissée (2). Quant à l'application qu'en a faite le

(1) « *Sunt namque ideæ principales formæ quædam vel rationes rerum stabiles atque incommutabiles, quæ ipsæ formatæ non sunt ac per hoc æternæ ac semper eodem modo sese habentes; quæ in divina intelligentia continentur.* » Lib. LXXXIII Quæst., 46.

(2) *Quia forma exemplaris vel idea habet quodammodo rationem finis et ab ea accipit artifex formam qua agit, si sit extra ipsum; non est*

saint Docteur à toutes les parties de la philosophie pour expliquer le monde sensible, ainsi que la vérité et la certitude de nos connaissances, c'est ce que nous aurons plus tard l'occasion d'éclaircir à propos de l'exemplarisme divin.

6. N'est-il pas parfaitement ridicule d'entendre Kant défendre le sens platonicien et la beauté du mot idée, alors qu'il n'y a rien de si peu platonicien ni de moins beau que le sens auquel il prétend la réduire. Il nous dit d'abord qu'il entend par « idée » un concept de la raison auquel ne correspond aucun objet sensible (1), supprimant ainsi, d'un seul coup, toute relation de l'ordre idéal avec le monde extérieur. Il ajoute ensuite que si ces concepts sont absolument purs de tout mélange de représentation empirique, ils s'appellent «idées transcendentales» (2); ils ne sont point une fiction arbitraire ; ils sont au contraire donnés par la nature même de la raison et se rapportent nécessairement à l'usage de l'entendement (3) dont ils règlent l'exercice à titre de conditions *a priori*, quoiqu'ils ne puissent déterminer aucun objet réel (4). Les idées transcendantales peuvent se réduire à trois classes : à l'unité absolue du sujet pensant ; à l'unité absolue du sujet des phénomènes sensibles ; à l'unité absolue des conditions de tous les objets de la pensée en général. La première de ces idées est l'objet de la Psychologie ; la seconde, de la Cosmologie ; la troisième, de la Théologie (5) ; mais aucune d'entre elles ne correspond à la réalité objective dont nous ne pouvons avoir ainsi qu'une connaissance problématique (6). Il conclut de là qu'on doit tenir pour para-

---

autem conveniens ponere Deum agere propter finem alium a se et accipere aliunde unde sit sufficiens ad agendum : ideo non possumus ponere ideas esse extra Deum, sed in mente divina tantum. S. Thomas, *Qq. dispp.* Quæst, *De ideis*, art. 1.

(1) « J'entends par idée un concept nécessaire de la raison, auquel ne peut correspondre aucun objet donné par les sens. » *Crit. de la raison pure*, Tom II, sect. II.

(2) « Les concepts purs de la raison..... sont des idées transcendantales. » *Ibid.*

(3) *Ibid.*

(4) « Quoiqu'on puisse dire des concepts rationnels transcendantaux, qu'ils ne sont que des *idées*, nous ne les considèrerons cependant pas comme superflus et vains ; car, bien qu'aucun objet ne puisse être déterminé par eux, ils peuvent cependant en principe et d'une manière insensible servir à l'entendement des règles pour son usage étendu et uniforme. » *Ibid.*

(5) *Ibid.* sect. III.

(6) *Ibid.*, livre II.

logismes de la raison tous les arguments qu'on apporte pour démontrer l'existence de semblables réalités. C'est ce qu'il s'efforce de prouver dans le reste de son volume.

7. Voilà la merveilleuse et si platonicienne signification que Kant restitue à l'idée avec son analyse transcendantale. Elle consiste à désigner les trois suprêmes concepts absolus de la raison dans l'ordre spéculatif, c'est-à-dire le moi, le monde et Dieu ; à les désigner, dis-je, non comme trois réalités vraies et subsistantes en elles-mêmes, mais simplement comme trois formes subjectives de la raison. Voilà le point de départ de l'idéalisme transcendantal dans lequel les idées, devenues elles-mêmes objets de notre connaissance, ne sont autre chose que de pures lois de notre esprit, bonnes seulement pour donner l'unité, dans l'ordre subjectif, aux derniers concepts de l'entendement, et, par ceux-ci, aux phénomènes variés de l'expérience sensible. Mais, mon cher philosophe, ce sens n'est pas le moins du monde platonicien. Suivant Platon les idées ont une existence éternelle, soit en elles-mêmes, comme il semble le croire, soit, comme d'autres commentateurs le prétendent, dans l'intelligence divine. Vous, au contraire, vous en faites de simples produits de votre esprit, provenant de sa constitution intrinsèque. Platon accordait aux idées une influence réelle dans l'ordre de l'existence aussi bien que dans l'ordre de la pensée puisqu'il en faisait dériver non seulement nos représentations mentales, mais encore les formes constitutives des êtres de la nature ; et vous, vous leur enlevez toute valeur effective dans le domaine de la logique et toute correspondance avec les objets qu'elles représentent. En vérité, pour qui voudrait abuser de l'idée afin de repaître le lecteur de chimères, en le précipitant dans les ténèbres d'une ignorance pleine d'angoisses, il serait impossible de rêver une doctrine plus apte que la vôtre à l'accomplissement de son abominable dessein. Faut-il s'étonner maintenant si Fichte partant de vos principes réduit l'idée aux vaines apparences du rêve d'un homme endormi, et si Hégel, poussant plus loin encore votre théorie va même jusqu'à supprimer le rêveur (1) ? Le sens que vous donnez à l'idée engendre toute sorte d'erreurs car il renferme à la fois dans son sein l'athéisme, l'idéalisme, le sensualisme, le scepticisme, le

---

(1) « L'idéalisme objectif de Hégel n'est pas moins que l'idéalisme subjectif de Fichte, un vrai monde de rêves ; la seule différence est qu'il y manque un rêveur. » F. J. Stahl. *Hist. de la philosophie du droit.* Liv. V. sect. II, chap. 3.

nihilisme (1). Après avoir doté cette pauvre idée d'une si monstrueuse fécondité, il vous faut, certes, une belle audace pour souhaiter si vivement qu'elle ne dégénère plus de cette précieuse signification.

Au reste, laissons à Kant et à ses disciples leur velléité de platonisme ; il nous semble que nous aurons assez sauvegardé la signification vraie et la noblesse du mot idée, et même, si l'on veut, son interprétation platonicienne primitive, celle du moins qui est légitime, en conservant le sens que nous lui avons attribué d'après la doctrine de saint Thomas. Mais finissons là cette digression et continuons notre chemin.

ARTICLE III

L'idée, comme forme représentative, peut être considérée en « acte premier » ou en « acte second. »

8. L'idée peut être prise comme forme exemplaire ou comme forme représentative. Nous laisserons de côté le premier de ces deux sens, pour ne nous occuper que du second ; et cela pour deux raisons : d'abord, parceque l'idée comme forme exemplaire appartient à l'ordre pratique et que nous ne parlons ici que de l'ordre spéculatif; ensuite, parce que l'idée comme forme exemplaire se rapporte à la connaissance réflexe, et nous ne traitons ici que de la connaissance directe par où commence le travail de notre pensée.

Nous avons clairement fait voir dans notre premier article que l'idée comme forme exemplaire se rapporte à l'ordre pratique, puisqu'on entend exprimer par ce mot un concept que possède en soi l'être intelligent et qu'il se propose d'imiter comme un modèle dans l'exécution de ses œuvres. D'un autre côté, on voit aisément aussi que l'idée joue en quelque sorte le rôle de cause finale : *forma exemplaris vel idea habet quodam-*

---

(1) Nous ne savons, en vérité, ce qui peut rester de solide dans une doctrine qui restreint la connaissance au seul domaine de l'expérience sensible, refuse toute objectivité aux idées et va jusqu'à réduire à de purs phénomènes non seulement la perception de la nature extérieure, mais encore le sens intime du moi pensant. « Le moi représenté par le sens intime dans le temps, et les objets dans l'espace hors de moi, sont à la vérité conçus comme des phénomènes spécifiquement tout différents, mais non pas comme des choses différentes. » *Crit. de la raison pure. Log. transc.* Crit. du IVe paralogisme.

modo rationem finis (1), et la fin ne meut la volonté à une opération extérieure qu'autant qu'elle est préalablement connue. Une chose, en effet, doit être conçue simplement en elle-même, avant d'être prise d'une manière quelconque, comme but de l'action à laquelle le sujet intelligent voudra librement se déterminer. En nous restreignant donc à l'analyse de l'idée prise comme simple forme représentative, notre premier soin doit être avant tout de remarquer que cette idée, par rapport à la connaissance, peut être considérée en *acte premier* et en *acte second*; c'est ce que nous essaierons de faire comprendre par une explication courte et lucide.

9. La perception intellectuelle est comme une sorte de reproduction mentale de l'objet dans le sujet intelligent. Celui-ci, en effet, ne sort pas de lui-même alors qu'il fait un acte d'intelligence, où se trouve pourtant renfermé l'objet connu. Il ne sort pas de lui-même, parce que la perception est un acte immanent qui s'accomplit et se termine dans le sujet qui en est le principe. Il enveloppe dans son acte l'objet qui se trouve exprimé par là même idéalement, et, pour ainsi dire, produit à nouveau dans cet acte intellectuel. Or, l'objet considéré dans cet état idéal, ne peut être l'objet pris dans sa substantialité physique, tel qu'il est en lui-même et en dehors du sujet connaissant, puisque, dans cet état d'expression idéale, il est le terme intrinsèque ou complément de l'acte et par conséquent inhérent à ce dernier, comme sa forme réelle et constitutive. Il faut donc que l'objet ainsi considéré soit seulement une ressemblance ou image intellectuelle de l'objet extérieur; car il en reçoit vraiment, quoique dans l'ordre idéal, l'être ou la forme; et l'on sait que la participation à la forme constitue le principe de la ressemblance. C'est ce que saint Augustin exprime fort bien dans les termes suivants : « Quand on dit que nous avons dans le « cœur ceux auxquels nous pensons, on entend parler de leur « image que nous gardons imprimée en nous; car, s'ils étaient « vraiment au-dedans de nous-mêmes, ils sauraient ce qui se « passe en notre cœur, et nous n'aurions pas besoin de recourir « à la parole pour le leur faire comprendre. » (2) Saint Augustin admet donc l'existence d'images représentant les objets de nos pensées. Saint Thomas répète souvent que les concepts de l'esprit ne sont que les images ou similitudes des objets, *intellectus*

---

(1) S. Thomas. *Qq. dispp.*, Quæst. *De ideis*, art. 1.
(2) S. Augustin. *In psalm.* cxxxix, 15.

sunt rerum similitudines (1), et que la reproduction idéale de la chose connue doit nécessairement se trouver dans le sujet connaissant, puisqu'il n'y a de connaissance, qu'en vertu de l'assimilation du sujet connaissant avec l'objet connu : *Quia omnis cognitio perficitur secundum similitudinem quæ est inter cognoscens et cognitum, oportet quod in intellectu sit similitudo rei intellectæ.* (2).

10. Bien plus, d'après lui, le concept est si bien une expression ou image idéale de l'objet, qu'il regarde comme nécessaire qu'il en soit ainsi, même dans la perception de l'objet qui nous est le plus intime, c'est-à-dire de notre propre être. « Toute conception, dit-il, est en nous quelque chose qui procède réellement d'une autre, tout comme le concept de la conclusion procède des principes ou comme les concepts essentiels des choses connues *a posteriori* procèdent de la connaissance préalable des espèces *a priori*, dont elles dépendent, ou, tout au moins, comme l'acte de la conception procède du pouvoir habituel de connaître. Et ceci est universellement vrai pour tous les objets que nous connaissons, soit en eux-mêmes et essentiellement, soit par leur similitude ; car la conception est l'effet de l'acte de connaître, d'où il suit que même quand notre âme se connaît elle même, sa conception diffère de l'intelligence, puisqu'elle est le terme exprimé par l'acte de la connaissance » (3). C'est d'ailleurs ce qu'avait déjà enseigné saint Anselme : *Nulla ratione negari potest, cum mens rationalis seipsam cogitando intelligit, imaginem ipsius nasci in sua cogitatione, imo ipsam cogitationem sui esse suam imaginem, ad sui similitudinem tanquam ex ejus impressione formatam. Quamcumque enim rem mens seu per corporis imaginationem, seu per rationem cupit veraciter cogitare, ejus utique similitudinem, quantum valet, in ipsa sua cogitatione conatur exprimere* (4).

11. Les Pères et les Docteurs de l'Eglise concluaient de cette doctrine que notre intellection peut être considérée comme une sorte d'enfantement spirituel, produisant en nous l'objet à l'état de connaissance. Écoutons là-dessus saint Augustin : « il est clair, dit-il, que toute chose connue par nous doit jouer le rôle d'élément générateur de la connaissance dont elle est l'objet.

---

(1) *Summa th.* I. P., Q. XIII, art. 1.
(2) *Contra Gent.* L. IV. c. 11.
(3) *Qq. dispp.* Quæst. *De verbo*, art. 2.
(4) *Monologium.* c. 33.

La connaisssance, en effet, est engendrée à la fois par le sujet connaissant et par l'objet connu. C'est pourquoi notre âme, quand elle se connaît, est seule l'auteur de sa connaissance, car alors le connu s'identifie avec le sujet connaissant » (1) ; et, peu après, il ajoute : « chercher, c'est avoir le désir de découvrir ou, ce qui revient au même, de trouver ; or, trouver (en latin *reperire, iterum parere*) c'est pour ainsi dire enfanter ; et par conséquent, les vérités trouvées par l'intelligence sont comme enfantées par elle, et cela, dans l'acte même de la connaissance où elles sont *exprimées*. Car, bien que l'objet trouvé existât avant notre recherche, nous n'en avions cependant pas cette connaissance que nous regardons à bon droit comme une sorte de progéniture toute nouvelle. » (2) Et, en effet, lorsque nous concevons par la pensée un objet quelconque, un oiseau par exemple, nous avons, par là même, une vision intérieure de ce qui lui appartient dans la réalité. Pour garder notre exemple, l'oiseau dans son état réel est une substance, il est vivant et sensitif, en tel ou tel degré suivant l'espèce que l'on considère. Tout cela se trouve reproduit dans la vision mentale, résultat de notre acte d'intelligence. On y voit, en effet, également un oiseau, dépouillé bien entendu de son existence réelle, mais par ailleurs en tout semblable, quant à l'essence, à l'oiseau vivant qui nous réjouit le cœur par ses harmonieux gazouillements. Il est bon de remarquer que si cet oiseau, considéré dans l'état idéal, est moins parfait comme n'ayant plus la subsistance physique de sa propre individualité il est néanmoins en quelque sorte plus parfait, quant au caractère d'universalité et d'immutabilité dont il se trouve revêtu. Car, du moment où il est ainsi réduit à une manière d'être purement idéale, il ne se rapporte plus seulement à tel ou tel individu en particulier, mais à une multitude indéterminée d'individus existants ou possibles dont il exprime la commune nature. Aussi, ne vieillit-il et ne meurt-il point comme vieillissent et meurent les oiseaux

---

(1) « *Liquido tenendum est quod omnis res quamcumque cognoscimus congenerat in nobis notitiam sui. Ab utroque enim notitia paritur, a cognoscente et cognito. Itaque mens, cum seipsam cognoscit sola parens est notitiæ suæ; et cognitum enim et cognitor ipsa est.* » De Trinitate. Lib. IX. c. 12, n. 18.

(2) « *Inquisitio est appetitus inveniendi, quod idem valet si dicas reperiendi. Quæ autem reperiuntur quasi pariuntur : unde proli similia sunt. Ubi, nisi in ipsa notitiâ? Ibi enim quasi expressa formantur. Nam etsi jam erant res, quas quærendo invenimus; notitia tamen ipsa non erat quam sicut prolem nascentem deputamus.* » Ibid.

réels ; il reste toujours le même en face des continuels changements qu'éprouvent ces derniers. C'est ce que saint Augustin fait très bien observer quand il dit : « *præstantior est imago corporis in spiritu quam ipsum corpus in substantia sua* » (1). Cette image, cette connaissance engendrée par l'intelligence, en tant qu'elle représente et exprime l'objet connu, est ce que nous appelons idée en « *acte second* » et ce que saint Augustin appelait, d'un autre mot, la parole ou le « verbe » de l'intelligence : « *Conceptam rerum veracem notitiam tanquam verbum apud nos habemus* » (2). Saint Thomas emploie assez ordinairement le mot de saint Augustin, « verbe mental » ; mais les autres scholastiques disent plus volontiers *espèce expresse*, à l'exemple du même saint Docteur qui fait souvent usage des mots *similitudo expressa*.

12. Il nous reste maintenant à considérer l'idée ou espèce dans son acte premier. La connaissance représentative de l'objet, avons nous dit plus haut avec saint Augustin, réclame le concours de deux facteurs, du sujet connaissant et de l'objet connu : *ab utroque notitia paritur, a cognoscente et a cognito*. Or, dans la perception directe, l'objet pris dans son entité réelle existe en dehors du sujet connaissant, et, comme tel, ne peut concourir à l'acte de connaissance ; celui-ci, en effet, étant un acte vital doit procéder d'un principe absolument intrinsèque au sujet pensant. Il faut donc que l'objet, pour influer sur la connaissance, s'unisse d'abord intimement au principe intelligent, à l'aide de quelque chose qui le remplace et lui permette de se transformer pour ainsi dire en lui et de vivre de sa propre vie. Cet élément intermédiaire qui doit ainsi pénétrer dans l'intelligence et rendre possible l'influence de l'objet réel dans l'acte de connaissance, c'est l'idée en *acte premier*, l'*espèce impresse*, comme l'appelaient les scholastiques. C'est elle qui informe l'intellect et le rend apte à émettre tel ou tel acte second qui sera l'expression idéale de tel ou tel objet. Autrement la connaissance serait impossible comme le prouve également, d'ailleurs, la raison suivante. Notre intelligence est par elle-même indifférente à toute sorte de perceptions, et l'on sait qu'un être indifférent, en tant que tel, ne saurait jamais rien produire de lui-même. Voilà pourquoi notre intellect, pour sortir de son indifférence et faire œuvre de perception, doit être déterminé par un élément étranger, capable de faire briller à ses yeux, dans l'acte de la connaissance, tel objet plutôt que tel

---

(1) *De Genesi ad litteram*. L. xii. c. 16. n. 32.
(2) *De Trinitate*, L. ix, c. 7.

autre, et de s'unir si intimement à lui qu'ils ne forment plus tous les deux qu'un seul principe de l'acte intellectif (1). Cette cause déterminante de l'acte cognitif particulier, est précisément, nous le répétons, ce que nous entendons par idée en « *acte premier* » et ce que saint Thomas désigne constamment par le nom d'*espèce intelligible*. Elle doit représenter l'objet au moins virtuellement, de même que la graine contient virtuellement la plante qui doit en sortir. L'union intime qu'elle contracte avec l'intelligence vérifie cette parole de saint Thomas, que dans l'acte de la connaissance l'intelligent et l'intelligible en acte ne forment qu'une même chose : *intellectus in actu et intelligibile in actu sunt unum* (2).

13. Saint Thomas enseigne expressément cette nécessité de l'idée en acte premier pour avoir l'idée en acte second. « L'intellect, dit-il, informé par l'espèce intelligible de l'objet (*celle que nous avons appelée idée en acte premier*), produit en lui-même par l'acte cognitif un concept intellectuel de cet objet (*c'est-à-dire l'idée en acte second*). Or, ce concept étant comme le terme de l'opération intellective, diffère de l'espèce intelligible par laquelle l'intelligence est constituée en acte, et que l'on doit considérer plutôt comme le principe de l'opération perceptive, quoique l'une et l'autre espèce, (*impresse et expresse*), soit également une image de l'objet. L'espèce intelligible, en effet, qui est la forme de l'intelligence et le principe de l'acte de la connaissance, étant une similitude de l'objet extérieur, il s'ensuit que l'intelligence se forme à elle-même une image de cet objet : car tout être opère conformément à sa condition » (3).

14. Ainsi il faut distinguer quatre choses dans l'œuvre de la connaissance : 1° la puissance intellective capable de connaître,

---

(1) « *Intelligens et intellectum, prout ex eis est effectum unum quid quod est intellectus in actu, sunt unum principium hujus actus qui est intelligere. Et ideo ex eis efficitur unum quid in quantum intellectum conjungitur intelligenti sive per essentiam suam, sive per similitudinem.* » S. Thomas. *Qq. dispp. De Cognitione Angelorum.* art. 1.

(2) *Contr. Gent.* Lib. II. c. 55.

(3) « *Intellectus per speciem rei formatus intelligendo format in seipso quamdam intentionem rei intellectæ..... Hæc autem intentio intellecta cum sit quasi terminus intelligibilis operationis est aliud a specie intelligibili quæ facit intellectum in actu, quam oportet considerari ut intelligibilis operationis principium, licet utrumque sit rei intellectæ similitudo. Per hoc enim quod species intelligibilis, quæ est forma intellectus et intelligendi principium, est similitudo rei exterioris, sequitur quod intellectus intentionem format illi rei similem ; quia quale est unumquodque, talia operatur.* » *Contra Gentes* L. I. c. 53.

mais, par elle-même, indifférente à toute sorte de perceptions ; 2° l'espèce intelligible qui en informant la puissance la constitue en acte premier et la détermine à produire tel ou tel acte particulier ; 3° l'action qui en résulte, en tant que production d'un terme qui reste dans le principe opérant, puisqu'il s'agit d'une action immanente ; 4° le dernier complément de cette action, c'est-à-dire le concept formé par l'intelligence, ou, en d'autres termes, le verbe mental que nous avons désigné sous le nom d'idée en acte second ; et cette dernière ne peut être que l'expression exacte de l'objet lui-même puisqu'elle procède de la puissance intellective informée par l'image de cet objet (par l'idée en acte premier). *Sicut, in principio actionis, intellectus et species non sunt duo, sed unum est ipse intellectus et species illustrata, ita unum in fine relinquitur, similitudo scilicet perfecta, genita et expressa ab intellectu, et hoc totum expressum est verbum, et est totum rei dictæ expressivum.*

ARTICLE IV

Étrange opinion des Ontologistes niant les idées comme formes représentatives.

15. L'idée, en tant qu'elle appartient à l'ordre de la connaissance spéculative dont nous parlons ici, n'est autre chose que cette image de l'objet, qui informe la faculté intellective. Étant donné néanmoins sa connexion intime avec l'objet représenté, on l'applique quelquefois à cet objet lui-même auquel on donne alors le nom d'idée. Ainsi nous disons parfois que l'idée de justice consiste à donner à chacun ce qui lui appartient, et que l'idée de vie consiste dans le mouvement *ab intrinseco*. Mais n'allons pas tomber dans l'erreur où pourrait nous entraîner cette transposition de termes et gardons-nous de croire que le mot idée, ainsi dépouillé de la signification primitive et formelle expliquée ci-dessus, serve toujours à désigner l'objet. C'est précisément l'erreur que commettent les Ontologistes. Ils prétendent, en effet, que l'on doit toujours entendre par idée l'objet même de notre connaissance. On pourrait à la rigueur tolérer cette interprétation, si nous étions maîtres de créer une langue à notre guise ; mais, puisqu'il nous faut user de celle qui est communément adoptée parmi les hommes au milieu desquels nous vivons, ceux-ci constatant que nous attribuons bien

aux mots le sens qu'ils leurs donnent eux-mêmes, nous croyons qu'il n'est pas en notre pouvoir de modifier, même pour un seul mot, une signification généralement admise, afin de nous prévaloir d'un sens qui nous plairait davantage.

16. Gioberti affirme d'un ton doctoral que plusieurs philosophes ont étrangement abusé du mot idée, et il prétend en conséquence lui restituer sa valeur légitime en le prenant dans une acception analogue au sens platonicien ; car, lui aussi, comme Kant, se pique de platonisme. « Par idée, nous dit-il, j'entends l'objet de la connaissance rationnelle en lui-même, en y joignant toutefois une relation avec notre entendement. » A cette parole du maître les disciples répondent en chœur que prendre l'idée pour une forme existant dans l'esprit, pour une image ou expression intellectuelle de l'objet, c'est tomber inévitablement dans le subjectivisme. On doit au contraire, d'après eux, entendre toujours par idée le véritable objet lui-même, qui n'existe point dans l'intelligence, mais se présente à elle immédiatement, face à face, en lui révélant sa présence.

D'autres, plus modérés, disent que l'idée doit plutôt s'entendre de l'objet même qui se manifeste à notre intelligence par intuition directe ; mais qu'en dehors des idées, termes premiers et immédiats de notre perception directe, on obtient par la connaissance réflexe des *notions* qui sont comme autant de copies ou expressions mentales des idées perçues auparavant.

17. Quant à la première catégorie d'Ontologistes, qui nient absolument les idées comme formes représentatives des objets dans notre esprit, tout le monde voit quelle grave confusion ils apportent dans la connaissance. Ils suppriment comme chimérique la distinction de l'ordre réel et de l'ordre idéal, et dépouillent l'intelligence de toute pensée. Tout le travail de la logique consiste à diriger l'esprit humain au point de vue spéculatif, afin qu'il parvienne à des connaissances vraies, c'est-à-dire conformes à leur objet ; ce qui suppose évidemment l'existence de deux ordres différents, l'ordre réel et l'ordre idéal, constitués, l'un par les objets eux-mêmes considérés dans leur réalité propre, l'autre par les manifestations des mêmes objets produites en nous dans la connaissance. Qu'on donne simplement à ces manifestations les noms de *notions*, *conceptions*, *intuitions*, ou *formules idéales*, comme le voulait Marsile Ficin (1), peu importe ; toujours est-il qu'on doit certainement les admettre si l'on ne veut pas identifier les

---

(1). *Nisi sint ideæ penes Deum et ideales in nobis formulæ, peribit dialectica omnisque philosophia.* In Parmenidem. c. 34.

deux ordres dont nous parlions tout à l'heure ; et, puisqu'elles consistent dans une sorte de vision idéale au moyen de laquelle l'objet se révèle au sujet connaissant, c'est à bon droit qu'on les apppelle idées. Cette dénomination ayant toujours été en usage parmi les philosophes, au point de passer même dans le langage vulgaire, il y aurait imprudence à la rejeter, attendu qu'en délaissant cette signification primitive on risque de répudier du même coup la chose qui s'y trouve exprimée, et cela, au grand détriment de la science. C'est précisément ce que font les Ontologistes : ils torturent le mot idée pour lui faire signifier l'objet lui-même, sans autre motif que d'exclure les représentations mentales. Mais, quand on les aura exclues, sur quoi désormais fera-t-on reposer l'ordre idéal ? Les objets restant seuls dans leur entité propre, seul aussi restera l'ordre qu'ils constituent, c'est-à-dire l'ordre réel, que nous ne pourrons plus percevoir, puisque la perception est impossible sans un acte mental qui représente l'objet, et que cette représentation de l'objet constitue précisément l'idée dans le sens abhorré des Ontologistes. Nos adversaires, pour être conséquents, devraient nier absolument la possibilité de la connaissance et ne reconnaître que le seul ordre réel.

18. Pour échapper à une conséquence aussi désastreuse, Gioberti a recours à sa fameuse addition de la *relation avec notre entendement*, qu'il accorde aux objets pour les transformer en idées. Mais tout le monde voit l'insuffisance d'un pareil palliatif ; car, même avec cette concession, les objets n'en restent pas moins dans leur ordre réel, sans en sortir ; tout au plus revêtent-ils le caractère du vrai considéré au point de vue ontologique, c'est-à-dire en tant qu'il s'identifie avec l'être. Une relation n'a jamais pour effet de faire passer un sujet d'un état à un autre; elle le laisse intact, pour le rapporter seulement à un terme différent de lui-même. Ainsi donc, la relation avec notre connaissance laisse absolument l'objet dans sa réalité ; elle ne fait qu'y ajouter cette dénomination extrinsèque d'être ou de pouvoir être perçu par nous. L'ordre idéal, au contraire, en quelque genre de connaissance que ce soit, même dans la connaissance directe, consiste précisément dans les perceptions du sujet intelligent, en tant qu'elles sont pour lui des manifestations de l'être réel ; manifestations qui, à ce titre, doivent se trouver dans le sujet et non dans l'objet. Autrement, comment se pourrait-il que l'un de ces ordres fût la représentation, la répétition, l'exacte reproduction de l'autre ? Ne serait-il pas parfaitement ridicule d'entendre un philosophe nous expli-

quer la chose ainsi : *l'ordre idéal se conforme par une connaissance exacte avec l'ordre réel, parce que les objets, grâce à leur relation avec notre entendement, se conforment à eux-mêmes considérés sans cette relation.* Voilà pourtant le langage que devraient tenir les Ontologistes.

Mais, ce qui est pis encore, c'est que, même si on leur concède cette étrange manière de parler, ils ne font guère, comme on dit vulgairement, que donner un coup d'épée dans l'eau. Supposons, en effet, que l'objet puisse à la rigueur être appelé idée en tant qu'il est doué d'une relation avec notre entendement; ceci ne supprime pas le moins du monde la nécessité des formes représentatives pour le sujet pensant; car, même dans cette hypothèse, on est forcé de regarder l'acte de connaissance comme quelque chose qui se distingue de l'objet sans cesser pour cela d'avoir une relation avec lui ; cette relation ne peut être fondée que sur la possession de ce même objet, non pas sans doute considéré dans sa réalité, puisqu'ainsi il existe en dehors de la connaissance, mais considéré dans une image qui la représente. Pourquoi alors changer le nom puisque la chose reste, et qu'on est obligé de conserver ce que nous entendons précisément par idée? Ceci montre, une fois de plus, que cette théorie des Ontologistes tend, au fond, à dépouiller notre esprit de toute pensée en lui enlevant son action propre qui n'est explicable qu'à la condition de supposer les idées distinctes de l'objet. Si nous sommes vraiment principes d'opérations intellectives, si vraiment nous faisons une action, celle-ci ne peut être qu'une expression intérieure de l'objet, une parole intellectuelle par laquelle nous proférons mentalement et nous exprimons à nous-mêmes l'objet de notre connaissance; ce qui fait dire à Balmès, avec raison, que « *nous ne connaissons que par le moyen d'une représentation, sans laquelle la connaissance serait incompréhensible.* » (1).

19. Nous en dirons autant des Rosminiens qui, tout en faisant profession de n'être point Ontologistes et de suivre saint Thomas, n'en soutiennent pas moins obstinément que, dans l'ordre spéculatif, l'idée est le terme perçu par l'intelligence. Pour eux, l'idée est, à proprement parler, l'objet intelligible et ils en donnent pour preuve cette raison : qu'une chose, pour être connue, doit être dans l'esprit et que l'esprit ne peut recevoir en soi l'objet lui-même, mais seulement l'idée. Or, c'est exactement par cette même raison que saint Thomas démontre

(1) BALMÈS. *Philos. fondamentale*, L. I, c. 11.

tout juste l'opposé, à savoir que l'idée n'est pas l'objet intelligible, mais seulement le principe subjectif qui détermine l'être intelligent à le percevoir : *principium cognitionis ipsius secundum quod formæ cognoscibilium dicuntur esse in cognoscente.* Si, en l'effet, l'idée est le moyen qui permet au sujet connaissant de recevoir la forme de l'objet, on ne saurait évidemment l'identifier avec la réalité propre de cet objet; elle n'en peut être qu'une image ou représentation. Donc, si nous ne voulons pas évoquer *ab inferis* le formalisme de Kant, d'après lequel l'esprit ne percevrait que ses propres images, il faut admettre que l'idée n'est pas l'objet intelligible, mais seulement un principe subjectif déterminant de la connaissance de cet objet. Ceci est absolument vrai, au moins pour la connaissance directe; attendu que, dans la connaissance réflexe, l'idée peut fort bien jouer le rôle d'objet. C'est ce qui arrive quand l'intelligence, après avoir perçu un objet extérieur, retourne son regard sur elle-même, pour saisir son propre acte et le principe d'où il procède.

Mais il est nécessaire que l'acte, qui devient ainsi objet de la connaissance réflexe, ait eu préalablement pour objet quelque autre chose différente de lui-même : car il est de toute impossibilité que le terme auquel tend une action soit en même temps la forme qui la constitue. S'il en était autrement, nous ne devrions éprouver aucune répugnance pour les rêveries transcendantales de Fichte et de Hégel, alors que l'un donne pour point de départ au développement de la connaissance le *moi*, qui par la pensée se pose en même temps qu'il pose l'objet distinct de lui-même; tandis que l'autre part de la raison abstraite de l'être qui, agissant dans une indépendance absolue de tout élément présupposé, tire de son propre fonds l'univers et la science. C'est ainsi que, d'une manière absolument analogue, l'idée, qu'il est impossible de concevoir autrement que comme représentation d'un objet, serait elle-même l'objet représenté à l'esprit.

Il ne suffit pas de répondre que dans ce cas l'idée serait perçue immédiatement sans avoir besoin d'être représentée : car, comme il n'y a pas de perception possible sans un acte percevant et exprimant la chose perçue, cet acte même en tant qu'expression de l'idée serait justement l'idée au sens que nous avons déjà plusieurs fois expliqué; son nom seul se verrait sans raison appliqué à l'objet même qu'elle représente.

ARTICLE V.

Inutilité des « notions » introduites par les Ontologistes modérés.

20. Ce que nous avons dit jusqu'ici s'adresse aussi bien aux Ontologistes rigides qu'aux Ontologistes modérés; car ils s'accordent tous à rejeter toute idée représentative dans l'intuition directe de la vérité; comme s'il était possible de concevoir cette vision sans l'expression mentale de la chose qu'on y voit; comme si cette expression mentale, par là même qu'elle informe l'intelligence, n'était pas véritablement une idée représentative. Mais les Ontologistes modérés apportent à cette opinion, qu'ils partagent avec tous les autres, une modification avec laquelle ils estiment pouvoir se frayer un chemin entre les partis opposés. Ils prétendent qu'outre la perception directe que nous en avons, les idées laissent en nous des copies et des images appartenant à l'ordre réflexe, et que l'on pourrait appeler « notions ». Ils raisonnent ainsi de manière à tout accorder. Avec les Ontologistes purs, ils admettent l'intuition immédiate de l'intelligible sans le secours des formes représentatives, tout en concédant par ailleurs aux adversaires de l'Ontologisme l'existence de ces formes dans le développement de la connaissance réflexe.

21. Laissant de côté toute autre considération, qui ne voit la parfaite inutilité de ce nouveau bagage intellectuel? Si, en effet, l'esprit possède par avance, comme on le prétend, l'intuition directe et immédiate des idées, à quoi bon ce dernier travail d'une seconde formation de copies imitatrices? Quoi de plus inutile? Que Platon ait admis, outre les idées, des ressemblances idéales empreintes dans notre esprit, rien de plus facile à comprendre, puisque les idées, dont il faisait des formes subsistant en elles-mêmes en dehors de la matière et du sujet pensant, ne pouvaient, d'après lui, être connues qu'au moyen de représentations qui en dérivaient dans chacune des intelligences humaines; dans ces conditions, l'usage de ces sortes d'images représentant les types intelligibles pouvait paraître rationnel. Aussi la controverse roulait-elle alors exclusivement sur l'hypothèse préalable concernant le mode de subsistance de ces formes et la valeur des termes employés pour les désigner.

Mais, pour qui suppose que les idées ont été déjà précédemment contemplées en elles-mêmes, il paraît tout-à-fait superflu d'introduire un autre ordre de « notions », à titre d'images nouvelles imitant les premières. Ces vains simulacres peuvent-ils faire autre chose que troubler et renverser la connaissance ? On nous concède qu'ils sont subjectifs ; or, une forme subjective, nos adversaires en conviennent, ne saurait nous faire connaître la vérité, mais seulement l'ombre et l'apparence de la vérité. Si nous n'avions pas l'intuition immédiate et directe, à la bonne heure ; nous pourrions nous résigner à employer ces images, faute de mieux. Mais puisque nous possédons, grâce à l'Ontologisme, cette bienheureuse intuition de la vérité sans voiles, pourquoi nous charger de l'embarras d'en former des copies ? On dira : c'est pour l'exercice de la réflexion. Mais la réflexion n'est qu'un retour de l'âme sur une connaissance précédente, grâce auquel elle revoit en quelque sorte et repasse en elle-même l'objet connu ; pourquoi donc alors, ne s'exercerait-elle pas sur l'objet qui nous est déjà présent par lui-même, afin d'y découvrir graduellement les innombrables vérités qu'il renferme en son sein ?

22. C'est en vain que nos adversaires invoquent l'exemple d'un peintre qui, après avoir vu un objet, le retrace ensuite dans un tableau pour le contempler. L'artiste, en effet, se crée une image de l'objet, parce qu'il ne peut en conserver toujours l'original avec lui. Mais, s'il lui était possible de transporter partout où il se trouve et de montrer à sa guise aux curieux le modèle qui l'a charmé, je ne sais s'il prendrait jamais la peine de le fixer sur la toile avec son pinceau, à moins toutefois qu'il ne voulût s'y déterminer pour se récréer ou faire montre de l'habileté qu'il a acquise dans son art. Or, d'après les principes de l'Ontologisme, notre esprit a constamment sous la main et présent devant lui l'original, c'est-à-dire, les idées qu'il contemple continuellement, sans intermédiaire d'aucune sorte. Pourquoi alors s'imposerait-il l'embarras de le reproduire en autant d'images idéales qui, tout élaborées qu'on les suppose, ne pourront jamais atteindre la perfection du prototype ? Si ce n'est pas là un pur jeu d'imagination, nous ne saurions concevoir une raison suffisante d'un tel travail. Ajoutons encore que, pour la méditation de la vérité et pour toutes les autres opérations intellectuelles, il vaudra toujours mieux pour l'esprit faire appel à des intuitions directes qu'il peut à son gré repasser en lui-même, sans recourir à la création de ces images ou similitudes idéales, qui semblent aussi inutiles à la

connaissance réflexe que nuisibles, à la connaissance directe. Quoiqu'il en soit, les Ontologistes étant, par la grâce de Dieu, parvenus à puiser immédiatement le vrai dans sa source réelle, il est évidemment plus sûr pour eux de s'en tenir là dans la méditation et le raisonnement, sans jamais tourner leurs regards vers des copies souvent inexactes, qui pourraient en obscurcir, ou, tout au moins, en fausser la perception.

ARTICLE VI

Dans quel sens l'on peut et l'on doit dire que l'idée est subjective.

23. La connaissance intellective est une représentation mentale de l'objet. Elle est donc informée par l'être même de l'objet; non, sans doute, de l'objet pris dans sa subsistance réelle, puisqu'ainsi considéré il n'existe qu'en soi, mais de l'objet pris dans cette subsistance idéale qu'il ne possède que dans la connaissance, et que l'on ne peut nier sans détruire en même temps et l'acte et la possibilité même de la pensée. Or, on appelle précisément *idée* cette forme représentative, cette image intellectuelle qui constitue en acte, soit la puissance cognitive, soit la connaissance même qui en procède. Il est donc aussi impossible de nier l'idée qu'il est impossible de nier que nous connaissons, et, qu'en connaissant nous exprimons un objet. Mais la connaissance est, en outre, un acte vital et immanent, c'est-à-dire un acte qui, non-seulement procède d'un principe intrinsèque au sujet pensant, mais encore s'accomplit, se termine et demeure en lui. Ce dernier renferme donc tous les éléments qui constituent intrinsèquement la connaissance. L'idée doit résider dans le sujet par là même qu'elle est principe subjectif déterminant de la connaissance et forme de l'acte cognitif lui-même. Méconnaître ce principe, c'est méconnaître la nature même de la connaissance et enlever toute pensée à l'esprit humain. C'est ce que nous avons établi dans les articles précédents et par où l'on voit clairement sous quel rapport l'idée peut, dans la rigueur des termes, être appelée subjective.

24. Avec la profondeur accoutumée de ses aperçus, saint Thomas nous donne, en général, de la nature de l'être cognitif une notion qui porte précisément sur ce point, qu'un sujet peut, sans perdre sa propre actualité, recevoir en lui-même les

formes d'autres êtres distincts de lui-même. « Les êtres doués de connaissance, dit-il, se distinguent de ceux qui en sont privés, en ce que ces derniers sont condamnés à rester dans les limites de leur propre actualité, alors que l'être connaissant est apte à recevoir, en outre, les formes des autres choses. Car, dans le connaissant se trouve l'espèce ou image de l'objet connu ; d'où il suit que la nature des êtres qui n'ont point la faculté de connaître est plus restreinte et plus limitée ; tandis que celle des êtres cognitifs possède une extension et une ampleur plus considérable. C'est ce qui fait dire à Aristote que l'âme pensante est en quelque sorte toutes choses (1). » Cette espèce d'universalité d'appréhension, cette propriété de recevoir une sorte de communication d'êtres distincts de soi-même, cette aptitude à recueillir d'une certaine manière en sa propre nature tout ce qui participe de l'être dans un degré quelconque, voilà ce qui constitue comme le caractère distinctif de l'excellence, de la grandeur, de la noblesse de l'esprit.

25. Cette merveilleuse théorie s'enchaîne étroitement avec une doctrine plus générale encore de saint Thomas touchant la graduation hiérarchique de tous les êtres qui composent l'univers. Ils sont en effet plus ou moins parfaits suivant qu'ils sont plus ou moins aptes à se dégager des limites étroites de leur propre individualité concrète. Au dernier degré de l'échelle se trouvent les corps inorganiques entièrement restreints à la seule individualité physique dans laquelle ils subsistent. Absolument incapables de franchir les bornes de leur propre existence singulière, ils y demeurent sans s'identifier jamais à aucun autre être, et ne peuvent s'accroître que par la juxtaposition de parties nouvelles. Immédiatement au-dessus viennent les êtres doués d'organisme et de vie végétative ; ceux-ci, par leur double faculté nutritive et générative s'éloignent, en quelque façon, de l'isolement des minéraux ; car on les voit, par leur action vitale, transformer en leur propre substance les sucs qu'ils puisent dans la terre, et aussi reproduire et propager leur espèce en d'autres individus, grâce à la fécondité de leurs germes. Plus

---

(1) *Cognoscentia a non cognoscentibus in hoc distinguuntur quia non cognoscentia nihil habent nisi formam suam tantum, sed cognoscens natum est habere formam etiam rei alterius; nam species cogniti est in cognoscente. Unde manifestum est quod natura rei non cognoscentis est magis coarctata et limitata ; natura autem rerum cognoscentium habet majorem amplitudinem et extensionem : propter quod dicit Philosophus* (3 *de Animâ, text.* 77.) *quod anima est quodammodo omnia.* S. Thomas. *Summa theol.*, 1. p., q. xiv, art. 1.

grande encore est la capacité et par conséquent la perfection des êtres vivants doués de la faculté de sentir, qui, sans cesser d'être ce qu'ils sont, possèdent en eux la représentation de tout le monde corporel ; ils sont comme autant de miroirs où viennent se refléter les formes des objets qui font impression sur les organes du corps. Arrivés à l'être intelligent, nous pouvons admirer une extension et une amplitude vraiment merveilleuse. Sans changer de nature, il peut parvenir à se représenter idéalement en lui-même toute espèce de réalités en reproduisant intérieurement, dans l'immanence de sa pensée, l'être de tout objet matériel ou spirituel, existant ou possible. Le principe intelligent, loin de rester circonscrit dans sa substance individuelle, devient, en quelque manière, « toutes choses » par la ressemblance idéale qu'il en reçoit. Voilà pourquoi l'apôtre saint Jean dit que nous devenons semblables à Dieu par la révélation qu'il fait de son essence aux bienheureux, dans le ciel : *cum apparuerit, similes ei erimus ; quoniam videbimus eum sicuti est ;* et Dante exprime énergiquement dans un langage profond cette intime communication du connaissant et du connu :

> *Dio vede tutto e tuo veder s'inluia.*
> *S'io m'intuassi, come tu t'immii.* (1)

Or, la perception étant un acte immanent qui se termine dans le principe d'où il procède, le sujet doit nécessairement être informé par l'image de l'objet qui s'y trouve contenu ; qu'on la considère comme déterminant l'esprit à émettre l'acte de la connaissance, ou comme définitivement exprimée par ce dernier dans la parole mentale. Que si l'on donne à cette image le nom d'idée, il est clair qu'en ce sens l'idée est subjective, c'est-à-dire une actualité du sujet : autrement, la connaissance serait inexplicable, et, pendant qu'on l'affirmerait en paroles, on la nierait dans le fait.

ARTICLE VII

La subjectivité de l'idée ne rend pas l'objet subjectif.

26. Il s'en trouvera sans doute qui, sur les explications données jusqu'ici, nous accuseront de subjectivisme et diront que si l'idée est subjective, on en doit conclure que l'objet de la

---

(1) « Dieu voit tout et ta vue le pénètre... si je me voyais moi-même comme tu te vois en moi. » *Paradiso*, c. IX.

connaissance n'est rien qu'une simple forme du sujet pensant, en d'autres termes, un pur élément subjectif. Étrange conclusion, en vérité, qui suppose concédé par nous ce que précisément nous avons toujours nié jusqu'à présent, à savoir que l'idée est l'intelligible direct. Pour qu'une pareille conséquence devînt légitime, voici comment il faudrait raisonner : l'intelligible ou objet de la connaissance directe, c'est l'idée ; or, d'après nous, l'idée est subjective : donc, d'après nous, l'intelligible ou objet de la connaissance directe, est subjectif. Qui ne voit qu'un pareil syllogisme tombe si l'on vient à nier la majeure ? C'est précisément ce qui arrive dans le cas présent. Car voici comment nous avons raisonné : bien qu'on entende parfois par *idée* l'objet même de l'intellection (par exemple, lorsque nous disons : l'idée de justice demande qu'on donne à chacun ce qui lui appartient), on l'emploie cependant plus communément pour signifier la représentation mentale de l'objet ou la forme d'une chose en tant qu'elle subsiste dans le sujet pensant, qu'on la considère soit dans l'acte premier, soit dans l'acte second de la connaissance. Or, cette forme, encore qu'elle procède de l'objet, n'en est pas moins une actuation du sujet qui la perçoit, une modification de la puissance cognitive, un complément de son acte ; et partant, sous ce rapport, il est nécessaire qu'elle soit subjective, puisqu'elle réside dans le sujet et devient sa propriété (1). Mais il est évident, par là même, qu'on ne saurait la prendre pour l'intelligible ou objet de la perception dont elle n'est que le principe et le *moyen* et non pas le *terme*; d'où il suit que ce n'est pas l'intelligible, c'est-à-dire le terme de la perception, qui est subjectif, mais bien l'idée en tant que principe et moyen de la connaissance. Par conséquent, la subjectivité de l'idée n'entraîne pas le moins du monde la subjectivité de l'objet ; elle l'exclut au contraire, à proprement parler, puisqu'il est impossible que le principe s'identifie avec le terme et le moyen avec la fin.

27. Savez-vous d'où découle bien plutôt le subjectivisme ? Il découle inévitablement de la doctrine de ceux qui, après avoir, comme de raison, distingué l'idée de la réalité physique et

---

(1) *Licet utrumque sit accidens, species scilicet* (l'idée en acte premier) *et verbum ex specie genitum* (l'idée en acte second), *quia utrumque est in anima tanquam in subjecto ; verbum tamen magis transit in similitudinem substantiæ* (exprime mieux la substance, c'est-à-dire l'objet représenté) *quam species ipsa*. S. Thomas. Opusc. 14. *De natura verbi intellectus.*

subsistante des choses que nous connaissons, tiennent, pour point de départ et pour fondement de leur théorie, que les idées, et les idées seules, sont l'objet direct de la connaissance. Ceux-là s'enferment nécessairement eux-mêmes dans le cercle du subjectif où il n'y a d'inhérentes au sujet que de simples formes idéales ; et ils ne peuvent sortir de là qu'à la condition de se jeter dans l'Ontologisme en confondant les actes de notre esprit avec les actes mêmes de l'intelligence divine. Ainsi font les Rosminiens. Est-il besoin de dire le trouble que cette erreur doit jeter dans la philosophie ?

L'idée, en tant précisément qu'inhérente à l'intelligence humaine, est évidemment quelque chose de subjectif. Si donc on en fait l'intelligible, c'est-à-dire le terme direct de la perception, la connaissance idéale, par elle-même, ne sortira jamais du sujet : elle s'y concentrera uniquement sur ce qui appartient à son domaine et il est impossible de découvrir dans l'ordre intellectuel aucun moyen de la faire passer à l'objet, l'idéal ne pouvant jamais, par lui seul, produire le réel. On devrait, pour sauvegarder la connaissance du réel, dans l'hypothèse de l'idée-objet, recourir nécessairement à l'identification de l'idéal avec le réel, de la connaissance avec l'être, du subjectif avec l'objectif. Nous voici en plein hégélianisme. Si nous ne voulons pas tomber dans les rêves panthéistes du sophiste allemand, il nous faut absolument admettre dans notre perception une dualité primitive, une distinction réelle entre le sujet et l'objet, entre la connaissance et l'être, et par conséquent aussi entre l'idée et l'objet qu'elle nous fait connaître. L'idée est en nous, mais elle a une relation nécessaire avec l'objet ; or, toute relation requiert une opposition et par conséquent une distinction de termes.

28. Nos adversaires ont beau ajouter que l'idée perçue par la pensée devient ensuite un moyen de connaître le monde réel extérieur, en vertu d'un jugement où elle se réunit à la sensation qui résulte en nous de l'action d'une cause externe. Laissons de côté cette étrange réunion de deux éléments aussi différents et opposés entre eux que le sont la sensation et l'idée, pour ne voir dans cette doctrine que la réédition, sous une autre forme, du système de Kant. A quoi, en effet, se réduit en définitive le fameux idéalisme de ce patriarche du rationalisme allemand ? A faire de la connaissance objective un produit de deux éléments, dont l'un est une *forme a priori* qui existe dans notre esprit indépendamment de l'expérience ; et l'autre, une *matière* que fournissent les sensations ou impressions déterminées dans nos

organes par l'action des corps extérieurs ; d'où il conclut que notre connaissance ne peut franchir les limites de l'expérience sensible, et qu'elle est, dans ce domaine, restreinte aux seuls phénomènes, aux seules représentations. La raison qu'il en donne ne laisse pas d'être spécieuse dans son système; car, pour lui, l'expérience sensible peut seule fournir les matériaux sans lesquels la forme rationnelle n'offre qu'une perception vide de sens; d'un autre côté, les objets sensibles eux-mêmes ne sont connus qu'à travers les intuitions d'espace et de temps, autres formes immanentes et subjectives de l'esprit. On ne saurait nier la grande ressemblance qui existe entre cette théorie et la doctrine que nous combattons; elle aussi, explique la connaissance du réel au moyen de deux facteurs : l'un *a priori*, l'idée comme forme des perceptions; l'autre *a posteriori*, c'est-à-dire la sensation en tant qu'impression organique. Si les principes sont analogues, ou, pour mieux dire, identiques, pourquoi n'en serait-il pas de même des conclusions? Mais, en outre, deux éléments subjectifs peuvent-ils, par leur réunion, donner autre chose qu'un composé subjectif? Or, d'après nos adversaires, la sensation est subjective, puisqu'ils ne lui donnent pour terme, dans le sujet sentant, qu'une pure émotion passive. Quant à l'idée, ils la tiennent, sous tous rapports, pour absolument subjective; car elle est, dans son entité d'abord, distincte des objets réels en tant que forme inhérente à l'esprit, et, de plus, elle s'en distingue encore comme forme représentative, puisqu'elle ne joue sous ce rapport qu'un rôle secondaire et accidentel, dans un système qui fait de l'idée non le « moyen », mais le « terme » même de la connaissance directe. Nous constatons une fois de plus, avec le vieil adage, que les extrêmes se touchent. Vouloir en effet, que l'idée soit objective, non parcequ'elle exprime l'objet, mais parcequ'elle est l'objet même, n'est-ce pas au fond la rendre absolument subjective ?

29. Ce n'est donc pas tomber dans le subjectivisme que d'affirmer, comme on doit le faire, le caractère subjectif de l'idée considérée dans son inhérence au sujet pensant. On y arrive bien plutôt, en faisant de l'idée l'objet de la connaissance directe, après l'avoir présentée comme distincte des réalités extérieures. En résumé : ou l'idée se confond avec l'être réel, ou elle s'en distingue ; avec la première supposition, chère aux Ontologistes, on tombe nécessairement dans l'hégélianisme; si on tient pour la seconde, il faut de nouveau choisir entre ces deux alternatives : l'idée peut alors être regardée ou comme objet ou

comme moyen de la connaissance directe; la première de ces deux hypothèses mène droit au subjectivisme et au kantisme ; il ne reste donc qu'à embrasser la seconde et à tenir pour certain que l'idée est vraiment autre chose que la réalité des objets, considérés dans leur subsistance propre, et surtout, qu'elle n'est pas l'objet intelligible, mais seulement le principe et le « moyen » de la connaissance.

ARTICLE VIII

L'idée, d'après saint Thomas, n'est pas le terme mais le « moyen » de la connaissance.

30. Il est indubitable que la doctrine de saint Thomas est bien exactement celle que nous avons exposée jusqu'ici. Le saint Docteur affirme nettement que l'idée, appelée par lui *espèce intelligible*, n'est pas ce que l'on connaît, mais ce par quoi l'on connaît : *non est id quod intelligitur*, mais *id quo intelligitur*. Citons quelques-uns des passages où il enseigne cette doctrine avec le plus de clarté. Après avoir réfuté les platoniciens qui voulaient que les idées fussent l'objet même de notre connaissance, il conclut ainsi : (1) « L'espèce intelligible est donc, par rapport à l'intelligence, le moyen qu'emploie celle-ci pour accomplir l'acte de la connaissance ; en voici la preuve : comme on l'enseigne dans la Métaphysique (liv. 9. texte 16,) il y a deux sortes d'action; l'une qui reste dans le principe d'où elle émane, comme, par exemple, l'action de voir, de comprendre ; et l'autre qui passe pour ainsi dire à l'extérieur, comme

---

(1) *Et ideo dicendum est quod species intelligibilis se habet ad intellectum ut quo intelligit intellectus, quod sic patet : cum enim sit duplex actio, sicut dicitur 9 metaph. textu 16), una quæ manet in agente (ut videre et intelligere); et altera quæ transit in rem exteriorem (ut calefacere et secare); utraque fit secundum aliquam formam. Et sicut forma secundum quam provenit actio tendens in rem exteriorem, est similitudo objecti actionis (ut calor calefacientis est similitudo calefacti); similiter forma secundum quam provenit actio manens in agente, est similitudo objecti. Unde similitudo rei visibilis est secundum quam visus videt; et similitudo rei intellectæ, quæ est species intelligibilis, est forma secundum quam intellectus intelligit. Sed quia intellectus supra seipsum reflectitur, secundum eamdem reflexionem intelligit et suum intelligere et speciem quâ intelligit. Et sic species intellecta secundario est id quod intelligitur ; sed id quod intelligitur primo est res cujus species intelligibilis est similitudo.* Summa theol., I. P., Q. LXXXV, art. 2.

l'action de chauffer, de couper. Or, l'une et l'autre s'accomplit en vertu d'une forme qui en est le principe. Et, de même que la forme qui a son terme dans un objet extérieur, n'est autre qu'une ressemblance de ce même objet comme on le voit dans l'exemple cité plus haut où la chaleur du principe calorifique ressemble à l'objet échauffé ; ainsi, la forme d'où provient l'action immanente est une ressemblance de l'objet sur lequel elle s'exerce. Voilà pourquoi, dans l'ordre de la sensation, la perception visuelle ne se fait qu'au moyen d'une image de l'objet visible. C'est aussi au moyen d'une espèce intelligible ou image de l'objet que l'esprit accomplit l'acte de connaissance. Mais comme l'intelligence peut se réfléchir sur elle-même, elle saisit dans une même opération réflexe son acte de connaissance et l'espèce qui l'y détermine. Et ainsi, l'espèce est objet de perception dans l'ordre secondaire de la réflexion ; mais, ce qui est perçu tout d'abord, c'est la chose même qui se trouve représentée dans l'espèce intelligible. »

31. On peut voir, après cela, avec quel fond de raison et de vérité, les Ontologistes reprochent aux péripatéticiens (c'est ainsi qu'ils désignent les scholastiques, et, à leur tête, saint Thomas), de donner pour objet propre et immédiat à notre esprit une simple forme créée, l'espèce impresse ou expresse, vain simulacre de la vérité ! Saint Thomas pouvait-il cependant dire plus explicitement le contraire ? Pouvait-il affirmer en termes plus clairs que la chose elle-même et non l'espèce intelligible qui la représente est, avant tout, dans la connaissance directe, l'objet immédiat de la perception ; encore que, dans dans l'ordre secondaire de la connaissance réflexe, l'espèce, comme forme subjective, puisse à son tour devenir objet de la connaissance ? *Species secundario est id quod intelligitur ; sed id quod intelligitur primo est res cujus species intelligibilis est similitudo.* Cette remarque faite en passant, revenons à notre sujet.

32. Un auteur s'est trouvé qui, pour soutenir que l'idée est l'intelligible direct et que tel est bien l'avis de saint Thomas, a fait appel à ce passage de la *Somme théologique* où le saint Docteur, après s'être demandé s'il y a des idées en Dieu, répond affirmativement en se servant de cette phrase : *Ideam operati esse in mente operantis sicut quod intelligitur* (1). Voilà donc, disait-il, comment, pour saint Thomas, l'idée est l'« objet » et non le « moyen » de la connaissance. Mais, pour peu qu'on n'ait pas ou-

---

(1) *Summa th.*, I. p., q. xv, art. 2.

blié ce que nous avons dit dans le premier et le troisième article, on s'apercevra aisément que ces paroles, en les prenant même en dehors de leur contexte, réfutent précisément la thèse qu'on prétend leur faire prouver. Il est clair, en effet, que saint Thomas prend ici l'idée en tant qu'elle se rapporte à l'intellect pratique, et qu'elle exprime l'exemplaire ou modèle que l'artiste se propose d'imiter dans son œuvre, *ideam operati in mente operantis*. Or, il est évident qu'on peut et qu'on doit considérer l'idée ainsi entendue, comme objet de la connaissance ; car elle revêt, dans ce cas particulier, le caractère d'objet, puisque c'est elle que l'artiste a en vue quand il se met à l'œuvre. Mais tout ceci est en dehors de la question, attendu que nous parlons de l'ordre spéculatif et non de l'ordre pratique dont nous aurons à nous occuper plus tard. D'ailleurs, l'idée prise comme forme exemplaire appartient au domaine de la connaissance réflexe, tandis que nous n'avons affaire ici qu'à la connaissance directe. En un mot, nous prenons l'idée comme une simple forme représentative, que saint Thomas désigne constamment sous le nom d'*espèce* ; et s'il lui arrive parfois de l'appeler idée, il ajoute aussitôt que ce n'est point le nom qu'on lui donne le plus communément (1).

33. Mais la faiblesse de l'objection apparaît encore avec plus d'évidence si l'on puise à la source même le sens de la phrase en question. Le lecteur ne trouvera sans doute pas inutile que nous lui mettions le passage tout entier sous les yeux. Après avoir conclu qu'*il y a plusieurs idées en Dieu*, par la raison que Dieu, dans la création, a eu en vue l'ordre de l'univers, ce qui ne saurait être s'il n'avait eu, en même temps, la connaissance de toutes les parties qui concourent à en assurer l'harmonie, le saint Docteur se demande comment il est possible de concilier cette conclusion avec la simplicité divine. Voici sa réponse : « On voit aisément que l'existence des idées en Dieu ne répugne pas à sa simplicité si l'on remarque que l'idée d'un effet produit préexiste dans la pensée de son auteur, comme objet direct de sa connaissance, et non comme l'espèce ou moyen qui est la forme par laquelle la faculté intellective est déterminée à l'acte de la perception. La forme d'un édifice

---

(1) *Si idea sit forma cognitionis practicæ*, sicut magis est in communi usu loquentium, *sic non est idea nisi eorum quæ vel fuerunt vel sunt vel erunt; si autem sit forma etiam speculativæ cognitionis, sic nihil prohibet et aliorum, quæ non sunt nec fuerunt nec erunt, esse ideam*. S. Thomas. *Qq. dispp.*, Quæst. *De scientiâ Dei*, art. 8. ad. 3.

dans la pensée de l'architecte est elle-même un objet de perception dont il réalise l'imitation dans la nature. Or, la simplicité de Dieu n'a rien à craindre de la multiplicité des objets connus par lui ; cette divine simplicité serait au contraire compromise si l'intellect divin devait être informé par plusieurs espèces. Il y a donc en Dieu plusieurs idées, prises en tant qu'objets différents et immédiats de sa connaissance, ce que l'on peut expliquer de la manière suivante : Dieu connaît parfaitement son essence ; il la connaît donc suivant tous les degrés de son intelligibilité : or, cette essence peut être connue non seulement pour ce qu'elle est en elle-même, mais encore en tant que participable, c'est-à-dire communicable aux créatures dans une certaine analogie de ressemblance, toute créature ayant, dans la nature qui lui est propre, une certaine participation de ressemblance avec l'essence divine. Ainsi donc, par là même que Dieu connaît son essence en tant que diversement imitable par telle ou telle créature, il la connaît comme raison et idée propre de cette créature ; et ainsi pour les autres. Il est donc évident que Dieu connaît plusieurs raisons propres à des êtres différents et par conséquent plusieurs idées. (1). »

34. L'idée dont parle ici saint Thomas est prise pour la raison propre d'un être, en tant qu'elle est conçue par l'artiste à la manière d'un type auquel il veut conformer son œuvre ; et c'est l'idée ainsi entendue que nous disons être *id quod intelligitur*. Mais le saint Docteur, au même endroit, s'empresse de

---

(1) *Hoc autem quomodo divinæ simplicitati non repugnet facile est videre, si quis consideret ideam operati esse in mente operantis sicut quod intelligitur : non autem sicut species qua intelligitur, quæ est forma faciens intellectum in actu. Forma enim domus in mente ædificatoris est aliquid ab eo intellectum, ad cujus similitudinem domum in materiâ format. Non est autem contra simplicitatem divini intellectus quod multa intelligat ; sed contra simplicitatem ejus esset, si per plures species ejus intellectus formaretur. Unde plures ideæ sunt in mente divinâ ut intellectæ ab ipso ; quod hoc modo potest videri. Ipse enim essentiam suam perfecte cognoscit : unde cognoscit eam secundum omnem modum quo cognoscibilis est. Potest autem cognosci non solum secundum quod in se est, sed secundum quod est participabilis secundum aliquem modum similitudinis a creaturis. Unaquæque enim creatura habet propriam speciem, secundum quod aliquo modo participat divinæ essentiæ similitudinem. Sic igitur in quantum Deus cognoscit suam essentiam ut sic imitabilem a tali creatura, cognoscit eam ut propriam rationem et ideam hujus creaturæ, et similiter de aliis. Et sic patet quod Deus intelligit plures rationes proprias plurium rerum, quæ sunt plures ideæ.* Summa th., I. P., Q. XV, art. 2.

déclarer aussitôt que cette idée n'est pas synonyme de l'idée prise pour cette forme qui actue l'intelligence et n'est que l'image de l'objet : car dans ce cas il l'appelle « espèce intelligible. » Or, nous n'entendons parler que de cette dernière, dont saint Thomas affirme constamment qu'elle n'est pas l'objet mais seulement le moyen de la connaissance. *Habet se igitur species intelligibilis recepta in intellectu possibili, in intelligendo, sicut id quo intelligitur; sicut et species coloris in oculo non est id quod videtur, sed id quo videmus. Id vero quod intelligitur est ipsa ratio rerum existentium extra animam ; sicut etiam et res extra animam existentes visu corporali videntur* (1). Il s'exprime ailleurs en termes plus explicites encore quand il nie que l'idée, qui nous sert de moyen pour connaître les essences des choses, soit elle-même le premier objet sur lequel se porte le regard de l'intelligence : *Objectum intellectus est ipsa rei essentia ; quamvis essentiam rei cognoscat per ejus similitudinem, sicut per medium cognoscendi, non sicut per objectum in quod primo fertur ejus visio* (2). Pouvait-il s'exprimer d'une manière plus propre à fermer tout à fait la bouche à nos adversaires ?

ARTICLE IX

Pour saint Thomas l'idée en acte second est, tout aussi bien que l'idée en acte premier, « moyen » et non pas « objet » de la connaissance.

35. Nous avons considéré ci-dessus l'idée dans deux conditions différentes : d'abord, en acte premier, alors qu'elle détermine, pour ainsi dire, la fécondation de l'intelligence par l'objet ; et ensuite, en acte second, quand on la regarde seulement comme une représentation formelle de l'objet exprimé dans l'acte même de la pensée. Si nous n'avions pas pris soin d'établir cette distinction, quelqu'esprit pointilleux nous répondrait sans doute que dans les textes cités plus haut saint Thomas veut parler non de l'idée en général, mais seulement de l'idée considérée en acte second.

Cette objection disparaît si l'on veut observer que le saint Docteur parle ici de l'espèce intelligible en tant qu'elle se distingue de l'objet connu et qu'elle possède ce caractère d'image

---

(1) *Contra Gent.*, Lib. II. c. 75.
(2) *Qq. Dispp.*, Quæst. *De mente*, art. 4, ad 1.

représentative qui appartient aussi bien à l'idée en acte premier qu'à l'idée en acte second, ou, pour parler avec les scholastiques, aussi bien à l'*espèce impresse* qu'à l'*espèce expresse* ou verbe mental. Néanmoins, pour lever tous les doutes, nous allons citer un passage explicite où nous verrons appliquée indifféremment aux deux sortes d'idées mentionnées ci-dessus cette propriété d'être non pas l'*objet*, mais le *moyen* de la connaissance : ce qui peut s'étendre, même dans l'ordre pratique, au type idéal où l'artiste contemple son œuvre par avance, et dont il se sert, sous ce point de vue, comme d'un principe spéculatif. Voici les paroles du saint Docteur : « Une forme peut exister dans l'intelligence de deux manières : premièrement, comme principe de l'acte cognitif, c'est-à-dire comme forme propre à un sujet intelligent en tant que tel : deuxièmement, comme terme de la perception, ainsi qu'il arrive, par exemple, pour l'image d'un édifice que l'architecte se forme dans la pensée. Cette dernière forme étant exprimée et pour ainsi dire produite par l'acte même de la pensée, ne peut être le principe ni le moyen primitif de la perception ; elle joue plutôt le rôle d'objet dont la connaissance préalable détermine l'ouvrier intelligent à produire son œuvre. Cette forme est néanmoins un moyen secondaire de perception : car, c'est par elle que l'artiste connaît le travail qu'il doit faire : de même que, dans l'ordre spéculatif, le moyen primitif de la connaissance est l'espèce qui informe l'intelligence pour la constituer dans l'acte de la perception. Ainsi actuée par cette forme, celle-ci accomplit son opération, soit par la simple appréhension des essences, soit par le jugement : d'où il suit que ces essences et ces jugements, ainsi exprimés intérieurement, sont un véritable produit du sujet pensant, qui n'en donne pas moins à l'intelligence la connaissance du monde extérieur, et qui, pour cette raison, peut être considéré comme moyen secondaire de la connaissance (1). »

(1) *Forma in intellectu potest esse dupliciter. Uno modo, ita quod sit principium actus intelligendi, sicut forma quæ est intelligentis in quantum est intelligens..... Alio modo, ita quod sit terminus actus intelligendi, sicut artifex intelligendo excogitat formam domus ; et cum illa forma sit excogitata per actum intelligendi, et quasi per actum effecta, non potest esse principium actus intelligendi ut sit primum quo intelligatur, sed magis se habet ut intellectum quo intelligens aliquid operatur. Nihilominus tamen forma prædicta est secundum quo intelligitur ; quia per formam excogitatam artifex intelligit quid operandum sit : sicut in intellectu speculativo videmus quod species, quâ intellectus informatur ut intelligat actu, est primum quo intelligitur. Ex hoc autem quod est effectus in actu*

36. Saint Thomas distingue ici, pour l'ordre spéculatif, deux sortes de forme intellectuelle; l'une qui constitue l'intellect en acte premier, par rapport à la perception, *quâ intellectus informatur ut intelligat actu*; c'est l'*espèce impresse*, que nous avons appelée idée en acte premier; l'autre, qui réside dans l'acte second de l'intelligence, comme expression de l'objet, *ipsa quidditas formata in intellectu;* c'est l'*espèce expresse* ou verbe mental, que nous avons appelé idée en acte second. Or, ces deux formes sont, aussi bien l'une que l'autre, pour saint Thomas, le moyen' et non l'objet de la connaissance, *id quo intelligitur*; avec cette seule différence, que la première, l'espèce impresse, se rapporte à l'acte premier qui n'est pas encore l'intellection; *effectus in actu per talem formam (intellectus) operari jam potest*; tandis que l'espèce expresse est un moyen de second ordre qui ne vient qu'après l'autre, *quasi secundum quo intelligitur*, puisqu'il se rapporte à l'acte second, qui est l'acte même de la perception, où l'objet se trouve exprimé, *ipsa quidditas formata in intellectu*. Donc, si, d'après tout ceci, l'espèce, soit impresse, soit expresse, n'est pas l'objet connu, mais bien le moyen par lequel on le connaît, et, si l'une et l'autre répondent exactement à ce que nous appelons idée, nous pouvons à bon droit conclure qu'en général, dans la doctrine de saint Thomas, pour ce qui concerne l'ordre spéculatif, l'idée n'est pas l'intelligible, mais le moyen que nous employons pour arriver à sa connaissance.

ARTICLE X

Les caractères intrinsèques de l'idée, considérée dans son entité, n'ont rien de commun avec les caractères propres de l'objet qu'elle représente.

37. Les Ontologistes nous objectent encore une autre difficulté qu'il est bon d'examiner ici. Si notre connaissance, disent-ils, s'accomplissait au moyen d'images représentatives créées, nous ne pourrions jamais parvenir à connaître Dieu. Je réponds, d'abord, que cette objection conserve toute sa force contre ceux qui, tout en distinguant l'idéal du réel, le considè-

---

per talem formam, operari jam potest formando quidditates rerum et componendo et dividendo; unde ipsa quidditas formata in intellectu vel etiam compositio et divisio est quoddam operatum ipsius, per quod tamen intellectus venit in cognitionem rei exterioris; et sic est quasi secundum quo intelligitur. Qq. Disput., *Quæst. De ideis*, art. 2.

rent cependant comme l'objet premier et immédiat de la connaissance. Pour trancher le nœud de la difficulté, ils en sont réduits à faire de l'idée une entité incréée et à la douer des propriétés de l'être divin, au risque de tomber inévitablement dans l'une ou l'autre des deux erreurs que voici : ou admettre en dehors de Dieu un être incréé, ou bien identifier l'idée avec Dieu, comme fait précisément l'Ontologisme qu'ils voulaient éviter. Quant à nous, nous n'avons rien à craindre de cette objection, puisque, pour nous, l'idée n'est pas l'objet, mais seulement le moyen de la connaissance directe ; puisqu'elle n'est pas ce que l'on connaît, mais ce par quoi l'on connaît. Son entité créée n'a donc rien à faire avec l'entité incréée de l'objet, de même que l'inertie matérielle d'une statue n'a rien à faire avec la vitalité de l'homme qu'elle représente. La fonction de l'idée est uniquement de représenter, et non d'exercer une influence quelconque sur l'objet qu'elle représente. L'intelligence, informée par l'idée, n'y fixe point son regard ; car ce serait là une action réflexe qui, devant être précédée d'une action directe, ne serait plus dès lors le premier acte intellectuel dont nous parlons ici. L'intelligence, au contraire, dirige et fixe entièrement son regard sur l'objet, bien qu'elle n'y parvienne qu'au moyen de la forme idéale qui l'a déterminée à cet acte, et où brille l'image de l'objet. Dans cette forme idéale, comme le fait très bien remarquer saint Thomas, il n'y a point confusion des qualités subjectives, qui lui viennent de son inhérence au sujet, avec les qualités objectives qui lui appartiennent à titre d'image de l'objet qu'elle reproduit. « La forme intellectuelle, dit-il, a une double relation ; l'une avec la chose dont elle est l'image, l'autre avec le sujet auquel elle est inhérente. Sous le premier rapport, on n'attribue pas à la forme telle ou telle qualité : elle n'est simplement que l'expression d'un objet. Car, une forme n'est pas matérielle parce qu'elle représente des objets matériels, ni sensible parce qu'elle représente des objets sensibles ; (*nous pouvons ajouter : elle n'est pas divine parce qu'elle représente des choses divines*). Mais sous l'autre rapport, on peut lui attribuer telle ou telle qualité, parce qu'elle suit la condition du sujet où elle se trouve (1). »

(1) *Forma quæ est in intellectu habet respectum duplicem : unum ad rem cujus est, alium ad id in quo est. Ex primo autem respectu non dicitur* aliqualis, *sed* alicujus *tantum. Non enim materialum est forma materialis nec sensibilium sensibilis ; sed secundum alium respectum* aliqualis *dicitur quia sequitur modum ejus in quo est.* Qq. Dispp., Quæst. De ideis, Art. 2. Ad. 5.

38. La qualité de l'être propre qui constitue la forme intellectuelle ou idée ne dépend pas de la condition de l'objet qu'elle représente et que l'on connaît par son moyen. S'il en était ainsi, nous devrions dire que l'idée d'une chose matérielle est matérielle elle-même; il serait donc impossible à Dieu, à l'ange et à l'intelligence humaine de connaître le monde corporel, puisqu'ils sont incapables de recevoir en eux la matière. Mais la qualité de la forme intellectuelle résulte de la condition du sujet où elle subsiste; de sorte que, si le sujet est incréé et infini, la forme intellectuelle sera également incréée et infinie, comme il arrive en Dieu, pour qui cette forme n'est autre que l'essence divine elle même. Au contraire, si le sujet est créé, fini et changeant de sa nature, la forme intellectuelle possédera les mêmes attributs. Voilà pour ce qui regarde l'idée considérée en tant que subjective, et eu égard à son entité intrinsèque. Mais la subjectivité de l'idée ne peut être séparée de son objectivité : c'est pourquoi, bien qu'elle informe le principe intelligent et lui soit par conséquent inhérente, elle ne cesse pas d'être représentative et de fournir au sujet pensant le moyen d'entrer en communication, sans sortir de lui-même, avec l'objet dont il prend idéalement possession par l'appréhension intellective. S'il en était autrement, l'idée se représenterait elle-même au lieu de représenter l'objet, et cesserait alors d'être *idée*, c'est-à-dire forme représentative d'une chose distincte d'elle-même : *forma alicujus rei præter ipsam existens*. Par conséquent, les caractères subjectifs de l'idée, qui ne se rapportent qu'à l'entité intrinsèque qui la constitue physiquement, n'ont rien de commun avec ses caractères objectifs qui lui viennent de l'objet qu'elle représente. Les uns et les autres peuvent très bien être de natures différentes. Aussi, n'y a-t-il rien d'étonnant à ce que les idées que nous appelons universelles représentent vraiment des natures communes à un nombre indéfini d'individus existants ou possibles, alors qu'elles sont en elles-mêmes concrètes, singulières et individuées dans leur entité propre, puisqu'elles informent une intelligence concrète et individuée.

En résumé, il faut distinguer deux choses dans l'idée : son entité et sa valeur représentative ; la première suit la condition du sujet ; la seconde, celle de l'objet. Ainsi, une idée d'entité finie peut représenter un objet infini, tout comme un tableau peut représenter un être vivant et sensitif, bien qu'il soit fait de toile et de couleurs où il n'y a ni vie ni sentiment. Il serait plaisant, en effet, qu'on prétendît retrouver le sentiment et la raison dans la statue qui représente un homme. Non moins ridicule serait la prétention de celui qui voudrait accorder à l'idée, parce qu'elle représente telle ou telle chose, les qualités mêmes de l'objet réel dont elle est l'image. L'idée, par rapport à l'objet, n'a point telle ou telle qualité particulière; elle n'a seulement que telle ou telle vertu représentative; *non dicitur aliqualis sed alicujus*. Faute d'avoir compris cette distinction, Averroès et, de nos jours, Cousin, ont cru que les idées étaient vraiment universelles par elles-mêmes, parce qu'elles représentent des objets universels; ce qui les a conduit tous deux à l'invention de cette monstruosité philosophique de l'intellect séparé ou raison impersonnelle. C'est encore pour la même raison que les Ontologistes modernes identifient nos idées avec celles de Dieu, et que Rosmini s'est vu obligé de recourir à une sorte de troisième être qui n'est ni Dieu ni créature, mais un *quid medium* entre l'un et l'autre.

39. Nous terminerons cet article par les paroles profondes d'un philosophe moderne qui soutient sur ce point la doctrine du Docteur angélique. Balmès (*Phil. fondam.*, Liv. I, ch. 11), après avoir établi que l'idée est vraiment représentative et seulement un moyen de connaissance, ajoute : « Il y a donc, en « toute perception, union de l'être qui perçoit avec la chose « perçue; lorsque cette perception n'est pas immédiate, le « terme moyen doit être tel qu'il contienne un rapport néces- « saire avec l'objet et se dérobe aux yeux de l'esprit, pour ne « lui offrir que la chose représentée. Du moment qu'il entre en « scène, qu'il se fait voir ou seulement apercevoir, il cesse d'être « idée et devient objet. L'idée est un miroir, et un miroir d'autant « plus parfait qu'il produit une illusion plus complète. Les « objets doivent s'y peindre, mais les objets seuls, et, de telle « sorte qu'on ne puisse apercevoir le cristal qui les réfléchit. »

ARTICLE XI

Dans quel sens l'on peut et l'on doit dire que l'idée est « objective ».

40. Au point où nous sommes arrivés, nous nous trouvons amenés naturellement à parler un peu du sens dans lequel on peut et on doit dire que l'idée est objective. Cette dénomination,

ainsi qu'il est aisé de le conclure de tout ce que nous avons expliqué jusqu'ici, convient à l'idée à cause de son caractère représentatif. Car, bien que l'idée ne soit dans son entité propre, qu'une modification de l'intelligence, et qu'on doive, sous ce rapport, l'appeler subjective, toutefois, elle ne se montre pas elle-même à l'intelligence; elle ne fait que lui révéler l'objet qu'elle représente. Ainsi, la forme humaine donnée par le sculpteur à un bloc de marbre, tout en n'étant par elle-même qu'une simple modification de la substance du marbre, n'en représente pas moins un être de nature absolument différente, un être vivant sensitif et raisonnable. Supposons maintenant que le marbre soit intelligent, et que la forme dont il est revêtu soit de l'ordre idéal, nous aurons dans le marbre la perception de l'homme qui est l'objet représenté, et non la perception de cette entité accidentelle qui le représente.

41. Cette considération est de la plus grande importance dans la matière qui nous occupe. Les Ontologistes et les semi-Ontologistes, faute de comprendre toute la signification de cette propriété qu'a l'idée d'être en nous une véritable image de l'objet, se débattent dans une perpétuelle équivoque; ils nous prêtent toujours cette erreur qui consiste à donner pour objet à l'intelligence son propre produit, sa modification subjective; erreur qui, disent-ils, nous mène droit au subjectivisme. En quoi ils nous paraissent ressembler aux anciens et aux modernes iconoclastes, qui reprochent aux catholiques de tomber dans l'idolâtrie, parce qu'en adorant l'image du Sauveur, ils rendent un culte à un morceau de toile ou de marbre. On les réfute aisément en leur faisant observer qu'on peut considérer une image de deux façons différentes : dans son entité propre ou dans sa valeur représentative. Dans le premier cas, l'image n'est qu'une simple matière revêtue de telle ou telle forme, et l'adorer sous ce rapport serait sans doute faire acte d'idolâtrie. Mais dans le second cas, l'image est entièrement et exclusivement l'expression de ce qu'elle représente; elle ne fait qu'attirer l'attention, et mettre pour ainsi dire sous les yeux du spectateur l'objet qui s'y trouve exprimé à l'état de représentation. Ainsi, quand nous considérons l'image, précisément en tant qu'image, ce n'est pas son entité qu'atteint notre acte de connaissance, mais seulement l'objet qu'elle exprime. Sous ce rapport, l'image disparaît, en quelque sorte, comme entité, pour rester seulement comme représentation. Elle dissimule son être subjectif et les caractères qui s'y rapportent, pour ne laisser subsister comme terme absolu de l'acte qui la

contemple, que le seul exemplaire dont elle contient la reproduction.

42. Nous ferons une réponse analogue à cette nouvelle espèce d'iconoclastes dans l'ordre philosophique. L'idée étant, de sa nature, une image de l'objet, n'a d'autre raison d'être, en tant qu'image, que de le représenter. L'idée en acte premier est la simple reproduction de lui-même, que fait l'objet dans la puissance cognitive, en y imprimant ce que les anciens appelaient espèce impresse; en acte second, c'est la représentation du même objet, que fait en soi le sujet connaissant par l'acte de la perception, et que les anciens appelaient tantôt espèce expresse, tantôt verbe mental. Mais, dans l'un et l'autre cas, l'idée ne se montre pas elle-même : elle ne présente que l'objet, puisqu'elle ne concourt pas à l'œuvre de la connaissance par son entité, mais seulement par sa vertu représentative.

43. C'est pourquoi saint Thomas nous répète si souvent que, par la connaissance, nous ne saisissons pas un simulacre ou fantôme de l'objet, mais bien l'objet lui-même au moyen de son image. Parmi les différents passages de ses écrits que je pourrais citer, je me contenterai des deux suivants : il s'exprime ainsi dans la question *de Mente* : « Dans la connaissance que nous avons de notre âme, nous ne nous en formons pas un vain simulacre, comme il arrive dans la vision imaginaire ; c'est l'essence même de l'âme que nous considérons ; d'où il ne faut pas conclure cependant que cette perception se fait sans l'intermédiaire d'une espèce. » *Cum intelligimus animam, non confingimus nobis aliquod animæ simulacrum quod intueamur sicut in visione imaginaria accidebat; sed ipsam essentiam animæ consideramus. Non tamen ex hoc concluditur quod visio ista non sit per aliquam speciem* (1). Et ailleurs, expliquant comment notre intellect abstrait ses idées des phantasmes (2), il fait remarquer

---

(1) *Qq. Dispp.*, Quæst. *De mente*, Art. 8. ad 2.
(2) Voici un néologisme qui mérite explication. Le terme latin « *phantasma* » est spécialement employé dans le langage de la philosophie scholastique pour désigner toute image ou espèce sensible propre à l'imagination (*phantasia*). Il a donc, dans toutes les questions relatives à la connaissance intellectuelle, une signification propre et parfaitement déterminée, ainsi qu'on le verra dans les chapitres de cet ouvrage où se trouve expliquée la double fonction de l'intellect agent, « *abstractio et illuminatio phantasmatum.* »

Le *Dict. des sciences phil.*, rend indifféremment ce mot par les termes français « image » et « fantôme. » Ces traductions nous paraissent inexactes et sujettes à équivoque. « Image » est trop générique, puisqu'on l'applique également bien aux représentations sensibles et intellec-

que le phantasme n'est pas l'objet perçu directement, puisque cet objet n'est autre que l'être même de la chose dont le phantasme est une représentation concrète. Ainsi l'intelligence se porte tout d'abord sur l'objet que représente le phantasme ; ensuite, par réflexion, elle revient sur son propre acte et sur l'espèce qui l'informe, et, par conséquent aussi, sur le phantasme d'où cette espèce a été abstraite. « *Intellectus noster in statu viæ hoc modo comparatur ad phantasmata sicut visus ad colores, ut dicitur in 3 de Anima, non quidem ut cognoscat ipsa phantasmata sicut visus cognoscit colores ; sed ut cognoscat ea quorum sunt phantasmata. Unde actio intellectus nostri primo tendit in ea quæ per phantasmata apprehenduntur et deinde redit ad actum suum cognoscendum et ulterius in species* (1). Saint Thomas réduit cette théorie à une formule plus générale et en même temps plus précise en disant que l'objet de la perception directe est l'essence manifestée par l'idée et non l'idée elle-même, cette dernière n'étant que le moyen et non le terme premier et immédiat de la connaissance : *Objectum intellectus est ipsa rei essentia ; quamvis essentiam rei cognoscat per ejus similitudinem sicut per medium cognoscendi, non sicut per objectum in quod primo fertur ejus visio* (2).

44. Nous expliquerons plus tard comment l'intelligence a pour objet les essences matérielles abstraites des phantasmes. Il suffit pour le moment de se bien pénétrer de cette conclusion, que l'idée mène directement l'intellect à la perception de l'objet qu'elle représente, et que, sous ce rapport, on peut, avec raison, l'appeler objective ; de même qu'on la dit subjective, quand on la considère dans sa réalité propre, puisqu'alors elle n'est qu'une simple modification ou actuation du sujet.

---

tuelles. « Image sensible » serait encore insuffisant, puisqu'il existe des images sensibles ailleurs que dans l'imagination, et sur lesquelles ne s'exerce point l'abstraction de l'intellect agent. Le mot « fantôme » enfin, est en possession d'un sens qui est loin de rappeler à l'esprit la valeur philosophique du « phantasme, » des scholastiques. Pour éviter les périphrases et les équivoques, il nous a paru préférable de traduire ce mot tout simplement par « phantasme, » auquel le lecteur voudra bien attacher désormais la signification précise que nous venons d'expliquer.

Nous écrivons « phantasme » et non « fantasme, » d'abord parce que ce mot existe, ainsi orthographié, dans la langue médicale : et ensuite pour nous conformer aux exigences de l'étymologie qu'on a coutume de mettre au-dessus des lois et analogies de l'usage, en matière de terminologie scientifique. (*Note du traducteur*).

(1) *Qq. dispp.*, Quæst. *de Mente*, art. 9.
(2) *Ibid.*, art. 4, ad 4.

ARTICLE XII

Du Verbe mental.

45. On pourrait, à vrai dire, après les explications données ci-dessus, comprendre aisément la nature du verbe mental et le rôle qu'il joue dans la connaissance. Cependant le lecteur ne trouvera sans doute pas inutile le développement que nous voulons, en quelques mots, ajouter ici à l'exposé d'un point si important. Dans l'acte de la perception nous formons et émettons intérieurement un concept analogue au son qui sort de notre bouche quand nous parlons. Nous employons le son pour exprimer le concept qu'a formé notre esprit : et ce son, en tant qu'il sert ainsi à manifester un concept, reçoit le nom de « verbe » ou « parole ». D'où il est advenu qu'on a transporté cette dénomination dans l'ordre idéal, par l'habitude que nous avons de désigner indifféremment du même nom le signe et la chose signifiée. Telle est l'origine de l'usage du mot *verbe* ou *parole* dans l'ordre idéal, pour signifier le concept intérieurement formé par l'esprit, et qui se traduit extérieurement au moyen de la parole articulée. *Id quod intellectus in concipiendo format est verbum* (1); *illud proprie dicitur verbum interius quod intelligens intelligendo format* (2).

C'est ainsi que le mot *verbe* s'est trouvé transporté de la parole externe à la parole interne, de la voix corporelle au concept de l'esprit. Toutefois, si nous avons égard, non plus à l'origine de la nomenclature, mais à sa valeur significative, ce nom de « verbe » convient mieux à la parole intérieure. En effet, on appelle ainsi la parole externe parce qu'elle est proférée, et proférée pour signifier une chose : or, à ce double titre, la parole extérieure dépend de la parole interne, attendu que celui qui parle est déterminé à parler, par le concept qu'il veut exprimer, et qu'il informe, par son concept, la parole qu'il profère. La parole interne, au contraire, est proférée par l'intelligence et exprime l'objet de telle sorte qu'elle ne dépend de la parole externe sous aucun de ces deux rapports ; et c'est avec une parfaite indépendance vis-à-vis de cette dernière, qu'elle naît et subsiste dans l'intelligence. Par conséquent la parole

(1) S. Thomas, *Summa th.*, I. P., Q. XXXIV. art. 1, ad 2.
(2) Opusc. 13, *De distinctione divini verbi et humani*.

intérieure, bien qu'elle ait de l'analogie avec l'extérieure, l'emporte néanmoins sur elle dans les deux points sur lesquels l'analogie est fondée (1).

46. Le verbe mental est propre à tout être intelligent, et toute intellection a son verbe. « *Semper, cum actu intelligitur aliquid, verbum formatur* (2.) On ne conçoit pas une action sans un produit qui en soit le terme. Or, l'acte de la connaissance est certainement une action, bien qu'immanente, c'est-à-dire intrinsèque au sujet opérant. Elle doit donc avoir un terme produit par elle dans l'intelligence. Ce terme est le verbe. *Verbum est terminus actionis intellectus* (3); *Verbum est ultimum quod intellectus potest in se operari* (4). Je l'appelle terme de l'*action* et non de l'*intellection*, pour parler rigoureusement; parce que le verbe n'est qu'un terme subjectif et intrinsèque, et non pas extrinsèque et objectif; car l'objet premier de la perception n'est pas le verbe, mais la chose même qui est exprimée par le verbe, et voici pourquoi : l'acte intellectif, encore qu'il soit un et parfaitement simple, peut cependant être considéré sous un double rapport, c'est-à-dire comme effet produit et comme connaissance. Dans le premier cas, il a pour terme le verbe ; dans le second, l'objet même dont le verbe est l'image (5). Ceci s'explique aisément par la nature même du

---

(1) *Communius in nobis dicitur verbum quod voce profertur; quod quidem ab interiori procedit quantum ad duo quæ in verbo exteriori inveniuntur, videlicet vox ipsa et significatio vocis. Vox enim significat intellectus conceptum, secundum Philosophum,* (in lib. I. Perihermenias); *et iterum vox ex significatione vel imaginatione procedit, ut lib. de Anima dicitur. Vox autem quæ non est significativa, verbum dici non potest. Ex hoc ergo dicitur verbum vox exterior quia significat interiorem mentis conceptum. Sic igitur primo et principaliter interior mentis conceptus verbum dicitur, secundario vero ipsa vox interioris conceptus significativa.* S. Thomas, *Summa th.*, I. p. q. xxxiv, art. 1.

(2) S. Thomas, Opusc. 14., *De naturâ verbi intellectus.*

(3) *Ibid.*

(4) *Ibid.*

(5) Saint Thomas avec sa subtile analyse a soin de distinguer, non dans l'ordre de temps, mais dans l'ordre de nature, ces deux choses, *formation du verbe* et *intellection* de l'objet dans le verbe. Voici comment il ordonne les phénomènes de la connaissance : il met en première ligne l'intellect informé par l'espèce impresse (*l'idée en acte premier*) qui fait sortir l'intelligence de son indétermination pour procéder à la production d'un acte intellectuel. Par là se trouve constituée radicalement et formellement l'*intellection* qui précède la production du verbe. Ainsi informé, l'intellect produit le verbe comme terme de son action et perçoit en même temps l'objet qui s'y trouve exprimé. Mais, comme la perception suppose préalablement un objet qui la précède, on conçoit que la forma-

verbe qui se rapporte tantôt au principe dont il procède, tantôt à l'objet qu'il représente. *Duo possumus de verbo accipere, scilicet quod est semper aliquid procedens ab intellectu et in intellectu existens, et quod est ratio et similitudo rei intellectæ* (1).

47. Il est désormais facile de comprendre sous quels rapports de similitude ou de différence on peut comparer le verbe avec l'idée. L'idée, avons nous dit, peut être considérée en acte premier ou en acte second, suivant qu'elle précède ou informe l'acte cognitif. Dans la première acception, l'idée est une représentation intentionnelle de l'objet ; son rôle est de constituer en acte la puissance intellective et de la déterminer à émettre l'intellection : elle est alors, dans ce cas, principe de l'acte intellectif, tandis que le verbe en est le terme. Elle se distingue donc du verbe, comme la forme qui détermine à l'acte se distingue du dernier complément de l'acte. Si l'on prend, au contraire, l'idée en acte second, c'est-à-dire comme l'image qui informe l'acte cognitif proprement dit (et alors les scholastiques l'appelaient *espèce expresse*), elle s'identifie, quant à son entité, avec le verbe, et ne s'en distingue que par voie de comparaison relative. D'abord, elle s'identifie, quant à son entité, avec le verbe, puisqu'elle n'est autre chose que la ressemblance de l'objet exprimé par l'intelligence au moyen de l'acte de perception. En d'autres termes, c'est le concept même de la chose perçue prononcé intérieurement : ce qui est précisément le verbe. Donc il n'y a là aucune distinction à faire, quant à la réalité de l'une et de l'autre. Il y a cependant une différence ; car le mot idée désigne le concept de l'esprit, eu égard à l'objet et non au principe dont il émane, tandis qu'au contraire, le verbe, comme nous l'avons dit, peut également se rapporter à l'un et à l'autre. Aussi, quoique le produit de notre intelligence puisse indifféremment être appelé verbe ou idée, il n'en est pas de même *in divinis* ; car le Verbe *in divinis* est subsistant et personnel, et comme sa

---

tion du verbe précède en quelque sorte la perception de l'objet qu'il renferme. Mais c'est là, comme nous l'avons dit, une priorité et une postériorité de nature et non de temps. « *Prius natura est intellectus informatus specie, quæ est principium sufficiens intelligendi, quam gignatur verbum : et ideo intelligere in radice prius est verbo et verbum est terminus actionis intellectus. Sed quia objectum non habetur nisi in verbo, objectum autem prius est quam quælibet actio ad ipsum terminata ; ideo verbum prius est quam intelligere.* Opusc. 14, *De naturâ verbi intellectus.*

(1) Opusc. 13. La même doctrine est enseignée par saint Thomas dans la Somme théologique : *Verbum significat aliquid ab alio procedens*, I P., Q. XXXIV, art. 1. ad 1. *Verbum in mente conceptum est repræsentativum omnis ejus quod actu intelligitur.* Ib., art. 3.

personnalité ne trouve de raison d'être que dans son opposition relative avec son principe, il faut absolument que cette relation soit exprimée, ce qui serait impossible avec l'emploi du simple mot *idée*. Remarquons encore ici la profonde sagesse de saint Thomas qui emploie le mot verbe, même *in humanis*, de préférence au mot idée, afin que le langage de la philosophie s'accorde ainsi avec celui de la théologie et nous permette de monter, par la connaissance de nous-mêmes, jusqu'à la connaissance de Dieu.

48. Il résulte clairement de tout ceci que la perception a pour terme objectif la chose exprimée par le verbe et non le verbe lui-même, qui n'est que le terme subjectif de l'action intellectuelle ; nous l'avons suffisamment expliqué plus haut, (articles III et XI). Toutefois, il ne sera pas inutile d'y revenir un peu ici, vu l'importance capitale de cette doctrine. L'esprit prononce le verbe, et, en le prononçant, connaît l'objet qui s'y révèle. *Dicere importat principaliter habitudinem ad verbum conceptum; nihil enim est aliud dicere quam proferre verbum; sed mediante verbo importat habitudinem ad rem intellectam quæ in verbo prolato manifestatur* (1). La raison très évidente en est, que le verbe exprime le concept mental en tant que proféré intérieurement par le sujet intelligent; et ce concept est proféré comme connaissance d'un objet déterminé ; d'où il suit que l'esprit n'aperçoit dans ce concept que la chose représentée et non la représentation, ni ce qui la représente. Dans son parler intérieur, l'intelligence perçoit ce qu'elle dit, comme le dernier terme de sa parole, et, alors qu'elle prononce son verbe, elle prononce toujours en lui l'objet dans lequel elle s'est pour ainsi dire transformée au moyen de l'espèce impresse qui en est la représentation idéale : *Anima enim quasi transformata est in rem per speciem, qua agit quidquid agit : unde cum intellectus ea informatus est actu, verbum producit in quo rem illam dicit cujus speciem habet* (2).

49. Il est vrai que le verbe est bien le terme qui complète et achève l'intellection considérée en tant qu'action ; mais, dans ce terme brille l'objet, et c'est ainsi que l'objet se trouve connu. Pour éclaircir ce point, saint Thomas emploie une très belle comparaison. Il assimile le verbe à un miroir dont les dimensions seraient exactement celles de l'objet qui s'y reflète : *Est tanquam speculum in quo res cernitur sed non excedens id quod in eo*

(1) S. Thomas, *Summa th.*, I. P., Q. XXXIV, art. 1. ad 3.
(2) Opusc. 14, *De natura verbi intellectus.*

cernitur (1). Il est clair que celui qui aurait devant les yeux ce miroir pourrait avec raison le considérer comme terme, mais seulement comme terme directif de la vision. Mais, à proprement parler, quel objet verrait-il dans le miroir? Quel serait le terme de son action, précisément en tant que perception visuelle? Le miroir peut-être? Pas le moins du monde; ce serait l'objet qui s'y réfléchit. Le miroir, en effet, s'efface en quelque sorte; il s'évanouit et se dérobe entièrement à la vue, la laissant uniquement occupée de l'objet qui brille à sa surface. On peut pourtant et on doit dire que l'objet est vu dans le miroir, qui est par conséquent, lui aussi, le terme de la vision. Il en est de même, proportion gardée, dans le cas qui nous occupe. L'intellect, dans l'acte de connaître, forme et exprime en lui-même la parole intellectuelle, c'est-à-dire le verbe dans lequel brille l'objet; et ainsi, la perception a pour terme le verbe si on la considère comme action, et l'objet si on la considère comme connaissance.

Voilà pourquoi, afin de déterminer le plus exactement possible le sens des mots, saint Thomas dit plus volontiers du verbe que c'est le moyen *dans lequel* nous connaissons, quoiqu'on puisse et qu'on doive dire, quand on parle de l'idée, qu'elle est le moyen *par lequel* se fait la connaissance. Cette exactitude de langage est encore plus nécessaire *in divinis*. Dieu, en effet, dans la production de son Verbe ne passe pas comme nous de la puissance à l'acte; car il est déjà intelligent en acte alors qu'il l'engendre; il serait donc inexact de dire qu'il connaît « *par* » le Verbe; on doit dire qu'il connaît « *dans* » le Verbe.

ARTICLE XIII

Comment Rosmini entend le verbe mental.

50. Pour peu qu'on ait suivi avec quelque attention ce qui précède, on se convaincra aisément de la distance qui sépare notre doctrine de l'enseignement de Rosmini, relativement à l'idée. Mais le désaccord n'est en aucun point plus apparent que dans l'interprétation qu'il donne du verbe mental. Il prétend 1° que le verbe n'est autre chose, pour les scholastiques, que le jugement relatif à l'existence de l'objet; 2° que le verbe se

---

(1) Opusc. 14, *De natura verbi intellectus*.

forme par une action réflexe de l'esprit. Voici ses propres paroles : « Après avoir médité tout ce qu'ont écrit les anciens sur le verbe mental, je me persuade que ce verbe mystérieux doit s'entendre de la manière suivante : quand j'ai l'idée d'une chose, je ne sais pas encore si elle *existe*. Or, supposons que je fasse un *jugement* par lequel je pose et m'affirme à moi-même cette chose comme existante ; l'acte par lequel je pose et m'affirme ainsi cette existence est le verbe de mon intelligence. » (1) Il part de là pour montrer que le verbe se forme par voie de réflexion. « L'esprit, en se refléchissant sur lui-même et sur chacune de ses idées, même abstraites, reconnaît à celles-ci une *existence* semblable à la sienne et forme ainsi autant de verbes ou paroles. La réflexion sur l'idée est donc nécessaire pour que celle-ci passe à l'état de verbe mental. »

51. Rien dans cette explication ne supporte la discussion. D'abord, on tient pour *mystérieux* le verbe de l'esprit tel que l'entendaient les anciens, alors qu'il n'y a peut-être pas dans toute la philosophie un point qu'ils aient éclairé d'une plus vive lumière. Ils désignaient sous le nom de verbe le concept qu'exprime l'intelligence et qui représente l'objet. Or, quelle mystérieuse difficulté peut-il y avoir à comprendre qu'une chose soit un concept exprimé et une représentation idéale ? Le mystère n'existe que dans la conciliation de cette théorie avec l'*idée innée de l'être* qui, d'après Rosmini, tout en n'étant pas le verbe de l'intelligence, doit cependant être considérée comme la forme et le terme de notre acte intellectif. Tout cela ne prouve pas que les scholastiques soient difficiles à entendre, mais seulement qu'il est difficile de concilier leur doctrine avec un pareil système. En second lieu, il est faux que les scholastiques aient fait dépendre le verbe de la seule connaissance réflexe. Qu'il nous suffise d'en appeler au témoignage de leur maître commun, saint Thomas, qui admet formellement ce verbe dans tout acte de connaissance, soit directe soit réflexe : *Semper cum actu intelligitur aliquid, verbum formatur* (2) ; et, pour obtenir le simple concept d'une chose, le saint Docteur ne requiert que la relation avec l'objet, abstraction faite de son existence réelle : *Simplex notitia dicitur non ad excludendum respectum scientiæ ad scitum qui inseparabiliter omnem scientiam comitatur, sed ad excludendum admixtionem ejus, quod est extra genus notitiæ sicut est*

---

(1) Rosmini, *Nouvel essai sur l'origine des idées*, Vol. 2, sect. v, part. 2, chap. iv, art. 4, § 3.
(2) Opusc. 14, *De natura verbi intellectus*.

existentia rerum, quam addit scientia visionis (1). L'existence est en dehors de la raison générique de connaissance. Elle ne sert qu'à en déterminer une seule espèce, la *science de vision*. Mais, outre la science de vision, il en reste une autre, dont il s'agit précisément ici et qu'on appelle *science de simple intelligence*. Cette dernière, bien qu'elle fasse abstraction de l'existence de l'objet, n'en est pas moins une véritable connaissance, qui, par conséquent, doit avoir aussi son verbe mental. Donc, à supposer même que le verbe consistât dans un jugement, ce jugement ne devrait pas porter nécessairement sur l'existence de l'objet ; il suffirait qu'il en eût seulement l'essence pour terme, comme il arrive dans la simple connaissance abstraite.

52. Il est toutefois parfaitement faux que le jugement soit requis pour la formation du verbe intellectuel. La parole externe, pour être parole, n'a pas besoin d'être proposition ; il lui suffit d'être un terme quelconque. De même, le verbe mental, pour être verbe, n'a pas besoin d'être jugement ; il lui suffit d'être une simple appréhension, et la simple appréhension est elle-même véritablement un acte de connaissance. Or, tout acte de l'esprit a son terme intrinsèque, puisqu'on ne saurait concevoir une action sans son effet, et que le produit d'une action immanente ne saurait se trouver en dehors du sujet opérant. Par conséquent, le verbe n'étant autre chose que le terme intrinsèque de l'action intellectuelle, doit exister même dans la simple appréhension. Saint Thomas l'affirme expressément dans ses *Questions disputées* quand il dit : « Le verbe de notre intelligence, d'après lequel nous pouvons par analogie parler du Verbe divin, est le terme de notre opération intellectuelle : c'est la chose à l'état d'objet connu, et qu'on appelle concept d'intelligence ; que ce concept soit exprimable par un terme incomplexe, comme il arrive quand l'intellect perçoit les essences des choses ; ou qu'il soit exprimable par un terme complexe, comme, par exemple, quand l'esprit réunit ou sépare deux notions simples par un jugement : « *Verbum intellectus nostri, secundum cujus similitudinem loqui possumus de verbo in divinis, est id ad quod operatio intellectus nostri terminatur ; quod est ipsum intellectum quod dicitur conceptio intellectus, sive sit conceptio significabilis per vocem incomplexam, ut accidit quando intellectus format quidditates rerum, sive per vocem complexam, quod accidit quando intellectus componit et dividit* (2). Le saint Docteur admet donc le verbe, non seule-

(1) *Qq. Dispp., Quæst. De ideis*, art. 3, ad 8.
(2) *Quæst. De verbo*, art. 3.

ment dans l'acte par lequel l'intellect forme un jugement, mais aussi dans l'acte par lequel il perçoit simplement les essences des choses, *format quidditates rerum*, expression employée constamment par lui pour désigner la simple appréhension.

53. Mais ce qu'il y a de plus curieux, c'est que Rosmini cite le 13° et le 14° opuscule de saint Thomas pour établir les deux affirmations énoncées plus haut, à savoir que, pour les scholastiques, le verbe consiste dans le jugement, et qu'il est le produit d'un acte réflexe. Or, dans ces deux opuscules, le saint Docteur affirme expressément le contraire. Dans l'opuscule 13°, saint Thomas commence par établir nettement que le verbe mental proprement dit est le terme produit par l'intelligence dans l'acte de la perception. *Illud proprie dicitur verbum interius quod intellectus intelligendo format;* puis, il ajoute aussitôt que l'intellect produit deux termes conformément à la diversité des deux actes de simple appréhension et de jugement. Ces deux termes sont la *définition* et la *proposition*, exprimées ensuite par la parole extérieure. *Intellectus autem duo format, secundum duas ejus operationes. Nam secundum operationem suam, quæ dicitur indivisibilium intelligentia* (la simple appréhension), *format definitionem ; secundum vero operationem qua componit et dividit* (le jugement), *format enuntiationem vel aliquid tale : et ideo illud sic formatum et expressum per operationem intellectus vel definientis vel enuntiantis, exteriori verbo significat* (1). Donc, pour le saint Docteur, le verbe mental se trouve aussi bien manifesté par les paroles qui expriment la définition que par celles qui expriment la proposition. Or, la définition appartient à la simple appréhension, puisqu'elle n'exprime que la seule quiddité de la chose. Donnons un exemple. Je dis : l'homme est un animal raisonnable ; voilà une proposition où le sujet « homme » est un terme défini, et l'attribut « animal raisonnable » une définition. La proposition toute entière exprime ici un jugement par lequel on attribue la définition au défini, de même que le sujet et l'attribut pris séparément n'expriment que de simples appréhensions, c'est-à-dire, les actes par lesquels l'intelligence a saisi, confusément d'abord, et ensuite distinctement, une seule et même essence. Voilà pourquoi on dit du jugement que c'est l'opération de l'esprit qui *componit et dividit*, pour affirmer ou nier, tandis que la simple appréhension est appelée *indivisibilium intelli-*

---

(1) Opusc. 13, *De differentia divini verbi et humani.*

gentia, parce qu'elle ne fait que concevoir de simples notions, sans rien leur attribuer. Néanmoins, saint Thomas reconnaît le verbe, même dans cet acte, parce qu'il y trouve un concept exprimé par l'esprit.

54. La méprise de nos adversaires est tout aussi évidente en ce qui regarde la réflexion. Dans l'opuscule 14e, cité par Rosmini, saint Thomas se demande en propres termes si le verbe doit nécessairement être formé par un acte réflexe ; et il résout nettement la question par la négative. Il en donne, entre autres, cette raison fort claire : comme le verbe appartient à tous les genres de connaissance, s'il était produit seulement par un acte réflexe, il faudrait en conclure que toute connaissance est réflexe ; ce qui est absurde, puisque celle-ci suppose nécessairement la connaissance directe. *Nunc restat videre utrum verbum gignatur per reflexionem actus intellectus, vel per actum rectum. Ad cujus evidentiam considerandum est quod verbum, quod est expressivum rei quæ intelligitur, non est reflexum : nec actio quâ formatur verbum, quod est expressivum quidditatis rei quæ concipitur, est reflexa ; alioquin omne intelligere esset reflexum, quia semper, cum intelligitur aliquid, verbum formatur* (1). Pouvait-il employer un langage plus clair et plus explicite ? Pourtant Rosmini en tire cette conclusion absolument opposée, que l'esprit ne forme le verbe que par réflexion sur lui-même et sur l'idée ! Et cela dit-il, après avoir médité le texte de saint Thomas ! Voilà un excellent exemple de l'accord de la doctrine de Rosmini avec celle du Docteur angélique.

(1) Opusc. 14, *De natura verbi intellectus.*

CHAPITRE II

DE L'INTELLIGIBLE.

L'idée est dans le sujet, et de plus elle est le moyen par lequel on connaît l'objet. Elle est donc à la fois subjective et objective : subjective quant à son entité, objective quant à sa valeur représentative ; subjective, parce qu'elle est une forme ou actualité inhérente au sujet ; objective, parce que cette actualité n'est que l'image ou expression d'un objet, et qu'en vertu de sa propre nature, elle conduit le sujet à la perception directe de l'objet même. L'intelligible connu par l'idée n'est donc pas, comme le prétendent les folles rêveries de Fichte, un pur produit de notre esprit. Non, l'intelligible est l'entité même des choses, considérée en tant que simplement conçue et connue ; c'est le vrai, que ne crée pas notre intelligence, mais qui lui est imposé. Bien que cette conclusion ressorte suffisamment de ce que nous avons dit jusqu'ici, nous allons pourtant essayer de la mettre encore mieux en lumière dans le présent chapitre, où nous passons de l'idée à l'objet qu'elle nous fait connaître, c'est-à-dire à l'intelligible.

ARTICLE I

L'intelligible pour l'homme est, à proprement parler, « l'universel ».

55. Que notre intelligence possède des concepts universels, c'est ce qui ne saurait faire de doute pour quiconque a conscience de ses actes intellectifs. Bien que le monde réel ne nous offre partout que des êtres concrets, notre esprit s'élève toujours jusqu'à la contemplation de leurs raisons universelles. En parcourant les trois règnes de la nature, nous ne rencontrons sous

nos pas que substances individuelles, vivants individuels, animaux individuels. Mais notre intelligence franchit les limites de l'individualité et s'élance dans une région plus élevée, pour y contempler ce caractère essentiel et commun dans lequel viennent se réunir les existences individuelles. Émerveillés à la vue du spectacle de l'univers, nous en admirons la richesse et la variété ainsi que la symétrie harmonieuse des parties qui le composent. Néanmoins, si nous voulons examiner attentivement les mouvements intimes de notre esprit, nous observerons que dans cette contemplation le regard de notre intelligence ne s'arrête pas à la mesure exacte de beauté et d'ordre que nous présentent, dans leur individualité, les choses belles et bien ordonnées qui nous enchantent. Elle s'élève plus haut, jusqu'à l'admiration de la beauté et de l'ordre dans leurs raisons abstraites, et c'est à la lumière qui resplendit dans ces régions qu'elle se repose avec complaisance sur les êtres que rendent particuliers les déterminations sensibles et leurs conditions d'existence concrète dans le temps et dans l'espace.

Pour ne citer qu'un exemple qui nous touche de plus près, nous connaissons, il est vrai, des hommes individuels et concrets; mais nous avons aussi l'idée d'homme en général, quand nous concevons l'homme en tant qu'homme, en dehors de toute personnalité concrète, c'est-à-dire avec les seuls caractères essentiels d'animal et de raisonnable. Dans le domaine de l'ordre moral, outre la conscience des actions vertueuses ou vicieuses, nous possédons le concept de la vertu et du vice en général, non pas seulement en tant que l'une embellit et que l'autre souille tel ou tel acte particulier, mais en tant que l'une et l'autre peuvent convenir à toute action libre en général, suivant qu'elle est conforme ou opposée aux règles éternelles de la loi divine.

56. Tout ceci est évident et n'a guère besoin d'être éclairci davantage. Mais, ce qui de prime abord ne semble pas aussi clair, c'est que ces concepts universels renferment précisément l'élément intelligible de nos pensées, le propre et véritable objet de de notre intelligence. Chaque faculté a son objet propre, et l'objet propre d'une faculté cognitive n'est autre que l'objet immédiat et exclusif de sa perception. *Id quod est primo et per se cognitum a virtute cognoscitiva, est proprium objectum ejus* (1). Or, l'objet immédiat et exclusif de l'intelligence est toujours l'universel; elle ne perçoit le particulier que par réflexion sur les sensations. *Intellectus noster directe non est cognoscitivus*

---

(1) S. Thomas, *Summa th.*, I. P., Q. LXXXVI, art. 7.

nisi universalium; indirecte autem et per quamdam reflexionem potest cognoscere singulare (1). Et encore : *Intellectus est universalium, non singularium* (2). Les objets particuliers sont connus par les sens extérieurs et par l'imagination ; or, ces facultés étant des facultés de l'homme, celui-ci peut, par réflexion sur leurs actes, saisir à nouveau les particuliers en leur appliquant les concepts généraux de son intelligence. *Homo cognoscit singulare per imaginationem et sensum, et ideo potest applicare universalem cognitionem, quæ est in intellectu, ad singulare* (3) ; et le saint Docteur, dans son commentaire sur le 3ᵉ livre *De Animâ*, exprime très exactement cette vérité sous forme d'axiome en répétant le mot de Boëce : *singulare dum sentitur, universale dum intelligitur*.

57. Saint Thomas confirme encore cette théorie par une raison très subtile qui est intimement liée avec tout son système physique et idéologique. Pour la bien comprendre, il faut avoir sous les yeux les principes suivants :

1. L'intelligence est une faculté entièrement spirituelle et inorganique ; les sens, au contraire, sont des facultés organiques, c'est-à-dire liées à un organe corporel, comme le sens de la vue l'est à l'œil, l'odorat aux narines, l'imaginative au cervelet, et ainsi de suite.

2. Quoique spirituelle, notre intelligence, pour l'acquisition de ses idées, doit avoir recours aux objets du monde corporel perçus par la sensation.

3. Les corps sont composés de deux principes : l'un actuel et déterminant (*forma*), l'autre potentiel et déterminable (*materia*).

4. La multiplication des individus appartenant à une même espèce a pour origine la matière, qui est principe radical d'extension, et par conséquent aussi, pour l'être qu'elle reçoit, source de divisibilité, de multiplication et d'autres propriétés du même genre. *Individuationis principium est materia* (4).

5. L'individuation a pour principe, non pas la matière à l'état abstrait, mais la matière concrète, existant sous des dimensions déterminées, et qu'on peut, à cause de cela, désigner avec raison sous le nom de *matière signée* (*materia signata*) : *materia non quomodolibet accepta est principium individuationis,*

---

(1) S. Thomas, *Summa th.*, I. p., Q. LXXXVI, art. 1.
(2) *Contra Gent.*, Lib. I., c. 44.
(3) *Qq. dispp.*, Quæst. *De scientiâ Dei*, art. 6.
(4) *Opusc.* 26, *De ente et essentiâ*, c. 2.

sed solum materia signata. Et dico materiam signatam, quæ sub certis dimensionibus consideratur (1).

Nous aurons plus tard l'occasion d'expliquer et de démontrer ces propositions dans le cours de cet ouvrage. Il est bien entendu que nous ne faisons ici que les rappeler brièvement pour permettre de comprendre plus aisément la raison par laquelle saint Thomas prouve que notre esprit ne perçoit directement que l'universel. Cette raison, la voici : notre intelligence, alors qu'elle s'adresse aux objets du monde corporel pour l'acquisition de ses idées, considère principalement en ceux-ci leur principe formel, puisque c'est du principe formel qu'ils tiennent leur acte, et qu'une chose n'est intelligible qu'en tant qu'elle est en acte. Or, l'individuation provenant de la matière, le principe formel n'offre par lui-même que le caractère d'universalité, et c'est ainsi que l'intelligence doit le percevoir ; car, dégagée comme elle l'est de la matière, elle n'est pas susceptible de recevoir en elle la représentation du principe formel avec les déterminations et les circonstances qui l'individualisent dans la matière. Il est vrai que dans la connaissance du principe formel notre intelligence perçoit aussi le principe matériel qui s'y rapporte nécessairement, comme son complément essentiel, dans la constitution des corps. Mais cette perception n'est que secondaire, et comme une sorte de conséquence de la perception directe et immédiate du principe formel. Or, même sous ce rapport, le principe matériel est encore considéré à un point de vue général, puisque l'individuation ne provient que de la matière *signée*. Voici les paroles du saint Docteur : « Le regard de l'intelligence humaine saisit dans les choses sensibles tout d'abord leur forme (*principe formel*), et ensuite leur matière (*principe matériel*), en tant que cette dernière a une relation avec la forme. Or, comme toute forme est de soi universelle, la relation avec la forme ne fait connaître la matière que sous un aspect universel. Mais, le principe d'individuation, ce n'est pas la matière ainsi considérée, mais bien la matière concrète, c'est-à-dire la *matière signée*, qui existe sous des dimensions déterminées : voilà par où la forme est individuée ; aussi lit-on dans Aristote (7 Met.) que les parties constituantes de l'homme, en général, sont *la matière* et *la forme* en général ; tandis que pour un homme en particulier, Socrate par exemple, c'est *cette* matière et *cette* forme. Notre intelligence ne peut donc pas saisir directement les singuliers ; ceci n'appartient qu'à nos facultés

(1) Opusc. 26, *De ente et essentiâ*, c. 2.

sensitives qui reçoivent les formes imprimées par les objets sur les organes corporels, sous des dimensions déterminées, et en tant qu'elles nous conduisent à la connaissance de la matière concrète. De même, en effet, que la forme universelle nous sert de moyen pour connaitre la matière universelle, de même aussi, la forme concrète nous conduit à la connaissance de la matière signée, qui est principe d'individuation (1). »

58. Les universaux étant donc les intelligibles propres ou les termes directs de nos idées, il ne faut pas s'étonner du soin tout particulier que nous allons apporter à leur étude ; d'autant plus que c'est du résultat de ce travail que doit principalement dépendre le sort de l'idéologie tout entière. L'Ontologisme, qui est bien un des périls les plus menaçants de la science moderne, a son point de départ et ses racines dans une fausse théorie des universaux. Tout comme les platoniciens, qui fondent le rêve creux de leur système des formes séparées sur l'universalité et l'immutabilité des idées, nos modernes Ontologistes recourent à la vision immédiate de Dieu parce qu'on ne saurait, disent-ils, sauvegarder autrement l'objectivité de nos concepts ; ce qui fait dire à Gioberti que *les idées générales sont dans l'Idée, et les universaux dans l'Universel*, l'*Idée* et l'*Universel* étant Dieu lui-même.

Je crois pouvoir affirmer que les plus sages, au moins, et les plus prudents des Ontologistes modernes, consentiraient volontiers à regarder comme origine et fondements de la science humaine les idées générales et les principes premiers et immédiats de la raison, si on pouvait, sans recourir à la fameuse vision en Dieu, leur expliquer les caractères absolus d'immuta-

---

(1) *Cognitio mentis humanæ fertur ad res naturales, primo secundum formam, et secundario ad materiam prout habet habitudinem ad formam. Sicut autem omnis forma, quantum est de se, est universalis, ita habitudo ad formam non facit cognoscere materiam nisi cognitione universali. Sic autem considerata, materia non est individuationis principium, sed secundum quod consideratur in materia singulari, quæ est materia signata, sub determinatis dimensionibus existens ; ex hoc enim forma individuatur. Unde dicit Philosophus in VII Metaph., quod hominis partes sunt materia et forma universaliter, Socratis vero forma hæc et hæc materia. Unde patet quod mens nostra singulare directe cognoscere non potest ; sed directe cognoscitur a nobis singulare per virtutes sensitivas, quæ recipiunt formas a rebus in organo corporali ; et sic recipiunt eas sub determinatis dimensionibus et secundum quod ducunt in cognitionem materiæ singularis. Sicut enim forma universalis ducit in cognitionem materiæ universalis, ita forma individualis ducit in cognitionem materiæ signatæ quæ est individuationis principium.* Qq. dispp., Quæst. De veritate, art. 5.

bilité qui accompagnent la vérité objective. Mais c'est justement là qu'ils s'égarent. Ils tiennent cette explication pour impossible, si l'on n'admet pas que nous contemplons nos idées dans l'Être infini et dans cette lumière incréée qui resplendit au sein de la souveraine Intelligence. En outre, si nos idées ne sont pas vues en Dieu et au moyen de Dieu, comme il convient à des choses divines, ils craignent qu'on ne leur donne pour terme immédiat quelque forme subjective de notre esprit, c'est-à-dire une forme créée, contingente et concrète, qui serait par là même privée des caractères d'universalité et de nécessité propres à la vérité objective. D'où il suivrait, qu'au lieu de connaître le vrai, nous n'en pourrions saisir que l'ombre et l'image, et qu'ainsi notre intelligence resterait enfermée dans le cercle d'un absolu subjectivisme d'où elle essaierait en vain de sortir. Pour éviter un si dangereux écueil où tout savoir humain viendrait se briser et faire naufrage, les Ontologistes de bonne foi prennent, en désespoir de cause, le parti de se persuader qu'ils voient ce qu'ils n'ont pourtant pas devant les yeux, je veux dire Dieu lui-même dans sa substance, ou au moins les éternels exemplaires de l'intelligence divine.

ARTICLE II

Le contenu du concept universel est l' « essence ou quiddité », principalement la quiddité substantielle.

59. On a parfois proposé l'objection suivante : en disant que l'intelligible n'est autre chose que l'universel, on en arrive à ne donner pour objet à l'intelligence que l'élément commun des phénomènes sensibles, objet qui ne se distingue de celui des sens que par un degré supérieur de perfection et d'étendue ; or, c'est là, comme on le voit, une différence purement accidentelle. Cette objection suppose une ignorance parfaite de la doctrine de saint Thomas. Dans le concept de l'esprit il faut distinguer la forme et le contenu. La forme, c'est le caractère d'universalité ; le contenu, c'est la chose revêtue de ce caractère. On désigne indifféremment l'une et l'autre sous le nom d'*universel,* par lequel on entend, en général, une chose douée d'universalité. Or, quand saint Thomas veut parler du concept mental, quant à son contenu, il dit toujours que l'objet de l'intelligence est l'*essence* ou *quiddité* des choses ; et cet objet, il l'oppose à celui des sens auxquels il n'attribue que la faculté de percevoir les accidents

des corps, c'est-à-dire leurs phénomènes ou apparences : *Objecta imaginationis et sensus sunt quædam accidentia ex quibus quædam figura vel imago constituitur ; sed objectum intellectus est ipsa rei essentia* (1) ; et ailleurs : *Cognitio sensitiva occupatur circa qualitates sensibiles exteriores, cognitio autem intellectiva penetrat usque ad essentiam rei ; objectum enim intellectus est quod quid est* (2).

Ainsi, saint Thomas enseigne que la forme d'universalité ne se trouve dans l'intelligible qu'en tant que celui-ci renferme l'essence tirée de l'objet de la faculté sensitive : *Per intellectum connaturale est nobis cognoscere naturas quæ quidem non habent esse nisi in materia individuali, sed secundum quod abstrahuntur ab ea per considerationem intellectus. Unde, secundum intellectum, possumus cognoscere hujusmodi res in universali, quod est supra facultatem sensus* (3).

60. Ceux qui font l'objection rapportée plus haut montrent assez qu'ils ne comprennent point ce qu'il faut entendre par *élément commun* des phénomènes. L'élément commun des phénomènes ne peut être que leur essence ; car, la répétition indéfinie du même phénomène ne suffit pas pour le rendre universel ; il n'est tel que par ce qui le constitue dans son être, c'est-à-dire, en un mot, par son essence. La répétition engendre le *collectif* qui, loin d'être l'universel, n'est qu'une simple réunion de termes singuliers. Des chemins tout différents mènent à la formation de l'un et de l'autre ; le collectif s'obtient par synthèse, l'universel par analyse. Aussi saint Thomas explique-t-il la formation de l'universel, ou, si l'on veut, des idées générales, par la considération de la seule essence des choses, abstraction faite des caractères particuliers qui les déterminent dans les individus . *Hoc est abstrahere universale a particulari vel speciem intelligibilem a phantasmatibus, considerare scilicet naturam speciei, absque consideratione individualium principiorum quæ per phantasmata repræsentantur* (4).

Autre chose est le fait, autre chose l'essence du fait. La sensation perçoit le fait : mais il n'appartient qu'à l'intelligence d'en percevoir l'essence ou nature constitutive : *Naturas sensibilium qualitatum cognoscere non est sensus sed intellectus* (5).

---

(1) *Qq. Dispp., Quæst.* x, *De Veritate*, art. 4.
(2) *Summa th.*, II-II., Q. VIII, art. 1.
(3) *Ibid.*, Q. XII., art. 4.
(4) *Summa th.*, I. P., Q. LXXXV, art. 1.
(5) *Ibid.*, Q. LXXVIII, art. 3.

On répliquera peut-être qu'il faut au moins conclure que l'intelligence, d'après saint Thomas, ne perçoit que la seule quiddité des phénomènes, et non le fond même de leur être, c'est-à-dire, la substance qui en est le sujet et le principe.

Nous répondons que c'est encore là une autre erreur. Pour saint Thomas, l'objet de l'intellect ne consiste pas seulement dans la quiddité des apparences sensibles, mais aussi dans celle de la substance même, source d'où procèdent et découlent les apparences. *Intellectus intelligit absolute cujusque rei quidditatem sive essentiam per seipsam, puta quid est homo vel quid est album, vel quid aliud hujusmodi* (1) : non seulement l'essence de la blancheur, *quid est album*, mais encore l'essence même de l'homme, *quid est homo*, c'est-à-dire l'essence de la substance qui est sujet et cause du phénomène. La raison en est que l'intelligence, à la différence de la sensation, pénètre intimement l'objet qui s'offre à elle ; au lieu de s'arrêter à l'écorce, elle va, pour ainsi dire, jusqu'à la moelle ; par delà les apparences, elle s'étend jusqu'à l'être où elles ont leurs racines. *Est inter alias lata differentia sensuum ac intellectus, quod illi in cognitione externorum accidentium sensibilium sistunt ; intellectus vero ex accidentium cognitione ad contemplanda ea quæ sub accidentibus cadunt atque latent ingreditur. Unde intellectus vocatur quasi intus legens* (2) ; et, dans la *Somme contre les Gentils*, le saint Docteur nous dit que le verbe mental est l'expression de la substance de la chose connue. *Verbum in intellectu est imago vel exemplar substantiæ rei intellectæ* (3).

61. Et d'ailleurs, la quiddité même des accidents (phénomènes) ne peut être connue sans la quiddité de la substance. Pour bien comprendre ceci, il faut se rappeler la doctrine de saint Thomas sur l'essence, et comment, d'après lui, l'essence peut convenir aux accidents (phénomènes) et à la substance qui en est le sujet et le principe générateur. L'essence est ce par quoi une chose a l'être : *Essentia dicitur secundum quod per eam et in ea res habet esse*. Or, comme c'est l'essence qu'on exprime par la *définition* qui indique la nature de la chose, les philosophes ont remplacé le nom d'*essence* par celui de *quiddité* : *Quia illud per quod res constituitur in proprio genere vel specie, est quod significamus per definitionem indicantem quid est res ; inde est quod nomen essentiæ a philosophis in nomen quidditatis*

---

(1) *Perihermenias*, Lib. I, lect. 3.
(2) *De Anima*, Lib. IV, lect. 4.
(3) *Contra Gent.*, Lib. IV, c. 2.

mutatur. On donne encore à l'essence le nom de *forme* pour exprimer sa perfection, l'actualité de son être. Quant au mot *nature*, on l'emploie plus spécialement pour désigner l'essence considérée comme principe d'opération ; car tout être a son opération propre. *Dicitur etiam forma secundum quod per formam significatur perfectio vel certitudo rei... Nomen autem naturæ videtur significare essentiam rei, secundum quod habet ordinem ad propriam operationem rei, cum nulla res propria destituatur operatione* (1).

Or, on sait que l'être se trouve, en premier lieu et d'une manière absolue, dans la substance, par opposition à l'accident qui ne le possède qu'à titre secondaire. Si nous appliquons cette doctrine à l'essence, nous dirons que celle-ci, dans son acception propre et primitive, ne se trouve que dans les substances, tandis qu'elle n'est que secondairement et sous certains rapports dans les accidents. *Quia ens absolute et primo dicitur de substantia et posterius secundum quid de accidentibus, inde est quod essentia proprie et vere est in substantiis; sed in accidentibus est quodammodo et secundum quid* (2). Seule, à proprement parler, la substance possède l'être, parce qu'elle subsiste en soi et s'appartient à elle-même. Les accidents, il est vrai, sont aussi des êtres, mais en tant seulement qu'ils appartiennent à la substance et participent à son existence ; ils sont moins *êtres* que modifications d'êtres. *Illud proprie dicitur esse, quod ipsum habet esse quasi in suo esse subsistens ; unde solæ substantiæ proprie et vere dicuntur entia; accidens vero non habet esse sed eo aliquid est, et hac ratione ens dicitur, sicut albedo dicitur ens quia ea aliquid est album ; et propter hoc dicitur in Metaph., lib. VII, quod accidens dicitur magis entis quam ens* (3). Aussi, dans les accidents, l'essence est-elle, ainsi que l'être, relative à la substance, et on ne saurait les définir sans faire entrer celle-ci dans leurs définitions. *Non possunt definiri nisi ponatur subjectum in eorum definitione; et hoc ideo est quia non habent in se esse absolutum per se a subjecto* (4).

Quand donc on dit que l'essence est l'objet propre de l'intelligence, ceci s'entend principalement de l'essence substantielle, qui est le véritable terme de l'intuition intellective, encore qu'elle ne soit pas perçue dans son être propre et isolé, mais

---

(1) Opusc. *De ente et essentia,* c. 1.
(2) *Ibid.*, c. 2.
(3) *Summa th.*, I. P., Q. XC, art. 2.
(4) *De ente et essentia*, c. 7.

accompagnée d'accidents et revêtue d'apparences sensibles. Nos concepts universels renferment donc non seulement l'essence des phénomènes, mais encore et en premier lieu l'essence substantielle qui en est le fondement et le principe: nous disons le fondement et le principe, parce que la substance est plus que le soutien des accidents ; elle en est aussi la cause. *Substantia quæ est principium in genere entis maxime et verissime essentiam habens oportet quod sit causa accidentium quæ secundario et quasi secundum quid rationem entis participant* (1). Elle en est tantôt la cause « active », quand on la considère, par exemple, comme principe d'où résulte la production des accidents ; tantôt la cause pour ainsi dire « passive », en raison de son aptitude à recevoir, sous l'influence de quelqu'agent extérieur, une actuation accidentelle : *Aliquando accidentia ex principiis essentialibus (substantiæ) causantur..... aliquando vero secundum aptitudinem tantum, sed complementum accipiunt ab agente exteriori* (2). L'intelligence, par conséquent, ne peut saisir l'essence des accidents (phénomènes) sans porter en même temps son regard jusqu'à la substance qui en est le soutien et le principe actif, ou, tout au moins, passif. Nous expliquerons plus amplement, en son lieu, cette doctrine qu'il nous suffit pour le moment d'avoir rappelée brièvement à l'attention du lecteur.

Il nous reste donc à conclure que l'objection proposée au début de cet article est dénuée de tout fondement, et cela, pour une triple raison. Premièrement, l'élément commun des phénomènes n'étant autre que l'essence, est un objet purement intellectuel, différent, par nature et non seulement par degré, de l'objet des sens; et, par conséquent, la sensation ne peut l'atteindre en aucune manière. En second lieu, l'intellect perçoit non seulement la quiddité des phénomènes, mais encore et principalement la quiddité de la substance, dès là que cette dernière possède proprement et principalement la raison de l'être. En troisième lieu enfin, la quiddité des phénomènes ne pouvant être perçue sans celle de la substance, l'intelligence, par là même qu'elle perçoit l'élément commun des phénomènes, doit en percevoir aussi le fondement et le principe.

(1) *De ente et essentia*, c. 7.
(2) *Ibid.*

ARTICLE III

Différentes opinions des philosophes sur les universaux.

62. Ce problème de la nature des universaux a toujours été, dès l'origine de la philosophie, le tourment des philosophes et comme le point central de toutes leurs discussions.

Les Épicuriens qui n'admettaient d'autre source de connaissance que la sensation et ne voyaient aucun bien en dehors des plaisirs corporels, nièrent absolument les universaux, puisque les sens ne peuvent avoir d'autre objet que les composés matériels et singuliers qui font impression sur nos organes corporels. Mais cette opinion anéantit toute sorte de science ; car, d'un côté, la science a pour objet le vrai en tant que nécessaire et immuable, et, de l'autre, il est clair qu'on ne peut connaître une multitude infinie d'éléments singuliers, puisqu'un nombre infini ne saurait exister. D'autres, tout en admettant les universaux, se sont trompés sur la manière de concevoir leur existence. Voilà pourquoi les platoniciens à la suite de leur maître, ont pensé que les universaux étaient des natures abstraites, subsistantes en elles-mêmes, en dehors de l'intelligence et des éléments individuels qui constituent l'univers sensible. Cette opinion a été combattue par Aristote, et saint Thomas, dans plusieurs passages de ses œuvres, en démontre la fausseté par cette raison que l'élément objectif de nos concepts s'attribue aux individus ; ce qui serait impossible, si nous n'avions pour objets de connaissance que des formes séparées. Ainsi, par exemple, nous disons : *Socrate est un homme, cet acte est vertueux*, attribuant l'essence d'homme et de vertu, renfermée dans l'idée de l'attribut, à la personne déterminée et à l'acte particulier qui sont les sujets de ces deux propositions. Or, tout cela est impossible dans l'opinion des Platoniciens, puisque, d'après eux, notre connaissance, au lieu de nous représenter ce qui existe réellement dans les individus comme identique avec eux, ne nous offre qu'une forme abstraite tout à fait distincte de leurs substances, et qu'on ne peut, par conséquent, leur attribuer sans erreur.

63. D'autres philosophes ont cru que les universaux étaient des représentations innées de l'esprit. Ils s'appuyaient sur un passage où Aristote dit que nous pouvons, quand nous voulons,

faire acte de connaissance, ce qui serait impossible si les universaux n'étaient pas toujours présents à notre esprit. Saint Thomas rejette cette opinion en faisant voir que si la connaissance est à la merci de notre volonté, c'est seulement en ce sens que nous pouvons, quand nous voulons, déterminer notre faculté intellective à l'abstraction des idées universelles, ou à se rappeler celles que nous conservons dans la mémoire. D'autres enfin ont prétendu que ces représentations idéales étaient imprimées dans notre âme par une intelligence supérieure qui serait Dieu lui-même ou toute autre intelligence séparée. Saint Thomas leur oppose une autorité vénérée par eux entre toutes, celle d'Aristote, qui attribue à notre lumière intellective la fonction de rendre intelligibles en acte les objets perçus par la sensation, de même que la lumière corporelle rend visibles en acte les couleurs qui ne l'étaient d'abord qu'en puissance. Il réfute encore ailleurs la même erreur en disant que la première hypothèse qui s'y trouve énoncée renverse l'ordre du monde et dépouille sans raison notre esprit de l'efficacité nécessaire à la production de ses propres pensées ; tandis que la seconde assujettit, en outre, l'âme humaine à l'inexplicable influence d'un être intermédiaire entre Dieu et nous.

64. Cette discussion, soulevée dans les temps anciens chez les Grecs, se ranima de nouveau au moyen âge parmi les scholastiques dans les écoles célèbres des nominalistes, des conceptualistes et des réalistes. Les premiers réduisaient les universaux à de simples mots : les seconds, à de pures formes subjectives de l'esprit ; les derniers enfin, les supposaient en acte ou en puissance, hors de l'esprit, dans les individus mêmes qui composent la nature. Loin de s'arrêter définitivement devant la solution si vraie et si claire proposée par saint Thomas, la discussion reprit au XIVe siècle, grâce aux efforts tentés par Occam pour faire revivre une sorte de nominalisme mêlé de conceptualisme, tandis que les disciples de Duns Scot se faisaient les champions d'une doctrine qui, sous le nom de formalisme, reproduisait les enseignements du réalisme exagéré, basé cette fois sur la *distinction formelle* que leur maître leur avait appris à admettre en toutes choses entre l'unité d'essence et l'individuation. Nous aurons plus tard (chapitre IV) l'occasion de parler plus longuement de cette discussion entre scholastiques, quand nous examinerons le réalisme de saint Thomas ; nous ne voulons qu'esquisser ici, dans un rapide aperçu, toute l'histoire de la question.

65. La prétendue réforme moderne de la philosophie ne dissimule point le peu d'estime qu'elle fait de cette controverse, pleine d'arguties, dit-elle, et peu utile à la science. Mais, ce mépris affecté ne pouvait ni en changer la nature, ni en diminuer l'importance. C'est là, en effet, une question absolument capitale en philosophie, et qu'il est impossible d'éviter ; aussi continue-t-elle, en fait, à être encore agitée de nos jours, puisque, sous une autre forme et avec un langage différent, elle finit par conduire toujours plus ou moins aux mêmes conséquences. Ainsi, le sensualisme de Locke et de Condillac ne fait que reproduire la doctrine des nominalistes et des Épicuriens ; car il dépouille les universaux de toute existence, réelle ou idéale, et les regarde comme de simples collections d'individus. Les Cartésiens, avec leur théorie des idées innées, renouvellent le conceptualisme, en n'accordant aux universaux qu'une existence purement subjective, sans aucun appui ou fondement extérieur. Avec sa vision en Dieu, Malebranche donne une forme nouvelle au réalisme des anciens ; d'un côté, il se rapproche de Platon, et, de l'autre, d'Avicenne et d'Averroès.

Nous pouvons faire à peu près les mêmes observations sur des temps plus rapprochés de nous. L'empirisme des Écossais cadre à merveille avec la théorie nominaliste, puisqu'il n'admet d'universalité que dans les mots successivement employés pour désigner plusieurs objets particuliers. Le formalisme de Kant et l'idéalisme de Fichte, enfants légitimes du cartésianisme, ne voient dans les idées universelles que de purs produits, des formes constitutives de la raison, ou bien de simples créations de l'activité libre de la pensée ; ils enlèvent toute objectivité à la connaissance humaine et l'enferment dans le cercle des phénomènes et des apparences subjectives. Enfin, l'identité absolue de Schelling et la raison impersonnelle de Hégel ne semblent guère différer de la substance unique de Spinoza ou de l'être universel des panthéistes du moyen-âge. Mais, plus récemment encore, le problème surgit de nouveau avec des contours plus précis et mieux dessinés, grâce aux Ontologistes. Ceux-ci, en effet, après avoir établi que les universaux doivent subsister en dehors de notre esprit, se voient obligés d'aller les chercher ou dans les raisons éternelles de l'intelligence divine, ou, avec Gioberti, dans l'être même de Dieu, transformé en Idée, avec la prérogative d'un I majuscule.

66. Après ce rapide aperçu des diverses opinions émises par les philosophes sur cette difficile matière des universaux, il

nous reste à en exposer la théorie d'après une doctrine qui nous paraît devoir mériter les suffrages de tout esprit indépendant des préjugés de parti : car cette doctrine s'appuie tout à la fois sur des raisons évidentes, sur l'observation des faits et sur l'autorité de Docteurs non moins orthodoxes qu'habiles à approfondir dans leurs recherches les plus abstraits et les plus subtils mystères de la vérité. Nous voulons parler de la doctrine enseignée dans les immortels ouvrages de saint Thomas d'Aquin ; enseignement digne, au moins, d'être examiné avec le plus grand soin par les plus dédaigneux et les plus obstinés. Quel homme, après s'être usé le cerveau à étudier et à comprendre les théories nébuleuses des rationalistes allemands, avec le grand ennui de n'en retirer à la fin que la certitude d'avoir assisté à un drame fantastique, quel homme, dis-je, serait assez déraisonnable après cela pour refuser d'écouter, au moins, ce qu'enseigne sur un point si important de métaphysique le célèbre représentant de cette philosophie du catholicisme à laquelle les esprits les plus élevés confessent qu'il faut revenir désormais ?

ARTICLE IV

Différence de l'universel direct et de l'universel réflexe.

67. L'intelligible ou objet immédiat de l'idée est, comme nous l'avons dit, l'universel renfermant une essence ou quiddité perçue par l'intelligence. Or, notre esprit a deux manières de procéder : par intuition directe ou par intuition réflexe. Le mot intuition signifiant action de regarder un objet présent, on ne devrait, à proprement parler, l'appliquer qu'au sens de la vue. Ce n'est que par métaphore qu'on l'attribue aux autres sens, et, par métaphore aussi, qu'on l'étend aux actes intellectifs (1). L'intellect, après avoir perçu l'objet par un acte direct et spontané, peut, par réflexion et sous l'influence de la volonté libre, revenir sur ce même acte : c'est à cette seconde manière d'opérer que les modernes ont donné le nom de *réflexion*. Les anciens l'appelaient *recogitatio* ou *seconde pensée,* c'est-à-dire seconde connaissance ; et, comme l'intelligence, quand elle revient sur une première pensée, peut diriger son regard sur l'entité subjective de celle-ci ou sur l'objectivité de la chose qui s'y trouve

(1) *Intentionem secundam appello illud quod intellectus secundo intelligit de re.* S. Thomas, Opusc. 55, *De universalibus*, tract. 2.

représentée, on a pris occasion de là pour diviser la réflexion en psychologique et ontologique ; la première n'étant qu'un retour de l'esprit sur l'acte en tant que modification du sujet ; la seconde, au contraire, un retour sur l'acte en tant qu'il représente un objet (1).

Par l'intuition directe, l'intelligence acquiert les premiers éléments et pour ainsi dire la matière brute de ses pensées ; c'est dans la connaissance réflexe qu'elle perfectionne ces éléments, les purifie, les éclaire et les féconde.

Le rôle de la connaissance réflexe n'est pas seulement d'éclaircir et de rendre distincts par la méditation les concepts précédents de la connaissance spontanée, mais encore de les rapprocher et de les comparer entre eux, pour en faire ressortir ces relations qui n'apparaissaient pas au premier abord et n'y étaient contenues qu'en puissance.

De là vient la distinction de l'universel en direct et réflexe, suivant que l'on considère l'idée ou dans l'état de spontanéité de l'esprit ou dans l'état de réflexion. Par *universel direct*, nous entendons la quiddité abstraite des individus et considérée en elle-même sous sa raison propre. L'*universel réflexe* est cette même quiddité déjà abstraite, en tant qu'on la rapporte aux individus où elle se trouve comme forme commune ; en d'autres termes, l'universel direct exprime un intelligible pour ainsi dire absolu, l'universel réflexe un intelligible relatif : c'est ce que nous allons essayer d'expliquer davantage.

68. L'esprit, quand il contemple dans son acte direct l'objet représenté par l'idée, fixe seulement son regard sur les caractères intrinsèques de l'essence, caractères qui sont ensuite exprimés oralement dans la définition. Ainsi, par exemple, nous concevons le triangle sans voir dans notre concept autre chose que l'essence du triangle : trois côtés et trois angles. Dans cet acte, l'esprit

---

(1) On donne encore, avec raison, à la réflexion psychologique le nom de conscience réflexe, pour la distinguer de la conscience directe, c'est-à-dire, de cet acte spontané qui, dans la connaissance première, donne au sujet pensant une sorte d'information et de connaissance expérimentale de l'acte qu'il émet. Galluppi n'est pas seul à employer cette dénomination, car on la trouve aussi dans Balmès : *Il faut*, dit-il, *distinguer la conscience directe et la conscience réflexe ; la première accompagne tout phénomène interne ; il n'en est pas ainsi de la seconde ; l'une est naturelle, l'autre philosophique*, (Philos. fondam., Liv. I, c. 23). Et d'ailleurs, s'il est vrai que toute connaissance est susceptible de passer par deux états, l'un spontané et direct, l'autre volontaire et réflexe, on doit en dire autant de la conscience, qui appartient évidemment à l'ordre de la connaissance et qui, par conséquent, est, à ce titre, capable de réflexion sur elle-même.

fait abstraction des individus où l'essence se trouve réalisée, et ne considère que l'objet en lui-même et pour lui-même, sans décider si cet objet abstrait est un ou multiple, s'il existe idéalement ou réellement, s'il est individualisé dans telle ou telle matière. On ne sait encore rien autre chose de lui, sinon qu'il est telle essence déterminée ; on ne le considère que d'une manière absolue, bien qu'on puisse, après cela, l'attribuer par un jugement aux sujets particuliers où il se trouve à l'état concret. Rigoureusement parlant, on ne devrait pas appeler universel l'objet ainsi considéré, car l'universel, d'après la signification étymologique du mot (*unum versus alia*), implique l'idée d'unité rapportée à une multitude, et saint Thomas a soin de le définir : ce qui est relatif à plusieurs, *unum habens habitudinem ad multa;* or, ceci ne s'applique pas formellement à l'intelligible direct qui n'emporte avec lui aucune idée de relation. On l'appelle pourtant universel, soit pour le distinguer des objets que nous percevons comme individuels, soit parce qu'il est le fondement de l'intelligible réflexe, à qui appartient formellement cette dénomination d'universel. Quand l'intelligence revient, par acte de réflexion, sur l'objet qu'elle a déjà perçu préalablement à l'état abstrait par la connaissance directe, elle y constate le caractère d'unité idéale ; elle peut, par conséquent, le comparer avec les individus où il est capable de subsister et le regarder comme leur élément commun. Ainsi, par exemple, après avoir perçu directement l'homme en tant qu'homme, c'est-à-dire, comme animal raisonnable, nous revenons par réflexion sur ce concept, et, après l'avoir comparé avec divers individus humains existants ou possibles, nous voyons qu'il exprime l'élément commun où tous viennent se réunir quant à leurs caractères essentiels.

Nous avons donc dans l'universel réflexe, outre la simple quiddité à l'état d'abstraction, une relation avec les existences concrètes dans lesquelles elle se rencontre ou peut se rencontrer, ce qui constitue certainement une différence entre ces deux sortes de concepts, puisque le second revêt un aspect relatif, tandis que le premier ne présentait qu'un aspect absolu et ne reflétait que la seule essence de l'objet perçu, sans aucune comparaison ou relation avec les particuliers concrets. C'est ce que saint Thomas fait très bien observer dans les paroles suivantes : « Il faut remarquer, dit-il, qu'il y a une différence entre ces deux expressions : animal en tant qu'*animal*, et animal en tant qu'*universel*; et de même entre celles-ci : homme en tant qu'*homme*, et homme en tant qu'*espèce*. En effet, l'animal en tant qu'animal, n'est rien autre chose qu'animal ; c'est là simplement une essence qui n'est de soi ni une ni multiple et n'a d'existence ni dans l'esprit ni dans le monde sensible. *Notandum est quod aliud est dicere animal in quantum animal, et animal in quantum universale ; et homo in quantum homo, et homo in quantum species ; quia animal, in quantum animal est animal tantum, et significat essentiam simplicem, quæ de se non est una nec multa, nec existens in his sensibilibus, nec in anima.*

L'animal en tant qu'animal, l'homme en tant qu'homme, voilà l'universel direct, objet direct de connaissance indépendamment de toute acception relative ; l'animal en tant qu'universel, l'homme en tant qu'espèce, voilà l'universel réflexe connu sous l'aspect particulier de sa relation à l'espèce ou aux individus qu'il renferme.

ARTICLE V

Caractères de l'universel réflexe, en opposition avec ceux de l'universel direct.

69. Nous avons divisé l'universel en universel direct et universel réflexe, et montré la différence qui existe entre l'un et l'autre. Il ne sera cependant pas inutile d'insister encore un peu sur cette différence, trop souvent méconnue de ceux-là même qui ont étudié saint Thomas. Il n'est pas rare, en effet, de rencontrer des auteurs qui, croyant exposer la doctrine du saint Docteur sur le point qui nous occupe, expliquent la formation de l'universel par la simple comparaison que l'on fait de plusieurs individus de nature semblable, en laissant de côté les caractères qui les diversifient pour ne voir que l'élément commun de leur ressemblance. Ils ne s'aperçoivent pas que, s'il en était ainsi, on ne pourrait avoir d'idée universelle des êtres dont il n'existe qu'un seul individu dans la nature. Le soleil et la lune, par exemple, sont des solitaires dans le monde sidéral ; pourtant nous considérons fort bien la raison abstraite de l'un et de l'autre, et par voie de conséquence, la possibilité d'un nombre infini de soleils et de lunes. Et d'ailleurs, comment pourrait s'expliquer la formation première de l'idée universelle par cette seule perception des caractères de ressemblance de plusieurs individus, étant donné que le rapport de similitude exige la comparaison de termes semblables avec un type ou une forme préalable-

ment abstraite, et possédée à l'avance par notre esprit? N'est-il pas vrai, en effet, que la similitude de deux objets différents, suppose en eux la participation d'une raison ou essence commune? *Similia dicuntur quæ communicant in eadem forma.* Il faut donc que notre esprit ait à l'avance cette forme ou quiddité, grâce à laquelle il sera en état d'apprécier la ressemblance de plusieurs individus. Donc, l'idée universelle ne résulte pas d'une simple perception de la ressemblance de plusieurs individus entre eux : elle est bien plutôt une condition préalablement exigée par cette connaissance.

70. L'erreur où tombent les auteurs dont nous venons de parler a son origine dans l'emploi équivoque des mots ; car ils attribuent à l'universel direct des propriétés que saint Thomas réserve à l'universel réflexe. Ce dernier, en effet, requiert pour sa formation la comparaison des individus, tandis que l'universel direct ne demande que la simple observation d'un seul individu. Après avoir franchi la limite des déterminations concrètes, l'intelligence se livre à la considération de la seule nature, prise en elle-même et uniquement dans ses caractères essentiels. Ainsi entendue, cette nature ne comporte aucune nécessité d'exister ici ou là, dans un ou plusieurs sujets, ni de subsister dans l'ordre physique ou dans l'ordre idéal ; elle fait abstraction de tout cela, et ne présente exclusivement que les simples éléments constitutifs d'une essence. Et, à vrai dire, si l'essence d'homme renfermait dans son concept absolu cette exigence de ne pouvoir exister qu'en un seul individu, on ne pourrait la concevoir comme capable de se rencontrer en plusieurs ; de même qu'on ne pourrait, au contraire, la concevoir réalisée en un seul, s'il lui était nécessaire d'exister en plusieurs. De fait, ni l'une ni l'autre de ces deux hypothèses ne répugne à la pensée ; car, nous concevons parfaitement que Pierre est homme, c'est-à-dire possède la nature humaine, tout comme nous pouvons concevoir un nombre considérable d'individus humains existants ou possibles. De même, si l'existence réelle appartenait inséparablement au concept de la nature considérée en elle-même, celle-ci ne pourrait plus exister idéalement comme terme de notre connaissance ; car ce terme fait abstraction des propriétés individuelles que l'existence entraîne nécessairement avec elle. Si, au contraire, cette nature excluait de son concept l'existence concrète, elle en devrait toujours être privée : conclusion absolument contraire à l'expérience qui nous montre la nature

existant dans des sujets concrets où elle s'individualise ; force est donc de conclure que la quiddité ou nature, en tant que terme de la connaissance directe, ne renferme ni n'exclut de son concept propre l'existence soit idéale soit réelle, unique ou multiple ; en un mot, qu'elle ne renferme aucune relation avec les individus, puisqu'elle est exclusivement considérée en elle-même dans les seuls caractères qui la constituent.

L'universel réflexe, au contraire, comporte cette relation. Il est l'universel conçu précisément comme universel (les scholastiques diraient *reduplicative*), et, partant, c'est une unité comparée à une multitude, *unum versus alia* ; c'est toujours le même universel direct, mais connu à nouveau par la réflexion et comparé avec les réalités individuelles auxquelles il peut se rapporter. Il exprime tout à la fois unité et multitude ; unité, puisqu'il exprime une seule forme ou nature ou quiddité intelligible ; multitude, puisqu'il exprime cette forme ou quiddité en tant qu'elle est commune, c'est-à-dire, communicable à un nombre indéfini d'individus réels ou possibles, dont il suppose, au moins confusément, la connaissance.

71. Éclaircissons tout ceci par un exemple. Notre esprit connaît la notion abstraite de substance, c'est-à-dire, d'un être subsistant en soi sans aucun sujet auquel il soit inhérent. Nous avons là l'universel comme intelligible direct, puisque l'objet n'est considéré que sous un aspect absolu, sans aucun rapport aux individus. Néanmoins, cette quiddité ainsi conçue renferme une aptitude à être rapportée à un nombre indéfini d'individus existants ou possibles. Nous pouvons dire, en effet, étant donné le concept de substance : cet homme est une substance, cette pierre est une substance, cet arbre est une substance, un autre soleil serait une substance, et ainsi de suite. Or, on ne pourrait ainsi parler, si la raison de substance n'était pas vraiment apte à exister dans tous ces individus. Si donc, l'esprit considère cette aptitude par un acte de réflexion sur son premier concept, il en viendra à concevoir la substance perçue auparavant, comme une forme tout à la fois unique dans son essence et multiple quant aux termes auxquels elle peut se rapporter. Voilà l'universel considéré comme intelligible réflexe, ou, ce qui revient au même, comme intelligible relatif.

C'est précisément cet universel réflexe que les scholastiques partageaient en cinq *prédicables* ou *universaux*, ainsi nommés parce qu'ils expriment les diverses manières d'attribuer une notion universelle aux individus. Ces prédicables sont : le genre, la différence spécifique, l'espèce, le propre et l'accident. En effet, une raison générale, un *quid* quelconque, conçu d'abord d'une façon abstraite par l'intelligence, peut, dès qu'on l'applique aux individus, exprimer ou l'essence ou ce qui est ajouté à l'essence. Dans le premier cas, il peut exprimer la totalité ou seulement une partie de l'essence ; s'il exprime l'essence complète on l'appelle *espèce;* tel serait, par exemple, le concept *d'animal raisonnable* par rapport aux individus humains. S'il n'exprime au contraire qu'une partie seulement de l'essence, il y a lieu de distinguer encore deux hypothèses : ou il s'agit de la partie déterminable de l'essence, et alors nous avons le *genre;* exemple : la notion *d'animal*, qui n'est pas toute l'essence de l'homme, mais seulement la partie qu'il possède en commun avec les animaux ; ou bien, il s'agit de la partie déterminante de l'essence, et dans ce cas on l'appelle *différence spécifique* ; ainsi, la notion de *raisonnable* s'ajoute à celle d'*animal* pour déterminer la constitution intégrale de l'espèce *homme*, et la distinguer par là de toute autre espèce d'être. Si, au contraire le concept abstrait exprime non l'essence mais un élément étranger ajouté à l'essence, deux cas peuvent se présenter : ou cet élément additionnel désigne une qualité qui dérive de l'essence et s'y rattache comme un attribut nécessaire qui ne se rencontre dans aucune autre espèce différente, (comme serait, par exemple, le concept de *risible* par rapport à l'homme,) et alors, on lui donne le nom de *propre* ; ou bien il désigne une modification purement adventice et transitoire, (comme la qualité de blanc dans l'homme, qui peut également convenir à d'autres espèces,) et alors on l'appelle *accident* (1).

(1) Voyez saint Thomas. Opuscule 44. *Summa totius logicæ.*
On peut constater ici combien est étrange l'opinion de Rosmini, alors qu'il essaie d'établir une distinction entre l'idée universelle et l'idée générale : car, en même temps il établit que l'idée universelle consiste précisément en ce qu'elle a la propriété de pouvoir être rapportée à un nombre infini d'êtres semblables, l'idée générale n'étant autre chose que l'extension de l'idée universelle en notions de genre et d'espèce. Si la possibilité d'être appliquée à une infinité d'êtres semblables est précisément ce qui constitue le genre ou l'espèce, comment peut-on, sans contradiction, distinguer l'idée générale de l'idée universelle ? Leurs définitions même identifient l'universalité avec la généralité, puisque l'extension de l'idée n'est que la propriété de pouvoir être rapportée à plusieurs individus.

ARTICLE VI

L'universel réflexe n'a qu'une existence idéale.

72. L'universel réflexe, avons nous dit, exprime une forme commune, une nature douée du caractère de l'unité, et qui est en même temps communiquée ou au moins communicable à tous les individus auxquels elle peut être rapportée. Il est aisé de comprendre, d'après cela, que cet universel ainsi considéré ne peut avoir d'existence réelle en dehors de l'esprit qui le conçoit. Pour justifier cette conclusion, il suffirait de faire remarquer que l'universel réflexe est objet de réflexion et que la réflexion s'exerce non sur les choses mais seulement sur les concepts, ou si l'on veut, sur les choses en tant que conçues par l'esprit et subsistantes seulement dans l'acte de connaissance. Nous allons cependant nous arrêter un peu sur ce point pour le mieux éclaircir.

Une nature ou forme commune ne saurait exister dans le monde de la réalité ; car, en dehors de l'esprit, il est impossible de concevoir qu'une même chose appartienne à la fois à plusieurs sujets. Tout est individué dans l'ordre réel. L'existence actuelle de l'universel en dehors de l'esprit, tel a été le rêve des réalistes exagérés et des formalistes du moyen âge ; aussi, en arrivaient-ils à conclure à l'unité absolue de substance, sans autre élément de distinction et de diversité que les accidents. C'est encore le rêve des modernes panthéistes transcendantaux, qui, à force de réaliser des abstractions, finissent par réduire toute chose existante à des manifestations et à des évolutions de l'être indéterminé que conçoit l'intelligence par un simple acte d'abstraction. La vérité, au contraire, est que toute chose ou substance particulière a son être et sa propre substantialité identifiée avec sa propre individualité : ainsi, par exemple, l'essence d'être vivant et la vie individuelle ne sont pas en vous deux choses différentes, non plus que la raison d'homme et votre humanité individuelle. D'où il suit que l'essence, considérée comme *genre* ou comme *espèce*, n'est pas formellement la même chose que l'essence qui constitue les êtres particuliers dans leur existence propre et concrète. C'est d'ailleurs ce que vient confirmer notre manière ordinaire de parler. Ainsi vous dites bien avec vérité : *je suis un homme, je suis un vivant,* alors que vous ne pouvez dire : *je suis une espèce, je suis un genre,* ce qui pourtant devrait être exact, si l'universel réflexe dont nous parlons subsistait réellement dans la nature. Car, la raison d'homme considérée comme universelle, c'est-à-dire, communicable à plusieurs individus semblables quant à leur essence complète, est et s'appelle *espèce*, et la raison de vivant, en tant que communicable à plusieurs individus semblables seulement quant à une partie de leur essence, est et s'appelle *genre*. Donc, nous le répétons, l'universel pris formellement, c'est-à-dire comme intelligible relatif, ne s'identifie pas avec les individus existant dans la nature, et on ne peut, sous ce rapport, le leur attribuer; tandis qu'on peut, au contraire, leur attribuer la raison objective, je veux dire l'intelligible direct et absolu, qui est comme le fondement et le point d'appui de l'intelligible relatif. Vous direz bien : *je suis un homme,* ce qui montre qu'on peut vous attribuer cette raison d'humanité qui, dans l'idée universelle, est pour ainsi parler le sujet de la relation par laquelle on la rapporte à tous les individus de l'espèce humaine. Mais vous ne direz pas : *je suis une espèce,* ce qui serait vous identifier avec l'universel pris formellement, c'est-à-dire dans son extension relative.

73. Mais, si l'universel ne peut exister dans la nature, il peut parfaitement exister dans l'esprit qui le contemple. En effet, la quiddité ou forme qui est concrète et individuée dans l'ordre physique, peut se présenter, et, de fait, se présente à l'esprit sans cette individualité concrète qui la détermine. C'est là le résultat de l'abstraction intellectuelle dont nous aurons bientôt à parler. Supposons maintenant que notre esprit possède le concept de cette forme ou quiddité, il est de toute évidence que cette dernière peut être conçue comme universelle, puisqu'elle est susceptible d'être rapportée à tous les individus comme élément général de leur commune ressemblance.

L'aptitude de l'essence à pouvoir être considérée comme universelle, n'apparaît que dans cette seconde intuition qui nous la fait percevoir sous un aspect relatif et avec l'existence abstraite qu'elle a dans notre intelligence ; c'est alors que nous la considérons par rapport aux différents individus existants ou possibles dans lesquels elle existe ou pourrait exister. Cette seconde connaissance, nous l'avons déjà dit, c'est la connaissance réflexe, sorte de retour de l'esprit sur une connaissance préalable, au moyen duquel nous percevons l'objet sous l'aspect particulier de son nouveau mode d'être; et il ne peut en être autrement, puisque dans la perception directe, l'intelligence est pour ainsi dire passive; elle ne donne pas, elle reçoit; elle regarde uniquement ce qui se trouve dans l'objet sans y rien ajouter d'elle-même, sauf toutefois l'abstraction des caractères qui n'appartiennent pas à l'essence. La réflexion seule peut ajouter quelque chose de nouveau à l'objet : car, comme elle le perçoit dans sa substance idéale et non pas dans sa réalité physique elle peut le comparer avec tel ou tel autre terme, et découvrir ainsi en lui des rapports et des relations qui sont la conséquence de cette comparaison. C'est ce qui arrive dans le cas présent. Notre esprit, en effet, perçoit d'abord par une intuition directe la raison de vivant, par exemple ; puis il revient par réflexion sur cette notion; il en fait en quelque sorte une étude et une comparaison avec les individus qui sont ou peuvent être vivants ; et, comme résultat final, cette raison, une dans son concept, revêt néanmoins la condition de forme commune par rapport à ces individus. Ce concept devient pour l'esprit ce que serait pour nos yeux une peinture ou une sculpture représentant un homme auquel ne ressemblerait d'ailleurs, dans ses traits déterminés, aucun individu connu de nous, soit par sa propre réalité, soit par un récit historique. Il est évident que cette image nous rappellerait l'homme en général et non pas tel homme en particulier ; ou bien encore, elle nous rappellerait tous les individus à la fois, mais seulement en tant qu'ils se ressemblent dans la possession identique de la nature humaine. De la même manière (pour autant que l'analogie nous permet de comparer un concept idéal avec une image matérielle), cette raison de vivant, dans sa subsistance mentale, nous représente ce qui constitue la vie, et partant ce qui appartient en propre à tous les êtres vivants, sans s'identifier avec les caractères individuels d'aucun d'eux, puisqu'il est de sa nature de les exclure.

74. En résumé, l'universel réflexe n'est pas la simple quiddité perçue à l'état abstrait, c'est-à-dire, en dehors de toute considération des caractères singuliers qui l'individualisaient dans la nature ; c'est la quiddité déjà abstraite par l'esprit, conçue par conséquent sous un aspect relatif, c'est-à-dire, sous l'aspect d'une forme commune aux individus auxquels on peut la rapporter comme genre ou espèce, et ainsi de suite. Ceci posé, il est incontestable qu'un pareil universel n'a d'existence que dans l'intellect ; et cela, pour deux raisons : d'abord, parce qu'il requiert la considération de son être en tant qu'abstrait, et que toute abstraction n'a qu'une pure existence mentale ; ensuite, parce qu'il nécessite en outre la considération de la relation qui

le relie avec les individus auxquels il peut s'appliquer comme genre, espèce, etc., ce que les scholastiques appelaient intention d'universalité, *intentio universalitatis*. Or, cette relation est, elle aussi, un produit de l'intelligence, puisqu'elle résulte de la comparaison établie par elle entre la quiddité abstraite et les individus qui la possèdent ou la pourraient posséder. Donc, pour cette raison encore, l'universel réflexe n'a qu'une existence idéale.

En somme, la raison d'universalité qui constitue proprement l'universel réflexe, consiste en ce que la quiddité, une en soi, est en même temps multiple par relation ; ce qui ne lui peut convenir que parce qu'elle existe dans l'intelligence et est soumise au travail de la réflexion.

Le lecteur voudra bien excuser les répétitions auxquelles j'ai cru devoir me condamner : j'aime mieux être taxé de prolixité qu'obscur par excès de concision.

ARTICLE VII

Comment l'universel direct a une existence réelle.

75. Arrivons maintenant à l'universel direct que nous avons déjà représenté comme fondement réel et *substratum* de l'universel réflexe, et comme exprimant un intelligible non relatif mais absolu. Là encore, nous distinguons soigneusement deux choses : d'abord l'objet, comme, par exemple, l'essence d'homme, d'animal, de vivant, de substance etc., et ensuite le mode spécial de la connaissance, c'est-à-dire l'abstraction, grâce à laquelle nous pouvons percevoir l'essence sans les déterminations concrètes qui la circonscrivent dans sa substance réelle. Il est clair que dans le premier cas l'universel direct se confond avec la réalité même des choses existantes, puisqu'en considérant la simple quiddité ainsi entendue, par exemple la quiddité d'animal raisonnable ou de vivant, nous n'atteignons évidemment rien autre chose que l'élément réel qui existe physiquement dans la nature en dehors du sujet connaissant. Dans le second cas, au contraire, l'abstraction des caractères individuels, qui accompagne la perception de l'universel direct, doit être attribuée à l'intelligence qui peut considérer une chose sans l'autre, comme nous aurons bientôt occasion de l'expliquer.

Cette doctrine est évidemment celle de saint Thomas comme

le prouvent les paroles suivantes : « Par universel abstrait on entend deux choses : la nature même de l'objet et son abstraction ou universalité. La nature, pour laquelle il est indifférent d'être connue, d'être abstraite ou d'être universalisée, n'existe en soi que dans les individus; mais cette condition spéciale et accidentelle d'être perçue, abstraite ou universalisée, ne lui convient que dans l'intelligence. C'est d'ailleurs ce qu'on peut voir aussi dans la sensation. Le sens de la vue perçoit la couleur d'un fruit et non son odeur. Si l'on demande où se trouve cette couleur ainsi perçue sans l'odeur, il est clair qu'elle n'existe point ailleurs que dans le fruit : quant à cette condition accidentelle pour la couleur d'être perçue sans l'odeur, c'est dans le sens de la vue qu'il faut en chercher la raison, ce dernier ne possédant que l'image de la couleur et nullement celle de l'odeur. De même l'humanité qui fait l'objet de notre perception (directe) n'a d'existence que dans tel ou tel homme en particulier, tandis que si l'humanité est perçue sans conditions individuantes, c'est-à-dire à l'état d'abstraction, d'où résulte son caractère d'universalité, c'est là pour elle une condition accidentelle qui lui vient précisément de ce qu'elle est perçue par une intelligence où se trouve seulement la représentation de la nature spécifique, à l'exclusion des principes individuants (1). » Par conséquent, l'essence perçue d'une manière universelle, en tant qu'elle exprime, en dehors de toute autre considération, les caractères constitutifs de l'objet connu, cette essence, dis-je, est dans la rigueur des termes un élément objectif et réel, car elle n'est point une forme de l'esprit et ne tire son intelligibilité ni de son mode d'être dans l'acte intellectuel

---

(1) *Cum dicitur universale abstractum, duo intelliguntur, scilicet ipsa natura rei, et abstractio seu universalitas. Ipsa igitur natura, cui accidit vel intelligi, vel abstrahi, vel intentio universalitatis, non est nisi in singularibus : sed hoc ipsum quod est intelligi, vel abstrahi, vel intentio universalitatis est in intellectu. Et hoc possumus videre per simile in sensu. Visus enim videt colorem pomi, sine ejus odore. Si ergo quæratur ubi sit color qui videtur sine odore, manifestum est quod color qui videtur non est nisi in pomo. Sed quod sit sine odore perceptus hoc accidit ei ex parte visus, in quantum in visu est similitudo coloris et non odoris. Similiter humanitas, quæ intelligitur, non est nisi in hoc vel in illo homine ; sed quod humanitas apprehendatur sine individualibus conditionibus, quod est ipsam abstrahi, ad quod sequitur intentio universalitatis, accidit humanitati, secundum quod percipitur ab intellectu, in quo est similitudo naturæ speciei, et non individualium principiorum.* Summa theol., I. P., Q. LXXXV, art. 2, ad 2.

ni de la connaissance réflexe ; elle est l'être même perçu directement par l'intelligence, car c'est le propre de l'intelligence de saisir l'être, abstraction faite des individuations qui le circonscrivent dans sa subsistance matérielle.

Que l'essence ainsi considérée en elle-même soit bien réelle et objective, c'est ce que confirme clairement l'usage que nous avons de lui prêter des attributs propres aux êtres réels qui font l'ornement de l'univers. Ainsi nous disons : le corps est pesant, la plante fructifie, l'animal se meut de lui-même, etc... Dans ces exemples, le terme rendu par l'idée du sujet est bien universel, et universel dans le sens d'intelligible absolu ; et pourtant, il reçoit des attributs propres aux individus réellement existants ; donc, l'être de ce terme est bien l'être même des individus. Autrement, il nous serait impossible d'énoncer avec vérité aucune des propositions rapportées plus haut ; et la connaissance des idées qui les composent ne porterait plus ce sur qui est, mais sur ce qui n'est pas ; en d'autres termes, elle ne s'exercerait plus sur l'être, mais sur des formes idéales comme les formes platoniciennes qui, loin d'entrer dans la constitution réelle des choses, n'en sont que de simples types ou exemplaires.

76. Pour confirmer cette assertion d'une manière plus saisissante, prenons, par exemple, ce syllogisme : *l'homme est libre; or, Pierre est homme; donc, Pierre est libre.* Je n'ai pu affirmer la liberté de Pierre dans la conclusion qu'après avoir préalablement établi dans la majeure que cette liberté convient à l'homme, et affirmé dans la mineure l'identité de ces deux notions : *Pierre* et *homme*. Or, il est indubitable que le sujet de la majeure, l'*homme*, auquel s'attribue la liberté, est un terme universel, non pas quant à la considération formelle de l'universalité, mais quant à l'élément intelligible qu'il renferme ; car c'est à lui et non pas à son universalité que je rapporte l'attribut. Par conséquent, si je puis avec raison affirmer dans la mineure l'identité de *Pierre* et d'*homme* (sujet de la majeure), il faut en conclure que l'*homme*, intelligible direct, est bien le même être que celui de *Pierre*, encore que je le perçoive d'une manière abstraite, sans l'individualité propre de Pierre. En vertu de cette abstraction, qui me permet de saisir la nature *homme* sans les caractères particuliers qui la déterminent dans l'individu *Pierre*, il arrive que cette nature peut encore jouer le rôle d'attribut dans d'autres propositions dont le sujet ne serait plus *Pierre*, mais un autre individu quelconque. On peut rendre cet exemple plus évident encore en le proposant sous la forme

suivante : je conçois l'intelligible *homme*; puis, prenant un individu quelconque, *Pierre*, par exemple, je lui attribue ce premier concept dans la proposition affirmative : *Pierre est homme.* Cette proposition serait fausse, si l'intelligible homme n'exprimait pas exactement l'être même qui se trouve dans *Pierre*, quant à la nature qui le spécifie ; car, dans les propositions, la copule *est* exprime l'identité des termes. Et cela est si vrai que, là où il n'y a pas identité mais seulement ressemblance ou tout autre genre de rapport, au lieu de la copule *est*, il faut employer un autre verbe quelconque qui la contienne indirectement. Ainsi, pour parler rigoureusement, je ne dirai pas d'une statue qui représente Alexandre : cette statue est Alexandre ; je dois dire au contraire : cette statue n'est pas Alexandre, car la représentation ne s'identifie pas avec la chose représentée. Si je veux employer la copule *est*, il me faut choisir les termes de la proposition de telle façon qu'il y ait véritablement identité entre eux. Dans le cas présent je dirai donc : cette statue est une image d'Alexandre, car alors le sujet *statue* s'identifie bien avec l'attribut *image d'Alexandre*. Si donc il m'est permis de dire *Pierre est homme*, j'en dois raisonnablement conclure que l'intelligible *homme* est identiquement l'être même de Pierre, ce dernier étant considéré dans sa nature, abstraction faite de son individualité concrète.

77. Néanmoins, pour obvier à tout péril d'équivoque dans l'emploi des mots, quand on demande si l'universel existe ou n'existe pas réellement dans les individus, voici la distinction qu'il faut donner pour réponse. Si par universel on entend l'essence qui est d'abord perçue directement par l'intelligence, et ne revêt ensuite la forme d'universalité que par le travail de la réflexion, cette essence, à coup sûr, existe réellement dans les individus, bien que notre esprit la saisisse indépendamment des caractères de son individuation. Si au contraire, par universel on entend non plus l'essence considérée en elle-même (et d'une manière absolue), mais l'essence en tant que, par le mode d'existence qu'elle a dans la pensée, elle devient une forme représentative d'un élément commun à tous les individus où elle peut se rencontrer ; sous ce rapport, l'universel n'existe pas en *acte* mais seulement en *puissance* dans les individus, en ce sens que la quiddité propre des individus est apte à être considérée abstraitement et à se révéler dans cet état à l'esprit qui la transforme alors en universel réflexe en la concevant d'un concept uniforme applicable à plusieurs individus. C'est pour avoir omis cette

distinction, que Platon a été amené à penser que les objets de la connaissance subsistaient en eux-mêmes avec l'universalité qu'ils ont dans l'intelligence : *Erravit (Plato) in sua positione quia credidit quod modus rei intellectæ in suo esse sit sicut modus intelligendi rem*. Cette erreur de Platon hante encore aujourd'hui l'esprit de bon nombre de philosophes qui veulent absolument identifier avec l'objet lui-même le mode d'être qu'il revêt dans notre pensée. De là tous ces systèmes absurdes qui, au lieu de clarté et d'ordre, n'apportent qu'obscurité et confusion dans l'esprit. La vérité est que les natures ou quiddités des choses peuvent être considérées, soit en elles-mêmes, et, sous ce rapport, elles sont singulières en acte, universelles en puissance ; soit comme termes de l'intellect, alors que celui-ci les connaît indépendamment de leur singularité, et, sous ce rapport, ce sont des universels directs ; soit enfin comme termes de la connaissance réflexe, quand l'intelligence, après les avoir perçues dans l'état d'abstraction dont nous avons souvent parlé, considère en elles la relation qui les relie aux individus existants ou possibles, et alors nous avons des universels réflexes.

Voilà précisément pourquoi saint Thomas approuve le langage d'Aristote, quand il dit qu'on peut, sous différents rapports, affirmer tout à la fois que l'universel existe et n'existe pas réellement dans les individus. Voilà pourquoi aussi le saint Docteur cite volontiers cette profonde parole de Boèce, qu'un même objet peut en même temps être sensible et intelligible, étant donné sa double relation à deux facultés différentes : il est perçu comme singulier par les sens, et comme universel par l'intelligence. « Aristote, dit-il, a pensé avec raison que l'universel a une existence multiple dans les individus, tout en conservant son unité en dehors de ceux-ci ; il indique par là une double manière d'être de l'universel, l'une en tant qu'il existe dans les choses, l'autre en tant qu'il existe dans l'esprit. Sous ce dernier rapport, l'universel ne possédant qu'un être de raison, n'est autre que le *prédicable;* dans le premier cas, au contraire, l'universel étant une nature déterminée, ne possède pas en acte, mais seulement en puissance, le caractère d'universalité : cette nature est en effet apte (en puissance) à devenir universelle par l'action de l'intelligence ; d'où le mot de Boèce : le même objet est tout à la fois universel pour la perception intellectuelle, singulier pour la perception sensitive ; car, c'est bien la même nature qui, singulière et individuée par la matière dans des hommes particuliers, est ensuite rendue universelle par l'action de l'intelligence qui la purifie, pour ainsi dire, des conditions qui la déterminent dans l'espace et dans le temps (1). »

ARTICLE VIII

Pour obtenir l'universel direct, l'intelligence n'a besoin que de l'exercice spontané de sa vertu abstractive.

78. Les dernières paroles du texte que nous venons de citer montrent clairement comment l'intelligence porte son regard sur l'intelligible direct, sans avoir besoin de recourir aux intuitions idéales ou autres fictions arbitraires qui contrastent avec les données les plus certaines de la conscience. La même nature qui est singulière dans les êtres concrets devient universelle par l'action de l'intelligence qui la dépouille des conditions individuantes par lesquelles elle se rattache au temps et à l'espace dans sa subsistance réelle. L'être même des choses qui composent l'univers, voilà le terme de l'acte intellectuel. Or, comment cet être devient-il intelligible? Par l'abstraction de l'intelligence. La sensation a pour objet le fait, et, par conséquent, un élément concret, puisque tout fait est concret. Mais, l'objet de l'intelligence c'est l'essence du fait. En d'autres termes, l'objet du sens c'est le *quod est* des choses, tandis que l'intelligence a pour objet le *quid est*, c'est-à-dire ce en quoi consiste le *quod est*; aussi l'objet premier de l'intelligence est-il toujours un élément abstrait, parce que dans l'état de la vie présente nous sommes condamnés à tirer nos idées des choses sensibles, et que ces dernières, individuées par la matière, ne peuvent être perçues qu'à la condition d'être préalablement dépouillées des notes individuantes qui les accompagnent. *Intellectus est universalium et non singularium, quia materia est individuationis principium* (2).

(1) *Sententia autem Aristotelis vera est, scilicet quod universale est in multis et est unum præter multa; et tangitur in hoc duplex esse universalis: unum secundum quod est in rebus, aliud secundum quod est in anima. Et quantum ad istud esse, quod est rationis, habet rationem prædicabilis; quantum vero ad aliud esse, est quædam natura et non est actu, sed potentia; quia potentia habet ut talis natura fiat universalis per actionem intellectus. Et ideo dicit Boëtius: Universale dum intelligitur singulare dum sentitur; quia una et eadem natura quæ singularis erat et individuata per materiam in singularibus hominibus, efficitur postea universalis per actionem intellectus depurantis ipsam a conditionibus quæ sunt hic et nunc.* Opusc. 55, *De universalibus*, tr. 1.

(2) S. Thomas, *Contra Gentiles*, Lib. I, c. 45.

Or, l'*abstrait* possède la réalité dans le *concret*, qui n'est autre que l'abstrait même individué et singularisé. L'*essence* subsiste et se réalise dans le *fait*, qui n'est autre que l'existence actuelle et déterminée d'une essence donnée. Par conséquent, pour que l'abstrait s'offre à l'esprit dans sa forme pure, il suffit qu'il soit débarrassé des notes individuelles qui le circonscrivent; et pour qu'il soit possible de percevoir l'essence d'une chose en tant qu'essence pure, il suffit d'isoler de son concept les conditions propres à son existence réelle. La vertu abstractive de l'intelligence peut sans aucun doute atteindre ce résultat. Ainsi donc, le concret perçu par les sens devient intelligible dès là qu'il est soumis à cette vertu abstractive grâce à laquelle nous pouvons très bien dire que ce qui est sensible sous un rapport est intelligible sous un autre, *singulare dum sentitur, universale dum intelligitur.*

79. Qu'on ne vienne pas, cependant, nous objecter que dans l'objet perçu par la sensation l'essence s'identifie avec l'individualité, puisque dans Pierre, par exemple, ou dans tout autre individu humain, l'humanité et *cette* humanité individuelle ne sont point choses différentes.

Il est facile de répondre à cette difficulté. L'identité réelle, en effet, s'accorde parfaitement avec la diversité idéale, puisqu'elle n'a rien qui mette obstacle à l'abstraction et à l'analyse de l'intelligence. Et, en vérité, n'est-ce pas un fait absolument certain que notre intelligence possède la faculté de décomposer en plusieurs éléments un même concept? Les axiomes de la raison ne sont-ils pas appelés jugements analytiques parce qu'ils résultent de la réunion de deux idées identiques entre elles et distinguées seulement par analyse mentale? Quand je dis : *le tout est plus grand que la partie*, les deux termes de cette proposition expriment sans doute absolument la même chose. Ce sont pourtant deux termes distincts; car l'idée du sujet nous représente le *tout* d'une manière absolue, tandis que l'attribut nous représente le *tout* sous le point de vue spécial du rapport qui le relie aux parties dont il est composé. Il n'y a point de chose si simple que le scalpel de l'intelligence ne puisse diviser, à moins qu'il ne s'agisse d'un terme qui ne présente absolument aucun élément séparable dans son concept; telle est, par exemple, l'idée d'être, qui est si parfaitement abstraite que son extrême indétermination ne laisse place à aucune division possible. Mais, dès que l'esprit rencontre quelque chose de déterminé, il y enfonce la pointe subtile de son analyse; il tranche, divise et sépare divers éléments pour les réunir ensuite et en reconstruire un ensemble dont la connaissance devient alors plus claire et plus distincte. Ce que nous faisons pour les notions idéales elles-mêmes, on peut aussi le faire, à plus forte raison, pour un individu réel, qui présente un si ample fondement de distinction, étant donné la différence des raisons d'individualité et d'essence.

80. Il faut remarquer ici que l'abstraction dont nous parlons est idéale et non réelle, analytique et non pas effective. Elle consiste en ce que l'intelligence laisse de côté les caractères particuliers de l'individu quand elle y perçoit l'essence qui est son objet propre. La faculté intellective ne fait aucune opération qui ne soit acte de connaissance, et la diversité seule de rapports permet de distinguer entre eux les actes qui précèdent ou suivent la connaissance; ainsi, nous disons habituellement : analyse de l'esprit, attention de l'esprit, adhésion, comparaison de l'esprit, etc... En fait, il n'y a aucun instant où ne se trouve une connaissance, puisque l'intelligence est une faculté cognitive, et toute opération d'une faculté cognitive est nécessairement un acte de connaissance. Mais notre intelligence procède parfois graduellement dans ses actes, en s'arrêtant successivement aux divers aspects de l'objet connu et en les séparant, pour ainsi dire, les uns des autres : c'est à ce travail qu'on donne le nom d'analyse. Si elle vient à s'appesantir sur l'un d'entre eux en particulier, l'on dit qu'elle fait acte d'attention; en perçoit-elle deux ou plus encore à la fois, elle compare; et ainsi de suite. C'est ce qui arrive, proportion gardée, dans le cas qui nous occupe. Dans le même instant, l'intelligence abstrait et perçoit par une seule action qui est en même temps abstractive et perceptive. Elle perçoit en faisant son abstraction, c'est-à-dire, en prenant seulement de l'objet le seul côté qui la concerne. Cette abstraction, dit saint Thomas, ne s'entend point de l'ordre réel, mais seulement de l'ordre idéal. De même, en effet, que dans l'ordre de la perception sensitive, tels caractères déterminés, bien qu'unis dans la réalité, peuvent cependant être perçus séparément, comme, par exemple, quand la vue ou tout autre sens perçoit l'un sans percevoir l'autre, ou bien encore quand la vue perçoit la couleur d'un fruit sans en percevoir la saveur, qui n'est cependant pas séparée de la couleur dans l'objet, ainsi, et à plus forte raison, en est-il pour la puissance intellective. Quoique, en effet, les principes du genre et de l'espèce n'aient jamais d'existence

que dans les individus, il peut se faire cependant que l'un soit connu sans l'autre. Ainsi on peut concevoir l'animal indépendamment de l'homme, de l'âme, et des autres espèces : on peut concevoir l'homme sans concevoir Socrate ou Platon ; la chair, les os, sans concevoir telles chairs, tels os déterminés; et c'est ainsi que l'intelligence perçoit toujours les formes abstraites, c'est-à-dire les plus universelles, indépendamment de celles qui le sont moins. Il n'y a dans cette manière de concevoir aucune occasion d'erreur pour l'intelligence ; car elle n'affirme point par jugement que telle chose existe sans telle autre ; elle ne fait que percevoir et porter un jugement sur l'une sans s'occuper de l'autre (1).

ARTICLE IX

La doctrine que nous venons d'exposer ouvre la voie pour arriver à résoudre la question de l'origine des idées.

81. Le lecteur peut déjà voir quelle étroite parenté unit la théorie de la formation des universaux à la fameuse question de l'origine des idées. Quand on se demande en philosophie quelle est l'origine des idées, que cherche-t-on, en fin de compte, sinon l'origine des concepts universels et abstraits ; puisqu'en fait, notre connaissance intellectuelle, prise dans toute son étendue, se réduit à des concepts et à des jugements ? N'est-il pas évident, en effet, que les jugements dérivent des concepts, et ne présentent par conséquent aucune difficulté spéciale, comme il

---

(1) *Ista autem abstractio non est intelligenda secundum rem, sed secundum rationem. Sicut enim videmus in potentiis sensitivis quod, licet aliqua sint conjuncta secundum rem, tamen illorum sic conjunctorum visus vel alius sensus potest unum apprehendere altero non apprehenso; ut visus apprehendit colorem pomi, qui tamen saporem colori cunjunctum non apprehendit : sic multo fortius potest esse in potentia intellectiva. Quia, licet principia speciei vel generis nunquam sint nisi in individuis, tamen potest apprehendi unum non apprehenso altero. Unde potest apprehendi animal sine homine, asino et aliis speciebus : et potest apprehendi homo non apprehenso Socrate vel Platone ; et caro et ossa, non apprehensis his carnibus et his ossibus : et sic semper intellectus formas abstractas, id est superiora, sine inferioribus intelligit. Nec tamen falso intelligit intellectus; quia non judicat hoc esse sine hoc, sed apprehendit et judicat de uno, non judicando de altero.* Opusc. 63, De potentiis animæ, c. 6.

arrive pour les conclusions qui découlent de principes primitifs connus par évidence immédiate ? Étant donnés dans notre esprit les concepts d'être nécessaire et contingent, de cause et d'effet, de substance et d'accident, une simple comparaison suffit pour nous révéler leurs relations mutuelles, et nous disons : les accidents demandent nécessairement d'être inhérents à la substance, l'effet suppose une cause, le contingent dépend du nécessaire, et ainsi du reste. Pour tirer ensuite de ces jugements des déductions dans l'ordre réel, il suffit d'en projeter la lumière sur des sujets déterminés appartenant à l'expérience interne ou externe. Tout le travail se réduit donc à chercher l'origine des simples concepts. Or, ceux-ci se rapportent ou aux faits ou aux essences, en d'autres termes, ou à des singuliers ou à des universels. Pour les singuliers, ils sont connus par la conscience et par la sensation; l'intelligence ne les atteint que par voie de réflexion sur l'une et sur l'autre. Donc, en résumé, la question se réduit à la seule recherche de l'origine des concepts universels ; et ces concepts, qui ont particulièrement rapport à la quiddité des choses, méritent seuls le nom d'idées. Ils forment véritablement notre patrimoine intellectuel, que les sens ne peuvent nullement partager, puisqu'ils ont exclusivement pour objets les individus particuliers du monde corporel.

82. On peut voir d'après tout ceci combien les scholastiques avaient raison de définir l'intelligence « la faculté de percevoir l'universel », et le sens « la faculté de percevoir le singulier. » Il devient désormais évident que les différents systèmes de philosophie peuvent être classés d'après leurs diverses manières d'expliquer l'origine des universaux ; car c'est là un des problèmes capitaux de la science humaine, et son influence sur toutes les autres questions est considérable. Je n'entends pas dire par là que l'édifice de nos connaissances est dépourvu de toute stabilité tant qu'on n'a pas tranché la question de l'origine des idées ; autant vaudrait prétendre qu'on ne connaît pas la nature et les qualités d'une plante, tant qu'on n'a pas éclairci son mode de germination et de développement. Néanmoins, il est indubitable que, dans cette controverse, l'esprit ne saurait faire un faux pas sans compromettre logiquement la science toute entière : de même que la maladie qui gâte la racine finit par amener la perte de l'arbre entier.

Comment naissent en nous et de quelle nature sont les premiers éléments de la connaissance intellectuelle ? La réponse à cette question nous donne aussitôt la note dominante, le caractère spécifique des divers systèmes. Veut-on, par exemple, que ces éléments ne soient autre chose que des développements et des transformations de représentations sensibles ? Voilà le *Sensualisme*. Si l'on répond que ce sont des formes subjectives de l'esprit humain ; ce sera l'*Idéalisme*. Dira-t-on que ce sont des aspects réflexes de l'intuition de l'Être ? Voilà l'*Ontologisme*. Si l'on en fait des créations du moi élevé au rang de principe suprême du vrai, ou simplement des manifestations idéales de l'unique substance absolue, nous aurons le *Panthéisme*, soit subjectif soit objectif. Les conséquences qu'entraîne avec elle la diversité des solutions suffisent à montrer l'importance d'une doctrine où l'erreur la plus légère peut, dans les conclusions, condamner l'esprit au plus complet désordre.

ARTICLE X

Epilogue de tout ce que nous avons dit jusqu'ici.

83. Avant de passer outre, le lecteur nous permettra de jeter un coup d'œil sur le chemin parcouru.

Voici le résumé de tout ce que nous avons démontré jusqu'ici.

I. L'idée dans l'ordre spéculatif n'est autre chose que la représentation ou image de l'objet connu, par laquelle est informé le sujet intelligent. Elle peut être ou en acte premier ou en acte second ; car on peut considérer la représentation de l'objet, soit dans la puissance intellective qu'elle féconde pour ainsi dire et détermine à tel ou tel acte particulier de connaissance, soit dans l'acte même de la connaissance où l'objet se trouve reproduit intellectuellement. Dans le premier cas, nous avons l'idée en acte premier, que saint Thomas appelle ordinairement espèce intelligible ; dans l'autre cas, nous avons l'idée en acte second, à laquelle saint Thomas donne le nom de verbe mental.

II. L'idée prise entitativement dans sa réalité physique est subjective ; car sous ce rapport elle n'est en nous qu'une simple modification de la puissance ou de l'acte cognitif. Prétendre le contraire serait non seulement blesser le sens commun qui, dans son langage habituel, distingue toujours l'idée de l'objet, ce serait encore supprimer toute possibilité de distinguer l'ordre idéal de l'ordre réel ; ce qui revient, en dernière analyse, à nier l'existence même de la pensée. Comment, en effet, concevoir la pensée sans une représentation qui l'informe, et cette dernière sans une distinction qui la sépare de l'objet représenté ?

III. Cette subjectivité de l'idée ne porte aucun préjudice à l'objectivité de la connaissance, puisque l'idée n'est pas l'intelligible, mais le moyen par lequel ou dans lequel on perçoit l'intelligible : elle sert à nous faire connaître l'objet, mais ne devient elle-même objet de perception que dans la connaissance réflexe, alors que l'esprit, par un retour sur son acte, perçoit tout ensemble et cet acte et la représentation qui l'informe.

IV. Ceci posé, on voit de suite s'évanouir les objections des Ontologistes tirées des caractères de mutabilité, de contingence et de limitation de ce qui est en nous subjectif. En effet, les qualités réelles de l'entité qui constitue un moyen de connaissance ne se communiquent pas à l'objet connu. S'il en était autrement, l'intellect créé, à cause de sa nature contingente et finie, ne pourrait jamais connaître Dieu qui est l'être nécessaire et infini : et l'intelligence divine, à cause de son immatérialité et de sa simplicité, ne pourrait avoir l'idée des substances corporelles qui sont matérielles et composées. L'idée ne doit pas nécessairement partager, dans sa réalité physique, la nature et les propriétés de l'objet auquel elle se rapporte, pas plus qu'une statue n'a besoin de vivre pour représenter un être vivant.

V. L'idée prise dans sa fonction représentative, c'est-à-dire, dans son être formel d'image, est objective ; car alors, elle se rapporte entièrement à l'objet et n'exprime que l'objet. Son entité physique se dissimule et disparaît, pour n'offrir au regard de l'intelligence que la chose représentée. Elle joue, dit saint Thomas, le rôle d'un miroir dont les dimensions seraient exactement celles de l'objet qui s'y reflète. Il est clair que dans un pareil miroir l'œil ne verrait rien autre chose que l'objet, et il nous serait impossible, sans un examen spécial et une attention particulière, de découvrir au premier abord que l'objet, dans ce cas, est perçu au moyen d'un miroir. En d'autres termes, bien que l'idée reproduise en nous l'être même, ou, pour mieux dire, l'essence d'une chose distincte de notre esprit, et que saint Thomas l'appelle à cause de cela *forma rei præter rem existens*, néanmoins, nous concevons cet être ou cette essence d'une manière absolue, en faisant abstraction de son mode de subsistance soit réelle soit idéale.

VI. L'objet perçu dans l'idée est l'*universel*, car l'idée appartient à l'intelligence, et celle-ci ne prend directement dans les choses sensibles, qui sont le point de départ de la connaissance, que la seule quiddité, abstraction faite des individualités matérielles dont l'objet est en lui-même revêtu, et qui sont connues par la sensation.

VII. L'universel se divise en *direct* et *réflexe*. Il est direct quand l'essence, perçue d'une manière abstraite au moyen de l'idée, termine l'acte direct de l'intelligence qui la voit dans sa propre raison formelle, sans s'occuper d'autre chose; on l'appelle au contraire réflexe, si on le considère comme terme d'un acte réflexe de l'intelligence ; ce qui arrive quand celle-ci, faisant retour sur l'essence perçue, la considère comme capable de subsister dans une infinité d'individus existants ou possibles. Dans le premier cas, le concept est absolu, et l'universel est exclusivement terme de connaissance ; dans le second, le concept est relatif, et l'universel est tout ensemble terme et moyen objectif de connaissance, puisqu'il devient principe représentatif par rapport aux individus : *Habet rationem uniformem ad omnia individua, quæ sunt extra animam, prout essentialiter est imago omnium* (1).

VIII. On peut distinguer un double élément dans l'universel direct : l'élément objectif, qui n'est autre que la quiddité perçue, et l'élément subjectif, c'est-à-dire l'abstraction qui s'exerce dans l'acte de connaissance : *Ipsa natura, cui accidit intelligi vel abstrahi, non est nisi in singularibus, sed hoc ipsum quod est intelligi vel abstrahi est in intellectu* (2).

IX. L'universel réflexe exprime un être commun à plusieurs, une nature ou quiddité apte à exister en une infinité d'individus. Par conséquent, sous ce rapport, il ne subsiste pas réellement dans la nature; il n'a qu'une existence idéale dans l'intellect. Là, en effet, l'objet connu revêt une existence abstraite qui nous permet de le considérer sous le concept uniforme de sa relation générale avec tous les individus d'un genre ou d'une espèce donnés, en tant qu'il met en relief leur point commun de ressemblance.

X. Cet universel est formé et perçu par une réflexion de l'esprit, réflexion ontologique et non réflexion psychologique ; nous voulons dire, cette sorte de réflexion qui considère l'acte intellectuel, non comme affection subjective, mais comme représentation de l'objet, dans laquelle nous percevons encore l'objet lui-même, mais dans son existence idéale et abstraite.

---

(1) S. Thomas, *De ente et essentia*, c. 4.
(2) *Summa th.*, I p., q. lxxxv, art. 2.

XI. De tout ceci il résulte que, quand on demande si l'universel existe dans l'esprit ou dans la nature en dehors de l'esprit, il faut donner une double réponse, suivant que la question porte sur l'un ou l'autre universel. Veut-on parler de l'universel réflexe? Il est clair qu'il existe *formellement* et *en acte* dans l'intelligence, *radicalement* et *en puissance* dans les choses, puisque celles-ci possèdent vraiment et physiquement la nature ou quiddité qui devient objet de la connaissance réflexe après qu'elle a été, par l'abstraction de l'esprit, dépouillée de ses caractères concrets. Si, au contraire, la question vise l'universel direct, on peut dire qu'il existe dans les choses quant à son élément objectif, et non quant à son élément subjectif ; ce qui veut dire que cet universel existe dans les choses quant à ce que perçoit en lui l'intelligence, et non quant à la manière dont elle le perçoit. En un mot, il existe dans les choses quant au contenu de l'idée, non quant à l'idée elle-même.

CHAPITRE III

RÉPONSE A QUELQUES OBJECTIONS

Lorsque nous commençâmes à publier, en 1856, dans la *Civiltà Cattolica*, la doctrine que nous venons d'exposer, un savant philosophe nous adressa un travail où, avec une bienveillance et une courtoisie exquises, il entreprenait de discuter nos assertions relatives à la nature des concepts universels.

Il était d'accord avec nous sur la nécessité et l'utilité de ramener la philosophie aux solides principes de saint Thomas d'Aquin. Il nous engageait vivement à persévérer dans cette entreprise en nous encourageant par les paroles suivantes : « Un « des moyens les plus efficaces pour restaurer de nos jours la « philosophie, consiste à commenter et à mettre en lumière les « théories du Docteur angélique, lesquelles, soit à cause du « consentement universel des catholiques et de leur harmonie « avec la doctrine révélée, soit à cause de l'évidence intrinsèque « dont elles sont revêtues, constituent un corps de doctrine « vraie, certaine, évidente et merveilleusement propre à bien « former l'esprit et le cœur des hommes de science. » Néanmoins, il faisait profession d'adopter la philosophie rosminienne et déclarait franchement se séparer de nous dans l'interprétation du saint Docteur sur un point si capital, en proposant la doctrine qu'il suivait comme plus conforme à celle de saint Thomas.

Il m'a paru opportun de reprendre ici l'examen de cet écrit, afin de confirmer la théorie qui vient d'être exposée, et d'éclaircir encore quelques points qui s'y rattachent : d'autant plus que les objections qu'on nous oppose sont précisément celles que m'ont faites aussi d'autres adversaires : leur solution sera comme un résumé complet de toute la polémique.

ARTICLE I

Principaux points de la doctrine proposée par notre adversaire; leur opposition avec celle de saint Thomas.

84. La doctrine que notre adversaire proposait comme plus conforme à celle de saint Thomas se réduisait aux points suivants.

I. L'idée est l'intelligible même, c'est-à-dire l'objet perçu par l'intelligence.

II. Les universels contenus dans l'idée ne se forment point par une action de l'esprit. Celui-ci ne peut faire que les voir par intuition, les contempler : autrement, il serait auteur de ce qui est éternel, nécessaire, immuable ; alors les universaux deviendraient un élément subjectif, une modification de l'âme, et ainsi s'évanouirait la vérité objective de nos connaissances.

III. Les universaux ne subsistent en aucune façon dans les choses réelles, pas même en puissance. Car, une chose ne peut jamais devenir ce qu'elle n'est pas; or, il est certain que les natures réelles sont individuées et concrètes : donc, elles ne sauraient devenir universelles et abstraites.

IV. Il est impossible que l'objet concret externe soit rendu présent à l'âme au moyen de la sensation, puisque les sens n'atteignent pas l'objet, mais seulement l'effet produit en nous par son impression sur nos organes.

V. Attribuer la connaissance aux sens, c'est les confondre avec l'intelligence et renouveler l'erreur du sensualisme. Il est certain que l'être est ce que l'on perçoit tout d'abord d'un objet. Or, l'être est l'objet de l'intelligence: donc, il ne reste rien à connaître aux sens, car il n'y a rien en dehors de l'être.

VI. Pour expliquer convenablement la connaissance, il faut admettre en nous la forme même de la vérité, c'est-à-dire, une idée tout à fait universelle et abstraite, absolument indépendante des sens. Cette idée, quand survient la sensation, se développe peu à peu et engendre les autres idées, sans jamais disparaître elle-même, car elle reste toujours identique comme forme et fondement de toutes les autres.

VII. Cette doctrine est admirablement appropriée à la restauration de la philosophie, au service de la religion, au progrès de la société.

Qu'un esprit aussi pénétrant que celui de notre adversaire ait pu se persuader de la vérité d'un pareil système, nous n'en sommes point surpris, d'autant plus que nous le voyons défendu par d'autres intelligences non moins brillantes et perspicaces. Ce qu'il y a d'étonnant, c'est qu'avec une semblable théorie on s'imagine suivre saint Thomas dont l'enseignement est absolument opposé. Peut-on concevoir entre deux doctrines une plus grande opposition que celle qui met en contradiction les propositions de l'une avec celles de l'autre? Or, c'est précisément ce qui arrive dans le cas présent, et nous allons brièvement le démontrer avant de passer à l'examen de la théorie en elle-même.

Notre auteur prétend que l'idée est l'intelligible : saint Thomas affirme que l'idée n'est pas *l'intelligible*, mais seulement le *moyen* qui sert à percevoir l'intelligible. *Non est id quod intelligitur, sed id quo intelligitur* (1).

Notre auteur dit que l'universel ne se forme pas par l'action de l'esprit: saint Thomas affirme qu'il se forme par l'action de l'esprit : *Una et eadem natura, quæ singularis erat et individuata per materiam in singularibus hominibus, efficitur postea universalis per actionem intellectus depurantis ipsam a conditionibus quæ sunt hic et nunc* (2).

Notre auteur dit que l'universel n'est pas même en puissance dans les choses et qu'il n'est que dans l'intelligence : saint Thomas affirme qu'on peut dire qu'il est dans les choses et dans l'intelligence : *Sententia Aristotelis vera est, scilicet quod universale est in multis et est unum præter multa; et tangitur in hoc duplex esse universalis; unum, secundum quod est in rebus, et aliud, secundum quod est in anima* (3); et il ajoute que dans les choses il n'est pas en acte, mais seulement en puissance : *non est universalis actu sed potentia* (4).

Notre auteur dit que la sensation a seulement pour objet la modification produite dans notre organe : saint Thomas affirme que c'est là une erreur manifeste : *Quidam posuerunt quod vires, quæ sunt in nobis cognoscitivæ, nihil cognoscunt nisi proprias passiones, puta quod sensus non sentit nisi passionem sui organi..... sed hæc opinio manifeste apparet falsa* (5).

Notre auteur dit qu'on ne doit pas attribuer la connaissance

(1) *Summa th.*, I. p., q. LXXXII, art. 2.
(2) Opusc. 55, *De universalibus*, tract. 1.
(3) *Ibid.*
(4) *Ibid.*
(5) *Summa th.*, I. p., q. LXXXV., art 1.

aux sens : saint Thomas exprime le contraire en mille endroits : *Homo cognoscit diversis viribus cognoscitivis omnia rerum genera, intellectu quidem universalia et immaterialia, sensu autem singularia et corporalia* (1).

Notre auteur veut que nous ayons innée en nous une idée tout à fait universelle, c'est-à-dire l'idée d'être, absolument indépendante des sens : saint Thomas nie que cette idée soit innée et veut qu'elle soit, elle aussi, tirée des sens par abstraction. *Lumine intellectus agentis cognoscuntur per species a sensibus abstractas..... sicut ratio entis et unius, et hujusmodi* (2).

Notre auteur dit que l'idée d'être est si féconde qu'elle engendre toutes les autres : il résulte au contraire de la doctrine de saint Thomas que cette idée est absolument stérile par elle-même, puisque ce qui est plus universel contient seulement en puissance ce qui est moins universel : *In magis universali continetur in potentia minus universale* (3) ; et la puissance ne peut être déterminée que par l'acte.

Impossible de trouver une antithèse plus nettement accusée. Or, s'il est vrai, comme le concède notre adversaire, que la doctrine de saint Thomas est la seule qui puisse régénérer la philosophie, la mettre en harmonie avec la religion, et perfectionner la société, il ne semble pas qu'on puisse en dire autant d'une doctrine qui la contredit dans toutes ses parties.

ARTICLE II

On discute l'objection tirée de l'impossibilité de former l'universel.

85. Parmi les raisons qu'on nous oppose, les unes regardent l'impossibilité de former l'universel; les autres, l'impossibilité pour les sens de participer à la connaissance; d'autres enfin, la nécessité d'une idée tout à fait universelle qui soit innée dans notre esprit et exempte de toute dépendance par rapport aux sens. Nous allons brièvement les passer toutes en revue.

Et d'abord, les raisons qui se rattachent au premier groupe peuvent se réduire à trois : la première est qu'un objet qui est en soi particulier ne peut devenir universel, parce qu'une

---

(1) *Ibid.*, I. P., Q. LVII, art. 2.
(2) *Qq. dispp.*, Quæst. *De magistro*, art. 1.
(3) *Summa th.*, I. P., Q. LXXXV, art. 2.

chose ne peut devenir ce qu'elle n'est pas : la seconde, que si l'intelligence formait l'universel, elle communiquerait à l'objet les caractères d'éternité et de nécessité, ce qui est impossible vu sa contingence et sa mutabilité ; la troisième, que dans ce cas l'esprit n'atteindrait qu'un élément subjectif, c'est-à-dire sa propre création, ce qui anéantirait l'objectivité de nos connaissances.

86. Le premier de ces arguments pèche doublement : par le principe qu'il assume et par la supposition sur laquelle il s'appuie. Il pèche quant au principe qu'il assume ; car, en général, il est faux qu'une chose ne puisse pas devenir ce qu'elle n'est pas. Le marbre n'est pas une statue et pourtant il devient statue ; la graine n'est pas la plante et pourtant elle devient plante ; l'élève n'est pas savant et pourtant il devient savant.

Si le principe proposé est vrai, c'en est fait de la causalité ; elle est entièrement supprimée, puisque son exercice a précisément pour but d'amener une chose à être ce qu'elle n'était pas auparavant. Un être est dans l'impossibilité de devenir ce qu'il n'est pas, alors seulement qu'il n'a aucune capacité de le devenir. Or, c'est précisément ce que notre adversaire ne prouve pas ici, puisque le seul argument qu'il apporte à cet effet, c'est que l'objet est en lui-même individu et non universel, ce qui revient à passer illogiquement de l'absence de l'acte à son impossibilité ; tout comme si l'on niait, pour le marbre, la possibilité de devenir statue, parce qu'il n'est en lui-même qu'une masse informe.

L'objet, bien que particulier en acte, est universel en puissance. Quoiqu'il soit individué, il n'en est pas moins apte à être perçu abstraitement par l'intelligence, c'est-à-dire dans sa quiddité pure et indépendamment des conditions propres de son existence concrète.

L'argument pèche, en second lieu, par la supposition sur laquelle il s'appuie. Il semble, en effet, supposer que pour la formation de l'universel il faut séparer réellement les caractères individuels d'avec l'objet considéré en lui-même, tandis que cette séparation, loin d'être physique, ne doit être qu'idéale, c'est-à-dire exécutée dans l'ordre de la connaissance. *Ista autem abstractio non est intelligenda secundum rem, sed secundum rationem* (1).

Il n'est pas question de produire un être universel, comme serait une forme platonicienne ; il s'agit simplement de former un concept universel, en percevant exclusivement la quiddité de

---

(1) S. Thomas, Opusc. 63, *De potentiis animæ*, c. 3.

l'objet sans percevoir son individuation concrète, ce qui n'exige de son côté aucune modification dans l'ordre réel.

87. On dira peut-être que si l'objet ne subit aucune modification physique, il doit en être de même dans l'ordre idéal. Mais, cette réplique renouvelle l'hypothèse erronée de Platon, à savoir, que l'objet doit posséder en lui-même le mode d'existence qu'il a dans l'esprit. Cette erreur a été, comme le fait très bien remarquer saint Thomas, le point de départ de la fausse théorie platonicienne : *Erravit in sua positione, quia credidit quod modus rei intellectœ in suo esse sit sicut modus intelligendi rem* (1). Et d'ailleurs, pour peu qu'on y regarde de près, on peut constater que cette erreur a été la mauvaise graine qui a donné et qui donne encore naissance, sous mille formes différentes, à toutes les fausses théories des philosophes modernes. C'est pour avoir attribué à l'objet lui-même ce mode d'abstraction qui permet à notre intelligence de percevoir, que Platon a été conduit à regarder les universaux comme des formes subsistant en dehors de Dieu et des choses sensibles. C'est aussi pour le même motif que Malebranche est allé les chercher dans les raisons éternelles de l'intelligence divine; que Kant les a confondus avec les représentations subjectives de notre esprit ; que Gioberti les fait dériver de la vision immédiate de l'être ou de Dieu ; que notre adversaire, enfin, nie absolument leur existence réelle sous forme concrète, et les fait descendre, par voie de filiation et d'évolution, d'une seule idée tout à fait universelle.

Saint Thomas fait avec raison observer que l'objet et son mode d'être sont choses fort différentes ; car l'objet, dès lors qu'il est reçu dans notre esprit au moyen de l'idée, partage le mode d'être du sujet où il est reçu, en perdant l'existence réelle qu'il a en lui-même : *Similitudo rei recipitur in intellectu secundum modum intellectus, et non secundum modum rei* (2). L'intelligence est dégagée des entraves de la matière, et, partant, des conditions qui l'accompagnent. Elle est par nature destinée à pénétrer le fond des choses et conséquemment à en percevoir la quiddité. Or, la quiddité perçue en soi et par soi, voilà l'universel ; et, comme la quiddité existe réellement en dehors de l'esprit, quoique d'une manière concrète, tout en étant apte à être connue abstractivement, on peut très bien dire, d'après cela,

---

(1) *In I Metaph.*
(2) *Summa th.*, I. P., Q. LXXXV, art. 5, ad 3.

que l'universel, en tant qu'universel, existe dans les choses, non en « acte » mais en « puissance », et qu'il passe de la puissance à l'acte par l'action de l'intelligence. On ne peut le nier qu'à la condition d'embrasser une de ces trois hypothèses : ou, que la quiddité perçue par nous n'a aucune existence réelle en dehors de nous ; ou, qu'il est impossible de la percevoir, abstraction faite de son individuation ; ou enfin, que l'intelligence ne peut faire cette abstraction. Mais on ne peut raisonnablement soutenir aucune de ces trois propositions. Et d'abord, lorsque nous concevons par exemple l'homme, c'est l'homme réel que nous concevons ; autrement, notre science n'aurait pas les choses réelles pour objet, mais un je ne sais quoi pris en dehors d'elles. D'autre part, la quiddité peut fort bien être considérée sans l'individuation, car l'une n'entre pas dans la constitution de l'autre ; autrement, elles seraient inséparables et il ne pourrait exister qu'un seul individu. Enfin, ce serait détruire la nature même de l'intelligence que de lui refuser la vertu abstractive : car cette nature, notre adversaire en convient, consiste à percevoir le *quod quid est* des choses, ce qui, pour l'homme, ne peut avoir lieu sans l'abstraction.

88. On répliquera peut-être que si l'objet, particulier en lui-même, devenait universel idéalement par l'action de l'intelligence, celle-ci ne contemplerait dans l'universel que sa propre création. Cette seconde objection provient d'une équivoque où l'on confond l'universel direct avec l'universel réflexe. La quiddité, considérée précisément sous le rapport de son abstraction, et en tant qu'abstraite, voilà l'universel réflexe. Or, comme l'abstraction est œuvre de l'intelligence, on peut dire que celle-ci, dans la perception de l'universel réflexe, a pour objet un produit de sa propre action. On ne saurait en dire autant de l'universel direct qui est la quiddité abstraite, non pas considérée précisément comme abstraite, mais seulement comme quiddité déterminée, sans avoir égard à aucune autre considération. Par conséquent, cette abstraction, œuvre de l'intellect, ne fait nullement partie de l'objet connu ; elle appartient tout entière au sujet. Le regard de l'esprit est, dans le cas présent, uniquement fixé sur la quiddité qui, loin d'être une création de l'intelligence, en est complètement indépendante dans son être réel. L'abstraction n'est pas un voile qui enveloppe et couvre l'objet, et au travers duquel on peut l'apercevoir ; c'est un acte mental qui perçoit une raison objective sans s'occuper du reste. Or, un être physique, tout individué qu'il puisse être, contient

dans son unité deux raisons qui peuvent également bien être objets de connaissance, c'est-à-dire l'essence et l'individuation, la quiddité et le fait concret où elle s'individualise. Si donc il existe une faculté perceptive, destinée par sa nature à connaître l'une quelconque de ces deux choses sans se préoccuper de l'autre, elle devra posséder une vertu abstractive capable d'exécuter idéalement cette séparation; mais le terme de la connaissance sera toujours quelque chose d'objectif, puisque ce terme est la quiddité de l'objet, et non pas l'abstraction exercée par l'intelligence.

89. Ainsi se trouve réfutée l'autre objection qui prétend que si l'esprit formait l'universel il communiquerait le caractère de nécessité et d'éternité à l'objet. L'intelligence, dans la formation de l'universel (nous parlons toujours de l'universel direct), ne communique rien ; elle ne fait que séparer. Elle écarte les caractères individuels et concrets pour ne laisser apparaître que la simple essence, en faisant abstraction de l'existence et des accidents qui l'accompagnent. Que si cette essence, ainsi connue abstractivement, se présente sous des caractères de nécessité et d'éternité, c'est là le sujet d'une autre controverse où il nous faudra chercher en quoi ils consistent et d'où ils procèdent, ce que nous ferons dans l'article suivant. Mais, de ce qu'elle possède ces caractères, on ne saurait conclure qu'elle les tient de l'action intellectuelle ; d'autant plus qu'ils n'accompagnent pas l'acte d'abstraction qui procède de l'intelligence, mais la raison constitutive de cette essence que nous percevons sans la produire. Prenons, par exemple, l'essence d'*animal raisonnable*, abstraite, je suppose, de l'individu *Pierre*. Cette essence, dit-on, renferme les caractères d'éternité et de nécessité, parce que l'*animal raisonnable*, quant à son concept, est et sera toujours ce qu'il est, sans pouvoir être autre chose. Parfaitement. Mais que prétendez-vous conclure de là ? Que l'esprit qui l'a abstraite lui a communiqué en même temps ces propriétés ? Je le nie formellement; ou, si vous le voulez, je distingue : si ces qualités dérivent de l'abstraction exercée par l'intelligence, je concède ; si elles dérivent, non de l'abstraction, mais des notes intrinsèques de cette essence, je nie. Or, la seconde hypothèse est vraie et la première absolument fausse ; car cette nécessité, cette éternité (de quelque nature qu'elles soient), se révèlent comme des propriétés de l'essence même d'animal raisonnable, qui, loin d'être un produit de l'intelligence, est précisément l'objet perçu par elle.

On nous dira peut-être que ces qualités n'apparaissent dans l'essence qu'autant qu'on la considère en elle-même, indépendamment de son existence, ce qui ne peut se faire qu'au moyen de l'abstraction : donc, les qualités dont il s'agit ont leur origine dans l'abstraction. Belle argumentation, en vérité; ainsi, avec cette méthode de raisonnement, je pourrai dire : un tableau de Raphaël n'est visible que si l'on écarte le voile qui le recouvre; donc, écarter le voile c'est communiquer au tableau la visibilité et toutes les qualités précieuses qu'on y admire, et quand nous contemplons cette peinture, ce n'est pas le travail du maître que nous avons sous les yeux; non, c'est tout simplement l'œuvre du gardien du musée qui a enlevé la couverture. Poser une condition ou éloigner un obstacle n'est pas produire une chose ni ses propriétés.

ARTICLE III

Nature et origine des caractères de nécessité et d'éternité que l'on découvre dans l'essence.

90. Mais d'où viennent donc cette nécessité et cette éternité que l'esprit découvre dans l'essence ? Si elles ne lui sont pas communiquées par l'intelligence, il faut convenir qu'elles appartiennent à l'objet; or, comme ce sont là des attributs de Dieu, nous serons forcés d'accorder aux créatures des attributs divins, et nous voici en plein panthéisme. Doucement, s'il vous plaît. Le panthéisme qu'on redoute ici va disparaître, pour peu qu'on veuille rechercher avec attention en quoi consistent cette éternité et cette nécessité qui accompagnent les intelligibles, je veux dire les essences considérées en tant que termes de notre intellection.

Quant à ce qui regarde le premier de ces caractères, il est évident qu'entre l'éternité qui convient aux essences perçues par notre intellect et l'éternité propre à l'être divin, il n'y a guère plus d'identité qu'entre un corps véritable et son ombre. L'éternité des essences connues par nous est d'ordre idéal et n'appartient à l'objet qu'en tant qu'il termine un acte de l'esprit ; l'éternité divine, au contraire, est d'ordre réel ; c'est un attribut de la substance même de Dieu qui, étant éternel dans son existence, possède vraiment une éternité « positive ». Nos essences sont éternelles en tant qu'on les sépare de l'existence ; et, par conséquent, leur nécessité est plutôt « négative » que positive. Les essences que nous contemplons sont au-dessus des temps, comme les universaux sont au-dessus des individus, et il est naturel de concevoir comme supérieure à toute considération de temps une chose que l'on perçoit indépendamment de son existence concrète. La quiddité conçue abstraitement n'est point enchaînée dans les limites de telle ou telle durée ; elle n'en exige et n'en exclut aucune ; elle est, sous ce rapport, dans une condition pour ainsi dire négative. La raison en est que la durée appartient à l'existence, tandis qu'ici nous considérons exclusivement l'essence, qui ne fait qu'exprimer, sans aucune détermination particulière, une aptitude à pouvoir s'associer à une durée quelconque. Or, est-ce là l'éternité de Dieu ? L'éternité divine est la possession réelle, entière et simultanée d'une vie immuable et sans limites. Loin d'être considérée indépendamment de l'existence de Dieu, elle nous apparaît comme son attribut essentiel. Confondre ces deux sortes d'éternité, c'est confondre le négatif avec le positif, l'indéfini avec l'infini, le possible avec le réel.

C'est d'ailleurs la doctrine formelle de saint Thomas qui nous donne à entendre que l'universel (c'est-à-dire l'essence conçue abstractivement) peut être considéré comme éternel, parce qu'il fait abstraction du temps : *Universale dicitur esse perpetuum, quia abstrahit ab omni tempore* (1). Il s'en explique ailleurs en termes plus précis encore : on dit que l'universel est partout et toujours, plutôt par négation que par affirmation. On ne veut pas dire, en effet, par là, que l'universel existe en tout temps et en tout lieu, mais seulement qu'il fait abstraction des éléments qui déterminent le temps et le lieu : *Universale dicitur esse ubique et semper, magis per remotionem quam per positionem. Non enim dicitur ubique esse et semper, eo quod sit in omni loco et in omni tempore, sed quia abstrahit ab his quæ determinant locum et tempus* (2).

91. La nécessité des essences ne signifie rien autre chose que l'exclusion de tout ce qui est opposé à leur raison intrinsèque ; et c'est un caractère que possède toute créature dès là qu'elle est une participation d'être, qui ne peut se concilier avec le non être. *Non potest idem simul esse et non esse*. L'animal ne peut cesser d'être animal ; il est impossible de concevoir un vivant

---

(1) *Summa theol.*, I. p., Q. XVI, art. 7, ad 3.
(2) *Quodlibetum* XI, art. 1, ad 2.

qui n'aurait pas la vie, un quadrilatère qui n'aurait pas quatre côtés. Mais, pour éviter toute erreur, il faut déterminer avec soin le sens de la proposition qui nous occupe. Est-ce à l'existence même des choses qu'il faut rapporter la nécessité des essences ? Pas le moins du monde ; car vous pouvez très bien tuer l'animal, couper la plante, arrondir un morceau de bois qui était auparavant anguleux. Rapportée à l'existence, cette nécessité est conditionnelle, comme si l'on disait, par exemple : si l'animal existe, il doit être doué de sensibilité ; si la plante existe, elle doit avoir la vie; si l'on veut tracer un quadrilatère, on doit lui donner quatre côtés. Afin de pouvoir affirmer dans un sens absolu la nécessité de ces êtres, il faut les considérer spécialement quant à leur essence, et ne voir en eux que les caractères propres de la nature dans leur connexion réciproque et dans les rapports qui les relient aux propriétés qui en découlent. Dans ce sens, toute créature, quelque contingente qu'elle soit, ne peut faire autrement que d'offrir à nos regards quelque chose de nécessaire ; car tout ce qui est, par là même qu'il est, se distingue du néant, et, par conséquent ne peut en aucune manière s'associer avec des caractères et des attributs contraires à l'être qu'il possède. *Rerum etiam mutabilium sunt immobiles habitudines; sicut Socrates, etsi non semper sedeat, tamen immobiliter est verum quod, quando sedet, in uno loco manet. Et propter hoc nihil prohibet de rebus mutabilibus immobilem scientiam habere* (1); et plus loin, le saint Docteur répète la même chose dans les termes suivants : *Contingentia dupliciter possunt considerari : uno modo secundum quod contingentia sunt ; alio modo secundum quod in eis aliquid necessitatis invenitur ; nihil enim est adeo contingens, quin in se aliquid necessitatis habeat. Sicut hoc ipsum, quod est Socratem currere, in se quidem contingens est, sed habitudo cursus ad motum est necessaria ; necessarium enim est Socratem moveri, si currit* (2). Ce genre de nécessité ne suppose pas l'être divin dans les choses, mais une simple participation d'être. Elle ne mène pas au panthéisme ; elle ne fait qu'exclure le nihilisme. Et, en vérité, qu'est-ce qu'une pareille nécessité peut avoir de commun avec celle de Dieu ? La nécessité divine ne s'étend pas seulement à l'essence, mais encore à l'existence ; elle n'est soumise à aucune condition, étant, sous tous rapports, absolue ; loin d'être une participation d'un autre

---

(1) S. Thomas, *Summa theol.*, I. p., q. lxxxiv, art. 1, ad 3.
(2) *Ib.*, I. p., q. lxxxvi, art. 3.

principe supérieur, elle est de tout point indépendante et ne relève que d'elle-même.

La nécessité que nous rencontrons dans les objets de notre intelligence est une nécessité participée, dérivant d'un principe supérieur qui est Dieu (1). C'est une nécessité qui appartient à l'essence et ne se manifeste à nous qu'autant que l'essence est, par l'action de notre esprit, séparée de l'existence. C'est une nécessité qui apparaît dans l'objet, en tant que celui-ci est soumis à l'action de l'intelligence qui en écarte les conditions propres à l'individualité ; et, comme toute mutabilité dans l'essence créée se rattache à l'acte d'existence, de là vient que si l'on fait abstraction de l'existence, l'essence reste revêtue du caractère d'immutabilité. Car, il est naturel qu'on ne retrouve plus possibilité de mutation là où les conditions nécessaires à la mutation ont disparu. Mais cette abstraction ne peut s'effectuer sans la lumière de l'intellect agent qui, en dégageant l'essence des conditions de l'existence réelle, fait apparaître en elle les propriétés qu'elle possède comme simple essence. *Requiritur lumen intellectus agentis, per quod immutabiliter veritatem in rebus mutabilibus cognoscamus* (2).

Pour résumer en quelques mots tout ce qui a été dit jusqu'ici, l'éternité des universaux est une *éternité négative*, et non une *éternité positive*. Ils n'ont qu'une nécessité d'essence, et non d'existence ; elle consiste dans le rapport mutuel des attributs qui concourent à la constitution d'une nature donnée. L'une et l'autre n'apparaissent dans l'objet que sous l'influence de la lumière intellectuelle qui, dans son travail d'abstraction, le transporte de l'ordre réel à l'ordre idéal en séparant l'essence d'avec l'existence.

92. On nous répond : mais d'où vient dans l'objet cette aptitude à pouvoir être ainsi, par abstraction intellectuelle, transporté dans l'ordre idéal pour se révéler alors à nous avec l'apparence d'une sorte d'éternité et d'immutabilité qui, bien que fort différentes de l'éternité et de l'immutabilité divines, en sont pourtant un véritable reflet ?

Ceci vient, dirons-nous, de ce que les choses créées sont des imitations ou copies des archétypes divins. Les formes exemplaires de tout ce qui subsiste en dehors de Dieu sont éternelles

---

(1) *Quædam necessaria habent causam suæ necessitatis; et sic hoc ipsum quod impossibile est ea aliter se habere, habent ab alio.* S. Thomas, *Summa theol.*, I-II., Q. xciii, art. 4, ad 4.

(2) *Ib.*, I. p., Q. lxxxiv, art. 6, ad 1.

et immuables dans l'intelligence créatrice. Si le modèle est immuable, immuable aussi doit être l'image qui n'est soumise au changement que parce qu'elle est imprimée dans une matière changeante, c'est-à-dire dans une existence concrète. Si l'on vient à considérer l'image indépendamment de la matière où elle subsiste, c'est alors qu'elle nous apparaît revêtue de ce caractère d'immutabilité qu'elle possède à titre de participation; il suffit seulement de faire intervenir une force capable d'opérer cette séparation. C'est précisément ce que fait la vertu abstractive de notre intellect, en transportant ainsi les formes créées de l'ordre réel dans l'ordre idéal. On lui donne avec raison le nom de *lumière*, parce que la lumière rend les choses visibles, tout comme cette abstraction intellectuelle nous rend visible l'essence dans ses caractères intrinsèques. Ainsi, par le moyen des créatures, nous arrivons, dans une mesure proportionnée à notre condition, jusqu'à partager la connaissance même de Dieu.

93. Il résulte encore de tout ceci que de la simple considération de l'ordre idéal nous pouvons nous élever jusqu'à déduire l'existence de Dieu. De même, en effet, que nous ne saurions expliquer l'existence du mouvement dans la nature sans un premier moteur immobile, ainsi serions nous dans l'impossibilité d'expliquer leur essence immuable sans une vérité première qui soit telle de soi, et dont l'existence soit le fondement et le principe de toute autre vérité participée. « On nous « demandera peut-être, dit le savant Leibniz, où seraient ces « idées, si aucun esprit n'existait, et que deviendrait alors le « fondement réel de cette certitude des vérités éternelles ? Cela « nous mène enfin au dernier fondement des vérités, savoir, à « cet Esprit suprême et universel, qui ne peut manquer d'exis- « ter, dont l'entendement, à dire vrai, est la région des vérités « éternelles, comme saint Augustin l'a reconnu et l'exprime « d'une manière assez vive. Et afin qu'on ne pense pas qu'il « n'est point nécessaire d'y recourir, il faut considérer que ces « nécessaires contiennent la raison déterminante et le principe « régulatif des existences mêmes, et, en un mot, les lois de l'u- « nivers. Ainsi, ces vérités nécessaires étant antérieures aux « existences des êtres contingents, il faut bien qu'elles soient « fondées dans l'existence d'une substance nécessaire. » (1) Voilà comment cette discussion sur la simple existence idéale du vrai nous amène à reconnaître l'existence réelle de Dieu. Dieu est dans

---

(1) *Nouveaux Essais*, Liv. IV, ch. 11.

l'ordre intelligible ce qu'est le soleil corporel dans l'ordre sensible. Du soleil partent des rayons qui viennent se révéler à l'œil après s'être divisés en plusieurs couleurs ; de Dieu procèdent les vérités qui se manifestent à l'intelligence sous mille aspects différents. L'œil ne peut fixer directement le soleil à cause de la surabondance de son éclat lumineux ; l'intelligence ne peut contempler Dieu en lui-même à cause de l'excès de la fulgurante lumière dont il resplendit.

Mais, comme les rayons lumineux du soleil suffisent pour nous faire admettre l'existence du foyer d'où ils émanent, ainsi suffisent également les vérités perçues par notre intelligence pour nous faire admettre l'existence de la vérité substantielle qui en est le principe et la source. Les Ontologistes voudraient qu'on prît un chemin tout opposé, et qu'on vît dans le soleil la couleur et la figure des corps, et dans la vérité subsistante, qui est Dieu, les vérités participées qui nous sont révélées par les créatures.

ARTICLE IV

De la prétendue impuissance des sens à participer à la connaissance.

94. Après avoir examiné les raisons qu'on oppose à la théorie des universaux, nous allons discuter maintenant celles qu'on apporte pour démontrer que la connaissance ne peut en aucune façon être attribuée aux sens. Toute l'argumentation, sur ce point, revient à dire que si l'on concède aux sens la faculté de connaître, on est conduit à les confondre avec l'intelligence à qui la connaissance appartient en propre ; ce qui revient à supprimer toute différence spécifique entre l'homme et les animaux. Connaître en effet un objet quelconque distinct de nous-même, c'est en percevoir l'être et la substance, ce qui ne convient qu'à l'intelligence. Que si saint Thomas, en plusieurs endroits de ses ouvrages, a dit que les sens jouissent de la faculté de connaître, il faut savoir pardonner cette manière de parler au saint Docteur *qui était en quelque sorte enchaîné à la terminologie aristotélicienne, ce qui ne saurait s'excuser chez les philosophes modernes dont le devoir est de conserver la propriété du langage pour éviter de favoriser des erreurs déjà trop répandues.*

En vérité, ce besoin d'indulgence et d'excuse pour abus de langage ne devrait pas être restreint uniquement à saint

Thomas. Il faudrait l'étendre aussi à tous les philosophes antérieurs à ce temps-ci, qui ont employé sans scrupule le mot *connaître* à propos des opérations des sens, comme font d'ailleurs, aujourd'hui encore, bon nombre de philosophes, Balmès par exemple, pour n'en citer qu'un parmi beaucoup d'autres. Et ce ne sont pas seulement les philosophes qui tombent dans ces imperfections de langage : le genre humain tout entier s'en rend coupable en attribuant la connaissance aux brutes qui ne possèdent pourtant d'autres moyens de connaître que les sens. Que dis-je? La Sainte Écriture elle-même n'est pas exempte de reproche ; elle a tout aussi grand besoin d'indulgence, puisqu'elle attribue la connaissance aux bêtes quand elle dit, par exemple, que le bœuf connaît son maître, l'âne son écurie : *Cognovit bos possessorem suum et asinus præsepe domini sui* (1). Voilà les auteurs qui ont besoin de l'indulgence de ceux qui les lisent ou les écoutent pour être excusés de tendance au sensualisme ! Ainsi le proclame le rosminianisme, auquel revient l'honneur d'avoir fait enfin cette grande découverte que le mot *connaître* ne peut s'appliquer qu'à l'intelligence.

Il faut avouer qu'une pareille imperfection de langage ne laisse pas que de surprendre, même de la part de saint Thomas, pour ne rien dire de toute la foule des scholastiques qui se sont rendus coupables de la même faute. S'il s'agissait de matières qui relevassent d'observations et de longues expériences inconnues à son temps, on s'expliquerait aisément que saint Thomas, privé de pareils secours, eût pu tomber dans l'erreur. Mais quand il est question de choses qui ne dépendent point des recherches de la physique, mais seulement de l'analyse et de la méditation intellectuelle, on conçoit difficilement qu'un esprit si subtil et si réfléchi n'ait pas aperçu ce que les Rosminiens remarquent si aisément aujourd'hui. Personne, à coup sûr, n'osera prétendre que les progrès de l'anatomie et de la physiologie aient jeté une si vive lumière sur le système nerveux et sur les fonctions de la vie animale qu'on soit autorisé à refuser aux facultés sensitives le privilège de la connaissance. On pourrait tout au plus attribuer cette belle découverte de la philosophie moderne à une étude plus approfondie de la nature de la connaissance. Or, nous tenons pour indubitable (et plus d'un sera de notre avis) que saint Thomas d'Aquin et l'Ecole du moyen âge l'emportent sur les philosophes postérieurs, en matière de

---

(1) Isaïe, c. I, 3.

spéculations idéales, de toute la prééminence qui assure à notre siècle la supériorité sur les âges anciens, quant à l'abondance et à l'étendue des connaissances empiriques. En un mot, pour tout ce qui constitue pour ainsi dire la substance et les principes régulateurs de la science philosophique, nous croyons que saint Thomas a touché juste et qu'on ne peut le contredire qu'à la condition de se mettre en opposition avec la vérité. Or, s'il est, un point capital en philosophie, c'est bien certainement celui qui a rapport à la nature de la connaissance ; de là, en effet dépend toute la doctrine relative à la nature de l'âme ; et pourtant il n'y a rien de répété si souvent dans les œuvres du saint Docteur que ce principe de la connaissance attribuée aux facultés sensitives : *Sicut sentire est quoddam cognoscere, sic et intelligere cognoscere quoddam est* (1).

Notre adversaire répliquera peut-être que cette observation ne porte pas contre lui, parce que s'il blâme le mot il approuve l'idée de saint Thomas et désire vivement que la justesse de l'idée fasse excuser l'imperfection du langage. « Dans ce cas, dit-il, plutôt que la phrase il faut considérer la pensée dont la lumière est assez vive pour éclairer un langage qui pourrait parfois nous paraître faux ou inexact. » Quant à nous, à vrai dire, nous avouons qu'il nous paraîtrait un peu étrange qu'on parvînt à découvrir chez saint Thomas cette prétendue contradiction d'une pensée juste avec une expression défectueuse, dans un sujet de si haute importance. Car il ne s'agit pas ici de quelque phrase employée une ou deux fois en passant ; il s'agit d'une manière de parler constamment usitée, là même où il semble que l'auteur aurait eu le plus de motifs pour s'en abstenir. Saint Thomas fut-il jamais plus obligé de parler avec exactitude que quand il parle de la distinction du sens et de l'intelligence ? C'est là sans doute qu'il devait avec le plus de soin éviter de dire que les sens connaissent, si, comme le voudrait notre adversaire, ce point constituait leur différence d'avec l'intelligence. Or, saint Thomas affirme là précisément que le sens est doué de la faculté de connaître, quoique d'une manière imparfaite. *Sensus non est cognoscitivus nisi singularium; cognitio sensus non se extendit nisi ad corporalia* (2). Je réussis difficilement à imaginer qu'un philosophe précis, comme le fut, de

---

(1) In lib. III. *De anima*, lect. 7.
(2) *Summa contra Gent.*, lib. II, c. 66, *Contra ponentes intellectum et sensum esse idem*.

l'aveu de tous, saint Thomas d'Aquin, ait pu penser exactement le contraire de ce que signifient formellement ses paroles si souvent répétées. Toutefois, puisque notre adversaire fait appel et prétend s'en tenir à la pensée du saint Docteur, quoiqu'il en soit de son langage, nous acceptons volontiers la discussion sur ce terrain.

ARTICLE V
Que la pensée de saint Thomas n'est pas contraire au sens que présentent ici ses paroles.

95. Comment notre adversaire prouve-t-il que saint Thomas n'a pas entendu attribuer la connaissance aux sens dans l'acception rigoureuse du mot ? Voici en quels termes il présente toute sa démonstration : « Saint Thomas affirme nettement que juger de la substance d'une chose n'est point affaire propre au sens, mais bien à l'intelligence qui a pour objet l'essence des choses. *De substantia rei judicare non pertinet ad sensum, sed ad intellectum, cujus objectum est quod quid est* (1). Il suit de là que les sens ne perçoivent pas l'être des choses ; et, s'il en est ainsi, les sens ne connaissent rien du tout, car ce qu'on perçoit tout d'abord dans un objet, c'est l'*être*, en dehors duquel il n'y a que le néant. »

Si nous ne faisons point erreur, cette argumentation renferme trois propositions : 1° le jugement relatif à la substance appartient à l'intelligence ; 2° c'est aussi à l'intelligence qu'il appartient en propre de percevoir la quiddité de l'objet; 3° il n'y a point de connaissance sans perception de l'être, et l'être n'est perçu que par l'intelligence.

Si ces raisons étaient formulées d'une manière absolue, en dehors de toute application à la doctrine de saint Thomas, il serait aisé d'en découvrir le vice qui est précisément de supposer que toute connaissance est un jugement relatif à la substance, ou une perception d'essence, ou une perception universelle de l'être comme on la trouve dans l'intelligence. Ces suppositions sont évidemment fausses; car, 1° toute connaissance n'est pas nécessairement un jugement, comme on peut le remarquer pour la simple appréhension ; 2° toute perception

---

(1) In lib. IV *Sent.*, Dist. XII, art. 1, q. 2, ad 2.

n'a pas nécessairement une essence pour objet, ainsi qu'il arrive, par exemple, dans la connaissance d'un simple fait ; 3° on peut avoir une connaissance d'un être qui n'est pas universel, mais singulier : ainsi la connaissance d'un individu. Mais notre adversaire ne donne à ces raisons qu'une valeur relative, en tant qu'il les applique particulièrement à la doctrine de saint Thomas ; attendu qu'il s'agit seulement ici de découvrir sa véritable pensée pour ce qui est d'accorder ou de refuser la connaissance à nos sens. Aussi devons nous spécialement les examiner à ce point de vue, et nous le ferons brièvement, quoique avec toute la clarté et la précision désirables.

96. Le premier argument s'exprimerait ainsi en forme dialectique : saint Thomas affirme nettement qu'il n'appartient pas aux sens mais à l'intelligence de juger de la substance ; donc d'après le saint Docteur les sens ne possèdent point la connaissance. La réponse en forme dialectique est absolument facile : je concède l'antécédent ; je nie le conséquent ; et la raison de cette négation est que la conclusion est plus étendue que les prémisses. Saint Thomas admet deux actes de connaissance dont l'un consiste dans la simple appréhension de l'objet et l'autre dans l'affirmation ou la négation qui résulte de la comparaison de deux termes : ces deux actes conviennent bien à l'intelligence ; dans la rigueur des termes le premier seul convient au sens. *Duplex est operatio intellectus..... Una est indivisibilium intelligentia, in quantum scilicet intellectus intelligit absolute cujuscumque rei quidditatem sive essentiam per seipsam; alia vero operatio intellectus est, secundum quod hujusmodi simplicia concepta simul componit aut dividit... Sensus non componit nec dividit... sed solum rem apprehendit* (1). Il enseigne la même chose en mille autres endroits. Prenons pour exemple ce passage de la *Somme théologique* où, tout en niant que les sens connaissent la vérité de leur propre connaissance (ce qui requiert un acte de réflexion), il concède néanmoins qu'ils sont véritablement sujets de connaissance : *Veritas non sic est in sensu, ut sensus cognoscat veritatem, sed in quantum veram apprehensionem habet de sensibilibus. Quod quidem contingit, eo quod apprehendit res ut sunt* (2).

Ainsi, comme nous l'avons observé ailleurs à propos d'une objection analogue de Rosmini, saint Thomas reconnaît dans les

---

(1) *Perihermenias*, lib. I, lect. 3.
(2) *Summa theol.*, I. p., Q. XVII, a. 2.

facultés sensitives une certaine imitation de jugement, tant il est éloigné de leur refuser toute sorte de connaissance, même imparfaite.

97. Le second argument peut se formuler ainsi : saint Thomas affirme que la quiddité est exclusivement l'objet de l'intelligence, *cujus objectum est quod quid est*. Donc, d'après lui, les sens ne sont pas doués de la faculté de connaître.

Ici encore nous concédons l'antécédent et nions le conséquent; car, on suppose que pour saint Thomas il n'y a pas d'autre connaissance que celle qui perçoit la quiddité des choses. Or, rien de plus faux. Dans l'article même où il affirme que la perception des quiddités appartient non aux sens mais seulement à l'intelligence (*naturas sensibilium qualitatum cognoscere non est sensus sed intellectus*), saint Thomas affirme aussi que les sens perçoivent l'objet externe qui fait impression sur l'organe. *Exterius immutativum est quod per se a sensu percipitur, et secundum cujus diversitatem sensitivæ potentiæ distinguuntur ;* et dans l'article troisième de la question LXXXVII, il enseigne que les choses contingentes sont connues directement par les sens, indirectement par l'intelligence, et que les raisons universelles et nécessaires des êtres contingents, c'est-à-dire leurs quiddités, sont connues exclusivement par l'intelligence : *Contingentia, prout sunt contingentia, cognoscuntur directe quidem a sensu, indirecte autem ab intellectu; rationes autem universales et necessariæ contingentium cognoscuntur per intellectum.* Il est donc absolument faux, dans la doctrine de saint Thomas, que toute connaissance réclame une perception de quiddité.

98. Le troisième argument était ainsi conçu : d'après saint Thomas, l'être est ce qu'on perçoit tout d'abord dans un objet quelconque. Or, toujours d'après saint Thomas, les sens ne connaissent pas l'être des choses. Donc, d'après saint Thomas, les sens ne connaissent rien du tout. Nous répondrons en demandant à notre contradicteur ce qu'il entend par cette proposition si vague : l'être est la première chose que l'on perçoit dans un objet. Veut-il dire par là que tout ce qui est perçu d'abord par une faculté sensitive doit être une entité ? Nous admettons la proposition ainsi entendue ; mais nous nions que saint Thomas refuse cette condition à l'objet de la faculté sensitive. Si saint Thomas dit en maint endroit que les sens ont pour objet de connaissance les particuliers, il ne veut certainement pas dire par là qu'ils ne connaissent rien du tout. Donc, si l'être seul est contradictoire au néant, il faut conclure que le sens possède la faculté de percevoir

l'être, non pas considéré, il est vrai, sous forme universelle et abstraite, mais sous forme particulière et concrète et dans le domaine des corps qui peuvent faire impression sur l'organe où réside la puissance sensitive. Tel est précisément l'enseignement du saint Docteur: « Notre âme, dit-il, est forme d'un corps et elle possède une double faculté cognitive : l'une qui est acte d'un organe corporel et qui, pour cette raison, est destinée par nature à connaître les choses en tant qu'elles sont individuées dans la matière ; d'où il suit que les sens ne connaissent rien que des objets singuliers; l'autre est la faculté intellective qui n'est acte d'aucun organe corporel. Aussi pouvons nous par l'intelligence connaître ces natures qui n'existent que dans la matière individuelle, et nous les connaissons, non pas précisément comme individuées, mais en tant qu'elles sont abstraites de la matière par suite de la considération de l'intelligence; d'où il suit que nous pouvons percevoir ces choses comme universelles, ce qui est au-dessus du pouvoir des sens » (1).

Si notre adversaire entend sa proposition en ce sens que le premier objet de notre perception soit non plus l'être concret, mais l'être abstrait, je réponds qu'il n'en est ainsi que pour la connaissance intellectuelle et que cette proposition est fausse si on veut l'étendre à toute sorte de connaissance en général. Par conséquent, de ce que les sens sont incapables de percevoir l'être universel et abstrait, on ne saurait conclure qu'ils ne peuvent percevoir l'être en aucune façon.

Je serais heureux de savoir dans quel passage de saint Thomas on pourrait nous montrer que l'être abstrait est le premier objet perçu en tout genre de connaissance. Le saint Docteur enseigne absolument le contraire chaque fois qu'il se propose d'éclaircir l'ordre, la marche et le développement de la connaissance. Nous en avons une preuve, entre autres, dans l'article 3 de la question LXXXV, de la première partie de la *Somme théologique*.

---

(1) *Anima nostra, per quam cognoscimus, est forma alicujus materiæ, quæ tamen habet duas virtutes cognoscitivas: unam, quæ est actus alicujus corporei organi; et huic connaturale est cognoscere res secundum quod sunt in materia individuali. Unde sensus non cognoscit nisi singularia. Alia vero virtus cognoscitiva ejus est intellectus, qui non est actus alicujus organi corporalis. Unde per intellectum connaturale est nobis cognoscere naturas, quæ quidem non habent esse nisi in materia individuali, non tamen secundum quod sunt in materia individuali sed secundum quod abstrahuntur ab ea per considerationem intellectus. Unde secundum intellectum possumus cognoscere hujusmodi res in universali, quod est supra facultatem sensus.* » Summa theol., I. P., Q. XII, art. 4.

Il y distingue la connaissance en général de la connaissance restreinte seulement à l'ordre intellectuel ; et pour celle-ci, il nous dit qu'elle passe des concepts plus universels aux concepts moins universels. *Prius occurrit intellectui nostro cognoscere animal quam cognoscere hominem; et eadem ratio est si comparemus quodcumque magis universale ad minus universale.* Il est facile de conclure que, pour le saint Docteur, la notion de l'*être* étant la plus universelle et la plus indéterminée est aussi celle qui s'offre tout d'abord à notre intelligence comme le point de départ de sa vie intellective.

Mais quant à la première considération, c'est-à-dire quant à la connaissance en général, saint Thomas affirme explicitement que nous avons d'abord la connaissance des particuliers et des concrets, et ensuite celle des universels et des abstraits ; et il en donne pour raison que la connaissance sensitive précède en nous la connaissance intellectuelle : *Cognitio intellectiva aliquomodo a sensitiva primordium sumit; et quia sensus est singularium, intellectus autem universalium, necesse est quod cognitio singularium, quoad nos, prior sit quam universalium cognitio* (1). Voilà donc comment dans le passage même d'où l'on peut conclure que le premier objet perçu par notre intelligence est *l'être universel et abstrait*, dans ce passage, disons-nous, saint Thomas enseigne qu'il n'en va pas de même pour la connaissance en général, car il y est dit expressément qu'en nous la connaissance des singuliers précède la connaissance des universels. Or, s'il en est ainsi, comment peut-on dire que d'après saint Thomas il n'y a pas de connaissance possible sans la perception préalable de l'être abstrait, perception qui est une connaissance universelle par excellence. Ceci se vérifie pour l'intelligence seule et ne peut en aucune façon s'appliquer aux sens qui ont les objets singuliers et concrets pour domaine propre et exclusif de leur perception.

Par conséquent les arguments mis en avant dans cette discussion pour prouver que saint Thomas n'entend point concéder aux sens la faculté de connaître, non seulement ne prouvent rien, mais démontrent précisément tout le contraire; car ils font appel à des passages du saint Docteur, où l'on trouve dans les idées plutôt une confirmation qu'un correctif du langage. Donc, il est faux que dans saint Thomas l'idée corrige le mot sur le point qui nous occupe; et notre adversaire devra avouer que la théorie de la connaissance sensitive n'a rien de commun avec le

---

(1) *Summa theol.*, 1. p., q. LXXXV, art. 3.

sensualisme, à moins qu'il ne préfère imputer cette erreur au saint Docteur lui-même.

ARTICLE VI

Digression sur d'autres écrivains.

99. Si nous n'avions affaire qu'au savant philosophe auquel nous répondons directement, nous pourrions terminer ici la polémique. Le respect sans bornes qu'il professe pour saint Thomas ne lui permettrait pas de persister dans son opinion, étant démontré, comme nous venons de le faire, que le saint Docteur attribue vraiment la connaissance aux facultés sensitives. Mais nous écrivons aussi pour d'autres. Il s'en trouve, en effet, beaucoup qui lisent saint Thomas avec une légèreté à faire pitié, sans saisir ni l'ensemble merveilleux de sa doctrine ni même la signification naturelle des mots employés dans les passages détachés qu'ils citent : il est donc nécessaire que nous nous arrêtions un peu sur ce point. Les écrivains auxquels nous faisons allusion n'hésitent pas à déclarer ouvertement que la doctrine de l'Ange des écoles est viciée par le principe sensualiste de la philosophie aristotélicienne ; et pourtant l'Église, à la fête du Saint, met sur nos lèvres cette prière : *Da nobis quæsumus, quæ docuit intellectu conspicere* (1). Se peut-il, en vérité, qu'une doctrine entachée de sensualisme et par conséquent radicalement fausse, mérite ainsi que nous adressions à Dieu une prière pour qu'il daigne nous en instruire ? Je crois que les philosophes dont nous parlons se garderont bien, sinon de formuler cette prière avec les lèvres, au moins de l'accompagner de l'élan du cœur. Ils ont d'ailleurs si peu compris la doctrine de saint Thomas qu'ils lui attribuent souvent le contraire de ce qu'il enseigne explicitement. Pour n'en donner qu'un exemple, ils prétendent prouver que dans la théorie de saint Thomas l'intelligence est confondue avec les sens. Ils citent les textes où le saint Docteur affirme que la nature des choses sensibles est l'objet propre de notre intellect (2), et ils ajoutent cette curieuse réflexion : *la nature des choses sensibles n'est pas connue par l'intelligence, mais par la sensation.* Or, saint Thomas enseigne

(1) Brev. rom., die VII^a Mart.
(2) *Proprium objectum, intellectui nostro proportionatum, est natura rei sensibilis.* Summa theol., I. P., Q. LXXXIV, art. 7.

on ne peut plus évidemment le contraire, quand il dit que la nature, même la nature des choses sensibles, n'est pas un objet de sensation, mais d'intelligence : *Naturas sensibilium qualitatum cognoscere non est sensus sed intellectus* (1). Quand on méconnaît si aisément ce qu'il y a de plus authentique dans l'enseignement de saint Thomas, faut-il s'étonner que l'on comprenne si peu le sens de certaines phrases dont l'intelligence réclame quelque méditation et quelque comparaison avec des passages analogues qui peuvent servir à les expliquer? Ainsi, on met en avant le fameux exemple de la table rase, l'intellect agent qui illumine et spiritualise les perceptions sensibles transformées en idées, les espèces impresses et expresses converties en intellections; et l'on fait un mélange bizarre de toutes choses que saint Thomas a dites et n'a pas dites, sans avoir, pour celles qu'il a dites, la moindre préoccupation d'en pénétrer le véritable sens. Nos modernes docteurs seraient peut-être devenus plus respectueux et plus circonspects devant cette simple considération, que si saint Thomas est parvenu à ce degré de sagesse qui a fait et fait encore l'admiration de tant d'hommes illustres par leur science, il faut, à coup sûr, que ses enseignements ne soient ni aussi ridicules ni aussi absurdes que leurs petites lumières tendent à les faire paraître.

100. Je donnerai, en lieu opportun, l'interprétation des termes particulièrement employés dans la question de l'origine des idées. Je n'en veux expliquer ici que deux, dont abusent les détracteurs de saint Thomas, faute de les bien entendre. Si, d'après saint Thomas, répètent-ils souvent, l'objet propre de l'intelligence humaine est la nature des choses sensibles, il faudra avouer, ou que nous ne connaissons pas, ou que nous connaissons fort peu les choses suprasensibles. Mais, nos adversaires se sont-ils quelquefois donné la peine de chercher ce que saint Thomas entend par nature des choses sensibles et par objet propre et proportionné d'une faculté? Je crois que non. La *nature* ou *quiddité*, pour saint Thomas, est ce qui constitue une chose dans son être propre, et cette nature ne peut être perçue que par l'intelligence. On peut revoir sur ce point ce que nous avons dit au second article du chapitre I, touchant le contenu du concept universel.

Quant à l'*objet propre*, il signifie, dans le langage de saint Thomas, l'objet premier et immédiat d'une puissance cognitive.

Ibid., I. P., Q. LXXVIII, art. 3.

Id quod est primo et per se cognitum a virtute cognoscitiva est proprium ejus objectum (1). De même aussi, l'objet proportionné est celui qui correspond exactement au mode d'être du sujet connaissant. Il conclut de là que l'opération proportionnée à notre intelligence est de percevoir l'intelligible dans une chose sensible parce que notre âme est, dans l'état de la vie présente, forme d'un corps, et que sa faculté de connaître est une intelligence qui subsiste dans un composé sensitif. *Operatio proportionatur virtuti et essentiæ; intellectivum autem hominis est in sensitivo et ideo propria operatio ejus est intelligere intelligibilia in phantasmatibus* (2).

Ceci revient à dire que les premiers objets perceptibles pour l'esprit, dans l'état de la vie présente, sont les quiddités ou essences qui se manifestent immédiatement dans les phantasmes sensibles sous la lumière abstractive de l'intellect agent. Telles sont, par exemple, les raisons d'être, d'unité, de bien, de substance, de modification, de mutation, de cause, d'acte, de puissance, et une infinité d'autres qui embrassent toute sorte de choses dans leur généralité, et dont beaucoup, dans leur plus grande abstraction, étendent leur concept objectif à tout ce qui est ou peut être d'une façon quelconque (3). L'esprit part de ces concepts abstraits pour former aussitôt les premiers principes et les axiomes de la raison, alors que dans la quiddité qu'il vient de percevoir, il voit les prédicats essentiels qui leur conviennent. Ainsi, en percevant la quiddité de l'*être,* il voit que l'être est incompatible avec le néant et prononce ce jugement : aucune chose ne peut à la fois être et ne pas être. En percevant la quiddité de substance, il voit que celle-ci, dès là qu'elle exprime une substance, n'a besoin d'aucun sujet d'adhésion, et il prononce ce jugement : la substance n'a besoin d'aucun sujet qui la soutienne ; et ainsi de suite. Voilà comment l'esprit s'enrichit d'idées et de jugements d'ordre abstrait, qui ensuite lui servent comme de flambeaux pour éclairer l'ordre réel et con-

---

(1) *Summa theol.*, I. p., LXXXV. art. 7.
(2) *De memoria et reminiscentia*, lect. 4.
(3) Ces raisons qui, par leur étendue indéterminée, dépassent les limites de la matière, saint Thomas les appelle immatérielles, non qu'elles n'aient leur réalisation dans la matière, mais parce qu'elles ne s'y trouvent pas avec toute leur universalité. *Quædam vero sunt quæ non dependent a materia nec secundum se nec secundum rationem, vel quia nunquam sunt in materia, ut Deus et aliæ substantiæ separatæ, vel quia non universaliter sunt in materia, ut substantia, potentia et actus et ipsum ens.* In lib. I *Physic.*, lect. 1.

cret; en les appliquant après cela à des sujets déterminés, il en arrive, par voie de déduction rationnelle, à découvrir d'autres vérités qui ne sont pas immédiatement évidentes par elles-mêmes, mais qui sont liées et connexes avec celles que l'expérience lui révèle sous la lumière de ces premiers principes.

101. Les esprits difficiles dont nous parlons se scandalisent encore de voir dans saint Thomas que notre intelligence, après avoir contemplé, comme premier objet de sa connaissance, ces quiddités ou natures abstraites, s'élève ensuite des choses visibles à une certaine connaissance des choses invisibles. *Intellectus humani, qui est conjunctus corpori, proprium objectum est quidditas sive natura in materia corporali existens; et per hujusmodi naturas visibilium rerum, etiam in invisibilium rerum aliqualem cognitionem ascendit* (1). Ils se plaignent surtout de ce mot *aliqualem* qui, appliqué à la connaissance que nous avons de Dieu, leur paraît trop la déprimer. Cependant saint Thomas qui ne voulait pas enseigner au monde des hypothèses, mais une doctrine de vérité, s'est servi avec raison de ce mot pour nous donner à entendre que la connaissance que nous avons de Dieu est, pour la vie présente, tout à fait imparfaite. D'ailleurs, il explique tout spécialement dans le même article le sens exact qu'il donne à cet *aliqualis*, en disant que nous connaissons Dieu comme cause de l'univers, soit en lui prêtant à un degré absolument éminent les perfections des choses créées, soit en écartant de lui les limites et les défauts qui se rencontrent dans les êtres contingents et finis. *Deum, ut Dionysius dicit* (c. I. de div. nom., lect. 3) *cognoscimus ut causam et per excessum et per remotionem* (2). Pour qui veut sincèrement écouter la voix de sa conscience, n'est-ce pas là précisément la connaissance que nous avons de Dieu? Ne le concevons-nous pas comme un être suprême, subsistant par soi, cause incréée de toute chose créée, et partant, comme doué de toute sorte de perfections à un degré infini? Or, ce sont justement là les trois éléments assignés par saint Thomas; *ut causa, per remotionem, per excessum*. N'est-il pas vrai aussi que nous n'arrivons à cette connaissance que par les perceptions des quiddités abstraites des choses visibles? Au nombre de ces quiddités se trouvent évidemment les raisons de cause, d'être, d'acte, de perfection, dont nous écartons toute limite, et auxquelles nous attribuons un excès infini sur tout ce que notre esprit conçoit de la manière d'être

(1) *Summa th.*, I. P., Q. LXXXIV, art. 7.
(2) *Ibid.*, ad 3.

propre aux créatures. On doit en dire autant des attributs divins dont la connaissance procède aussi en nous de l'épurement, pour ainsi dire, d'idées abstraites des choses créées et élevées jusqu'à l'ordre absolu, par dessus tout ce qui est imparfait et fini ; ce qui veut dire que nous parvenons à la connaissance de Dieu *per excessum et per remotionem*, en prenant pour point de départ les quiddités que nous avons abstraites des choses visibles, suivant la parole de l'Apôtre : *Invisibilia Dei per ea quæ facta sunt intellecta conspiciuntur, sempiterna quoque ejus virtus et divinitas* (1).

ARTICLE VII

Attribuer la connaissance aux sens, ce n'est pas les confondre avec l'intelligence.

102. Revenons maintenant à notre adversaire que nous avions quelque peu abandonné, et tranquillisons-le sur un doute dont il se montre grandement préoccupé. Il craint qu'en concédant la connaissance aux sens, on n'en vienne à les confondre avec l'intelligence. Cette crainte nous rappelle celle de Malebranche qui refusait toute activité aux causes secondes, de peur, disait-il, qu'en leur concédant une action quelconque, on n'en vînt à les identifier avec Dieu. Avec ce système de raisonnement, on devrait refuser aussi l'être substantiel aux créatures, afin de ne pas courir le risque de les identifier avec la substance incréée. En exagérant ainsi le péril de l'erreur, il n'y a pas de vérité à laquelle, en fin de compte, on ne dût renoncer. De même que la raison de substance et de cause peut fort bien être attribuée aux choses créées, sans qu'on les élève pour cela jusqu'à l'ordre divin, ainsi, l'on peut également bien, *tuta conscientia*, accorder aux sens un degré de connaissance, sans tomber dans cette erreur grossière qui consiste à les confondre avec l'intelligence. Cette assurance est tout naturellement fondée sur les explications proposées à l'article précédent. Néanmoins il ne sera pas inutile d'y revenir encore ici.

103. Tout d'abord, la connaissance sensitive, à la différence de la connaissance intellectuelle, est imparfaite dans son acte ; car elle se réduit, rigoureusement parlant, à une simple perception de l'objet. La connaissance entière et parfaite, comme le dit

---

(1) *Ad Romanos*, I. 20.

saint Thomas, ne se trouve que dans le jugement, puisque c'est uniquement par le jugement que l'être connaissant se conforme à l'objet ou s'en éloigne. Tant qu'on n'a pas affirmé ou nié quelque chose d'un objet donné, il est impossible de dire : vous conjecturez bien ou mal, vous avez une connaissance vraie ou fausse; ce qui prouve que la connaissance n'est pas complète si elle se tient exclusivement dans les limites de la simple appréhension; car on ne peut appeler complète une connaissance qui, dans la rigueur des termes, ne possède pas tous les éléments propres que réclame sa nature, et, entre autres, les caractères qui constituent la vérité ou l'erreur. Or, les sens ne font que percevoir l'objet sans jamais pouvoir s'élever jusqu'au jugement proprement dit; ils sont incapables, dit saint Thomas, de composer et de diviser : *Sensus non componit nec dividit..... sed solum rem apprehendit* (1).

En second lieu, la connaissance sensitive est imparfaite quant à son objet. Elle ne s'étend pas au-delà des corps qui font impression sur les organes; voilà pourquoi, d'ailleurs, les facultés sensitives se distinguent entre elles d'après la diversité de ces *impressions* organiques : *Exterius immutativum est quod per se a sensu percipitur et secundum cujus diversitatem sensitivæ potentiæ distinguuntur* (2). L'intelligence, au contraire, est une faculté universelle qui a pour objet l'être et le vrai dans toute l'ampleur de de leur extension : *Intellectus est apprehensivus entis et veri universalis* (3); elle embrasse tout à la fois les corps et les esprits, les objets pensés et le sujet pensant, les accidents et les substances, les choses présentes et passées, avec toutes leurs relations au temps et à l'espace.

En troisième lieu, la connaissance sensitive est imparfaite quant à son mode d'opération, car elle ne perçoit dans les corps eux-mêmes que le fait et l'individu seul, sans s'élever au-dessus de son existence concrète et contingente. L'intelligence, au contraire, mise en présence des mêmes objets matériels, perçoit la quiddité sous une forme universelle et nécessaire. *Anima per intellectum cognoscit corpora cognitione immateriali universali et necessaria* (4).

Enfin, la connaissance sensitive est imparfaite quant à son principe: car elle requiert le concours des organes corporels. *Sentire et*

---

(1) S. Thomas, in lib. I *Perihermenias*, lect. 4.
(2) *Summa th.*, I. P., Q. LXXVIII, art. 3.
(3) *Ib.*, Q. LXXXII, art. 4, ad 1.
(4) *Ib.*, Q. LXXXIV, art. 1.

consequenter operationes animœ sensitivœ manifeste accidunt cum aliqua corporis immutatione, sicut in videndo immutatur pupilla (1). *Visio etsi sit ab anima, non est tamen nisi per organum visus* (2). Au contraire, l'acte de perception intellectuelle est produit par un principe spirituel sans le concours d'aucun instrument corporel. *Intellectuale principium quod dicitur mens vel intellectus habet operationem per se, cui non communicat corpus* (3). De là vient que si d'un côté l'excellence de son objet trouble la faculté sensitive au point d'empêcher son action, comme il arrive au sens de la vue en présence de la lumière du soleil ; tout au contraire, l'excellence de l'objet intelligible donne de la vigueur à l'intelligence et la dispose merveilleusement à comprendre les vérités d'ordre inférieur ; c'est ce qui arrive quand l'esprit s'efforce de parvenir à la contemplation d'objets tout à fait abstraits et spirituels.

104. Devant ces profondes différences qui, dans la doctrine de saint Thomas, distinguent ces deux genres de connaissance, comment ne pas apercevoir la distance immense qui sépare l'une de l'autre ? Peut-il venir à l'esprit d'un homme sensé qu'en concédant la première aux sens, on doive en même temps leur concéder la seconde, et dépouiller ainsi l'intelligence des prérogatives qui lui appartiennent? Est-ce que, par hasard, celui qui donne cinq donne cent par là même ? Est-ce faire tort au soleil que de reconnaître un peu de lumière dans un lampion ? L'intelligence, douée d'une si vaste étendue qu'elle peut embrasser dans ses conceptions la sphère infinie des êtres ; l'intelligence, puissante à ce point qu'elle purifie et idéalise des essences enchaînées dans les liens de la matière ; l'intelligence, ornée d'une connaissance complétée par le jugement qui la met véritablement seule en possession de la vérité ; l'intelligence, disons-nous, est trop haut placée pour qu'il lui reste quelque chose à envier des minces prérogatives des sens dont elle utilise d'ailleurs le travail pour ses propres opérations. Il me semble qu'on ne saurait s'obstiner à contredire cette doctrine qu'à la condition d'accorder au mot connaissance ces quatre qualités attribuées jusqu'ici exclusivement à l'intelligence : 1º de pouvoir non seulement percevoir mais aussi juger; 2º de s'étendre à toute sorte de vérités; 3º de saisir la quiddité perçue en elle-même avec les caractères de nécessité et d'universalité; 4º d'opérer

---

(1) *Ib.*, Q. LXXV, art. 3.
(2) *De anima*, lib. I., lect. 2.
(3) *Summa th.*, I. P., Q. LXXV, art. 2.

sans le concours d'un organe corporel. Etant donné qu'on osât jamais émettre une pareille prétention, sur quelles raisons pourrait-on bien l'appuyer ? On ferait peut-être appel à la signification vulgaire du mot. Mais, si l'on veut consulter tous les vocabulaires du monde, on verra que le mot connaissance n'indique, dans sa généralité, que l'acte de saisir un objet quelconque encore inconnu. Mettra-t-on en avant l'usage consacré par les philosophes? Mais il est précisément tout opposé; car, en général, les philosophes n'ont jamais fait difficulté de donner le nom de connaissance à l'acte des facultés sensitives, à l'exception peut-être de quelques auteurs modernes qui, par esprit de système, condamnent le langage communément adopté.

105. Je ne puis résister à l'envie de signaler en passant cette curieuse manie de la Réforme philosophique qui ne fait là, comme partout ailleurs, que courir d'un extrême à l'autre avec une étonnante légèreté. Elle commence par donner à la sensation le nom de *pensée*, qui ne lui convient pas; puis, passant ensuite à l'autre extrême, elle lui refuse le nom qui lui convient, en la dépouillant de la faculté de connaître. Le mot *pensée* vient du verbe *penso* qui est le fréquentatif de *pendo*. Voilà pourquoi on l'emploie pour signifier, non une connaissance quelconque, mais tout spécialement celle où l'on pèse en quelque sorte l'objet, alors qu'on en porte un jugement. Aussi ne s'applique-t-il avec exactitude qu'à la seule connaissance intellectuelle, et l'on ne pourrait l'employer à propos de la sensation sans le détourner de sa signification primitive, abus que les scholastiques ont toujours évité avec le plus grand soin. Voici comment s'exprime à ce sujet Dante, un des plus plus fidèles échos de leurs doctrines : *La pensée est l'acte propre de l'intelligence, et les bêtes ne pensent point parce qu'elles n'ont point d'esprit* (1). Toutefois Descartes donne, en général, le nom de pensée à tout ce dont nous pouvons avoir conscience. Il affirme expressément que, non seulement les actes de l'intelligence et de la volonté, mais encore les actes de l'imagination et des sens sont autant de pensées. « *Par le nom de pensée je comprends tout ce qui est tellement en nous que nous l'apercevons immédiatement par nous même et en avons connaissance intérieure; ainsi toutes les opérations de la volonté, de l'entendement, de l'imagination et des sens sont des pensées* (2). » Par ces paroles il tend à effacer de plus en plus la distinction

(1) *Convito*, 88.
(2) *Réponses aux deuxièmes objections*. Raisons qui prouvent l'existence de Dieu, *etc.*, Définition 1.

de l'intelligence et des sens, distinction qu'il avait déjà singulièrement obscurcie dans tous ses autres écrits. Mais nous y reviendrons plus tard. Il suffit pour le moment d'avoir fait observer que la prétendue confusion des sens avec l'intellect n'est pas un vice de la doctrine scholastique, mais bien plutôt de la doctrine de ses adversaires ; et que le mot *connaître*, signifiant acquisition de connaissance à un titre quelconque, peut fort bien servir à désigner aussi l'acte des facultés sensitives qui perçoivent certainement quelque chose.

ARTICLE VIII

Combien est peu fondée l'opinion qui voudrait nous faire considérer comme « innée » l'idée universelle d'être.

106. Nous arrivons enfin au point capital de la controverse et nous allons examiner cette prétendue nécessité d'admettre une idée tout à fait universelle comme innée dans notre esprit, indépendamment des sens. Nous commençons tout d'abord par nier qu'une pareille idée soit nécessaire et qu'elle trouve un appui quelconque dans la doctrine de saint Thomas.

Quant à sa nécessité, nous sommes évidemment autorisés à la nier par tout ce que nous avons dit jusqu'ici ; car nos adversaires n'ont d'autre raison de l'admettre que parce que l'intelligence, d'après eux, est dans l'impossibilité de former l'universel par son activité propre. Or, nous avons montré comment l'action abstractive de l'intellect pouvait suffire à ce travail en présentant à la perception les seules quiddités des contingents sensibles. Nous avons fait voir également comment s'effectuait, dans ces quiddités ainsi abstraites, la perception des vérités nécessaires, au moyen des jugements qui en résultent. Que le lecteur veuille bien se rappeler ce texte de saint Thomas déjà cité plus haut : *Contingentia dupliciter possunt considerari : uno modo secundum quod contingentia sunt, alio modo secundum quod in eis aliquid necessitatis invenitur ; nihil enim est adeo contingens quin in se aliquid necessitatis habeat, sicut hoc ipsum quod est Socratem currere, in se quidem contingens est, sed habitudo cursus ad motum est necessaria ; necessarium est enim Socratem moveri si currit* (1).

107. Cet exemple parfaitement clair nous explique (ce que

---

(1) *Summa th.*, I. P., Q. LXXXVI, art. 3.

saint Thomas répète si souvent) comment, par la vertu de la lumière de l'intellect agent nous percevons les vérités immuables dans des choses sujettes à la mutabilité. Les vérités immuables consistent dans la relation nécessaire qui relie deux concepts entre eux, comme dans cette proposition : *la course suppose le mouvement.* Pour que l'esprit prononce ce jugement, il faut d'abord qu'il sache ce qu'est la *course* et ce qu'est le *mouvement*; c'est-à-dire qu'il doit saisir non-seulement le *fait* comme font les sens, mais encore la *quiddité* du fait. Etant connue la quiddité des deux faits dont il est question dans notre exemple, une simple comparaison suffit pour faire découvrir leur relation intrinsèque ; et la connaissance de cette relation détermine la production d'un jugement qui, comme dans le cas présent, exprime une vérité nécessaire. Ainsi, pour donner un autre exemple tiré des actes de la conscience, nous observons que nous pensons et qu'en pensant nous existons. Voilà un fait contingent et concret. Mais il renferme deux éléments : l'existence et la pensée ; ces éléments connus dans leur quiddité et comparés entre eux révèlent à l'esprit une vérité nécessaire : *ce qui pense existe*, ou : *la pensée suppose l'existence.* Donc, pour concevoir les vérités nécessaires, il suffit de percevoir d'abord les quiddités dans les objets contingents, pour les considérer ensuite en elles-mêmes et dans leurs relations mutuelles. Pour en arriver là, point n'est besoin d'autre chose que de la vertu abstractive de l'intelligence, comme nous l'avons démontré dans le chapitre précédent. Par conséquent, la vertu abstractive de l'esprit suffit à nous faire connaître les vérités nécessaires, sans qu'il soit nécessaire de recourir à aucune idée universelle innée.

108. Notre contradicteur nous objecte souvent que pour raisonner sur l'expérience, le principe de causalité est nécessaire, et que ce principe est tout à fait étranger aux sens. D'accord ; mais la question n'est pas là. Si le principe de causalité est étranger aux sens, quelle raison peut-on tirer de là pour prouver qu'il découle de l'idée innée de l'être ? Pour arriver à une pareille conclusion, il faudrait démontrer que ce principe est également étranger à l'intelligence alors qu'elle perçoit les quiddités des choses, ou faire voir au moins que la lumière abstractive dont nous sommes doués ne suffit pas à nous procurer la connaissance de ces quiddités. On ne peut soutenir la première partie de cette alternative sans renverser de fond en comble la théorie des jugements analytiques, formés par l'intelligence en vertu d'une simple comparaison d'idées. Dans le second cas, il nous faudrait

renoncer à la théorie des universaux telle que nous l'avons expliquée d'après saint Thomas. Tant que ces deux théories resteront debout, le principe de causalité n'aura pour origine que les idées d'effet et de cause ; et ces idées supposent simplement dans l'intelligence la faculté de percevoir, non le fait, mais la quiddité du fait. Par les sens, nous connaissons les perpétuels changements que subissent les êtres de la nature ; par l'intelligence nous pénétrons jusqu'à l'essence des changements, car son objet est l'essence, comme la couleur est l'objet de la vue. Dans la mutation, le sens ne voit qu'une chose qui succède à une autre ; l'intelligence y aperçoit une chose produite par une autre ; elle y découvre une existence succédant à une *non existence*; voilà bien l'idée d'effet, c'est-à-dire l'idée de chose qui commence d'exister ; or, l'*être* ne peut procéder effectivement du *néant* et une *négation* ne peut être la cause d'une *affirmation*, car cette négation devrait contenir à l'avance son effet, et cesserait ainsi d'être une négation. De là vient que notre esprit voit la nécessité de rapporter la nouvelle existence à une autre qui la fasse passer de l'état de pure possibilité à l'état d'être actuel. Voilà l'idée de cause ; et il n'est besoin pour tout ceci que de percevoir la quiddité du changement en tant qu'existence nouvelle, car alors l'esprit le compare forcément, d'un côté à la possibilité, et de l'autre, à l'acte. S'il le considère comme succédant à la possibilité, il forme l'idée d'effet ; s'il le considère comme succédant à l'acte, il s'élève jusqu'à l'idée de cause ; car cet acte n'est pas conçu comme simple condition antécédente, mais comme vertu productive de cette nouvelle existence. Ce passage est plus facile encore à comprendre, quand l'esprit travaille sur les données de la *conscience*, par laquelle nous nous connaissons nous-mêmes comme principes effectifs des phénomènes internes.

109. On dira : les concepts d'effet et de cause sont postérieurs à l'idée d'être dont dépendent les idées de possibilité et d'acte. Soit ; mais que conclure de là ? que cette idée d'être est innée ? Comment pourrait-on le démontrer ? Non, sans doute, par la nature de l'objet ; car, si l'intelligence peut par sa propre lumière découvrir toute autre quiddité dans les choses sensibles, pourquoi ne percevrait-elle pas de la même manière l'idée d'être qui, à cause de sa suprême universalité, se trouve aussi bien au fond qu'à la surface de toute chose et peut, par conséquent, être abstraite plus aisément que toute autre. Les raisons qu'on pourrait tirer de la nature de l'intelligence ne sont pas meilleures, puisque tous les raisonnements du monde ne peuvent aboutir qu'à

constater la nécessité d'une vertu intellectuelle qui rende intelligible en acte ce qui n'était qu'intelligible en puissance dans les objets perçus par la sensation. C'est cette vertu que saint Thomas désigne sous le nom d'intellect agent.

110. Ici, notre adversaire entreprend de soutenir que pour saint Thomas la lumière de l'intellect agent n'est précisément autre chose que l'idée innée de l'être : *Qu'est-ce que cet intellect agent? Rien autre chose que la force de l'intelligence qui applique aux sensations l'idée absolument universelle pour les rendre intelligibles. La lumière de saint Thomas, je l'ai traduite ici par idée.*

Nous ne perdrons point notre temps à faire voir le peu de fondement de cette interprétation. Nous l'avons déjà réfutée et la réfuterons encore au chapitre VI° du présent volume. Nous dirons seulement ici qu'elle est fausse et absolument impossible, si l'on s'en tient aux termes employés par notre contradicteur. En effet, pour qu'elle fût au moins possible, il faudrait que d'après saint Thomas, l'idée universelle de l'être précédât l'action de l'intellect agent. Or, les passages qu'on nous cite prouvent justement le contraire ; car on y voit affirmée la nécessité de l'intellect agent *ad hoc quod possit omnia intelligibilia facere in actu* (1). D'où il suit évidemment que si, pour saint Thomas, l'intellect agent est nécessaire afin de réduire en acte tous les intelligibles, il doit l'être également pour réduire en acte l'idée universelle d'être qui, à coup sûr, est un intelligible. Il reste à conclure que l'idée d'être n'est pas en acte antérieurement à l'action de l'intellect agent. En second lieu, pour donner quelqu'apparence de probabilité à son interprétation, notre adversaire prétend s'appuyer sur d'autres passages, où saint Thomas dit que nous avons reçu de Dieu une lumière intellectuelle qui est comme une image et une participation de la lumière incréée, et il ajoute que par cette lumière il faut entendre l'idée universelle et innée du vrai, c'est-à-dire de l'être.

Cette explication aurait paru au moins possible, si l'adversaire, dans un moment de distraction, n'avait pas cité un texte où le saint Docteur dit précisément que cette participation de la vérité incréée n'est autre chose que l'intellect agent ; on l'appelle lumière parce qu'il éclaire les objets ; mais il n'est en soi, qu'une vertu ou puissance de l'âme : *Oportet ponere in ipsa anima aliquam virtutem, ab illo intellectu superiori participatam, per quam anima humana facit intelligibilia in actu; sicut*

(1) *De anima*, Lib. III, lect. 8.

et in aliis rebus naturalibus perfectis, præter universales causas agentes, sunt propriæ virtutes inditæ singulis rebus perfectis, ab universalibus agentibus derivatæ. Nihil autem est perfectius in inferioribus rebus anima humana. Unde oportet dicere quod in ipsa sit aliqua virtus derivata a superiori intellectu per quam possit phantasmata illustrare. Et hoc experimento cognoscimus dum percipimus nos abstrahere formas universales a conditionibus particularibus, quod est facere actu intelligibilia. Nulla autem actio convenit alicui rei nisi per aliquod principium formaliter ei inhærens, ut supra dictum est cum de intellectu potentiali seu possibili ageretur. Ergo oportet virtutem, quæ est principium hujus actionis, esse aliquid in anima. Et ideo Aristoteles comparavit intellectum agentem lumini (1). De ce texte il ressort clairement : 1° que la lumière intellectuelle n'est autre que l'intellect agent ; elle ne s'en distingue point et ne saurait le précéder ; 2° que l'intellect agent est une puissance de l'âme et non une idée ; 3° qu'il forme les intelligibles, en tant que les formes universelles sont par lui abstraites des conditions individuelles ; il ne les forme donc pas par l'application de l'idée d'être.

Enfin, saint Thomas, dans le premier article de la question *De magistro*, souvent citée par nous, met expressément la raison d'*être* au nombre de celles que nous connaissons grâce à l'abstraction qu'exerce l'intellect agent sur les objets sensibles. *Lumine intellectus agentis cognoscuntur per species a sensibus abstractas..... sicut ratio entis et unius et hujusmodi.* Il affirme la même chose dans son commentaire sur Boèce, *De Trinitate*, où il répète que l'être est le premier objet que l'intelligence perçoive par l'abstraction des phantasmes : *Quamvis illa, quæ sunt in genere prima eorum quæ intellectus abstrahit a phantasmatibus, sint prima cognita a nobis, ut ens et unum, etc.* Si donc l'idée par laquelle nous connaissons l'être est abstraite des objets sensibles au moyen de la lumière de l'intellect agent, comment peut-on dire que, d'après saint Thomas, elle s'identifie avec cette lumière ? La vertu d'abstraire serait-elle, par hasard, identifiée avec la chose qu'elle abstrait ? Faudra-t-il confondre la cause avec l'effet ?

(1) *Summa th.*, I, p., Q. LXXIX, art. 4.

ARTICLE IX

Subjectivisme inévitable de l'opinion opposée.

111. Mais laissons saint Thomas dont l'opinion sur ce point ne peut sérieusement être mise en doute par personne ; voyons plutôt maintenant si la doctrine de notre contradicteur peut être au moins acceptée comme hypothèse philosophique. La condition indispensable d'une hypothèse, à défaut de démonstration apodictique, est d'être apte à expliquer les phénomènes auxquels elle se rapporte, sans se heurter à des erreurs trop évidentes. Cette condition fait totalement défaut au système que nous discutons. Il est incapable d'expliquer la genèse de nos concepts, et, s'il tente cette explication, il est fatalement condamné à tomber dans le subjectivisme.

La vérité, dans son plus complet état d'abstraction, conçue comme idée très universelle, représentant l'être en tant que tel, est un concept mental, on ne peut le nier, mais un concept mental stérile et infécond par lui-même, tant dans l'ordre réel que dans l'ordre idéal. Sa stérilité dans l'ordre réel est évidente, puisque l'idée prise formellement, quant à son universalité abstraite, n'a pas de type qui lui corresponde dans la nature ; et, suivant le système de notre adversaire, elle subsisterait *a priori* dans l'âme comme forme de l'intelligence. D'où il suit que, quand même elle aurait le pouvoir de se déterminer spontanément à d'autres concepts moins universels, ceux-ci néanmoins ne pourraient sortir de l'ordre purement idéal. Ils seraient comme autant d'intelligibles, mais d'intelligibles abstraits, indépendants de toute existence réelle, à laquelle, d'ailleurs, ils ne pourraient se rattacher, même en vertu de leur origine, puisqu'ils naîtraient en nous *a priori*, c'est-à-dire par la filiation d'une forme innée.

112. Mais cette stérilité, qui plus est, se trouve également dans l'ordre idéal. L'idée universelle de l'être, prise en soi, est tout à fait indéterminée, et l'indéterminé ne produit rien. On a beau dire que les idées sont reliées entre elles par une sorte de filiation ; que l'une procède de l'autre comme la lumière procède de la lumière ; qu'elles ont toutes leur point de départ dans la même racine d'où elles pullulent comme les rameaux multipliés

d'un même arbre. Toutes ces manières de parler peuvent flatter l'imagination, mais elles sont incapables de porter la conviction dans l'esprit qui veut qu'on raisonne avec des arguments et non avec des métaphores. L'idée de l'être, à cause de son abstraction même, est vide de tout contenu déterminé : comment fait-elle pour se remplir ? Elle est dépouillée de toute spécification : comment fait-elle pour en revêtir une ? Si elle exclut de son concept toutes les différences qui pourraient la restreindre à tel ou tel genre déterminé de choses, comment et d'où germent en elle spontanément ces différences? En vertu de la filiation, direz-vous. Fort bien ; mais puisqu'on veut absolument en revenir aux métaphores, nous prétendons qu'il n'y a pas de filiation sans un mariage préalable. A qui mariera-t-on l'idée de l'être pour obtenir ensuite de cette union la noble et si nombreuse postérité de concepts variés à l'infini, qui font l'ornement de notre esprit ?

113. Nos adversaires semblent enfin comprendre la valeur de ce raisonnnement. Ils nous répondent que l'idée d'être s'unit à la sensation, et expliquent par là sa prodigieuse fécondité. Étrange accouplement, en vérité, d'où il ne peut sortir qu'un horrible monstre !

Et d'abord, la sensation est un élément absolument privé de raison. Elle n'est, dans le système que nous combattons, qu'une simple modification du sujet sentant. Comment peut-elle devenir un intelligible ou arriver à en faire partie ? Une chose ne peut donner ce qu'elle n'a pas : or, la sensation, d'après notre adversaire, ne renferme qu'une impression physique et une immutation corporelle. L'idée, au contraire, ne peut être déterminée que par des éléments d'ordre idéal ; comment pourront-ils venir du dehors, ces éléments nécessaires à la détermination de l'idée d'être ?

114. Supposons encore que ces éléments puissent être fournis par la sensation telle que l'entend notre adversaire. Que s'en suivra-t-il ? Un véritable subjectivisme. En effet, la sensation n'étant, au dire de notre auteur, qu'une immutation du sens fondamental relatif à notre corps, elle ne peut jamais renfermer qu'une spécification déterminée de cette sensation préexistante et persistante ; et le terme immédiat de celle-ci n'est autre que l'impression même faite dans les organes, en tant qu'elle se transforme mystérieusement en affection du sujet sentant. En d'autres termes, elle n'est qu'un élément purement subjectif, une modification du sujet qui se sent lui-même affecté de telle ou

telle manière. Or, est-il possible qu'un élément subjectif greffé sur une forme purement idéale donne un produit qui ne soit pas lui-même subjectif et idéal ? Si dans un terrain susceptible de produire toute sorte d'arbres, vous ne plantez que des sorbiers, pouvez-vous espérer de récolter du raisin ? L'idée de l'être ou de la vérité en général ne s'applique à aucune chose déterminée en particulier, encore moins à une existence particulière. Elle se prêtera à représenter tel ou tel objet déterminé, suivant le principe qui viendra la féconder. Ce principe n'est autre qu'une modification subjective absolument renfermée et perçue dans la sensation, toujours d'après le système. Par conséquent, l'idée de l'être ne projettera l'éclat de ses rayons que sur cette modification et n'atteindra d'autre existence que celle du sujet sentant, idéalisé pour ainsi dire, et reproduit de mille manières à l'état d'intelligible.

Avec cette périlleuse théorie, nous n'allons pas seulement retrouver ici, posée dans toute sa force, la question du fameux *pont* nécessaire pour objectiver la connaissance ; il nous faudra briser un écueil plus formidable encore. Nous ne croyons pas exagérer en affirmant que le dernier mot de cette doctrine serait le renouvellement du système de Fichte, de même que son point de départ n'est qu'une imitation du système de Kant. Nous disons que son point de départ est une imitation du système de Kant, parce que le fondateur du Transcendantalisme explique, lui aussi, la connaissance par une sorte de greffe des formes *a priori* sur les impressions sensibles. La raison, d'après lui, donne la forme, et l'expérience, la matière de nos connaissances, cette matière n'étant qu'une simple impression reçue dans les organes. Il y a peu de différence entre ces principes et ceux du système que nous combattons. La connaissance y est expliquée par la greffe ou union intime de l'idée universelle d'être avec les données de la sensation. Cette idée universelle est posée *a priori*, puisqu'elle est innée ; les données de la sensation ne sont que les impressions organiques ressenties par l'âme. Où verrait-on une différence essentielle entre les deux systèmes ? La doctrine de Kant contenait déjà les germes de l'idéalisme, puisqu'elle restreignait la connaissance à des perceptions de simples formes subjectives. Mais elle devait nécessairement aboutir à Fichte ; car, en dernière analyse, ces formes ne devaient représenter que le sujet lui-même dont les impressions constituaient, au dire de Kant, les déterminations des formes *a priori* de l'esprit humain. Or, si dans le système présent nous avons les mêmes éléments et les mêmes prémisses, pourquoi ne devrions-nous pas en attendre les mêmes résultats et des conclusions identiques?

115. En terminant cette discussion, nous conservons néanmoins l'espoir que la droiture et la noblesse d'intention de notre contradicteur saura, grâce à son ardent amour pour le vrai, nous pardonner la franchise de notre langage. Nous n'acceptons qu'à grand regret la pénible nécessité où nous sommes de réfuter la doctrine d'un homme avec qui nous aimerions à nous trouver d'accord sur le terrain scientifique, comme nous le sommes dans notre commune vénération pour saint Thomas et dans notre commun désir de revoir la philosophie et la théologie réunies désormais par un lien plus étroit. Mais c'est précisément cette communauté de sentiment qui nous condamne à la discussion. Nous tendons vers le même but et ne différons que dans le choix des moyens. Nous sommes intimement convaincu que les intérêts religieux dépendent, en grande partie, des questions philosophiques. Nous estimons qu'on ne saurait faire œuvre plus salutaire et plus sainte qu'en réunissant nos communs efforts pour ramener les intelligences dans une voie meilleure, dans l'ordre pratique aussi bien que dans l'ordre spéculatif.

Nous sommes également persuadé que l'unique et seule bonne réforme à introduire dans la plus noble des sciences rationnelles, doit être de la rappeler aux principes de la science catholique ; et nous avons la conviction qu'on ne saurait trouver les principes de la science catholique nulle part ailleurs mieux que dans les immortels ouvrages de saint Thomas d'Aquin. Nous tenons enfin pour certain que la force de ces principes, pour peu qu'on les expose fidèlement et qu'on les développe avec clarté, suffirait à terrasser les monstrueuses doctrines qu'a enfantées l'esprit de la réforme protestante, transporté de la religion dans la science et de la science dans toutes les circonstances pratiques de la vie humaine.

Mais, d'un autre côté, nous croyons fermement que la doctrine de saint Thomas est absolument contraire à celle que nous venons de réfuter et nous prétendons que pour bien comprendre le sens exact des paroles du Docteur angélique, la première condition est de ne pas avoir à l'avance dans l'esprit un système préconçu, au bénéfice duquel on détourne le sens de quelques textes ramassés çà et là dans ses œuvres. Il est absolument nécessaire de n'entreprendre l'étude des admirables pages de ce grand génie, qu'avec un esprit entièrement dégagé de toute opinion systématique. C'est ce que nous avons essayé de faire jusqu'ici dans la faible mesure de nos forces, et ce que nous continuerons de faire encore tant qu'il nous restera un souffle de vie et d'intelligence.

CHAPITRE IV

DU RÉALISME DE SAINT THOMAS
DANS SES RAPPORTS AVEC ARISTOTE ET LA PHILOSOPHIE DU MOYEN AGE.

Nous devons aller maintenant au-devant d'un autre genre d'objections, moins directes mais plus spécieuses. Elles consistent à dire que saint Thomas fut entraîné par le mouvement de son temps à suivre Aristote ; qu'Aristote, aveuglé par sa manie de contredire Platon, enseigna relativement aux intelligibles une doctrine absolument sensualiste et panthéiste; que l'aristotélisme mène à l'averroïsme, et l'averroïsme à toute sorte d'erreurs ; que saint Thomas n'a pu puiser la doctrine péripatéticienne que dans les livres des philosophes arabes ; qu'il s'efforça vainement d'en éviter les funestes conséquences, et ne put se soustraire entièrement à l'influence de leurs pernicieux principes. Voilà, entre autres, les sottises qu'on essaie de répandre, afin de jeter le discrédit sur l'enseignement du Docteur angélique, recommandée par tant de papes et par le suffrage unanime des catholiques. Je vais, dans ce chapitre, mettre en évidence la fausseté de ces accusations en faisant voir comment il convient d'apprécier les rapports de la doctrine philosophique de saint Thomas avec Aristote, avec les Arabes et avec les scholastiques qui l'ont précédé ; je résoudrai en même temps les difficultés qui peuvent lui être opposées à ce point de vue (1).

(1) Un savant professeur italien, Mgr SALVATORE TALAMO, a publié une « étude critique » des plus intéressantes sur l'influence d'Aristote dans la philosophie du moyen âge. Il existe une traduction française de cet important travail sous le titre : *L'Aristotélisme de la scholastique dans l'histoire de la philosophie*. Le lecteur désireux d'approfondir ce problème trouvera dans cet ouvrage, jointe à une critique sûre, une érudition historique qui fait bonne justice du reproche adressé par la philosophie moderne aux scholastiques, d'avoir en tout et partout servilement suivi les traces d'Aristote. *Note du traducteur.*

ARTICLE I

Des deux réalismes, orthodoxe et hétérodoxe.

116. Bien que l'idée exprimée par le mot *réalisme* soit aussi ancienne que la philosophie dans le monde, le mot pourtant n'a été mis en usage pour la première fois dans les écoles que vers la fin du XI° siècle, au moment de l'apparition de la secte des nominalistes. Vers l'an 1089, Jean Roscelin, chanoine de Compiègne, esprit subtil mais enclin au sophisme, se mit à répandre un système dont il était l'auteur, sur la nature des universaux renfermés dans les idées génériques et spécifiques. D'après lui ce n'étaient que de pures et vaines dénominations, *flatus vocis*. Faut-il attribuer l'origine de cette erreur, comme le prétend Tennemann, à un passage de l'*Isagoge* de Porphyre touchant la valeur des idées générales, ou plutôt à la solution aristotélicienne de ce problème rapportée par Boèce, comme Rosmini le fait remarquer avec plus de raison? C'est là une question que nous n'essaierons pas de résoudre et qui importe d'ailleurs fort peu à notre sujet. Le fait est que l'enseignement de Roscelin faisait exclusivement résider les universaux dans les mots, contrairement à la doctrine qui régnait communément dans les écoles et qui leur attribuait une réalité objective. C'est alors qu'on commença à désigner sous les noms de *nominalistes* et de *réalistes* les partisans de l'une ou de l'autre de ces doctrines (1).

117. A ces deux opinions si nettement opposées on joint quelquefois un système intermédiaire, le *conceptualisme*, mis en avant par Abélard au commencement du XII° siècle et soutenu par lui, non sans vivacité, contre Guillaume de Champeaux jadis son maître à l'université de Paris. Aussi subtil et ardent à la dispute qu'inquiet, agité et passionnément ami de la nouveauté, Abélard prétendit que les universaux n'étaient ni des réalités,

---

(1) « L'exercice de la dialectique, et en particulier l'explication d'un passage de l'*Introduction* de Porphyre à l'Organum d'Aristote (περὶ πέντε φωνῶν), concernant les diverses opinions des écoles platonicienne et péripatétécienne sur la valeur des idées de rapport, telles furent les causes qui provoquèrent les divisions des nominaux et des réalistes. » TENNEMANN, *Manuel de l'hist. de la phil.*, Traduct. V. Cousin, tom. I, 2ᵉ période, § 249.

ni de purs mots, mais de simples concepts de l'esprit sans que rien d'objectif leur correspondît dans la nature. Aussi disait-il que les concepts universels ont pour unique fondement la convenance spécifique ou générique des individus, et que cette convenance n'est rien de réel mais une simple considération de l'intelligence (1). Rosmini fait observer que le conceptualisme ne diffère pas substantiellement du nominalisme, quoiqu'il le reproduise sous une forme différente. Cette appréciation est exacte dans une certaine mesure, c'est-à-dire, en ce sens que les deux systèmes s'accordent à supprimer la réalité objective des idées, et que l'un n'est qu'un adoucissement de l'autre. Mais Gioberti va plus loin; il affirme que le conceptualisme n'est qu'un pur et franc nominalisme (2). A la vérité, à part la

(1) C'est ce que démontre clairement, sans qu'il soit besoin d'autre preuve, le commentaire d'Abélard sur Porphyre, extrait par Rosmini du manuscrit Ambrosien qu'il a consulté. En voici un passage qui est assez clair : *Singuli homines discreti ab invicem, cum in propriis differant tam essentiis quam formis, ut supra meminimus rem physicam inquirentes, in eo tamen conveniunt quod homines sunt. Non dico in homine, cum res nulla sit homo nisi discreta, sed in esse hominem. Esse autem hominem non est homo nec res aliqua, si diligenter consideremus; sicut nec non esse in subjecto res est aliqua, nec non suscipere contrarietatem, aut non suscipere magis et minus : secundum quæ tamen Aristoteles omnes substantias convenire dicit. Cum namque in re, uti superius monstratum est, nulla possit esse convenientia, tum, si quæ est aliquorum convenientia, secundum hoc accipienda est quod non est res aliqua; ut in esse hominem Socrates et Plato simul sunt, sicut in non esse hominem equus et asinus; scilicet quod uterque non homo vocatur. Est itaque res diversas convenire, eas singulas idem esse tum non esse; uti esse hominem, tum album, tum non esse hominem, tum non esse album. Abhorrendum autem videtur quod convenientiam rerum secundum idem ita accipiamus, quod vere sit res aliqua; ut tamquam in nihilo ea quæ non sunt uniamus, cum scilicet hunc et illum in statu hominis et in eo quod sunt homines convenire dicimus; sed nihil aliud sentimus nisi eos homines esse et secundum hoc nullatenus differre, in quantum quidem homines sunt, licet ad nullam vocemus essentiam. Statum autem hominis ipsum esse hominem, quod non est res, vocamus.. Quod et diximus esse communem causam impositionis nominis ad singulos, secundum quod ipsi ad invicem conveniunt.*

L'équivoque où tombe Abélard dans ce passage vient de ce qu'il n'a pas compris comment l'intelligence perçoit l'universel direct par cette simple abstraction qui écarte de l'essence les caractères individuels qui la rendent concrète, et non par l'observation de la ressemblance qui existe entre différents individus. C'est aussi dans cette équivoque que tombe Rosmini dans tous les raisonnements qu'il emploie contre le réalisme scholastique; c'est d'ailleurs ce que nous allons faire voir dans la suite de ces articles.

(2) « Je n'entends pas parler de ceux à qui les modernes ont donné le nom

réserve que nous allons indiquer tout à l'heure, nous pensons aussi que le conceptualisme peut être ramené au nominalisme comme l'une des deux formes que peut revêtir un même système. Quand on dit, en effet, que les universaux ne sont que des mots, cela peut s'entendre dans un double sens : le premier, en considérant le *mot* comme un simple son ; le second, en prenant le *mot* comme la manifestation extérieure d'un concept. Dans le premier cas, on a le nominalisme pur de Roscelin; dans l'autre, le nominalisme mitigé, c'est-à-dire le conceptualisme d'Abélard.

Pour mieux saisir cette différence, il faut avoir présente à l'esprit la distinction que mettent les philosophes entre l'idée collective et l'idée générale, et se rappeler que la parole, en tant que son, ne possède aucune signification déterminée. Il semble, en effet, que Roscelin et son école n'admettaient pas d'idées générales, mais seulement des concepts collectifs représentant une multitude plus ou moins considérable d'individus semblables entre eux. Or, comme la parole employée pour exprimer ces concepts n'épuise pas d'un coup la capacité qu'elle possède d'être appliquée successivement à d'autres individus d'une manière indéfinie, c'est à cause de cette indétermination ou potentialité qu'ils la nommaient universelle. Abélard, au contraire, admettait que les mots expriment vraiment des concepts généraux ; mais il voulait que ces concepts fussent de pures créations de notre esprit, puisqu'ils n'étaient fondés, d'après lui, que sur la seule convenance des individus dans une même nature, convenance qui n'avait pour lui rien de réel, mais n'était qu'une simple considération subjective de l'intelligence. Voilà en quoi différaient ces deux opinions et comment on peut cependant, avec raison, les appeler toutes deux nominalistes, dès là que toutes les deux font consister l'universalité dans les mots et refusent ainsi toute objectivité aux universaux, l'une les considérant comme de simples émissions de voix, l'autre comme des significations d'un produit purement mental. Voilà pourquoi on peut dire du conceptualisme que c'est un nominalisme perfectionné et ramené à une forme plus rationnelle et plus philosophique.

118. Nous pouvons de la même manière considérer deux sortes de réalisme ; l'un vrai et orthodoxe, l'autre hétérodoxe et erroné.

de conceptualistes, et qui n'étaient absolument que de francs et purs nominalistes. » *Introduz. allo studio della Filosofia*, vol. 2, c. 4, *Della formola ideale.*

Cette distinction très importante pour le sujet qui nous occupe, ressort évidemment des faits rapportés par l'histoire. En effet, si d'un côté les Docteurs et les écoles catholiques condamnaient le nominalisme de Roscelin et le conceptualisme d'Abélard, de l'autre ils frappaient de la même condamnation le réalisme de Gilbert de la Porrée, signe évident qu'ils entendaient se tenir également éloignés des deux extrêmes. En outre, la doctrine de Scot Erigène a été constamment tenue en suspicion dans les écoles, tandis que l'excommunication flétrissait celle d'Amaury de Chartres et de David de Dinant, chefs du réalisme au sens hétérodoxe du mot. Aussi Gioberti, parlant des scholastiques, les appelle semi-réalistes par opposition au réalisme pur et parfait qu'il se proposait de restaurer.

On peut, en effet, considérer deux choses quand on attribue la réalité à l'intelligible renfermé dans l'idée : la quiddité ou essence perçue, et l'abstraction avec le caractère d'universalité dont la perception est accompagnée. Prenons, par exemple, cet intelligible: *homme*, que perçoit l'intelligence en considérant les seuls caractères constitutifs de l'homme, abstraction faite des déterminations individuelles qui en accompagnent la réalisation concrète. On peut certainement dans cet objet considérer séparément l'être qu'on y perçoit et la manière dont on le perçoit. Si on attribue la réalité seulement au premier élément, c'est-à-dire à l'essence ou quiddité perçue et non au mode abstractif de la perception, on a le réalisme orthodoxe (1). Si on attribue au contraire la réalité non seulement au premier mais aussi au second élément, qui devient alors indépendant de l'intelligence, et qu'on accorde l'existence tout à la fois à la quiddité et au mode de perception qui l'accompagne, de manière qu'elle soit réellement d'elle-même universelle et abstraite, alors on a le réalisme hétérodoxe. En somme, l'un et l'autre réalisme concèdent l'objectivité et l'existence réelle à l'intelligible perçu dans l'idée universelle; mais le réalisme orthodoxe soutient que cet intelligible, en tant qu'il subsiste en dehors de l'intelligence, est individuel et concret, son abstraction et son universalité procédant de la vertu intellective qui ne fixe son regard que sur

---

(1) C'est le réalisme professé par saint Thomas comme le prouve tout ce que nous avons dit au chapitre second. Rappelons seulement ici le passage suivant: *Natura rei quæ intelligitur est quidem extra animam, sed non habet illum modum essendi extra animam secundum quem intelligitur. Intelligitur enim natura communis, seclusis principiis individuantibus; non autem hunc modum essendi habet extra animam.* Summa theol., I. P., Q. LXXVI, art. 2, ad 4.

la seule essence ; l'autre réalisme, au contraire, prétend que l'intelligible doit exister en dehors de l'esprit avec les mêmes conditions d'abstraction et d'universalité qu'il possède dans l'acte de la perception. D'ailleurs, ces explications que nous ne voulions que proposer sommairement ici vont se trouver éclaircies dans la suite de ce traité.

ARTICLE II

Le réalisme des scholastiques ne tire son origine ni des arabes ni d'une influence directe d'Aristote.

119. Que les Docteurs scholastiques aient de tout temps enseigné le réalisme, c'est ce qu'on ne saurait nier, pour peu qu'on ait étudié leurs ouvrages ou lu au moins quelque livre d'histoire de la philosophie. Pour n'en citer qu'un, qui est entre les mains de tout le monde, rappelons-nous le manuel de Tennemann, qui ne trouve pas de manière plus exacte de partager les diverses périodes de la philosophie scholastique qu'en prenant pour base de division les différentes phases de son réalisme. D'après lui, la première époque est caractérisée par la profession d'un réalisme qu'en bon rationaliste il qualifie d'aveugle ; la seconde commence avec l'apparition du nominalisme et de sa lutte avec le réalisme préexistant ; la troisième est déterminée par l'absolue domination de ce réalisme, et par la complète victoire qu'il remporta sur le système opposé ; la quatrième enfin est signalée par la nouvelle lutte du réalisme avec le nominalisme ressuscité par Occam et son école (1).

120. Quiconque ne voudrait pas s'en rapporter au témoignage d'autrui et préférerait se renseigner de lui-même sur ce point, pourra lire, entre autres, les écrits de saint Anselme, adversaire acharné de Roscelin. Ce sublime génie est à bon droit considéré comme un des premiers fondateurs et un des plus puissants

---

(1) « On peut diviser l'histoire de la philosophie scholastique en quatre époques déterminées par la marche des opinions sur la réalité des idées... *Première époque*, jusqu'au xi° siècle : réalisme aveugle. *Seconde époque*, de Roscelin jusqu'à Alexandre de Halès au commencement du xiii° siècle : apparition du nominalisme..... victoire du réalisme..... *Troisième époque*, depuis Alexandre et Albert le Grand jusqu'à Occam, xiii° et xiv° siècle : domination exclusive du réalisme..... *Quatrième époque*, depuis Occam jusqu'au xvi° siècle : lutte du nominalisme et du réalisme. » Tennemann, *Manuel de l'histoire de la philos.*, traduit par V. Cousin, etc. T. 1, 2me période, § 242.

maîtres de la scholastique. Placé entre le XIe et le XIIe siècle, il apparaît comme un trait d'union entre la première et la seconde époque de ce mouvement scientifique ; il est à la fois le représentant de la première et le promoteur de la seconde. Or, il professe ouvertement le réalisme. Citons, parmi beaucoup d'autres, le passage suivant où il enseigne avec la plus grande clarté qu'il faut admettre, indépendamment de la parole externe, le concept intellectuel et interne qui renferme et exprime l'être réel de l'objet que nous connaissons : « J'appelle ici, dit-il, parole de l'esprit ou de la raison, non les émissions de voix par lesquelles nous exprimons nos pensées, mais les concepts intérieurs par lesquels nous pénétrons la réalité des choses futures ou déjà existantes. Tout le monde sait, en effet, que nous pouvons exprimer une chose par la parole de trois manières : ou nous exprimons les choses par signes sensibles, c'est-à-dire susceptibles de tomber sous les sens; ou nous parlons en pensant intérieurement en nous mêmes les signes qui sont sensibles au dehors ; enfin nous parlons sans employer aucune sorte de signes (avis aux traditionalistes), quand, par exemple, nous concevons par notre parole mentale les choses elles-mêmes, soit dans l'imagination, soit dans le concept de la raison, suivant la diversité des objets. Autre chose est, en effet, de prononcer oralement ce mot *homme*, autre chose de le prononcer intérieurement dans le silence de la pensée, autre chose enfin de percevoir intuitivement l'être même de l'homme, soit dans une image corporelle *imaginative* qui nous présente sa figure sensible, soit dans un concept de l'esprit où est révélée son essence: *animal raisonnable mortel*. Or, chacune de ces trois espèces de locution emploie des paroles qui lui sont propres. Mais, les paroles usitées dans celle que j'ai nommée en troisième et dernier lieu se rapportant à des objets connus, sont naturelles et identiques chez tous les peuples; et comme c'est pour celles-ci qu'on a inventé les autres, dès qu'on les possède on n'a plus besoin de recourir à d'autres paroles pour connaître les objets; quand, au contraire, elles font défaut, toute autre parole est inutile pour la connaissance (1). »

(1) *Mentis autem sive rationis locutionem hic intelligo non cum voces rerum significatione cogitantur; sed cum res ipsæ vel futuræ vel jam existentes acie cogitationis in mente concipiuntur. Frequenti enim usu cognoscitur quia rem unam tripliciter loqui possumus. Aut enim res loquimur signis sensibilibus, id est quæ sensibus corporeis sentiri possunt sensibiliter utendo ; aut eadem signa quæ foris sensibilia sunt intra nos insensibiliter cogitando ; aut nec sensibiliter nec insensibiliter his signis utendo, sed res ipsas vel corporum imaginatione vel rationis intellectu*

121. Cela posé, il est évident que le réalisme scholastique n'a pu dériver ni des Arabes, ni de l'influence directe d'Aristote. Il suffit pour s'en convaincre de se rappeler quelques dates. La philosophie scholastique est ainsi nommée parce qu'elle est sortie des écoles fondées par Charlemagne, d'où elle s'est ensuite répandue dans les universités qui leur succédèrent; son origine remonte jusqu'au VIIIe siècle, époque où Alcuin, après avoir établi dans le palais royal lui-même (780) l'enseignement des arts et des sciences, entreprit de faire revivre les vieilles écoles par tout le royaume, et d'organiser dans le monastère de Fulda ce merveilleux enseignement restauré depuis et répandu dans les plus célèbres abbayes de l'Occident.

Pour se rendre compte de la subtilité merveilleuse avec laquelle furent abordés et discutés, dès ce temps-là, les points les plus élevés de l'ontologie, il suffit de jeter les yeux sur les ouvrages qui nous restent de Scot Érigène, maître de l'école du Palais vers le milieu du IXe siècle, sous Charles-le-Chauve. Un écrivain aussi érudit et aussi fécond, versé profondément dans l'étude du grec et du latin, possédant les connaissances les plus variées et capable d'aborder avec une parfaite aisance les questions les plus abstruses de la métaphysique, un pareil maître, dis-je, serait un phénomène inexplicable sinon absurde pour qui refuserait de constater à cette époque un mouvement rationnel et scientifique assez étendu (1). Or, la philosophie arabe,

pro rerum ipsarum diversitate, intus in nostra mente dicendo. Aliter namque hominem dico cum eum hoc nomine quod est homo significo; aliter, cum idem nomen tacens cogito; aliter, cum ipsum hominem mens aut per corporis imaginem aut per rationem intuetur. Per corporis quidem imaginem ut cum ejus sensibilem figuram imaginatur; per rationem vero, ut cum universalem ejus essentiam quæ est animal rationale mortale *cogitat. Hæ vero tres loquendi varietates singulæ verbis sui generis constant; sed illius quam tertiam et ultimam posui locutionis verba cum de rebus non ignoratis sunt, naturalia sunt et apud omnes gentes sunt eadem. Et quoniam omnia alia verba propter hæc sunt inventa, ubi ista sunt, nullum aliud verbum est necessarium ad rem cognoscendam, et ubi ista esse non possunt, nullum aliud est utile ad rem ostendendam.* » Monologium, cap. 10.

(1) Il en est qui supposent que Scot Érigène connaissait la philosophie arabe qui prenait naissance en Orient à peu près à la même époque. Mais cette opinion n'a de point d'appui ni dans l'histoire ni dans les ouvrages de ce philosophe. Du reste, étant donné qu'il en fût ainsi, on n'en pourrait rien conclure contre nous. Le blâme universel et les condamnations qui frappaient la doctrine de Scot Érigène nous prouvent assez clairement que le réalisme panthéistique, vers lequel il paraissait incliner, n'était pas le réalisme communément enseigné par les scholastiques.

née en Orient au IX® siècle seulement sous la domination des Abassides (1), n'a commencé à être connue en Espagne qu'au X® siècle sous le califat de Hakem II, de la dynastie des Ommiades. Tout ce mouvement scientifique ayant ensuite été supprimé dans ce royaume par les persécutions d'Almanzor, sous le trop faible successeur de Hakem, sa restauration ne date que du XII® siècle environ, et ne s'étendit à l'occident catholique que vers le commencement du XIII®, alors que la scholastique avait déjà au moins quatre siècles de mouvement et de vie (2).

Quant à ce qui regarde la prétendue influence d'Aristote, il est désormais constaté par les érudits que ses œuvres, à l'exception de l'*Organon* et du traité des *Catégories*, n'ont été connues en Occident qu'au commencement du XIII® siècle (3). Pendant toute cette première période Aristote n'avait dans les écoles d'autre réputation que d'être le maître par excellence dans l'art de raisonner. Sa logique fut universellement accueillie comme un instrument de science; mais la partie doctrinale de son enseignement, contenue dans ses ouvrages de métaphysique, de physique, de psychologie et de morale resta, pendant très longtemps, inconnue dans les écoles du moyen âge; si bien qu'Abélard, qui enseignait au XII® siècle avec une érudition universelle où se trouvaient comprises toutes les connaissances de ses contemporains, a pu dire qu'il savait fort peu de chose de ces ouvrages d'Aristote, parce qu'il n'en existait pas de traduction : *Quæ quidem opera ipsius (Aristotelis) nullus adhuc translata latinæ linguæ aptavit ; ideoque minus natura eorum nobis est cognita* (4). Aussi se demande-t-on, non sans raison, si on possédait même le texte grec en Occident avant la con-

---

(1) Alkindi, premier commentateur d'Aristote chez les arabes, peut être considéré comme le véritable fondateur de leur philosophie.

(2) Voyez E. Renan : *Averroès et l'averroïsme*. Essai historique, Paris, 1852.

(3) *Recherches critiques sur l'âge et l'origine des traductions latines d'Aristote et sur les commentaires grecs et arabes employés par les scholastiques etc.*, par Amable Jourdain. Paris, 1843.

C'est aussi l'opinion de Rosmini : « Il parait prouvé par les recherches des érudits modernes qu'à l'exception de l'*Organon*, les autres œuvres d'Aristote, perdues dans l'Occident, y restèrent entièrement inconnues jusqu'au commencement du XIII® siècle, où elles y firent inopinément apparition par deux côtés à la fois ; par Constantinople lors de sa conquête par les Croisés, et par l'Espagne tombée sous la domination des Arabes. » *Op. cit.*, n. 9.

(4) *Ouvrages inédits d'Abélard*, page 258.

quête de Constantinople par les Croisés, sous Innocent III (1204).

122. Si de ces preuves historiques et extrinsèques on en vient aux preuves intrinsèques, il suffit de lire les anciens scholastiques pour être convaincu que leur philosophie n'a d'autre source directe que la doctrine des Saints Pères. Leur maître par excellence est toujours saint Augustin qu'on peut à juste titre considérer comme le premier fondateur de la philosophie chrétienne en Occident. Et quand même on prétendrait que Cassiodore et Boèce sont l'anneau intermédiaire qui relie les Pères à la scholastique, il faudrait encore reconnaître que ces deux philosophes chrétiens ne sont que les fidèles disciples et les représentants de la philosophie patristique. Que si, dès ses premiers débuts, la scholastique adopta quelques théories des sages anciens, elle ne les accepta qu'autant qu'elles s'étaient purifiées de toute erreur païenne, en passant par le creuset des Saints Pères, ne gardant ainsi que ce qu'elles avaient de conforme à la droite raison naturelle. De là vient que les historiens les plus exacts représentent avec grande raison la philosophie scholastique comme un fruit et une sorte de développement rationnel de la doctrine religieuse du Christianisme (1). Elle recueille et s'assimile les vérités rationnelles et théologiques contenues dans les œuvres des Pères pour tirer de ces principes, au moyen d'une subtile et puissante dialectique, les conséquences qui s'y trouvaient à l'état de germe et dont elle forme un corps harmonieusement disposé de science régulière et complète.

Pour écarter toute espèce de doute à ce sujet, et se convaincre par ses propres yeux, on peut choisir au hasard et lire le premier venu parmi les fondateurs de la scholastique. Nous n'en citerons que deux pour preuve : Pierre Lombard appelé le Maître des sentences, et saint Anselme, le plus sublime métaphysicien qui ait illustré la philosophie avant l'apparition de saint Thomas d'Aquin. Or, le premier dans son fameux livre des *Sentences*, au milieu des doctrines théologiques qui sont sa préoccupation principale, touche néanmoins les points les plus élevés de l'ontologie, de la psychologie et de la morale, sans jamais faire la moindre mention d'Aristote. Il puise tous ses développements dans la Sainte Écriture, dans les travaux des Saints Pères et dans les raisonnements de la philosophie naturelle. D'ailleurs, il intitule son livre *les Sen-*

---

(1) Voyez, entre autres, le récent ouvrage de Charles Jourdain, intitulé: *La Philosophie de saint Thomas d'Aquin.* Paris, 1858.

tences, parce que, dit-il lui-même dans le prologue, il en veut faire comme un répertoire des témoignages et de la doctrine des Pères pour épargner à de moins érudits l'embarras de les lire. *Non debet hic labor cuiquam pigro vel multum docto videri superfluus, cum multis impigris multisque indoctis, inter quos etiam et mihi, sit necessarius ; brevi volumine explicans Patrum sententias, appositis eorum testimoniis ut non sit necesse quærenti librorum numerositatem evolvere, cui brevitas quod quæritur offert sine labore.* Quant à saint Anselme, il affirme également dans la préface de son *Monologium* qu'il ne dira rien qui ne soit conforme à la doctrine des Pères, surtout de saint Augustin : *Nihil potui invenire me dixisse quod non catholicorum Patrum et maxime beati Augustini scriptis cohæreat.* Quoi de plus ? Scot Érigène lui-même, cet esprit si indépendant dans ses opinions et si profondément versé, autant qu'il se pouvait à son époque, dans l'étude des auteurs païens, Scot Érigène ne laissait passer aucune occasion d'appuyer son enseignement sur quelque témoignage des Pères ; tant c'était un usage universel et passé presque à l'état de loi dans les écoles, de faire découler de cette source toutes sortes de doctrines, théologiques ou rationnelles.

123. L'estime que les scholastiques professaient pour Boèce n'infirme en rien la valeur de ma thèse. Car, outre qu'il est permis de discuter jusqu'à quel point Boèce fut aristotélicien ou platonicien, je ne prétends point soutenir que la doctrine d'Aristote n'ait pas été embrassée, en partie du moins, par les premiers scholastiques. Je dis seulement que, quel qu'ait été leur enseignement, ils ne le tenaient pas directement d'Aristote, mais des Saints Pères et des autres philosophes chrétiens parmi lesquels Boèce occupe incontestablement une place éminente. Concluons donc que la scholastique a pris naissance et s'est développée pendant longtemps en dehors de toute influence des Arabes et même d'Aristote ; encore qu'elle ait emprunté à ce dernier quelques principes qui lui avaient été transmis par le canal de la philosophie patristique. Quelle étonnante légèreté n'a-t-il pas fallu dans les jugements qu'on a portés depuis trois siècles sur la philosophie du moyen âge, pour accréditer auprès d'un assez bon nombre de philosophes cette erreur grossière, que la science scholastique n'a été qu'un rejeton de l'aristotélisme interprété par les Arabes, et qu'elle mérite d'être appelée philosophie arabico-scholastique. La scholastique n'est que la philosophie des Pères ramenée à une méthode et à une forme ration-

nelle et scientifique, philosophie que développa plus tard en la complétant, l'immortel génie de saint Thomas d'Aquin (1).

ARTICLE III

De l'averroïsme.

124. La scholastique n'était que le développement de la raison sous la direction de la foi. Elle appuyait ses théories philosophiques sur les principes que lui fournissait la lumière naturelle de la raison, sans cesser de reconnaître la supériorité de la lumière surnaturelle de la foi à laquelle la raison humaine devait obéir.

Dans le début, elle s'occupa exclusivement de chercher l'explication rationnelle des vérités révélées qui n'excédaient pas les limites de l'intelligence naturelle, *fides quærens intellectum*, suivant la célèbre formule de saint Anselme. Mais dans la suite, stimulée surtout par les discussions entre nominalistes et réalistes, elle étendit peu à peu le champ de ses explorations jusqu'aux questions les plus abstruses de la métaphysique, au point de devenir à la fin une véritable encyclopédie.

En face de cette science chrétienne surgissait, presque à la même époque, dans un coin de l'Espagne, une fausse philosophie dont la diffusion rapide dans le reste de l'Europe devait être la source de maux incalculables. La philosophie arabe, après avoir disparu, comme nous l'avons dit, presqu'aussitôt après son apparition reprit tout à coup une vie nouvelle en Andalousie vers la fin du XIe siècle, et parvint à son apogée au siècle suivant, grâce aux travaux du fameux Ibn-Roschd (2), nommé par les latins Aben-Rois, et dans la suite Averroès. Rempli tout à la fois d'un ardent amour pour la science et d'une vénération superstitieuse pour Aristote, Averroès consacra tous les instants de sa longue existence à pousser jusqu'aux dernières limites le mouvement

---

(1) Voir pour plus amples renseignements sur cette intéressante question d'histoire de la philosophie, l'ouvrage cité plus haut (p 144) : *L'Aristotélisme de la scholastique dans l'histoire de la philosophie*, par Mgr SALVATORE TALAMO. (*Note du traducteur*).

(2) Né à Cordoue, vers l'an 1120.

scientifique qu'avaient inauguré ses prédécesseurs : aussi mérite-t-il, à ce titre, d'être considéré comme le plus haut représentant de la philosophie musulmane.

Sur sa vie, ses écrits et ses doctrines, le lecteur pourra tout spécialement consulter avec fruit l'ouvrage de Renan (1), qui corrige sur des documents irréfragables, les erreurs de tous ceux qui ont essayé avant lui de traiter le même sujet. Comme nous ne faisons point ici un travail historique, mais seulement une étude de philosophie, nous n'emprunterons à cet ouvrage que les détails qui sont nécessaires au but que nous nous sommes proposé.

125. Averroès a composé un grand nombre de traités scientifiques, et commenté deux ou trois fois presque toutes les œuvres d'Aristote. Mais son ouvrage le plus célèbre auquel il doit plus qu'à tout autre sa grande réputation est celui qu'on désigne communément sous le nom de *grand Commentaire*; il y expose et éclaircit la doctrine du Stagirite avec une attention et une subtilité particulières. Il est bon de remarquer ici qu'on a supposé à tort qu'Averroès s'était servi du texte grec dans ses commentaires d'Aristote. Les érudits modernes qui se piquent de quelque exactitude ont soin d'éviter cette erreur. Pour nous en tenir à Renan, voici comment il réfute d'Herbelot qui prétendait qu'Averroès avait été le premier à traduire Aristote en arabe et que cette version avait ensuite servi à saint Thomas et aux autres scholastiques : « D'Herbelot pouvait ne pas connaître l'histoire des versions latines d'Aristote qui n'a été soigneusement étudiée que depuis quelques années; mais en qualité d'orientaliste, il n'aurait pas dû ignorer : 1° qu'Aristote avait été traduit en arabe trois siècles avant Averroès ; 2° que les traductions d'auteurs grecs en arabe ont été faites presque toutes par des Syriens ; 3° que peut-être aucun savant musulman, et que certainement aucun arabe d'Espagne, n'a su le grec. Quoiqu'il en soit, cette opinion erronée paraît avoir régné assez généralement dès les premiers temps de la renaissance. Augustin Niphus, Patrizzi, Marc Oddo, Jean-Baptiste Bruyerin, Sigonio, Tomasini, Gassendi, Longuerue, Moréri et en général tout le XVI° et le XVII° siècle, ont considéré Averroès comme ayant introduit Aristote chez les Latins. D'Herbelot, reproduisant cette méprise, et y ajoutant un nouveau degré de précision, a été

---

(1) *Averroès et l'averroïsme.* Essai historique, par E. Renan.

copié par Casiri, par Buhle, Harles, de Rossi, Middeldorpf, Tennemann, de Gérando, Amable Jourdain, A. de Humboldt, etc. La même faute a été commise dans le catalogue des manuscrits hébreux de la bibliothèque impériale. Telle est, en histoire littéraire, la ténacité de l'erreur (1). »

On trouve la même observation dans le *Dictionnaire des sciences philosophiques* : « C'est par une grave erreur que plusieurs écrivains renommés, et entr'autres de Rossi *Diss. stor. degli autori arabi*), et Jourdain (dans la *Bibliographie universelle*), ont fait d'Ibn-Roschd le premier traducteur arabe d'Aristote. On sait qu'il existait dès le Xe siècle plusieurs traductions arabes des ouvrages d'Aristote; d'ailleurs, Ibn-Roschd ne savait ni le grec ni le syriaque, et il n'a pu faire une nouvelle traduction comme le prétend Buhle (*Aristot. opera*, T. 1, p. 323), ni même corriger celles qui existaient déjà, et dont çà et là, dans ses commentaires, il accuse l'obscurité et l'imperfection (2).»

126. Par conséquent l'averroïsme, et en général toute la philosophie arabe du moyen âge, doit être considérée non comme un aristotélisme pur, mais comme un aristotélisme bâtard, tel qu'il pouvait dériver des traductions syriaques faites par les nestoriens qui fréquentaient la cour des Califes orientaux en qualité de médecins. Nous n'avons pas à insister sur les différences capitales qui séparent les théories averroïstes des doctrines du philosophe de Stagyre. Ce serait là une matière à d'interminables discussions fort peu utiles à notre sujet. Mais il est certain qu'Averroès et en général les philosophes arabes ont manqué de la première condition requise pour bien interpréter et commenter un livre, qui est de l'étudier sur l'original ou au moins sur une traduction soignée et fidèle. Aussi ne faut-il point s'étonner si saint Thomas, parlant d'Averroès, l'appelle non pas péripatéticien mais corrupteur de la doctrine péripatéticienne (3), et Louis Vivès n'hésite pas à affirmer qu'Averroès, sous prétexte d'expliquer Aristote, fait tout autre chose que d'éclaircir sa doctrine. Voici un passage de sa célèbre apostrophe : *Nomen est Commentatoris nactus homo qui in Aristotele enarrando nihil minus explicat quam eum ipsum quem suscepit declarandum. Sed nec potuisset explicare, etiamsi divino fuisset*

---

(1) Ouvrage cité, part. 1, ch. 1, p. 37.
(2) *Dict. des sciences phil.*, art. IBN-ROSCHD.
(3) *Non tam fuit peripateticus quam peripateticæ philosophiæ depravator*. Opusc. contra averroistas.

ingenio quum esset humano, et quidem infra mediocritatem. Nam quid tandem afferebat quo in Aristotele enarrando posset esse probe instructus ? Non cognitionem veteris memoriæ, non scientiam placitorum priscæ disciplinæ, et intelligentiam sectarum quibus Aristoteles passim scatet. Itaque videas eum pessime philosophos omnes antiquos citare ut qui nullum unquam legerit, ignarus græcitatis ac latinitatis. Pro Polo Ptolemæum ponit, pro Protagora Pythagoram, pro Cratylo Democritum ; libros Platonis titulis ridiculis inscribit ; et ita de iis loquitur, ut vel cæco perspicuum sit litteram eum in illis legisse nullam. At quam confidenter audet pronuntiare hoc aut illud ab eis dici, et, quod impudentius est, non dici ; quum solos viderit Alexandrum, Themistium et Nicolaum Damascenum ; et hos, ut apparet, versos in arabicum perversissime ac corruptissime (1) ?

Ernest Renan, déjà cité par nous, est aussi de même avis; il n'hésite pas à affirmer qu'il suffit de comparer les écrits d'Averroès avec le texte grec d'Aristote, tel que nous le possédons aujourd'hui, pour constater les graves altérations qu'a subies la doctrine du chef de l'école péripatéticienne en passant par les mains du philosophe arabe. Pour lui, la doctrine d'Averroès, qui est d'ailleurs celle de tous les arabes, n'est qu'un écho de la doctrine des Syriens, provenant directement des commentateurs grecs d'Alexandrie (2). En somme, l'averroïsme est un aristotélisme, mais un aristotélisme modifié par le mélange des doctrines néoplatoniciennes d'Alexandrie (3), et les interpré-

---

(1) *De causis corruptarum artium.* Opp. t. 1., pag. 410.

(2) « Si l'on compare la doctrine contenue dans les écrits d'Ibn-Roschd avec celle d'Aristote, on reconnaît du premier coup les graves altérations qu'a subies le péripatétisme entre ces deux termes extrêmes. Mais si l'on veut déterminer le point où s'est introduit l'élément nouveau, qui d'une philosophie en a fait une autre, la question devient fort délicate. Les théories d'Ibn-Roschd ne diffèrent par aucun caractère essentiel de celles de d'Ibn-Bâdja et d'Ibn-Tofaïl, qui ne font de leur côté que continuer, en Espagne, la série d'études qu'Ibn-Sina, Alfarabi, Alkindi avaient fondée en Orient. Alkindi lui-même, qu'on envisage d'ordinaire comme fondateur de la philosophie arabe, ne paraît avoir aucun droit au titre de créateur. Sa doctrine n'est qu'un écho de celle des Syriens, qui se rattachent eux-mêmes directement aux commentateurs grecs d'Alexandrie. Entre ceux-ci et Alexandre d'Aphrodisias, entre ce dernier et Théophraste, il n'y a aucune innovation instantanée. » *Averroès et l'averroïsme*, I. part, ch. II, § 1, p 69. (Ed. 1867).

(3) Le caractère général de la doctrine d'Ibn-Roschd est le même que celui que nous remarquons chez les autres philosophes arabes. C'est la doctrine d'Aristote modifiée par l'influence de certaines théories néoplatoniciennes. *Dict. des sciences philosoph.*, Art. Ibn-Roschd.

tations des nestoriens Syriens et Chaldéens. Et, en effet, pour quiconque considère attentivement la philosophie averroïste, l'empreinte qu'elle a reçue du néoplatonisme est incontestable. Pour ne rien dire de ses autres dogmes fondamentaux, tels que l'éternité de la matière, son émanation de la divinité, l'échelle progressive des intelligences informant les astres, la fatalité des évènements de ce monde, la providence restreinte au seul ordre général des choses; sans aucun doute, sa fameuse théorie de l'intellect séparé, point fondamental de son idéologie, révèle le lien intime qui rattache l'averroïsme à la philosophie alexandrine. Il y a là plus qu'un simple souvenir de l'irradiation intellectuelle de Plotin et du λόγος προφορίκος de Philon. C'est une lumière substantielle distincte et séparée des individus, qui fait son apparition dans toutes les intelligences humaines, sans pourtant se confondre avec aucune d'elles; lumière qui constitue l'unité, le lien commun, le développement idéal de ces intelligences, et les absorbe finalement en elle-même, après la dissolution des corps.

Nous ne nous arrêterons pas à discuter si le langage équivoque d'Aristote dans le III° livre de son traité *De anima*, a pu véritablement donner naissance à une pareille doctrine. Mais il est absolument certain que d'un côté, cette théorie s'accorde mal avec les autres parties du système aristotélicien, et que de l'autre elle cadre parfaitement avec l'interprétation de la plupart des commentateurs alexandrins (1).

127. La philosophie arabe commença à être connue des Latins, vers le milieu du XII° siècle, par les traductions de l'archidiacre Gondisalvi, exécutées par ordre de Raymond archevêque de Tolède. Cette diffusion fut d'un autre côté puissamment aidée par les Hébreux sortis principalement de l'école de Mosès Maimonide (1). Leur nature rebelle à tout mouvement scientifique assura à l'averroïsme déjà si estimé des musulmans, un dévelop-

---

(1) « C'est l'interprétation de la plupart des commentateurs grecs, d'Alexandre d'Aphrodisias, de Themistius, de Philopon et de tous les arabes sans exception. » *Averroès et l'averroïsme*, Ib.

(2) La philosophie chez les Hébreux ne fut qu'un reflet de la philosophie arabe. Maimonide, contemporain et disciple d'Averroès, professa absolument la doctrine de son maître. « C'est aux Juifs qu'Averroès est redevable de sa réputation de commentateur. C'est d'eux qu'il reçut le titre, depuis solennellement confirmé par l'école de Padoue, d'*âme et d'intelligence d'Aristote*. En effet, le texte pur d'Aristote se rencontre très rarement dans les manuscrits hébreux. Au contraire, les traités accompagnés du

pement considérable et une plus longue durée. Mais la philosophie arabe doit surtout la rapidité de sa fortune dans l'Europe chrétienne au zèle impie de Frédéric II. Ce perfide empereur, musulman au fond de l'âme, entretint toujours une étroite alliance avec les princes mahométans, transforma sa cour en un receptacle de Sarrazins dont il s'appliqua à imiter les coutumes et les mœurs au point d'avoir, lui aussi, un harem où il pût librement assouvir ses passions : non content de tout cela, il mit encore tous ses efforts à pervertir la doctrine des écoles catholiques dans l'ordre des idées, comme il avait déjà, dans l'ordre pratique, essayé de pervertir la morale de ses peuples. C'est ainsi qu'ayant fait venir auprès de lui Michel Scott, il le chargea de traduire de l'arabe les livres d'Averroès et les offrit, accompagnés d'une lettre signée de sa main, aux académies de France et d'Italie. Ce Michel Scott peut avec raison être regardé comme le fondateur de l'averroïsme en Italie : et c'est là sans doute ce qui fut la principale cause de cette grande réputation qui lui valut d'être placé par Dante, dans l'enfer, parmi les magiciens et les devins (1).

128. L'œuvre déplorable de Frédéric fut poursuivie avec non moins d'ardeur par son bâtard Manfred, qui avec la succession au trône reçut aussi en héritage l'impiété et l'incrédulité de son père. Il fit faire par l'allemand Ermann de nouvelles traductions de la philosophie arabe qu'il s'empressa également d'offrir aux universités catholiques. Ces tentatives multipliées eurent pour résultat de fortifier l'averroïsme qui déjà prenait fortement racine à Paris et plus encore dans le nord-est de l'Italie. C'est là surtout qu'il se concentra dans la suite et qu'il trouva à s'abriter, comme derrière une citadelle inexpugnable, dans l'université de Padoue, célèbre entre toutes les universités italiennes par la profondeur de ses études et le nombre considérable de ses élèves. Il serait trop long d'énumérer ici la longue suite d'incrédules qui, à partir de ce moment, pullulèrent dans toute l'Europe sous la funeste influence de l'averroïsme, depuis Pierre d'Albano jusqu'à Vanini

---

commentaire, souvent même les paraphrases d'Averroès, y portent simplement le nom d'Aristote. » RENAN, *Op. cit.*, 2ᵉ part., ch. I, n. 4.

(1) Quell'altro, che ne' fianchi è cosi poco,
Michele Scotto fu, che veramente
Delle magiche frode seppe il giuoco.

(DANTE, *Inferno*, cant. XX)

et Cremonini. Renan en a dressé minutieusement la liste. Il a dévoilé aussi les ruses hypocrites dont ils se servaient pour se soustraire aux rigueurs de l'Inquisition en affectant un respect ironique pour l'Église (1).

129. Mais, quoique nous entendions passer rapidement sur tous ces détails, nous voulons cependant faire remarquer avec grand soin au lecteur la profonde répulsion que la doctrine d'Averroès inspira, dès le début, aux docteurs et aux écoles sincèrement catholiques. Nous n'en voulons pour preuve que la célèbre condamnation portée par le Concile de Paris, en 1209, le Statut du légat pontifical Robert de Courceon, en 1215, et la bulle adressée par Grégoire IX aux maîtres et aux élèves de l'Université de Paris, en 1231. Ces trois condamnations solennelles n'avaient pas pour but de frapper Aristote, comme on l'a quelquefois prétendu par ignorance ou par mauvaise foi, afin de discréditer la scholastique. Elles visaient seulement les extraits, commentaires et expositions arabes que l'on faisait passer dans l'université de Paris sous le nom du philosophe de Stagire. Nous sommes ici entièrement d'accord avec Renan et Jourdain dont on connaît les habiles et profondes recherches en cette matière. Citons le dernier seulement de ces deux historiens. Il démontre sa proposition : 1° par les paroles mêmes du Concile (2) ; 2° par l'examen des témoignages contemporains ; 3° par cette coïncidence que la condamnation enveloppe en même temps les erreurs d'Amaury et de David de Dinant ; 4° par cette considération qu'à l'époque même des condamnations les Docteurs catholiques exposaient librement la doctrine d'Aristote sans rencontrer aucune opposition (3). L'auteur établit en terminant les trois conclusions suivantes : 1° que la condamnation portée par le Concile, en 1209, ne concernait que des ouvrages de philosophie naturelle ; 2° que par cette dénomination il ne faut pas entendre la physique complète d'Aristote, mais l'abrégé fait par le juif David dont parle Albert, ou bien

(1) Voyez l'ouvrage cité, 2º partie, c. 3, *L'averroïsme dans l'école de Padoue*.

(2) « Le décret du Concile de Paris en désignant les livres *de naturali philosophia et commenta*, fournit la preuve qu'il s'agissait de versions dérivées de l'arabe ; car elles étaient les seules qui eussent des commentaires. » *Recherches crit. sur les trad. d'Aristote*, etc., ch. 5.

(3) « Si l'anathème eût frappé Aristote lui-même, comment les plus célèbres docteurs du temps, Alexandre de Halès, Albert, Robert de Lincoln, eussent-ils expliqué, commenté ses ouvrages au sein même de l'Université qui les condamnait ? » *Recherches crit.* etc., ch. 5.

encore des extraits d'Avicenne ou d'Algazel, publiés sous le nom du « Philosophe » grec; 3° que la Métaphysique d'Aristote ne fut d'abord connue que par des extraits de ce genre, et qu'enfin la sentence de Robert de Courceon ne pouvait en aucune façon atteindre la Métaphysique originale et entière du Stagirite (1).

A cette preuve évidente du mauvais accueil que l'averroïsme rencontra, dès son apparition, dans les écoles catholiques, viennent s'ajouter les nombreuses condamnations dont il fut l'objet dans la dernière partie du XIII° siècle, et, entre autres, celle que prononça l'évêque Tempier, en 1277, dans une assemblée de théologiens. Notons encore l'acte solennel par lequel le concile de Vienne au XIV° siècle foudroya l'averroïsme en réprouvant les erreurs de Pierre d'Oliva; et enfin la réprobation universelle de tous les théologiens catholiques jusqu'au concile de Latran où Léon X condamna à nouveau ce système dans les erreurs de Pomponace.

ARTICLE IV

S. Thomas d'Aquin.

130. La civilisation chrétienne courut un grand danger au XIII° siècle. L'islamisme que les croisades des siècles précédents avaient fort affaibli dans sa puissance matérielle, réparait peu à peu ses défaites par la perfidie de Frédéric II et reprenait de nouvelles forces; et, bien qu'on n'eût alors à redouter de sa part aucune nouvelle tentative sur l'Occident, néanmoins l'attaque revêtait une autre forme plus terrible encore dans le domaine de l'influence intellectuelle et morale. Les habitudes voluptueuses des musulmans que l'Europe avait peu à peu contractées, comme une sorte de maladie contagieuse, dans ses fréquentes relations avec l'Orient, avaient envahi la société au point d'y susciter des hommes qui faisaient publiquement profession des doctrines et des mœurs épicuriennes. L'ascétisme lui-même en fut infecté; on vit surgir de tous côtés une foule de faux mystiques qui, après des exercices extérieurs de pénitence s'abandonnaient à toutes sortes d'infamies. Que le lecteur se rappelle les sectateurs de l'Évangile éternel, de Joachim Florio, de Gérard de S. Donnin, de Pierre de Vaux, de Dulcin;

---

(1) *Recherches crit.* etc., ch. 5.

les sectes des Cathares, des Béguards, des Lollards, des Fraticelles et tant d'autres qui, sous des apparences hypocrites de piété, bouleversaient et corrompaient les mœurs d'une manière horrible. D'un autre côté, la philosophie arabe qui commençait à être connue en Occident, pénétrait partout dans les écoles. Fière de la doctrine aristotélicienne, telle que l'avait exposée Averroès, elle y produisait des fruits empoisonnés de fatalisme, de panthéisme et d'athéisme. La scholastique, trop lente dans ses progrès, n'était pas encore arrivée à un développement de force ni à une solidité d'organisme qui lui permit de lever franchement la tête et de combattre avec succès son impudente rivale; d'autant plus que la maison impie des Hohenstaufen s'élevait comme un boulevard d'iniquité derrière lequel la double corruption spéculative et pratique trouvait un point d'appui dans la puissance impériale. Elle partait de là comme d'une citadelle fortifiée pour envahir et renverser toute société.

131. Dieu dont la Providence est infinie, ne manqua pas de donner à son Église, dans un danger si pressant, un secours aussi prompt qu'extraordinaire. De même qu'à l'invasion des barbares il avait opposé l'ordre de saint Benoît pour sauver du naufrage, dans la solitude sacrée des cloîtres, les deux principes fondamentaux de toute civilisation, la science et la vertu; ainsi il suscita saint François et saint Dominique avec la double et nombreuse phalange de leurs invincibles enfants, contre ce nouvel assaut de la barbarie, plus terrible encore peut-être que le premier. La mission de saint François semble avoir été surtout une mission d'ordre pratique consistant à combattre, sur le terrain de la vie ordinaire, l'amour désordonné des plaisirs de la terre. La richesse étant par excellence pour les mondains l'instrument et le moyen de la jouissance, François arbora en face de cet ennemi l'étendard de la pauvreté. Cette idée seule, qui constitue le caractère de son œuvre, et qu'il ne cessa de prêcher avec tant d'ardeur, suffit au glorieux athlète pour vaincre le monde en détachant les cœurs des affections terrestres et les rappelant à l'amour des choses du ciel; aussi mérita-t-il le nom de « séraphique. » La mission de saint Dominique fut, au contraire, particulièrement spéculative, et consista surtout à combattre, dans l'ordre des idées, la fausse science, à expliquer et consolider la saine doctrine, à repousser les erreurs qui menaçaient de porter partout la ruine et la désolation. Il employa l'arme de la science et mérita pour cela d'être appelé « chérubin. » Voici comment Dante Alighieri célèbre les bienfaits

de cette double mission, dans le langage si élevé de sa merveilleuse poésie:

> La Providence qui d'en haut régit le monde
> D'un conseil si profond que l'œil, quand on le sonde,
> Avant d'atteindre au fond, de vertige est saisi,
>
> Afin de diriger dans sa marche tremblante
> L'Épouse de Celui qui, sur la croix sanglante,
> En poussant un grand cri, consomma son hymen,
>
> Pour la rendre à la fois plus forte et plus fidèle,
> La dota de deux chefs animés d'un saint zèle,
> Qui pussent la guider à travers le chemin.
>
> L'un des deux en ardeur parut tout séraphique,
> L'autre comme un rayon de splendeur chérubique,
> Tant fut grand le savoir qu'à la terre il montra (1).

Aussi voyons-nous la sainte Église nous inviter, au jour de la fête de saint François, à demander à Dieu la grâce de l'imiter dans son mépris des vanités terrestres : *Tribue nobis ex ejus imitatione terrena despicere,* tandis qu'en la fête de saint Dominique, elle nous convie à rendre grâces à Dieu des trésors de doctrine qu'il nous offre par l'entremise du saint patriarche : *Deus qui Ecclesiam tuam beati Dominici confessoris tui illustrare dignatus es meritis et doctrinis.*

132. L'ordre de saint Dominique fut donc, dans les profonds desseins de Dieu, établi comme le rempart de la science catholique. Ce qui prouve qu'il a bien répondu à cette noble destination, c'est la longue série de docteurs qui, à partir d'Albert-le-Grand, ont perpétuellement fleuri dans son sein et répandu sur le monde les flots de leur vaste et profonde sagesse. Mais celui qui plane par dessus tous les autres dans son vol d'aigle, qui reçut la mission de les enseigner tous comme leur premier maître et qu'on a nommé pour cela l'Ange des écoles, ce fut saint Thomas d'Aquin. Ce merveilleux génie, dont la gloire durera tant que la science sera en honneur dans le monde, conçut le vaste dessein, non seulement d'opposer une digue aux envahissements des erreurs dominantes de son siècle, mais de coordonner une vaste encyclopédie scientifique qui, reprenant la philosophie dans ses principes, pût la relier, par le fil de la tradition, aux saints Pères et aux Docteurs qui les suivirent.

---

(1) DANTE, *Paradis*, c. XI, Trad. Ratisbonne.

Il en fit ainsi, grâce à une organisation forte et bien entendue, comme le marchepied et le préambule de la foi. Œuvre étonnante, en vérité, et qui tient presque du prodige! Ayant résolu de remonter jusqu'aux sources de la science, il s'adressa à Aristote vers lequel il se sentait attiré tant à cause de la réputation dont le philosophe grec jouissait alors, que parcequ'il lui apparaissait comme le représentant le plus universel et la plus complète personnification de la sagesse antique. Bien convaincu qu'il faut avec soin distinguer dans la philosophie païenne ce qui procède des influences du paganisme de ce qui vient de la nature (car la nature par elle-même n'est pas païenne), il s'appliqua à séparer dans Aristote le plomb de l'or, à purifier ses doctrines à la lumière de la foi, et à les débarrasser de tout mélange d'erreur. Parmi les saints Pères dont tous les ouvrages lui étaient familiers, il donna la préférence à saint Augustin chez qui il lui semblait trouver le résumé le plus substantiel et en même temps le plus élevé et le plus rationnel de la philosophie patristique. Il suffit de lire ses œuvres pour se convaincre du soin et de la fidélité qu'il mit à suivre les traces de cette grande lumière de la science catholique. Il ne s'y trouve presque pas un point de doctrine de quelque importance qui ne soit appuyé ou confirmé par l'autorité de saint Augustin.

C'est ce que devraient considérer avec plus d'attention ceux qui s'éloignent de saint Thomas sous prétexte de suivre saint Augustin. S'ils étaient sincèrement guidés par un véritable amour de la vérité, ils pourraient aisément constater que la doctrine de l'un, loin d'être en opposition avec celle de l'autre, n'en est au contraire qu'un développement et un perfectionnement. On en pourrait dire autant par rapport à la doctrine de tous les Pères en général. Ce qui se rencontre çà et là chez ceux-ci à l'état de germe, sans coordination et sans unité scientifique, se trouve éclairci dans saint Thomas, développé jusqu'aux dernières conséquences et disposé organiquement dans un système rationnel et méthodique. Qu'on ne dise pas, comme on le fait si souvent, que les Pères furent platoniciens et saint Thomas aristotélicien : car nous répondrons qu'il faut distinguer dans saint Thomas, comme dans tout écrivain, la forme et le fond. La forme est changeante, et souvent condamnée à se plier aux exigences des temps ; la substance reste toujours identique. Ainsi, nous-même, bien que nous suivions en tout et partout la doctrine de saint Thomas, nous la proposons néanmoins assez souvent sous une forme plus moderne. Dira-t-on pour cela que nous sommes partisan de la philosophie moderne ? Les saints Pères avaient accoutumé de proposer leur doctrine sous l'appareil plus séduisant de la forme platonicienne, particulièrement goûtée à leur époque où le néoplatonisme brillait du plus bel éclat de sa gloire. Quant à la substance de leur doctrine ils ne relevaient pas de tel ou tel philosophe, mais exclusivement de la raison naturelle de l'homme, puisqu'ils acceptaient et s'assimilaient volontiers les enseignements d'un Platon, d'un Aristote, d'un Zénon ou de tout autre philosophe païen, à cette condition pourtant qu'ils fussent en harmonie avec la foi chrétienne et avec la pureté des mœurs (1). Nous mettons au défi ceux qui penseraient autrement, de trouver un seul point fondamental de doctrine patristique ou augustinienne qui, bien interprété, soit en désaccord avec celle de saint Thomas. Le saint Docteur s'est servi d'Aristote parce que les livres d'Aristote étaient une sorte de répertoire de toute la philosophie grecque ; il s'est servi d'Aristote parce qu'Aristote parlait mieux que tout autre et lui offrait des doctrines plus susceptibles d'une interprétation orthodoxe ; il s'est servi d'Aristote parce qu'Aristote était plus méthodique et plus précis dans ses traités, et employait un langage plus exact et plus

---

(1) Voici comment les Pères parlent de la philosophie des Gentils acceptée par eux. Saint Justin dit : « *Quæcumque igitur apud omnes præclare dicta sunt ad nos christianos pertinent.* Ὅσα οὖν παρὰ πᾶσι καλῶς εἴρηται, ἡμῶν τῶν χριστιανῶν ἐστί. » 2º *Apol.*, § 13. — Clément d'Alexandrie s'exprime plus clairement encore : « *Philosophiam non dico stoicam, nec platonicam, aut epicuream et peripateticam, sed quæcumque ab his sectis recte dicta sunt, quæ docent justitiam cum pia scentia, hoc totum selectum dico philosophiam.* Φιλοσοφίαν οὐ στωικὴν λέγω, οὐδὲ τὴν πλατωνικήν, ἢ τὴν ἐπικούρειόν τε καὶ ἀριστοτελικήν, ἀλλ'ὅσα εἴρηται παρ' ἑκάστῃ τῶν αἱρέσεων τούτων καλῶς, δικαιοσύνην μετὰ εὐσεβοῦς ἐπιστήμης ἐκδιδάσκοντα, τοῦτο σύμπαν τὸ ἐκλεκτικὸν φιλοσοφίαν φημί. » Clément Alex., *Stromatum.* lib. 1, § 7.

Voici ce que dit saint Augustin : « *Quicumque igitur philosophi de Deo ista senserunt, quod et rerum creatarum sit effector, et lumen cognoscendarum et bonum agendarum ; quod ab illo nobis sit et principium naturæ et veritas doctrinæ et felicitas vitæ ; sive Platonici accommodatius nuncupentur, sive quodlibet aliud sectæ suæ nomen imponant; sive tantummodo Ionici generis, qui in eis præcipui fuerunt, ista senserint, sicut idem Plato, et qui eum bene intellexerunt ; sive etiam Italici propter Pythagoræos, et si qui forte alii ejusdem sententiæ identidem fuerint, sive aliarum quoque gentium qui sapientes vel philosophi habiti sunt, Atlantici, Lybici, Ægyptii, Indi, Persæ, Chaldæi, Scythæ, Galli, Hispani aliique reperiuntur qui hoc viderint ac docuerint; eos omnes cæteris anteponimus eosque nobis propinquiores fatemur.* » De Civitate Dei, Lib. VIII, c. 9.

scientifique. Du reste, saint Thomas n'hésitait pas à mettre en lumière les erreurs du philosophe grec et à le réfuter par ses propres principes chaque fois que ses opinions étaient en opposition avec la foi (1).

Voilà pourquoi la substance de la doctrine de S. Thomas, dans la partie purement philosophique, ne doit pas être considérée autrement que comme un produit de la raison et de l'expérience, fortifié et rajeuni par la lumière des dogmes chrétiens, developpé et augmenté par les spéculations des Pères, et surtout éclairci par la pensée calme de cette intelligence angélique, parfaitement approprié, enfin, grâce à sa puissante et invincible logique, à la réfutation de tous les genres d'erreur présents et à venir.

133. Il y aurait donc erreur grave à s'imaginer qu'on ne

(1) Voici comment s'exprime à ce sujet Pallavicini dans sa célèbre histoire du Concile de Trente : « Quoiqu'il entrât dans les desseins de Dieu d'établir tout d'abord la foi au moyen d'hommes faibles qu'il avait remplis de courage, de science et d'une vertu miraculeuse, afin de mieux faire éclater la divine puissance de son auteur; il voulut néanmoins, dans la suite, faire de son Église la demeure et la résidence perpétuelle de la science la plus élevée. Aussi les saints Docteurs ont-ils été les hommes les plus savants dans tous les âges. Or, vers le XIIe siècle de notre ère, grande était la réputation des arabes qui dominaient spécialement en Andalousie et avaient transformé Cordoue en une autre Athènes; grâce aux travaux d'Averroès, on vit renaître la philosophie d'Aristote qui était depuis de longs siècles ensevelie dans l'oubli. Les arabes l'enseignaient avec beaucoup de méthode et de subtilité; forts des arguments péripatéticiens, ils essayaient de réfuter ou de tourner en ridicule les mystères de notre foi, cherchant à les convaincre de fausseté et à montrer que les fidèles n'avaient d'autre raison de les croire que leur propre ignorance. A cette attaque contre son Église, Dieu opposa le génie de saint Thomas. Ayant remarqué que dans tout pays la religion dominante est précisément celle que professent ses hommes de science les plus célèbres, et ne trouvant parmi les sciences humaines aucune philosophie plus estimée et plus estimable que celle d'Aristote, saint Thomas s'appliqua à en faire une profonde étude et il commenta les livres du philosophe grec avec plus de soin que n'avait jamais fait aucun auteur grec ou arabe. Il s'acquit bientôt dans ce genre de travail une grande supériorité et une immense réputation, et son puissant génie sut tirer des principes mêmes d'Aristote la solution des difficultés qu'on essayait d'opposer, au nom de ces principes, contre les mystères de notre foi. Grâce à ce travail de restauration, continué après lui par la phalange des scholastiques, il fit si bien qu'après avoir été ennemie du Christianisme, la doctrine péripatéticienne s'y trouva si étroitement rattachée que les modernes hérésiarques n'ont pu se révolter contre le Vatican sans se révolter en même temps contre le Lycée et sans discréditer leurs opinions par ce mépris du plus grand philosophe et peut-être du plus grand génie qu'ait produit la nature. » *Histoire du Concile de Trente*, par le card. Sforza Pallavicini, liv. VII, chap. 14.

trouve dans la doctrine de S. Thomas qu'un système philosophique plus ou moins ingénieux, mais approprié seulement aux nécessités de l'époque dont cet astre brillant éclaira l'horizon scientifique. La vérité est qu'on doit la considérer comme une doctrine universelle et contemporaine de tous les siècles, attendu qu'elle est intimement liée à la doctrine même de l'Église. C'est une phalange admirablement rangée en bataille, toujours prête à se retourner contre toute sorte d'ennemis. C'est une forteresse inébranlable, aux murailles de laquelle pendent les mille boucliers et les mille lances qui serviront de tout temps à armer les guerriers les plus courageux. Pour peu qu'on ait au cœur une étincelle de zèle ardent pour la gloire de Dieu, on ne peut s'empêcher de l'aimer, de l'apprécier et de se livrer passionnément à l'étude et à la méditation de ses œuvres. Quiconque sera parvenu à le bien comprendre se sentira si rempli de lumière et de courage qu'il pourra, calme et sans crainte, marcher au combat devant n'importe quel adversaire (1).

Je n'hésite pas à affirmer (et les juges sensés et compétents ne me trouveront pas exagéré) qu'un philosophe et un théologien qui posséderaient à fond la doctrine de saint Thomas seraient invincibles. C'est probablement ce qui peut nous expliquer la haine passionnée que Luther lui avait vouée, Luther qui, entre autres folles entreprises, s'était flatté, comme il le dit lui-même, de ruiner tout ensemble la philosophie d'Aristote et la théologie de saint Thomas d'Aquin (2).

(1) Il est à remarquer que S. Ignace de Loyola qui reçut pour lui et pour son Ordre la mission de continuer la grande lutte contre le protestantisme et toutes ses fâcheuses conséquences, que S. Ignace, dis-je, parmi les moyens qu'il propose dans son admirable livre des *Exercices spirituels*, « pour rester toujours conforme à la pensée de l'Église catholique, » prescrit l'estime des Docteurs scholastiques et surtout de S. Thomas d'Aquin. Voici la raison qu'il en donne : « Parce que le caractère propre de leur doctrine est : *Dogmata ad salutem necessaria exactius tradere atque definire, prout convenit suis temporibus et* POSTERIS, *ad errores hæresum confutandos.* » Nous livrons ces paroles à la méditation de tous ceux qui pensent avoir peu à se préoccuper de S. Thomas, sous prétexte qu'on a besoin d'armes nouvelles pour combattre de nouvelles erreurs. Celui que Dieu suscita contre les hérésies modernes devait certainement savoir à quoi s'en tenir sur ce point. Nous ferons encore observer que si pour S. Ignace l'estime des scholastiques est un signe d'orthodoxie catholique, il est également vrai qu'on a toujours regardé ceux qui les méprisaient, comme suspects de protestantisme.

(2) *Epistolarum*, 8, 18, 27.

ARTICLE V

L'Aristote des scholastiques est différent de l'Aristote d'Averroès.

134. Après tout ce que nous avons dit jusqu'ici, la différence de l'Aristote arabe d'Averroès et de l'Aristote thomiste ou scholastique nous apparaît avec l'évidence d'un simple corollaire. Cette différence a été signalée par Renan dans les termes suivants : « Sous prétexte de commenter Aristote, les arabes, comme les scholastiques, ont su se créer une philosophie pleine d'éléments indigènes et très différente assurément de celle qui s'enseignait au Lycée (1). »

Rosmini constate la même divergence, et fait observer qu'au moyen âge l'aristotélisme était également revendiqué par deux écoles opposées : « D'un côté, dit-il, la doctrine d'Aristote était enseignée et préconisée comme un auxiliaire naturel et un appui pour le Christianisme ; tandis que de l'autre, elle était entre les mains des impies l'arme puissante avec laquelle ils ne prétendaient à rien moins qu'à détruire entièrement le Christianisme et toute sorte de religion, pour y substituer le matérialisme et l'athéisme le plus consommé (2). » Il est à regretter que, préoccupé de défendre l'opinion qui regarde l'averroïsme comme descendant naturellement et logiquement d'Aristote, Rosmini n'ait pas su trouver la raison dernière de cette diversité de jugements, et se soit trouvé ainsi presque obligé d'accuser d'un aveuglement grossier ceux qui ont embrassé la première des deux opinions qu'il rapporte touchant l'aristotélisme du moyen âge (3). Ce qui est vrai, c'est que l'Aristote de ce temps-là ne

---

(1) *Averroès et l'averroïsme*, Part. I, ch. 2.
(2) Op. cit., n. 36.
(3) Il faut observer que les écrits d'Aristote, tels qu'ils nous sont parvenus, sont d'une explication fort difficile et présentent souvent un sens équivoque à cause des altérations qu'ils ont subies, jointes au désordre de leur exposition et à l'obscurité peu ordinaire du langage dans lequel ils sont exposés. Rien de plus vrai l'Aristote que nous possédons est profondément altéré et d'une singulière obscurité dans l'exposition de ses doctrines. Mais la seule conséquence qu'on puisse tirer de là, c'est qu'il est fort difficile de juger Aristote par lui-même, indépendamment du sens que lui attribuent ses commentateurs, ce qui, d'ailleurs, confirme pleinement notre thèse sur la différence à établir entre Aristote interprété par les arabes et Aristote interprété par les scholastiques.

doit pas être considéré seulement en lui-même : il faut l'apprécier à travers cette double interprétation qui en a pour ainsi dire fait deux hommes tout opposés l'un à l'autre sur les points fondamentaux de la philosophie.

135. Averroès, en effet, comme nous l'avons démontré plus haut, a fait son commentaire d'Aristote sur des traductions dérivées du Syriaque, tandis que saint Thomas s'est servi de traductions faites sur le texte (1). Cette assertion est démontrée dans Jourdain (2) avec des preuves intrinsèques et extrinsèques si évidentes qu'on s'exposerait à paraître presque ridicule si l'on osait encore en douter aujourd'hui. Guillaume de Tocco dit expressément dans la vie de saint Thomas : « *Scripsit etiam super Philosophiam naturalem et moralem et super Metaphysicam, quorum librorum procuravit ut fieret nova translatio quæ sententiæ Aristotelis contineret clarius veritatem.* » D'ailleurs il suffit de jeter un coup d'œil sur les commentaires du saint Docteur, pour se convaincre que la traduction et les variantes qu'il adopte proviennent directement du texte grec, tant l'air d'hellénisme dont elles sont imprégnées fait contraste avec les traductions arabes.

136. Quelques auteurs ont mis en doute que saint Thomas connût la langue grecque. Nous serions volontiers disposé à concéder qu'il ne fut pas un profond helléniste ; mais il faut ne l'avoir jamais lu pour prétendre qu'il n'avait aucune connaissance du grec. Il interprète, en effet, continuellement les étymologies grecques sans jamais tomber à faux : ce qui paraî-

---

(1) Son maître Albert le Grand s'était lui-même servi, pour la plus grande partie des œuvres d'Aristote, de traductions faites immédiatement sur le texte grec, ainsi que le démontre Jourdain dans son livre si plein d'érudition : *Recherches critiques sur l'âge et l'origine des traductions latines d'Aristote*, etc. Pour ce qui concerne particulièrement la Métaphysique, nous trouvons dans les œuvres d'Albert-le-Grand (T. III, p. 525) un passage décisif où, à propos du principe inscrit par Aristote en tête du premier livre de sa Métaphysique : « tous les hommes désirent naturellement de savoir, » il s'exprime ainsi : « *Hoc modo naturale desiderium (quo omnes homines scire desiderant) procedit ad scire secundum actum, quod desiderium est in vere scientibus et in non vere scientibus. Hoc igitur modo est verum scire. Et hanc probationem ponit Theophrastus, qui etiam primum librum qui incipit: Omnes homines scire desiderant, metaphysicæ Aristotelis traditur addidisse ; ideo in arabicis translationibus primus liber non habetur.* » Puisqu'Albert-le-Grand commente le premier livre qui manquait aux traductions arabes, il est évident qu'il n'a pas employé ces dernières, mais bien une traduction faite sur le texte grec.

(2) Ouvr. cit.

trait inexplicable chez un homme qui n'aurait eu aucune teinture de cette langue. Mais quoi qu'il en soit de cette question, elle importe peu à notre thèse. Je ne prétends pas que saint Thomas ait toujours adopté le véritable sens des pensées du Stagirite ; je soutiens seulement que la philosophie à laquelle l'ont conduit ses procédés d'interprétation est tout autre chose que la philosophie arabe; et l'hypothèse elle-même, vraie ou fausse, qu'il s'est écarté du sens propre des idées d'Aristote, corrobore mon affirmation, puisqu'elle prouve que la doctrine qu'il en a déduite doit être considérée comme lui appartenant d'une manière plus particulière.

137. D'ailleurs, l'aristotélisme de la scholastique a pris naissance sous l'influence de l'idée catholique, et s'est développé dans la soumission la plus parfaite aux dogmes de la foi chrétienne, et dans un harmonieux accord avec la doctrine des Pères et des Docteurs de l'Église qui l'avaient précédé. L'aristotélisme averroïste, au contraire, a été le fruit de la raison abandonnée à elle-même, soutenue tout au plus par l'idée musulmane ; il a grandi dans une atmosphère scientifique tout imprégnée de doctrines fausses et absurdes et d'une haine profonde pour le Christianisme et peut-être pour toute sorte de religion. L'aristotélisme scholastique a purifié la science païenne et consacré l'union intime de la raison avec le dogme révélé, non sans un immense progrès de l'esprit humain dans le chemin de la vérité; l'aristotélisme arabe, au contraire, n'a été qu'une corruption nouvelle de la science, une nouvelle manifestation de ce mouvement rationaliste qui commence avec le Gnosticisme, revêt une forme plus systématique dans le néoplatonisme, reparaît encore sous une autre forme dans l'averroïsme pour aboutir enfin de nos jours à son expression la plus pure et la plus parfaite dans le transcendantalisme allemand.

Mais, laissant de côté toute considération de causes et de circonstances, il suffit d'examiner en elles-mêmes les deux doctrines pour en apercevoir les profondes différences. Pourrait-on citer un seul point fondamental parmi ceux qui servent à déterminer la nature d'un système scientifique, sur lequel S. Thomas ne soit en opposition formelle avec l'averroïsme ? Prendra-t-on par exemple l'idée de Dieu à qui Averroès refuse la liberté et la providence? la création du monde qu'Averroès regarde comme le produit fatal d'une matière éternelle ? sera-ce la nature de l'homme, quand Averroès prétend que l'âme sensitive engendrée d'abord par les parents devient, par la suite, spirituelle en vertu de je ne sais quelle union avec un certain être spirituel, identique dans tous les individus. Il suffit de lire la *Somme contre les Gentils* pour voir comment saint Thomas est, à tout instant, obligé de combattre Averroès qu'il rencontre à chaque pas sur son chemin comme adversaire dans les questions les plus importantes de la philosophie.

138. Que dire encore de la contradiction qui sépare ces deux commentateurs sur la question des premiers intelligibles de notre esprit? Averroès leur donne une universalité réelle, et il les veut subsistants par eux-mêmes en dehors des êtres concrets de la nature. Saint Thomas, au contraire, ne leur reconnaît qu'une universalité négative provenant de l'abstraction simple de l'intelligence. Averroès va chercher leur objectivité dans un ordre supérieur séparé des individus réels, tandis que saint Thomas la trouve dans l'essence même des individus, en tant qu'elle se révèle à nous sous la lumière dont l'éclaire notre intelligence. Averroès fait de cette lumière un être distinct et séparé de chaque homme en particulier, à la manière d'une espèce de soleil qui suffit à les éclairer tous et à déterminer les actes de leur connaissance. Saint Thomas soutient, au contraire, que cette lumière est vraiment une propriété intrinsèque de la raison individuelle de chaque homme, en tant que cette raison est créée à l'image de Dieu et constitue, par conséquent, une lumière distincte de Dieu et de toute autre substance, physiquement multipliée suivant que l'exige le nombre des âmes humaines.

Faut-il s'étonner, après cela, que saint Thomas ait appelé Averroès non un péripatéticien, mais un corrupteur de la philosophie péripatéticienne, *peripateticæ philosophiæ depravator*? Faut-il s'étonner que tout l'Ordre dominicain se soit joint à lui pour combattre avec ardeur ses funestes doctrines? Le retentissement de cette lutte fut si grand au moyen âge que les arts eux-mêmes voulurent en éterniser le souvenir. Citons entre autres les célèbres peintures de Florence et de Pise où le Docteur angélique est représenté terrassant le commentateur arabe avec les rayons de sa profonde sagesse et lui adressant ces paroles de la Sainte Écriture inscrites en tête de la *Somme contre les Gentils: Veritatem meditabibur guttur meum, et labia mea detestabuntur impium* (1).

---

(1) Proverb., viii. 7.

ARTICLE VI

Doctrine de Boèce sur les universaux.

139. Pour peu qu'on ait présentes à l'esprit les explications de l'article précédent où nous avons fait voir la profonde différence des deux doctrines d'Averroès et de saint Thomas sur la nature des concepts universels, il est aisé de conclure que la théorie averroïste se trouve en complète opposition avec la doctrine de Boèce sur cette matière. Averroès admettait la réalité de l'universel en dehors des existences concrètes, ce qui l'a conduit à cette chimère d'un « intellect séparé » qui serait pour nous la source commune d'où découle toute représentation idéale. Aussi, à supposer qu'on doive tenir pour vraie l'opinion que soutient Rosmini dans l'opuscule cité plus haut, à savoir, que la solution proposée par Boèce contient en germe le nominalisme et un faux réalisme avec toute la série d'erreurs qui en dérivent, c'est à l'aristotélisme scholastique tout entier qu'il faudrait nécessairement étendre les critiques de l'auteur. Averroès, non plus que tout autre philosophe arabe, n'avait jamais lu Boèce ; tandis qu'au contraire les scholastiques avaient accueilli sa solution et en avaient tiré quantité de conséquences propres à expliquer l'origine de la connaissance humaine. Il est donc indispensable, si l'on veut éviter toute erreur sur un point si capital, de saisir nettement et sans équivoque le véritable enseignement de Boèce et de savoir quels éclaircisssements saint Thomas y apporta dans la suite.

140. Porphyre, ce subtil disciple de Plotin, dit quelque part qu'il n'entend point décider « *si les genres et les espèces subsistent réellement ou ne sont que de purs concepts de l'esprit ; s'ils sont corporels ou incorporels; s'ils doivent être considérés comme séparés des choses sensibles ou identifiés avec elles.* » Arrivé à ce passage de son *commentaire* du livre de Porphyre, Boèce se propose de formuler clairement la question et d'en donner, s'il est possible, la solution (1). Nous allons rapporter à peu près ses propres paroles.

Lorsque notre esprit procède à l'acquisition de quelque con-

---

(1) *Comment. in Porphyrium a se translatum*, lib. I.

naissance, il se trouve en face d'une double hypothèse : ou bien il perçoit et se décrit à lui-même l'objet connu tel qu'il existe réellement ; ou bien, par une sorte de fiction, il se représente et crée, pour ainsi dire, un terme qui n'a aucune réalité objective. Il faut nécessairement que l'un de ces deux cas se vérifie dans la connaissance du genre ou de l'espèce, c'est-à-dire de l'universel. Or, les deux hypothèses offrent également à l'esprit de très grandes difficultés. Si l'on prétend, d'un côté, que l'intelligence par une vaine fiction se représente ce qui n'est pas réellement, il s'ensuivra que ses concepts ne sont que des images creuses et dépourvues de toute vérité ; ce qui serait renverser du coup toutes les sciences qui ont pour objet l'universel et non les individus. Il semble, d'autre part, impossible que l'esprit atteigne la réalité au moyen de ces concepts universels. Car l'universel (le genre, l'espèce) possède le double caractère d'unité et de multiplicité, à l'encontre des individus réels qui, loin d'être des morceaux de genre ou d'espèce, en sont vraiment une participation totale et les renferment complètement. Certainement quand je dis : *Pierre est homme*, j'affirme qu'il y a identité entre l'universel *homme* et l'individu *Pierre*. L'universel s'identifie donc avec la réalité concrète de l'individu. Or, cette dernière est si bien «une», et pour ainsi dire propriété exclusive du sujet, qu'elle ne peut être en même temps multiple et partagée par d'autres. Si l'on voulait, au contraire, que cette réalité fût commune à plusieurs, dans ce cas, de quelque façon qu'on voulût considérer cette communauté d'être, on n'en saurait jamais faire l'élément physique constitutif des individus, qui ne peuvent avoir qu'à l'état concret et individuel toute la réalité qu'ils possèdent.

141. Qu'on ne dise pas non plus que la connaissance de l'universel nous représente l'être même des choses d'une manière autre que celle qui les constitue dans leur nature physique. Car, s'il en était ainsi, une pareille connaissance serait fausse, puisqu'on doit tenir pour fausse toute connaissance qui nous fait voir les objets autrement qu'ils ne sont en eux-mêmes. Voilà en substance la difficulté proposée par Boèce ; voici maintenant sa réponse. — Il signale d'abord comme contraire à la vérité la proposition qui prétend qu'on doit tenir pour fausse toute perception qui est conforme à l'objet quant à sa réalité et non quant à la manière dont cette réalité subsiste dans la nature. *Non enim necesse esse dicimus omnem intellectum, qui ex subjecto quidem sit, non tamen ut sese ipsum subjectum habet, falsum et*

vacuum videri (1). Car il y a fausseté dans la connaissance, si l'objet est représenté autrement qu'il n'est, en vertu d'un jugement de l'esprit ; mais il n'en va pas de même s'il ne s'agit que d'une *abstraction simple*. En d'autres termes, la connaissance est fausse si l'on affirme de l'objet une qualité qui ne lui convient pas ; comme par exemple, si l'on donnait la raison au cheval en disant : le cheval est un animal raisonnable ; il en serait encore de même si l'on refusait à l'objet, par voie de négation, une qualité qui lui appartient ; exemple : le cheval n'est pas sensitif. Mais si indépendamment de tout jugement (affirmatif par composition, négatif par division), une abstraction simple nous représente l'objet autrement qu'il n'est en lui-même, on ne peut en aucune façon dire que la connaissance soit fausse, car il y a beaucoup de choses qu'un véritable acte de connaissance nous fait concevoir comme séparées de sujets dont elles sont en réalité et physiquement inséparables. Pour ne citer qu'un exemple connu de tous, la ligne existe certainement dans le corps étendu auquel elle emprunte toute la réalité qu'elle possède, à ce point qu'elle ne pourrait un seul instant exister en dehors de lui ; et pourtant, le mathématicien la conçoit comme séparée, sans que personne songe à l'accuser de fausseté. Il en est de même pour les figures, les nombres et autres choses semblables. C'est qu'en effet, le mathématicien n'affirme pas que *cette* ligne en particulier, *cette* figure, *ces* nombres subsistent en fait séparés du sujet où on les considère ; il les conçoit ainsi par pure abstraction de l'esprit. C'est le propre de notre intelligence de pouvoir ainsi réunir des choses séparées, et séparer des choses unies, à la différence des sens qui ne peuvent faire ni l'un ni l'autre, mais sont contraints de percevoir les choses exactement comme elles sont sans y faire aucun changement.

142. L'intelligence voit donc l'universel dans les choses concrètes par là-même qu'en les percevant elle fait abstraction de leurs caractères individuants, pour ne considérer exclusivement que leur seule essence. Les universaux, par conséquent, existent dans les choses concrètes et sensibles ; mais l'intelligence ne les y découvre que grâce à cette abstraction qui, sans se préoccuper de l'individuation, ne laisse pour ainsi dire à découvert que la seule essence ou nature. Quand nous concevons les genres et les espèces, nous n'avons dans l'esprit que l'élément qui réunit les individus sous les traits d'une commune res-

---

(1) Loc. cit.

semblance; et c'est cet élément qui, perçu et pensé par l'esprit, devient espèce ou genre (1). Voilà, réduite à ses termes les plus concis et les plus clairs, toute la réponse de Boèce.

De tout ce que nous avons déjà dit ailleurs sur ce sujet, il est aisé de conclure: 1° que Boèce a, en substance, présenté la véritable solution du problème ; c'est-à-dire, que l'universel est formé par une abstraction de l'intelligence qui, dans les individus concrets, ne perçoit que l'essence en laissant de côté les caractères individuants qui la resserrent et la limitent dans son existence réelle ; 2° que Boèce a trouvé la véritable raison de ce procédé particulier de notre connaissance, en lui donnant pour origine la nature même de notre intelligence qui est faite pour saisir ainsi la pure essence des objets qui s'offrent à son regard, comme la faculté sensitive pour saisir l'individu concret dans l'ordre matériel. Aussi a-t-il soin d'ajouter qu'un même objet peut très bien être connu, quoique différemment, par les sens et par l'intelligence ; par les sens comme singulier, par l'intelligence comme universel : *Singularitati et universitati unum quidem subjectum est, sed alio modo universale est cum cogitatur, alio singulare cum sentitur, in rebus his in quibus habet esse suum.*

143. Il me semble néanmoins que Boèce a fait quelque peu confusion en n'exprimant pas, au moins d'une manière claire et évidente, la différence qui existe entre l'idée purement abstraite et celle qui, par le travail de la réflexion, devient genre ou espèce. En d'autres termes, il ne distingue pas avec assez de précision les deux sortes d'universel : l'universel direct ou absolu qui n'est autre que l'essence perçue par l'esprit au moyen de la seule abstraction des caractères individuels de l'objet ; et l'universel réflexe ou relatif, qui est cette même essence, non plus considérée dans la connaissance directe que nous en avons, mais dans l'acte réflexe par lequel nous la comparons aux individus existants ou possibles qui peuvent la renfermer, et la concevons comme leur élément commun de ressemblance, c'est-à-dire comme espèce ou genre. L'absence de cette distinction explique

(1) *Sunt igitur hujusmodi res in corporalibus atque in sensibilibus rebus; intelliguntur autem præter sensibilia ut eorum natura perspici, et proprietas valeat comprehendi. Quocirca, cum et genera et species cogitantur, tunc ex singulis, in quibus sunt, eorum similitudo colligitur, ut ex singulis hominibus inter se dissimilibus humanitatis similitudo: quæ similitudo, cogitata animo veraciterque perspecta fit species: quarum specierum rursus diversarum considerata similitudo, quæ nisi in ipsis speciebus aut in eorum individuis esse non potest, efficit genus. Itaque hæc sunt quidem in singularibus.* Comm. in Porph., l. c.

chez Boèce l'hésitation qui lui fait dire tantôt que la question lui semble complètement résolue par sa réponse : *His igitur terminatis (ut arbitror), quæstio dissoluta est;* tantôt que cette solution ne le satisfait pas entièrement : *Aristotelis sententiam exequuti sumus non quod eam maxime probaremus, sed quod hic liber ad prædicamenta conscriptus est, quorum Aristoteles auctor est.*

144. Roscelin et son école ont d'ailleurs mis à profit cette confusion qui a abouti au nominalisme soit absolu soit tempéré. Si l'on recherche en effet les raisons qui sont le fondement de cette erreur, on s'aperçoit qu'elles supposent toujours l'équivoque qui fait que l'on confond toute espèce de concept universel, même direct, avec l'idée de genre et d'espèce. L'universel est un élément commun à plusieurs individus, qui ne peut par conséquent appartenir à un être réel et subsistant : voilà le principe qui a servi de point de départ à la doctrine de Roscelin, qui prétend que les universaux ne sont autre chose que de simples mots, et à la doctrine d'Abélard, qui, comme on le sait, a corrigé le nominalisme en disant que les universaux ne sont que des mots exprimant de purs concepts de l'esprit. Tandis que le premier de ces deux philosophes ne voyait d'universel que dans les mots, et ne concédait le caractère d'universalité qu'à la parole externe (sans faire réflexion que celle-ci n'est qu'une manifestation de la parole intérieure); l'autre remontait jusqu'à la parole interne et mettait l'universalité dans le pur concept de l'esprit, sans considérer que le concept exprime l'être comme la parole exprime le concept. Une même confusion peut engendrer parfois des erreurs opposées comme on peut le voir ici, où la même équivoque a donné naissance à ce réalisme exagéré de Gilbert de la Porrée et de Guillaume de Champeaux, qui, entre les mains d'Amaury, finit par aboutir au panthéisme.

L'un et l'autre, en attribuant la réalité à l'élément objectif du concept universel, lui attribuaient en même temps les caractères d'unité et de multiplicité qui ne conviennent qu'au genre et à l'espèce. Ils sont ainsi tombés dans deux excès contraires en vertu d'une même confusion de l'universel direct avec l'universel réflexe.

ARTICLE VII

Perfectionnement apporté par saint Thomas à la réponse de Boèce.

145. Rosmini fait avec raison observer que toutes les erreurs relatives à cette question des universaux viennent de ce qu'on n'a pas toujours assez pris soin de maintenir clairement la distinction des deux formes de l'être, idéale et réelle (1). Saint Thomas avait déjà fait la même remarque à propos de Platon. Voici en substance les paroles du saint Docteur : si l'on examine attentivement les raisons de Platon, on voit que son erreur vient de ce qu'il attribue à l'objet perçu la manière d'être qu'il a dans notre intelligence. Or, rien de plus faux ; car l'intelligence, encore qu'elle doive être conforme à l'objet, quant à la chose même qui est perçue, ne doit pas nécessairement pour cela s'y conformer quant à la manière dont il est perçu. Bien au contraire ; tout ce qui est reçu dans un sujet doit revêtir la condition du sujet qui le reçoit. Par conséquent, l'intelligence et l'objet connu étant de natures différentes, la manière d'être de l'objet dans l'intelligence doit être différente de sa propre manière d'être en lui-même ; et, bien que l'intelligence perçoive l'étendue sans le corps où elle se trouve, et l'universel sans les particuliers, il ne s'ensuit pas que l'étendue doive exister seule en dehors de son sujet, et l'universel en dehors du particulier. C'est ainsi que nous voyons les sens connaître, par exemple, dans un fruit la couleur sans la saveur, quoique ces deux qualités soient physiquement réunies dans le même sujet (2).

---

(1) Ouvrage cité.
(2) Il ne sera pas inutile de citer en entier et *ad litteram* le texte du saint Docteur : « *Patet autem diligenter intuenti rationes Platonis, quod ex hoc in sua positione erravit, quia credidit quod modus rei intellectæ in suo esse, sit sicut modus intelligendi rem ipsam. Et ideo quia invenit intellectum nostrum dupliciter abstracta intelligere, uno modo sicut universalia intelligimus abstracta a singularibus, alio modo sicut mathematica abstracta a sensibilibus, utrique abstractioni intellectus posuit respondere abstractionem in essentiis rerum. Unde posuit et mathematica esse separata et species. Hoc autem non est necessarium. Nam intellectus, etsi intelligat res per hoc quod similis est eis quantum ad speciem intelligibilem, per quam fit in actu ; non tamen oportet quod modo illo sit species illa in intellectu quod est in re intellecta. Nam omne quod est in aliquo*

Ce passage est vraiment remarquable. Il nous montre d'abord en quoi se sont trompés les nominalistes et les réalistes hétérodoxes. Les uns et les autres partent du même faux principe : *l'objet connu a dans l'ordre réel la même manière d'être que dans l'ordre idéal.* De cette majeure découle soit le nominalisme soit le réalisme, suivant la proposition qu'on voudra prendre pour mineure du syllogisme. Si l'on dit: *or l'objet connu a dans l'ordre réel une manière d'être individuée et concrète,* il faudra conclure: *donc il doit l'avoir aussi dans l'ordre idéal ; donc l'universel n'est qu'un pur son de voix ou un vain concept.* Si l'on prend au contraire pour mineure cette autre proposition : *or, l'objet connu a dans l'ordre idéal une manière d'être universelle,* on conclura : *donc il doit avoir la même existence dans l'ordre réel ; donc il faut admettre le panthéisme* (avec Amaury), ou les espèces séparées et subsistantes en elles-mêmes (avec Platon), ou l'intuition directe de l'universel dans l'intelligence divine (avec les Ontologistes). On évite l'un et l'autre inconvénient en tenant compte du principe posé plus haut par S. Thomas: autre est la manière d'exister idéalement, autre la manière d'exister réellement : *Alius est modus intelligendi quo intellectus intelligit, et alius modus essendi quo res existit.* Dans l'ordre de la réalité le mode d'être est concret; dans l'ordre idéal, au contraire, il est abstrait. Supposons, par exemple, que l'objet soit un cercle. Dans l'ordre réel cette figure ne se rencontre qu'en une matière déterminée, dans le fer, l'or, le bois, etc. Dans le concept du mathématicien elle est considérée comme indépendante de tous ces sujets et perçue par elle-même. De même, dans l'ordre réel, la nature de l'homme se trouve identifiée avec les individus particuliers: Pierre, Jean, Paul, et ainsi de suite; dans l'ordre idéal elle fait abstraction de tout sujet, et se trouve restreinte aux seuls caractères constitutifs de l'essence en tant que telle, c'est-à-dire à l'animalité et à la rationalité.

146. On ne saurait conclure de là que le concept de l'esprit est faux. Il serait vraiment faux si nous voulions attribuer à

est per modum ejus in quo est. Et ideo, ex natura intellectus, quæ est alia a natura rei intellectæ, necessarium est quod alius sit modus intelligendi quo intellectus intelligit, et alius sit modus essendi quo res existit. Licet enim in re esse oporteat quod intellectus intelligit, non tamen eodem modo. Unde quamvis intellectus intelligat mathematica non cointelligendo sensibilia, et universalia præter particularia, non tamen oportet quod mathematica sint præter sensibilia, et universalia præter particularia. Nam videmus quod etiam visus percipit colorem sine sapore, cum tamen in sensibilibus sapor et color simul inveniantur. » In I. Met. lect. 10.

l'objet l'état d'abstraction dans lequel nous le percevons, en disant, par exemple, que la figure circulaire existe en dehors de la matière, et la nature de l'homme en dehors de tout individu. Mais si au lieu de poser une pareille affirmation on ne fait que considérer cette figure sans son sujet, et cette nature sans ses caractères d'individuation, il n'y a plus le moindre péril d'erreur ; autrement il nous faudrait avouer que se taire c'est mentir, et que s'abstenir d'une chose c'est précisément faire tout l'opposé. S. Thomas dit fort à propos : « On peut abstraire de deux façons : premièrement, par mode de composition et de division (autrement dit par jugement), comme quand nous concevons qu'une chose n'est pas dans une autre dont elle est séparée : ensuite, par mode de simple appréhension, comme quand nous concevons une chose sans penser à une autre. Il y aurait évidemment fausseté à faire porter l'abstraction du premier genre sur des choses qui ne sont pas abstraites en réalité, tandis qu'il n'y a aucune erreur à craindre si l'on emploie seulement l'abstraction du second genre. C'est d'ailleurs exactement ce qui arrive dans les objets sensibles ; car si nous comprenions et affirmions que la couleur n'existe pas dans le corps coloré, mais qu'elle existe en dehors de lui, notre opinion serait fausse ainsi que toutes les raisons qui l'appuient. Mais si nous considérons seulement la couleur et ses propriétés sans penser au fruit coloré, et si nous exprimons par la parole ce que conçoit intérieurement notre esprit, notre connaissance et les considérations qui s'y rapportent seront exemptes de toute erreur ; étant donné que le fruit n'entre pas comme partie dans la raison intrinsèque de la couleur, et que rien ne nous empêche de considérer la couleur sans considérer le fruit. Je dirai de même que ce qui fait partie de la raison spécifique d'une chose sensible quelconque, de la pierre, de l'homme, du cheval, etc., peut être considéré sans les principes individuants qui ne constituent pas le moins du monde la raison spécifique. Voilà ce que c'est qu'abstraire l'universel du particulier (1). »

147. Mais, dira-t-on, d'où vient que l'intelligence peut ainsi concevoir l'objet dans cet état d'universalité et d'abstraction ? Nous répondons que la raison s'en trouve dans la nature même de l'intelligence qui jouit de cette propriété de percevoir la quiddité, le *quod quid est* de la chose, comme le dit saint Thomas en maint endroit de ses ouvrages ; et cela sans s'arrêter à ses

---

(1 *Summa th.*, I. P., Q. LXXXV, art. 1, ad 1^m.

caractères individuants qui, dans les objets matériels, ne proviennent pas de l'essence, mais ne sont que des propriétés de sa réalisation matérielle. Aussi, bien que la quiddité ne puisse physiquement subsister sans une individuation particulière déterminée, néanmoins, par elle-même et d'elle-même, elle n'est pas nécessairement restreinte à telle ou telle individuation. S'il en était ainsi, on ne pourrait la concevoir en dehors et indépendamment d'un sujet déterminé, et il n'existerait qu'un seul individu dans chaque espèce de choses ; ce qui est évidemment faux pour les êtres matériels. *Natura in singularibus habet multiplex esse, secundum diversitatem singularium ; et tamen ipsi naturæ secundum propriam considerationem, scilicet absolutam, nullum istorum esse debet. Falsum enim est dicere quod natura hominis, in quantum hujusmodi, habeat esse in hoc singulari. Si enim esse in hoc singulari conveniret homini in quantum est homo, non esset unquam extra hoc singulare* (1).

148. Jusqu'ici saint Thomas n'ajoute rien à la doctrine de Boèce, si ce n'est une plus grande lucidité d'exposition et une plus grande précision dans les pensées. Mais toute équivoque va disparaître devant cette observation, que l'universel, envisagé par nous jusqu'à présent comme résultat de l'abstraction simple de l'intelligence, n'est pas l'universel auquel on donne le nom de genre et d'espèce. Aussi, saint Thomas ne l'appelle-t-il jamais ainsi, mais seulement *raison spécifique, raison générique*. La signification subtile de ces expressions mérite d'être bien remarquée ; car, par cette dénomination on n'exprime que l'élément objectif, abstraitement considéré, non pas encore comme genre ou espèce, mais comme fondement de l'un ou de l'autre. Pour arriver ensuite à l'idée qui est formellement l'espèce ou le genre, il faut, par une réflexion de l'esprit, revenir sur le premier concept, comparer l'essence perçue par abstraction (à la manière indiquée plus haut) avec les individus qui la renferment ou peuvent la renfermer, et la regarder ainsi comme pouvant leur être rapportée. En vertu de ce rapport déterminé par l'acte réflexe, l'essence idéalisée revêt simultanément le double caractère d'unité et de multiplicité ; d'unité, car il n'y a là qu'une seule chose, une seule essence particulière ; de multiplicité, car on conçoit cette essence comme apte à être réalisée dans une multitude d'individus existants ou possibles qui se présentent alors

---

(1) S. Thomas, *De ente et essentia*, c. 4.

confusément à notre esprit. C'est là précisément l'universel que nous avons appelé réflexe ou relatif, à la différence du premier auquel nous avons donné le nom de direct ou absolu. L'universel réflexe étant un objet de réflexion, et constitué dans sa raison formelle d'universalité par un élément que lui ajoute l'intelligence, c'est-à-dire par la comparaison avec les individus, cet universel, dis-je, n'a aucune existence en dehors de l'esprit (1).

149. Par conséquent, les genres et les espèces considérés formellement ne sont que des concepts de l'intelligence, ayant leur fondement dans un concept préalable direct et abstrait, qui a lui même son fondement dans l'être réel des choses où l'essence se trouve individuée, non, encore une fois, en vertu d'un élément caractéristique propre à l'essence et qui puisse échapper au travail de l'abstraction ; ce qui permet de comprendre comment l'intelligence douée d'une vertu abstractive laisse de côté tout caractère individuel dès là qu'elle perçoit l'essence exclusivement dans ses caractères essentiels. D'où l'on peut conclure que l'état d'abstraction où il se trouve en nous, grâce au travail propre de l'intelligence, n'empêche point l'universel direct d'exister véritablement dans les objets sensibles quant à la nature qu'il renferme et qu'exprime la définition. On pourrait donc avec raison dire que l'universel existe dans les objets réels, en tant que ceux-ci sont termes de de la perception intellectuelle, et en tant qu'ils sont objets des facultés sensitives : *Singulare dum sentitur, universale dum intelligitur.* Ainsi la quiddité ou nature qui, comme nous l'avons dit, est également susceptible d'existence réelle et idéale, peut être considérée sous un double aspect : ou bien comme possédant une existence réelle dans l'ordre physique, et sous ce rapport elle est individuée ; ou bien comme ayant une existence idéale, et alors elle constitue l'universel réflexe, c'est-à-dire le genre ou l'espèce. A cette double manière de considérer l'essence on doit en ajouter une troisième qui tient le milieu entre les deux premières et consiste à regarder la nature sous un aspect absolu, c'est-à-dire en dehors de toute considération

---

(1) *Relinquitur ergo quod ratio speciei accidat naturæ humanæ secundum illud esse quod habet in intellectu. Ipsa enim natura habet esse in intellectu abstractum ab omnibus individuantibus, et habet rationem uniformem ad omnia individua quæ sunt extra animam, prout essentialiter est imago omnium et inducens in cognitionem omnium, in quantum sunt homines, et ex hoc quod talem relationem habet ad omnia individua intellectus adinvenit rationem speciei.* S. Thomas, *De ente et essentia,* c. 4.

d'existence réelle ou idéale ; on a alors l'universel direct qui d'un côté résulte de l'objet offert à la connaissance, et d'autre part dépend de l'abstraction intellectuelle par laquelle se trouvent écartés les caractères individuels. En fin de compte, si l'on demande : l'universel a-t-il oui ou non une existence réelle ? Pour dissiper toute équivoque, il faut répondre par la distinction suivante : il a une existence réelle quant à l'objet perçu, et non quant à la manière de le percevoir : celle-ci étant exclusivement une œuvre subjective de l'intelligence : *Cum dicitur universale abstractum, duo intelliguntur, scilicet ipsa natura rei et abstractio seu universalitas. Igitur natura cui accidit intelligi vel abstrahi, vel intentio universalitatis, non est nisi in singularibus; sed hoc ipsum quod est intelligi, vel abstrahi, vel intentio universalitatis, est in intellectu* (1). On évite ainsi l'erreur des nominalistes puisqu'on ne regarde plus l'universel direct comme un simple mot ou un pur concept, mais comme une réalité objective ; on évite également l'erreur du réalisme hétérodoxe, puisqu'on fait de l'universel direct une réalité, objective seulement quant à la chose perçue, mais non quant à l'universalité sous laquelle on la perçoit.

ARTICLE VIII

Objections de Rosmini contre Boèce.

150. Les objections que Rosmini fait à la doctrine de Boèce sur la question des universaux peuvent se réduire aux quatre propositions suivantes : I — Boèce n'explique pas comment ce qui est singulier dans la réalité devient ensuite universel dans l'intelligence. II — Si l'universel se trouve tout entier dans un singulier, il n'en reste plus rien qu'on puisse attribuer à un autre singulier. III — Boèce transforme souvent, sans dire pourquoi, la nature perçue abstraitement en une simple similitude des individus. Or, le concept de similitude suppose déjà connu par l'intelligence celui d'unité dans lequel viennent se réunir les êtres semblables. IV — Le réalisme de Boèce affirme que les universaux existent dans les particuliers, mais qu'on ne les perçoit qu'en dehors de ces derniers. Or, c'est précisément là le

---

(1) S. Thomas, *Summa th.*, I. P., Q. LXXXV, art. 2, ad. 2m.

point obscur du débat ; comment se fait-il que les universaux, s'ils existent dans les êtres particuliers, soient connus en dehors de ceux-ci, là où ils ne sont pas? (1)

Parmi ces quatre objections, il en est trois dont peut aisément se défendre le réalisme aristotélicien, même comme il a été exposé par Boèce. La dernière cependant paraît avoir plus de force contre lui, mais on la résout sans peine, par l'explication que saint Thomas y a ajoutée. Répondons en particulier à chacune d'elles.

151. I. *Comment ce qui est particulier dans les objets réels est-il ensuite universel dans l'esprit ?*

Réponse. Cette difficulté n'affaiblit en rien les explications données par Boèce. N'avait-il pas assez clairement exprimé sa pensée en disant qu'il fallait attribuer cet effet à *l'abstraction*, en vertu de laquelle l'intelligence, alors qu'elle perçoit un objet matériel, laisse de côté les conditions et caractères individuels, pour ne considérer exclusivement que la nature : *Naturam solam puromque, ut in seipsa forma est, contuetur.* Pour appuyer cette explication, il avait donné l'exemple du mathématicien qui considère la ligne indépendamment du corps dont elle est pourtant dans son existence absolument inséparable. En outre, Boèce avait indiqué la cause d'où procède en nous ce mode de conception abstraite qui est dans la nature même de notre intelligence dont l'objet propre est l'universel, comme l'objet propre des sens est l'individu concret. Il suit de là qu'un même être corporel présenté au sens et à l'intelligence est perçu comme concret par l'un et comme abstrait par l'autre : *Universale cum cogitatur, singulare cum sentitur* ; de même qu'une rose, par exemple, est perçue quant à son odeur par l'odorat, et par la vue quant à sa couleur. On dira peut-être que la couleur existe vraiment dans l'objet et peut par conséquent être objet de connaissance, tandis que l'universel n'a rien de ce qui appartient à la subsistance réelle de l'individu. Cette objection tombe d'elle-même devant les explications que nous avons présentées plus haut pour montrer que l'universel direct n'est que la quiddité perçue sans l'individuation. Or, la quiddité existe de fait dans l'objet; et, pour qu'elle soit séparée idéalement de son individuation, il n'est pas besoin d'autre chose que de la vertu abstractive de la puissance qui doit la percevoir ; et on ne peut raisonnablement refuser cette vertu à l'intelligence.

(1) ROSMINI, Opuscule déjà cité, nos 10 et 11.

152. II. *Si l'universel se trouve tout entier dans un particulier, on ne saurait le trouver dans un autre.*

Réponse. Il ne faut pas concevoir l'universel à la manière d'un sac de farine qu'on viderait dans un récipient déterminé, de manière qu'il ne restât plus rien à vider dans un autre. L'universel ne se forme pas par une sorte de dilatation de masse qui, bien qu'on l'augmente sans cesse, reste cependant toujours concrète et peut être mesurée et épuisée. Il se forme, comme nous l'avons dit plus haut, par abstraction des caractères individuels de l'objet sensible, de telle façon que l'intelligence en considère la simple quiddité sans se préoccuper de la condition concrète et singulière de sa subsistance réelle: *Animus cui potestas est disjuncta componere et composita dissolvere, quæ a sensibus confusa et a corporibus conjuncta traduntur, ita distinguit ut incorpoream naturam per se ac sine corporibus in quibus est concreta et speculetur et videat* (1). Or, la nature ainsi considérée ne renferme autre chose que les éléments constitutifs essentiels qu'on exprime au moyen de la définition; et, comme nous l'avons dit souvent, on laisse alors de côté tout rapport de cette nature avec un ou plusieurs individus; on n'affirme rien, on ne nie rien. Et c'est précisément à cette indifférence qui lui convient dans le concept mental, qu'elle doit de pouvoir être attribuée à toute sorte d'individus : car si l'on vient ensuite à l'attribuer à un sujet déterminé, rien n'empêche qu'on l'attribue en même temps à beaucoup d'autres. Une attribution particulière ne change en rien le caractère intrinsèque qu'elle possède en tant qu'essence, puisque sous ce rapport elle ne dépend d'aucune individuation déterminée.

Ainsi, par exemple, quand je conçois *l'homme* par une idée universelle directe, je ne conçois rien autre chose que les caractères *d'animal raisonnable* qui constituent la nature de l'homme; cette nature ainsi conçue peut indifféremment se trouver dans *Pierre*, dans *Paul*, dans *Jean*, et ainsi de suite. Elle n'a point de raison nécessaire d'être dans l'un de ces sujets, pas plus qu'elle n'a de raison pour n'y être point. Si donc je la rapporte à Pierre, je l'attribue à Pierre en disant : *Pierre est un animal raisonnable*, c'est-à-dire, *Pierre est homme*. Une pareille attribution ne change rien au concept de la nature et ne lui enlève point la capacité qu'il avait d'être attribué à tout autre individu. Ce concept n'exprimant par lui-même que la pure essence *d'homme*, il se

---

(1) Boèce, loc. cit.

trouve tout entier dans *Pierre,* puisqu'il ne manque rien à Pierre des éléments essentiels qui constituent l'homme. Il peut également bien se trouver encore tout entier dans *Paul* : car il était indifférent à se trouver dans l'un et l'autre, et ne représente que les éléments de l'espèce humaine. A vrai dire, la nature considérée comme telle n'appartient à aucun sujet déterminé ; pour s'appliquer à l'un, elle ne perd point son aptitude à s'appliquer à un autre. C'est précisément la différence qu'établit saint Thomas entre le *tout intégral* formé par addition de parties, et le *tout universel* formé par abstraction de l'intelligence. Le premier, en effet, ne se trouve point, quant à son essence, et sa vertu complète dans les parties, tandis que c'est tout le contraire pour l'autre, qui existe entièrement dans chaque individu. *Totum universale adest cuilibet parti secundum totam suam essentiam et virtutem, ut animal homini et equo; et ideo proprie de singulis partibus prædicatur. Totum vero integrale non est in qualibet parte neque secundum totam essentiam, neque secundum totam virtutem; et ideo nullo modo de singulis partibus prædicatur sed aliquo modo, licet improprio, de omnibus simul; ut si dicatur quod paries, tectum et fundamentum sunt domus* (1).

153. On voit par là ce que devient le mystère qu'on nous opposait dans la quatrième difficulté. Il disparaît, n'étant fondé que sur un mot équivoque. Boèce avait dit : *Sunt igitur hujusmodi res* (les universaux) *in corporibus atque in sensibilibus rebus; intelliguntur autem præter sensibilia ut eorum natura perspici et proprietas valeat comprehendi.* Rosmini ajoute : mais c'est là le point mystérieux : comment les universaux, existant dans les choses matérielles et sensibles, sont-ils connus *en dehors* de celles-ci, et là précisément où ils n'existent pas? La difficulté vient tout entière du mot *præter* que Rosmini traduit par le mot *en dehors,* c'est-à-dire *ailleurs, dans un autre sujet.* D'où sa question : *Comment peuvent-ils être connus là où ils ne sont pas ?* Mais, comme on peut le voir dans le passage de Boèce, ce *præter* signifie « *abstraction faite* ». Si on veut le traduire par *en dehors de,* nous n'y voyons point d'inconvénient, à la condition pourtant qu'avec le mot on ne change pas le sens de la proposition. Dans le sujet qui nous occupe, *en dehors des concrets sensibles* peut très bien signifier : *abstraction faite des concrets sensibles.* Par conséquent l'universel, à proprement parler, n'est perçu ni *hors* des particuliers ni *dans* les particuliers; il est perçu en lui-

---

(1) *Summa th.,* I. p., Q. LXXVII, art. 1.

même, c'est-à-dire sous un aspect absolu, alors qu'on fixe le regard de l'intelligence sur les seuls caractères intrinsèques de de l'essence en tant que telle : *Solam puramque naturam, ut in seipsa forma est, contuetur.*

Il en est qui, emportés par leur imagination, se figurent la connaissance comme une ligne qui, partant de l'intelligence, devrait nécessairement se terminer par son autre extrémité à un objet présent. Mais les choses, en réalité, se passent tout autrement. L'intellection requiert un objet, le néant ne pouvant être un terme de connaissance; mais il n'est pas nécessaire que l'objet perçu soit toujours rapporté par l'intelligence à une subsistance réelle qui, en quelque sorte, le renferme. S'il en était ainsi, toute connaissance serait concrète et relative, et il deviendrait impossible d'avoir des concepts absolus et abstraits. Or, l'universel direct consiste précisément dans un concept absolu de l'essence perçue indépendamment de toute idée de subsistance, soit physique soit idéale. Elle est terme de l'intelligence, ce qui veut tout simplement dire qu'elle est perçue par l'intelligence et rien de plus. Demander où elle est perçue c'est poser une question tout à fait hors de propos ; car la circonstance de lieu n'a rien à faire avec un concept qui fait abstraction de tout lieu, de tout sujet, de toute existence, et dans lequel on considère exclusivement une nature quant aux caractères intrinsèques qui la constituent.

154. L'unique sens raisonnable qu'on puisse donner à une pareille interrogation consisterait à entendre par le mot *où* le moyen idéal de connaissance par lequel nous percevons l'objet. On répondrait alors que l'esprit perçoit l'objet dans son propre *verbe*, c'est-à-dire dans cette image intellectuelle qu'il s'en forme intérieurement en lui-même, et qui est comme la parole interne avec laquelle il se l'exprime et se *le dit* à lui-même ; tout comme il arrive quand nous voyons un objet dans un miroir, et que notre attention se porte toute entière, non sur le miroir, mais sur l'objet qui s'y reflète (1). S. Thomas, d'ailleurs, n'hésite pas à dire que l'objet connu par nous *in verbo prolato manifestatur intelligenti* (2). En résumé, l'intelligence est, par sa propre nature, déterminée à saisir l'objet *modo suo*, par la perception immédiate de la nature abstraite, indépendamment des caractères sensibles qui l'accompagnent dans la réa-

---

(1) Voyez le chap. I, art. XII, où nous avons parlé du verbe mental.
(2) *Summ. theol.*, I. P., Q. XXXIV, art. 1, ad 3.

lité. Le produit de l'action intellective est le verbe mental, véritable image idéale de l'objet quant à son essence, non quant à ses caractères particuliers.

Cette image qui constitue le terme intrinsèque de l'acte intellectif est ce par quoi et en quoi l'intelligence perçoit l'objet. L'objet connu c'est l'essence perçue en elle-même sous un aspect absolu, sans avoir besoin, par conséquent, d'un *où*; pas plus qu'elle n'a besoin d'un *quand*, puisqu'elle fait abstraction du temps et du lieu. Tout ce qu'on peut dire, c'est que nous la percevons dans le *verbe* mental, expression intérieure et idéale de l'objet.

155. La difficulté proposée en troisième lieu est la seule qui paraisse avoir quelque valeur contre Boèce. On remarque en effet chez lui une certaine hésitation de langage qui donne prise à l'équivoque: tantôt, il paraît admettre que nous concevons l'universel par voie de simple abstraction, et tantôt, que nous le concevons par l'observation des caractères de similitude des individus entre eux. Mais ce défaut de précision provient, comme nous l'avons dit, de ce qu'il n'a pas suffisamment distingué l'universel direct de l'universel réflexe, comme l'a fait plus tard S. Thomas avec une si parfaite lucidité. Rosmini prétend avec raison qu'on ne peut saisir le rapport de similitude si l'on n'a déjà dans l'esprit le concept d'unité comme point central de comparaison. Mais cette unité mentale est précisément l'universel direct; et celui-ci, comme nous l'avons expliqué, ne nous est pas donné par la considération de la similitude des individus; il est connu par l'« abstraction simple » exercée sur un seul individu dont une considération absolue nous révèle la pure essence en laissant de côté les caractères individuels qui la déterminent dans un sujet particulier. Ce concept, ainsi abstrait de la chose, est le premier qui se trouve en notre esprit, sans avoir besoin d'un concept antérieur quelconque; que si, après cela, l'intelligence en vient à établir une comparaison entre l'universel direct et les divers sujets qui le possèdent ou peuvent le posséder, c'est alors qu'elle découvre en ceux-ci la raison de similitude et conçoit cette quiddité comme espèce ou comme genre. Mais ce dernier acte appartient à la connaissance réflexe; c'est un acte secondaire qu'on ne peut, sans erreur grave, confondre avec l'acte primitif de l'intelligence.

CHAPITRE V

DE L'INTELLIGENCE.

Nous avons jusqu'à présent parlé de l'idée et établi sa nécessité pour la connaissance intellectuelle. Nous avons parlé de l'intelligible et démontré son objectivité en réfutant le subjectivisme ancien et moderne, et les exagérations du faux réalisme. L'ordre veut que nous parlions maintenant de l'intelligence, c'est-à-dire de la faculté par laquelle nous atteignons l'intelligible au moyen de l'idée. Son nom vient des deux mots latins *intus* et *legere*, ce qui veut dire qu'elle ne s'arrête pas à la surface des choses, à leurs phénomènes ; elle en pénètre le fond pour y aller chercher l'essence et la substance qui sont la racine et comme le soutien des phénomènes. L'opération intellectuelle s'appelle aussi, avec raison, acte *mental* ; car ce dernier mot vient du latin *metiri* mesurer, et, comme l'observe saint Thomas, *intellectus accipit cognitionem de rebus mensurando eas quasi ad sua principia* (1).

Dans cette partie la plus élevée de l'âme humaine, le saint Docteur reconnaît une double vertu qu'il désigne par les deux noms : *intellect possible* et *intellect agent*. Voici la raison qu'il en donne : « Notre esprit peut se trouver, par rapport aux choses sensibles qui existent en dehors de lui, dans un double rapport : d'abord, dans le rapport d'acte à puissance, en tant que les choses extérieures sont intelligibles en puissance, et notre intelligence, intelligible en acte ; et alors, il faut admettre en nous un intellect agent (intellect en acte) qui rende les objets intelligibles en acte ; ensuite, dans le rapport de puissance à acte, en tant que notre intelligence contient, seulement en puissance, les formes déterminées des choses qui existent en acte hors de nous ; et alors, il faut admettre en nous un intellect possible qui soit comme le récipient des formes abstraites des choses

---

(1) *Qq. dispp.*, Quæst. *De veritate*, art. 1.

sensibles, que rend intelligibles en acte la lumière de l'intellect agent (1). » Nous allons parler de cette double faculté intellectuelle.

ARTICLE I

L' « intellect possible » est pour saint Thomas ce qu'on appellerait faculté intellective dans le langage moderne.

156. Une des plus grandes difficultés que l'on puisse rencontrer dans l'interprétation de saint Thomas, quand on veut éclaircir ses théories, c'est le changement presque complet opéré par Descartes dans la langue philosophique. Ç'a été là peut-être le moyen le plus efficace qu'on ait employé, pour obscurcir et renverser la doctrine des anciens, en la réléguant dans l'oubli. Une fois perdue la signification des mots, l'intelligence des pensées devenait singulièrement difficile, et c'est ainsi qu'on put aller jusqu'à attribuer, chacun suivant son goût, à ces maîtres de la sagesse antique, les opinions les plus étranges et les plus ridicules. Ceux-là même qui tentèrent de bonne foi la lecture et l'étude des ouvrages de saint Thomas, donnèrent souvent, à leur insu, aux paroles du saint Docteur, un sens absolument opposé à sa doctrine; aussi ne sommes-nous point étonné de voir quelques auteurs en parler aujourd'hui avec une telle légèreté et une telle maladresse que c'est pitié de les entendre. Il est donc par dessus tout nécessaire d'apporter un soin extrême à fixer le vrai sens des mots employés par saint Thomas et à noter exactement les expressions modernes auxquelles ils correspondent. Si ce travail est indispensable, en général, pour tous les points de la doctrine philosophique, à combien plus forte raison le sera-t-il dans cette matière de la connaissance intellectuelle, si

---

(1) *Cum mens nostra comparatur ad res sensibiles, quæ sunt extra animam, invenitur se habere ad illas in duplici habitudine : uno modo ut actus ad potentiam, in quantum scilicet res quæ sunt extra animam sunt intelligibiles in potentia, ipsa vero mens est intelligibilis in actu; et secundum hoc ponitur in ea intellectus agens qui faciat intelligibilia actu; alio modo, ut potentia ad actum, prout scilicet in mente nostra formæ rerum determinatæ sunt in potentia tantum, quæ in rebus extra animam sunt in actu; et secundum hoc ponitur in anima nostra intellectus possibilis, cujus est recipere formas a rebus sensibilibus abstractas, factas intelligibiles actu per lumen intellectus agentis.* Qq. dispp., Quæst. X, *De veritate*, art. 6.

importante par elle-même et si profondément atteinte par la confusion de langage qu'on s'est efforcé d'y introduire ?

157. Par *intellect possible* saint Thomas n'entend rien autre chose que la puissance ou faculté intellective. Pour s'en convaincre, il suffit de réfléchir un instant sur la signification naturelle des mots ; car, l'expression *intellect possible* ne signifie, rigoureusement parlant, que le principe intellectif considéré comme étant en puissance à l'acte de connaissance. C'est manifestement la pensée du Docteur angélique : *Cum inveniamur quandoque intelligentes in actu, quandoque in potentia, necesse est ponere aliquam virtutem per quam simus intelligentes in potentia..... et propter hoc vocatur intellectus possibilis; sicut et sensus, secundum quod est in potentia, posset vocari sensus possibilis* (1). Or, comme c'est à la faculté même qui est en puissance à une action, qu'il appartient de la produire, l'intellection prise formellement doit appartenir à l'intellect possible. *Intellectus possibilis est quo hic homo formaliter intelligit* (2); et celui-ci est bien la faculté intellective de l'homme.

Nous pourrions nous en tenir à cette explication. Néanmoins, pour confirmer notre proposition, nous citerons encore quelques textes de saint Thomas. « L'intellect possible, dit-il, reçoit en lui l'idée ou espèce intelligible ; il produit l'acte intellectif ; il est donc seul le sujet où réside la science ». *Intellectus possibilis est qui speciem recipit et actum intelligendi elicit; et sic solus intellectus possibilis est qui est subjectum scientiæ* (3). L'acte de connaissance proprement dit procède de l'intellect possible comme du premier principe d'intellection, tout comme l'acte de sentir procède de la puissance sensitive : *Hæc operatio quæ est intelligere egreditur ab intellectu possibili sicut a primo principio per quod intelligimus, sicut hæc operatio sentire egreditur a potentia sensitiva* (4). Quoi de plus ? L'intellect possible est encore représenté comme cette faculté, grâce à laquelle chaque homme appartient à l'espèce humaine : *Relinquitur quod intellectus possibilis sit quo hic homo speciem humanam sortitur* (5) ; et par là saint Thomas montre la fausseté de l'opinion d'Averroès qui n'admettait qu'un seul intellect pour tous les hommes : *Relinquitur ergo quod impossibile sit unum intellectum possibilem in omni-*

---

(1) S. Thomas, *Qq. dispp.*, Quæst. *De Spiritualibus creaturis*, art. 9.
(2) *In III. De anima*, lect. VII.
(3) Opusc. *De potentiis animæ*.
(4) *Qq. dispp.*, X. Quæst. *De anima*, art. 3.
(5) *Ib.*, Quæst. *De spir. creaturis*, art. 9.

bus hominibus esse; pour cette bonne raison que le constitutif spécifique ne peut être *numériquement un* pour tous les individus qui se distinguent numériquement entre eux, bien qu'appartenant à une même espèce : *Impossibile est esse unum numero in individuis speciei illud per quod speciem sortiuntur* (1).

158. Tous ces textes démontrent jusqu'à l'évidence que l'« intellect possible » de saint Thomas équivaut, dans le langage moderne, à ce que nous appellerions simplement intelligence ou bien encore faculté intellective. On doit donc lui attribuer tous les actes qui sont le propre de cette faculté ; et le saint Docteur l'appelle, en effet, faculté indépendante des organes, faculté qui connaît non seulement les choses matérielles mais aussi les choses immatérielles, faculté capable de se réfléchir sur elle-même et sur l'idée dont elle est informée : *Quia non habet operationem intellectus possibilis per organum corporale, ideo non oportet quod cognoscat ea tantum quæ habent affinitatem vel cum toto corpore vel cum parte corporis* (2). *Intellectus possibilis reflectitur supra seipsum et supra speciem suam* (3).

ARTICLE II

L'Intellect possible est appelé « puissance passive » parce qu'il doit recevoir en lui-même les représentations idéales ou espèces intelligibles.

159. Saint Thomas dit souvent que l'intellect possible est *passif*. Ainsi, dans la *Somme théologique*, il se demande si l'intellect est une puissance passive, et il répond par l'affirmative, pour l'intellect possible, auquel appartient proprement l'intellection : *Intelligere est quoddam pati* (4). Mais pour éviter toute équivoque il importe de bien saisir le sens de cette affirmation.

On appelle « actif » ce qui donne, « passif » ce qui reçoit. Voilà pourquoi on peut appeler puissance passive l'aptitude ou capacité d'un sujet à recevoir une détermination quelconque ; et, au contraire, puissance active, la vertu qui permet à une

---

(1) *Ib.*, Quæst. *De spir. creaturis*, art. 9.
(2) *Ibid.*, ad. 7.
(3) *Ibid.*, ad. 6.
(4) *Summa th.*, I. P., Q. LXXIX, art. 2.

chose de donner une existence réelle à cette détermination. Le marbre, par exemple, est en puissance passive en tant qu'il est apte à devenir statue ; de même, la cire, en tant qu'elle est apte à être liquéfiée. Nous trouvons, au contraire, un exemple de puissance active dans le sculpteur qui possède le pouvoir de transformer le marbre en statue, ou bien encore dans le calorique, parce qu'il est capable de faire passer la cire de l'état solide à l'état liquide. Leibniz dit fort à propos : « Si la *puissance* répond au latin *potentia*, elle est opposée à l'acte, et le passage de la puissance à l'acte est le changement. C'est ce qu'Aristote entend par le mot de mouvement, quand il dit que c'est l'acte ou peut-être l'actuation de ce qui est en puissance. On peut donc dire que la puissance, en général, est la possibilité du changement. Or, le changement ou l'acte de cette possibilité étant action dans un sujet et passion dans un autre, il y aura aussi deux puissances, l'une active, l'autre passive. L'active pourra être appelée *faculté*, et peut-être que la passive pourrait être appelée *capacité* ou *réceptivité* (1). »

Or, l'intellect possible est précisément soumis à un véritable changement, car il passe de la puissance à l'acte, puisqu'il a besoin d'être informé par l'espèce intelligible pour connaître tel ou tel objet déterminé.

Saint Thomas distingue trois sortes de *passions*. En premier lieu, il y a passion quand le sujet soumis à un changement perd quelque chose de la perfection qui convient à sa nature, par exemple, quand un homme est malade. En second lieu, il y a passion quand le sujet soumis au changement perd quelque chose d'indifférent ou de contraire à la perfection de sa nature, comme il arrive dans les diverses altérations des corps ; ainsi, c'est encore *patir* que de passer de la maladie à la santé. Enfin, il y a passion quand un sujet passe de la puissance à l'acte, sans rien perdre de ce qu'il possédait auparavant. « *Tertio dicitur aliquis pati communiter, ex hoc solo quod id quod est in potentia ad aliquid, recipit illud ad quod erat in potentia, absque hoc quod aliquid abjiciatur, secundum quem modum omne quod transit de potentia in actum potest dici pati, etiam cum perficitur* (2). » Aussi saint Thomas conclut-il qu'en passant de la connaissance potentielle à la connaissance actuelle, l'intelligence doit être appelée passive, dans le sens expliqué tout à l'heure : *In principio sumus intelligentes solum in potentia ; postmodum autem effi-*

(1) LEIBNIZ, *Nouveaux essais*, Liv. II, ch. XXI, § 2.
(2) *Summa th.*, I. p., Q. LXXIX, art. 2.

cimur intelligentes in actu. Sic igitur patet quod intelligere nostrum est quoddam pati, secundum tertium modum passionis, et per consequens intellectus est potentia passiva (1).

160. Il est clair, d'après tout ce que nous avons dit dans l'article précédent, que l'intellect dont parle ici S. Thomas est l'intellect possible; ce qui se trouve d'ailleurs confirmé à l'endroit cité tout à l'heure dans la réponse à la seconde difficulté où il est dit expressément que l'intellect appelé ci-dessus passif est l'intellect possible, ainsi nommé parcequ'il est en puissance par rapport aux intelligibles : *Intellectus qui est in potentia ad intelligibilia (quem Aristoteles ob hoc nominat intellectum possibilem), non est passivus nisi tertio modo*. S. Thomas répète la même chose dans son opuscule sur le traité de Boèce *de Trinitate*, quand il dit que l'intellect agent est puissance active, et l'intellect possible puissance passive: *In genere intellectus invenitur duplex potentia, activa, scilicet intellectus agens, et passiva, scilicet intellectus possibilis*. C'est pourquoi l'intellect possible ne peut passer à l'acte de la connaissance s'il n'y est, pour ainsi dire, mû par l'intelligible, tandis que l'intellect agent, qui n'a point pour office de connaître, mais seulement de mettre en acte l'intelligible, n'a besoin d'être mû par aucun autre principe actif; il n'a besoin que du phantasme sensible, comme matière et instrument de son opération, ainsi que nous le dirons plus tard.

161. Néanmoins, le même saint Docteur nous a dit et répété plusieurs fois que l'intellect possible (appelé ici puissance passive) est celui qui *actum intelligendi elicit*. Donc, cet intellect, sans cesser d'être passif, est aussi puissance active dans la rigueur des termes; car, bien qu'il éprouve un changement quand il reçoit l'espèce intelligible, c'est de lui pourtant que procède l'acte intellectif qui résulte de cette information. L'opération de la connaissance est un acte vital, et même l'acte vital le plus parfait: *Perfectior modus vivendi est eorum quæ habent intellectum* (2); or, l'acte vital, d'après saint Thomas, est celui qui procède d'un principe intrinsèque à l'opérant : *Opera vitæ dicuntur quorum principia sunt in operantibus ut seipsos inducant in tales operationes* (3). Donc, sous ce rapport, l'intellect possible est puissance active en tant que principe d'opération

---

(1) *Summa th.*, I. P., Q. LXXIX, art. 2.
(2) *Summa th.*, I. P., Q. XVIII, art. 3.
(3) *Ibid.*, art. 1, ad 2.

vitale (1). L'idée de possibilité ou de potentialité ne lui convient que par rapport à l'espèce intelligible par laquelle il est informé comme par son acte propre.

ARTICLE III

L'intellect agent, pour saint Thomas, est une vertu abstractive de l'âme, nécessaire à la formation des espèces intelligibles.

162. L'expression « intellect agent » prise dans un sens abstrait peut être changée en celle d' « activité intellectuelle ». C'est le terme qu'emploie saint Thomas quand il l'appelle : *virtutem immaterialem activam*, ou bien *virtutem ex parte intellectus*. Il nous faut maintenant expliquer, d'après le saint Docteur, en quoi consiste cette vertu, et quel est son rôle dans l'œuvre de la connaissance.

Quoique saint Thomas ait soin de distinguer constamment l'intellect agent et l'intellect possible comme deux puissances possédant chacune un mode d'action différent, il déclare néanmoins, en termes formels, qu'on ne doit pas conclure de là qu'il y ait en nous une double intellection : *Duorum intellectuum, scilicet possibilis et agentis, sunt duæ actiones... nec tamen sequitur quod sit duplex intelligere in homine ; quia ad unum intelligere oportet quod utraque istarum actionum concurrat* (2). S'il n'y a qu'une intellection, une aussi doit être en nous la faculté ou puissance intellective ; et nous avons vu que c'était précisément l'intellect possible. Cependant, cette puissance intellective ne peut procéder à son acte sans le concours d'une autre vertu opérative ; et comme cette dernière appartient également à la partie intellective de l'âme, on lui a donné aussi le nom d'intellect avec le qualificatif d'*agent*. *In omni actu quo homo intelligit, concurrit operatio intellectus agentis et intellectus possibilis* (3). Développons un peu cette théorie.

163. Voici comment saint Thomas raisonne. Si les universaux, qui sont les intelligibles en acte, subsistaient par eux-

---

(1) Saint Thomas en dit autant de la faculté sensitive. *Sentire, quantum ad ipsam receptionem speciei sensibilis, nominat passionem..... sed quantum ad actum consequentem ipsum sensum, perfectum per speciem, nominat operationem*. In I. Sent., Dist. XI, Q. I, art. 1, ad 1.
(2) *Qq. dispp.*, Quæst. De anima, art. 4, ad 8.
(3) *Qq. dispp.*, Quæst. De mente, art. 8, ad 11.

mêmes en dehors de notre esprit, comme le voulait Platon, il ne serait pas nécessaire de recourir à l'intellect agent. Mais Aristote a montré que les universaux, objets de notre connaissance intellectuelle, ne subsistent que dans les êtres sensibles concrets ; or, ceux-ci n'étant pas intelligibles *actuellement*, il faut nécessairement faire intervenir une certaine vertu qui d'intelligibles en puissance les rende intelligibles en acte, par une abstraction qui cueille pour ainsi dire les essences des choses dans la matière même, au milieu des conditions individuantes dont elles sont accompagnées. Cette vertu spéciale s'appelle « intellect agent ». *Non esset necesse ponere intellectum agentem, si universalia quæ sunt intelligibilia actu, per se subsisterent actu extra animam, sicut posuit Plato. Sed quia Aristoteles posuit ea non subsistere nisi in sensibilibus, quæ non sunt intelligibilia actu, necesse habuit ponere aliquam virtutem quæ faceret intelligibilia in potentia esse intelligibilia actu, abstrahendo species rerum a materia et a materialibus conditionibus; et hæc virtus vocatur intellectus agens* (1).

Telle est la preuve constamment employée par saint Thomas, quoique parfois sous des formes différentes, pour démontrer la nécessité de l'intellect agent, étant donné que l'objet propre de notre faculté intellective doive être « actué » au moyen de l'abstraction. Pour en donner encore un exemple, voici comment il s'exprime dans la question *De anima : Oportet ponere, præter intellectum possibilem, intellectum agentem qui faciat intelligibilia in actu, quæ moveant intellectum possibilem. Facit autem ea per abstractionem a materia et a materialibus conditionibus quæ sunt principia individuationis* (2). Il répète la même chose presqu'en termes identiques dans la *Somme théologique* : *Oportet ponere aliquam virtutem ex parte intellectus quæ faciat intelligibilia in actu per abstractionem specierum a conditionibus materialibus; et hæc est necessitas ponendi intellectum agentem* (3).

Ces citations, que je pourrais multiplier si je ne craignais d'être trop long, montrent clairement que le rôle de l'intellect agent, d'après saint Thomas, est de rendre intelligibles par l'abstraction les objets perçus préalablement par la faculté sensitive. Or, comme toute puissance reçoit de son acte propre la

---

(1) *Qq. dispp.*, Quæst. *De spir. creat.*, art. 4.
(2) *Qq. dispp.*, Quæst. *De anima*, art. 4.
(3) *Summa th.*, I. P., Q. LXXIX, art. 3.

dénomination qui lui est particulière, on peut dire que l'intellect agent, qui a pour fonction spéciale d'abstraire, n'est, en substance, qu'une *vertu abstractive*. Cette vertu forme les intelligibles au moyen de l'action qu'elle exerce sur les objets connus par les sens et l'imagination, objets que saint Thomas désigne sous le nom de « phantasmes » : *Facit phantasmata intelligibilia in actu per modum abstractionis cujusdam* (1). Nous verrons plus loin en quoi consiste cette abstraction (2). Il nous suffira de noter ici, en passant, qu'on doit se garder de la confondre avec celle qui est propre à l'intellect possible, et dont nous avons déjà entretenu le lecteur, alors que nous expliquions comment l'intelligence conçoit l'universel. L'abstraction de l'intellect agent dont il est ici question se rapporte à la production de l'espèce intelligible ; elle est donc antérieure au concept intellectuel, tandis que l'abstraction de l'intellect possible appartient au concept lui-même qu'elle rend apte à représenter l'essence de l'objet, indépendamment de ses caractères individuels. Voici comment Cajetan explique avec sa lucidité ordinaire la différence de ces deux abstractions : *Abstrahere a phantasmate quandoque significat operationem intellectus agentis, quandoque operationem intellectus possibilis. Intellectus agentis quidem, quando dicitur quod abstrahimus species intelligibiles a phantasmatibus ; intellectus vero possibilis, quando dicitur quod cognoscimus* quod quid est *hominis, abstrahendo ab hoc vel illo homine. Tantum autem interest inter abstractionem utramque, quod abstractio illa est realis productio rei abstractæ, scilicet speciei intelligibilis ; ista autem solum est exspoliatio rei abstractæ, non per realem denudationem, sed per negationem considerarationis* (3). Aussi fait-il observer que cette seconde abstraction est l'effet de la première et de même nature qu'elle : *Secunda est effectus primæ et ejusdem rationis cum ea.* Originairement, elle appartient à l'intellect agent, bien que formellement elle appartienne à l'intellect possible. De là vient que saint Thomas prend parfois indifféremment l'une pour l'autre.

(1) *Ib.*, I. P., Q. LXXXIV, art. 6.
(2) Chap. VII.
(3) CAJETANUS, in I. P., Q. LXXXV, art. 1.

ARTICLE IV

L'intellect agent est exclusivement une puissance active.

164. Cette proposition n'exige aucune démonstration, tant elle est par elle-même évidente après tout ce que nous avons dit jusqu'ici. Nous avons vu, en effet, que la passivité de l'intellect possible vient précisément de ce qu'il est dans la nécessité de recevoir de l'objet intelligible une détermination qui le fasse passer de la puissance à l'acte. Or, rien de pareil pour l'intellect agent. Il est toujours en acte par sa nature même, et n'attend pour agir que la seule présence du phantasme, qui est comme la matière ou le sujet sur lequel il exerce son action. L'intellect agent ne trouve pour son compte aucune perfection nouvelle dans son opération; son rôle est de perfectionner le le phantasme en l'illuminant; c'est-à-dire que, par l'abstraction, il le rend intelligible et apte à exercer son influence sur l'intellect possible. D'un autre côté, il perfectionne aussi l'intellect possible ; car, par là même qu'il rend le phantasme apte à exercer son influence comme nous venons de le dire, il en fait, en quelque sorte, jaillir la représentation idéale qui doit informer l'intellect possible et le mettre ainsi en état de procéder à l'acte définitif de la connaissance. C'est donc à l'intellect possible que nous devons d'être intelligents et capables d'actes intellectifs; tandis que l'intellect agent, en nous éclairant les objets par sa vive lumière, nous fait passer de la puissance à l'acte, et nous rend ainsi intelligents en acte. *Est intellectus possibilis secundum quem sumus intelligentes, quandoque quidem in potentia, quandoque autem in actu ; intellectus autem agens est quod facit nos intelligentes actu* (1).

L'intellect agent est donc, sous ce rapport, d'une certaine façon, le complément de notre vertu intellective. C'est de lui que notre âme tient sa dénomination d'intellectuelle, comme d'une lumière qui nous fait passer du pouvoir de connaître à la connaissance actuelle : *In intellectu humano lumen quoddam est quasi qualitas vel forma permanens, scilicet lumen essentiale intellectus agentis, ex quo anima nostra intellectualis dicitur* (2).

165. De là vient aussi que notre faculté intellectuelle, en tant

---

(1) S. Thomas, *Qq. dispp.*, Quæst. *De anima*, art. 5.
(2) *Ibid.*, Quæst. *De prophetia*, art. 1.

que, sous un nom commun, elle désigne tout ensemble les deux intellects, possible et agent, doit dans la rigueur des termes être appelée puissance active; car, ainsi envisagée, elle renferme tout ce qui est requis pour la production de l'acte intellectuel, la perception sensible étant toujours considérée comme matière préalable de la connaissance. C'est ce qu'on peut évidemment déduire de la doctrine de saint Thomas. Après avoir distingué la puissance active de la puissance passive, il ajoute que la première se rencontre quand le principe interne d'action est suffisant pour faire passer le sujet à un acte complet; la seconde, au contraire, quand le principe interne ne suffit pas par lui-même à donner un pareil acte. *In naturalibus rebus aliquid præexistit in potentia dupliciter; uno modo in potentia activa completa, quando scilicet principium intrinsecum sufficienter potest perducere in actum perfectum, sicut patet in sanatione; ex virtute enim naturali quæ est in ægro, æger ad sanitatem perducitur; alio modo in potentia passiva, quando scilicet principium intrinsecum non sufficit ad educendum in actum, sicut patet quando ex aere fit ignis; hoc enim non potest fieri per aliquam virtutem in aere existentem* (1). D'où il conclut que la science préexiste, en puissance active, dans celui qui l'acquiert, et non pas en puissance purement passive : autrement, l'homme n'y pourrait jamais parvenir par ses propres efforts. *Scientia ergo præexistit in addiscente, in potentia non pure passiva sed activa; alias homo non posset per seipsum acquirere scientiam* (2). Pour expliquer ensuite cette préexistence avec plus de précision, il dit que la science se trouve contenue, comme en germe, dans les premiers concepts de l'intelligence, qui se forment spontanément, grâce à l'illumination de l'intellect agent et aux espèces intelligibles abstraites des éléments sensibles : *Præexistunt in nobis quædam scientiarum semina, scilicet primæ conceptiones intellectus quæ statim lumine intellectus agentis cognoscuntur per species a sensibilibus abstractas* (3).

Puisque l'intellect possible peut, au moyen de la lumière de l'intellect agent, parvenir à la connaissance des premiers concepts où toute science se trouve virtuellement contenue, il résulte de tout ceci que l'un et l'autre intellect pris ensemble constituent en nous un principe intrinsèque suffisant par lui-

---

(1) *Qq. dispp.*, Quæst. *De magistro*, art, 1.
(2) *Ibid.*
(3) *Ibid.*

même à produire la connaissance de la vérité. C'est l'enseignement formel de saint Thomas dans son commentaire sur le livre *de Trinitate* de Boèce. En effet, après avoir observé qu'avec l'intellect agent et l'intellect possible, nous possédons, quant à l'opération intellectuelle, une double puissance, active et passive, il conclut que notre esprit possède tous les éléments suffisants pour la complète acquisition de la vérité : *Unde sicut aliquæ potentiæ activæ naturales suis passivis conjunctæ sufficiunt ad operationem naturalem, ita etiam anima hominis, habens in se potentiam activam et passivam, sufficit ad perfectionem veritatis.*

166. Toute faculté ou puissance opérative possède, en vertu de sa nature, une certaine inclination ou détermination à produire l'acte qui lui est propre, dès qu'elle se trouve en présence du sujet qui doit être le terme de son action. La raison en est que l'idée même de « faculté » ou « puissance » capable d'émettre une action, renferme l'idée de force ou tendance à l'action ; si bien qu'on doit même concevoir l'action comme préexistant virtuellement dans sa cause. Par conséquent, les puissances cognitives qui sont actives en raison même de leur vitalité, sont tout naturellement disposées à la production spontanée de leur acte, c'est-à-dire à la perception de leur objet propre, sitôt que celui-ci leur est convenablement présenté.

Or, de même que la vue est faite pour la perception des couleurs, et l'ouïe pour la perception des sons ; ainsi, l'intelligence est une faculté destinée à percevoir les essences des choses. Aussi voyons-nous que, dans la connaissance qu'elle a des objets, elle s'applique toujours, d'une manière plus ou moins claire, à en exprimer l'essence, et elle les perçoit précisément en les exprimant ainsi. Elle perçoit l'être, par exemple, en exprimant ce qu'est l'*être* ; elle perçoit la substance en exprimant ce qu'est la *substance* ; elle perçoit la qualité en exprimant ce qu'est la *qualité* ; la durée en exprimant ce que c'est que *durer*, et ainsi de suite. Or, la quiddité en tant que telle, c'est-à-dire considérée en elle-même, n'est pas restreinte à tel ou tel individu ; elle fait abstraction de toute réalisation concrète, bien qu'elle ne subsiste pas dans l'ordre idéal autrement qu'à l'état individuel et concret. Puis donc que l'intelligence humaine possède en elle-même tout ce qui est nécessaire à l'exercice de son acte, elle doit être douée d'une vertu qui produise en elle l'espèce intelligible en exerçant son influence sur l'objet présenté par les sens, de manière que l'essence seule s'y révèle. Tel est le rôle et la nécessité de l'intellect agent par rapport à l'intellect possible. Essayons de rendre cette explication plus claire par un exemple.

167. Prenons une lame de verre et supposons qu'elle ne laisse passer qu'un seul rayon d'un faisceau lumineux, le rayon vert, par exemple, en arrêtant tous les autres. Dès lors, cette lame possédera un double pouvoir : le pouvoir de résoudre le faisceau lumineux en ses éléments, et de séparer pour ainsi dire le rayon vert de la compagnie des autres, avec lesquels il se trouvait mêlé et confondu ; et, de plus, le pouvoir de transmettre ce rayon vert ainsi rendu libre et isolé. Nous avons là l'image de l'intellect agent et de l'intellect possible. Le premier prépare, en quelque sorte, le passage de l'essence, en l'isolant des caractères individuels qui la retenaient enchaînée dans l'existence concrète ; et, en vertu de la transmission de l'intellect agent, l'intellect possible reçoit intentionellement cette essence ainsi purifiée et abstraite : *Actus intellectus possibilis est recipere intelligibilia ; actio intellectus agentis est abstrahere intelligibilia* (1).

Or, ces deux pouvoirs de notre lame de verre, la *diaphanéité* pour le rayon vert, l'*opacité* pour les autres, sont bien deux pouvoirs distincts entre eux, quoique concourant à un seul et même effet. De même, dans notre esprit, la vertu abstractive et la faculté intellective, ou, en d'autres termes, l'intellect agent et l'intellect possible, sont véritablement deux facultés diverses et distinctes, encore que l'une et l'autre concourent, chacune par son acte propre, à un seul et même effet, à l'acte proprement dit de la connaissance.

ARTICLE V

On répond aux objections de Rosmini.

168. Rosmini, dans le premier volume de son *Nouvel essai*, prend à tâche de combattre Aristote ; et, en même temps, il s'applique à réfuter aussi, en substance, la doctrine de saint Thomas. Je laisse de côté les attaques qu'il dirige spécialement contre le philosophe de Stagire ; non qu'elles me paraissent le moins du monde légitimes, mais parce qu'une pareille discussion m'entraînerait hors des limites de mon sujet. Peut-être

---

(1) *Qq. dispp.*, Quæst. *De anima*, art. 4. ad. 7.

aurai-je d'ailleurs l'occasion d'en parler plus tard. Je me bornerai pour le moment aux objections qui concernent particulièrement la théorie aristotélicienne en ce qu'elle a de commun avec la théorie de saint Thomas.

1ʳᵉ *Objection*. — Les vérités premières ne sauraient avoir leur source dans les choses sensibles. Ces vérités, en effet, sont par elles-mêmes lumineuses et fondées sur des raisons intrinsèques. Or, ces raisons ne se trouvent pas dans les choses extérieures, objets de nos perceptions sensibles, où il n'y a point de raisons, mais seulement des faits qui, par leur nature, sont toujours particuliers, alors qu'au contraire les raisons sont douées du caractère de généralité (1).

Réponse. — Les choses extérieures sont des faits; mais tout fait renferme, à l'état concret, une raison, c'est-à-dire une essence qui garde son immutabilité au sein même du fait contingent. *Nihil est adeo contingens quod non aliquam necessitatem participet*. Ainsi, un triangle est bien un fait sur lequel mes yeux tombent par hasard, ou que j'ai produit des mes propres mains; mais, que ce triangle doive avoir trois côtés et trois angles, et que ses trois angles soient égaux à deux droits, voilà qui est d'absolue nécessité. Pourrait-on, par hasard, enfermer dans trois lignes droites un espace où il y eût quatre angles, ou dont les trois angles eussent une équivalence supérieure à deux droits ? Vous abaissez une perpendiculaire sur une droite, et vous obtenez ainsi un angle droit de chaque côté de la perpendiculaire. Voilà un fait. Mais, dites-moi, pourriez faire que ces deux angles ne fussent pas égaux entre eux. Non, sans doute. Eh bien ! voilà une raison qui, comme vous le voyez, est objective; elle n'est pas seulement dans votre esprit; elle est dans le fait même que vous regardez, et vous la connaissez ainsi parce qu'elle est ainsi en elle-même.

Il est vrai que les sens ne la perçoivent pas; ils ne voient rien que le fait tout seul, les trois côtés enfermant un espace déterminé, ou une ligne droite abaissée perpendiculairement sur une autre. Mais, qu'est-ce que cela prouve? De ce qu'une chose n'est pas perçue par une faculté cognitive, êtes-vous autorisé à nier son existence dans l'objet? Nierez-vous l'existence de la lumière dans les corps, parce que votre organe nasal ne l'y a point flairée ? L'intelligence est la faculté de connaître l'universel, et son objet propre c'est l'essence ou quiddité

---

(1) *Nuovo Saggio*, vol. I, Sez. IV, page 205.

des choses. Cette essence se trouve dans un être sensible ; elle peut donc fort bien y être perçue par l'intellect, encore que les sens ne puissent l'atteindre, absolument comme je connais par la vue et non par le toucher la couleur du fruit que je tiens à la main.

Notre adversaire ajoute : le fait est particulier et l'essence universelle.

Je demande si le triangle particulier que j'ai sous les yeux a, oui ou non, une essence. Il serait en vérité bien étrange qu'on répondît négativement. Que dis-je, étrange ? ce serait une absurdité manifeste. Tout être réel, quoique particulier, a son essence propre par là-même qu'il a l'être : car on sait que l'essence est, d'après une définition bien connue, *ce par quoi une chose est ce qu'elle est*. L'essence peut donc être particulière ou universelle : particulière, si elle est restreinte à un individu, universelle si on la conçoit en elle-même, abstraction faite de tout individu. C'est précisément de cette seconde manière que l'intellect la conçoit ; et, par conséquent, par rapport à l'intellect, elle est dite universelle, en tant qu'elle est soumise à sa faculté d'abstraction.

2º *Objection*. — Cette doctrine n'établit pas une distinction suffisante entre les sens et l'intelligence, puisque toute la différence est dans l'objet et non dans le mode d'opération (1).

Réponse. — Rien de plus faux. D'abord, la distinction des objets suffit pour déterminer la distinction des facultés. Celles-ci empruntant toute leur raison d'être aux exigences ou conditions spéciales des objets, voilà pourquoi de l'immatérialité de l'objet perçu nous concluons à l'immatérialité de la puissance intellective, et de celle-ci à l'immatérialité de l'âme d'où elle émane. En second lieu, saint Thomas fait consister aussi la distinction du sens et de l'intellect dans le mode d'opération, essentiellement différent dans l'un et l'autre, puisque les sens n'opèrent qu'avec le concours absolument nécessaire des organes, tandis que l'intelligence en est totalement indépendante. Le lecteur trouvera une plus ample explication de cette distinction des deux facultés dans tout ce que nous avons déjà dit ailleurs sur ce sujet (2).

3º *Objection*. — La théorie de l'abstraction reste dans le vague. Elle revient à dire que nous avons le pouvoir de former

---

(1) *Ibid.*, page 209.
(2) Voyez chap. III, art. 7.

les idées sans nous dire comment nous les formons. C'est d'ailleurs ce qu'on n'expliquera jamais sans avoir recours à quelqu'idée innée (1).

Réponse. — La théorie de l'abstraction ne se contente pas d'affirmer seulement que nous avons le pouvoir de former les idées ; elle va plus loin et indique expressément la manière dont elles sont formées ; ce qu'elle explique par la perception de la seule quiddité de l'objet sensible, à l'exclusion des caractères individuels qui la déterminent. Ce n'est pas là rester dans le vague : c'est tout simplement reconnaître dans l'intelligence ce qui lui est nécessaire pour produire un effet qui lui est propre. Rosmini dit avec raison qu'expliquer l'origine des idées n'est autre chose qu'expliquer l'origine des universaux. Mais il se trompe quand il prétend que ceux-ci ne peuvent trouver leur explication dans la seule théorie de l'abstraction. L'idée de l'être, à laquelle il fait appel, n'est qu'un hors d'œuvre qui ne fait rien à l'affaire, puisqu'elle ne peut communiquer à quoi que ce soit sa propre universalité, ce qui nous mettra toujours dans la nécessité de recourir à une vertu abstractive pour rendre compte de la formation des autres idées. Or, s'il est vrai que pour déterminer avec exactitude les causes des phénomènes qu'il observe, le philosophe ne doit pécher ni par excès ni par défaut, n'est-il pas raisonnable de refuser d'admettre une explication qui est tout au moins superflue ? La doctrine de saint Thomas met précisément le plus grand soin à observer cette règle, comme nous aurons d'ailleurs l'occasion de le mieux faire voir quand nous traiterons *ex professo* la question de l'origine des idées.

Du reste, je ne vois pas de quel avantage pourrait se prévaloir, sur le point qui nous occupe, un système qui, outre la vertu abstractive, admet une idée innée dans l'intelligence. Les deux théories se proposent d'expliquer la formation des universaux ; toutes deux reconnaissent également que l'esprit humain est doué du pouvoir de les produire. La seule différence consiste en ce que la première regarde un pareil effet comme le résultat de la séparation de l'individualité d'avec l'essence, et lui assigne comme cause suffisante l'action d'une vertu analytique qui accomplit idéalement cette séparation ; tandis que la seconde prétend que cette décomposition ne se peut faire que si l'objet sensible reçoit d'abord communication de l'être qui lui fait

---

(1) *Nuovo Saggio*, vol. I, Sez. IV, page 206.

défaut ; d'où la nécessité d'une forme *a priori* qui contienne cet être. Toute la question revient donc, en fin de compte, à savoir en quoi consiste l'universel et si les sens sont véritablement doués du pouvoir d'acquérir une connaissance quelconque. Si, en effet, l'universel direct est vraiment atteint par la simple perception d'une quiddité, en dehors de toute considération de son individuation matérielle, et, si les sens ont vraiment la faculté de connaître les objets concrets réels, il est clair qu'une vertu abstractive suffira pour expliquer l'apparition de l'universel. Vouloir introduire encore quelqu'autre chose dans l'esprit, c'est multiplier les êtres sans nécessité.

4e *Objection*. — Pour qu'il fût possible de former l'universel au moyen de l'abstraction, il faudrait qu'il se trouvât en puissance dans les phantasmes, qui ne sont autre chose que les objets sensibles fixés, pour ainsi dire, dans l'imagination. Or, une pareille assertion est insoutenable. Dire, en effet, que les universaux sont en puissance dans les phantasmes, c'est tomber dans un cercle vicieux : « Comment pouvez-vous savoir que les phantasmes singuliers sont universels *en puissance*? Par l'examen du fait, sans doute, puisque vous supposez que c'est du fait même que l'intelligence tire l'universel » (1). Vous concluez donc du fait à la puissance, et de la puissance à la possibilité du fait. *Idem per idem*.

Réponse. — Encore que la théorie scholastique voulût conclure du fait de l'abstraction que les phantasmes sont universels en puissance, elle ne tomberait pas pour cela dans un cercle vicieux; car, le fait serait alors confirmé par l'expérience qui nous rappelle que, pour la connaisssance intellectuelle, nous devons trouver notre point de départ dans les choses sensibles ; confirmé aussi par la raison qui nous persuade que la connaissance propre à l'homme est un mélange de sensations et d'opérations intellectives. Il est donc faux que, sous ce rapport, nous démontrions *idem per idem*.

Voici d'ailleurs encore une autre solution. Nous avons démontré que les phantasmes sont universels en puissance, non pas par le fait de l'abstraction, mais par le caractère même de la quiddité, qui ne demande point par elle-même à être dans tel ou tel individu; car, autrement, elle ne pourrait exister qu'en un seul. Par exemple, si la nature d'homme était essentiellement restreinte aux limites de l'individu Pierre, l'individualité de Pierre devrait se retrouver partout où se trouve la nature humaine. Cette nature ne pouvant, dans cette hypothèse, se multiplier, il serait impossible de concevoir ou de rencontrer plus d'un homme existant, ce qui est à la fois contredit par la raison et par l'expérience. L'individualité de Pierre n'appartient donc pas aux caractères intrinsèques de la nature humaine, en tant que telle, et par conséquent la représentation sensible de l'individu humain contient un objet où la nature peut être séparée de l'individuation ; d'où la nécessité d'une faculté capable d'exécuter idéalement cette séparation. Voilà comment le phantasme est universel en puissance.

5ᵉ *Objection*. — D'après la théorie qui nous occupe, les sens doivent percevoir la chose externe individualisée. Donc 1° ils ont une perception plus étendue que celle de l'intelligence, puisqu'outre la nature, ils perçoivent l'individuation ; 2° les sens, dans une pareille perception, doivent porter un jugement et dire : cette chose que je sens, existe (1).

Réponse. — L'objection suppose que l'individu résulte de la nature et de l'individualité comme de deux éléments physiquement distincts, de même que l'air, par exemple, n'est pour les physiciens qu'un mélange d'oxygène et d'azote. Or, il n'en va pas ainsi. Il n'existe qu'une seule réalité, la réalité de l'individu, c'est-à-dire de la nature individuée, et l'on ne peut établir qu'une distinction virtuelle entre la nature et l'individuation, puisque la nature, avons-nous dit, est de soi indifférente à se trouver dans tel ou tel individu. C'est ce qui permet à l'intelligence de séparer idéalement l'une de l'autre ; ce que ne peuvent faire les sens dont la connaissance se borne à la perception des seuls individus matériels : dans cette perception, les sens n'ont à porter aucun jugement sur l'objet présent : il suffit tout simplement qu'ils le perçoivent. L'objection part de ce principe qu'il n'y a point de connaissance sans jugement, ce qui est faux, puisque l'intelligence, dans la perception des essences, ne juge pas, mais ne fait que percevoir.

6ᵉ *Objection*. — On ne peut tirer du singulier ce qui n'y est pas. Or, l'universel (élément commun à plusieurs) n'est pas dans les singuliers. « L'universel dans les particuliers ! Quelle étrange manière de parler ! L'universel n'est qu'un rapport de plusieurs individus avec mon esprit. Après les avoir perçus, je les compare entre eux et je remarque ce qu'ils ont de semblable et de dissemblable. » (2)

---

(1) *Ibid.*, pag. 212 et 213.
(2) *Ibid.*, pag. 219.

Réponse. — Notre adversaire confond ici trois choses fort différentes : 1° la communauté ou universalité avec ce qui est commun ou universel, ou, en d'autres termes, le contenant avec le contenu ; 2° l'universel direct avec l'universel réflexe ; 3° l'universel en acte avec l'universel en puissance. D'abord, ce n'est point de ce qui est commun ou universel, mais seulement de l'universalité qu'on peut dire qu'elle n'est qu'un rapport, qu'une relation. En second lieu, c'est à l'universel réflexe et non à l'universel direct qu'appartient ce rapport de communicabilité. Le caractère d'universalité convient exclusivement à l'essence en tant que, par un acte de réflexion, on la compare avec les individus, et qu'on la considère comme élément représentatif des caractères de similitude qui les réunissent dans un même concept. Il ne convient nullement à la simple quiddité perçue directement en elle-même avec exclusion des caractères individuels; mais l'acte réflexe est précédé par l'acte de perception directe qui saisit immédiatement l'essence, abstraction faite de l'individuation ; et, quoique la nature ainsi perçue, existe bien réellement dans les singuliers, on ne peut cependant dire qu'elle existe à la manière dont on la conçoit. La quiddité ainsi perçue est l'universel direct qui, considéré en tant qu'il est acte, c'est-à-dire avec l'abstraction qu'exerce sur lui l'intelligence, n'existe pas dans les individus réels, mais seulement dans notre esprit. Enfin, comme cette quiddité, existant ainsi en nous sous forme abstraite, est celle-là même qui, sous forme concrète, subsite dans les individus et sert de matière à l'abstraction intellectuelle, il s'ensuit qu'on peut prétendre avec raison que l'universel existe vraiment dans les singuliers, mais seulement en puissance.

7⁰ *Objection.* — L'objet des sens et celui de l'intelligence sont totalement différents (1).

Réponse. — *Je distingue* : de manière que l'un soit cependant, d'une certaine façon, contenu dans l'autre, *je concède* ; de manière qu'il y ait entre eux exclusion absolue, *je nie.* Nous ne parlons ici que des premières conceptions de l'intelligence, et non de celles qui en dérivent, et auxquelles notre pensée peut parvenir à l'aide des premières. Ces concepts de second ordre se rapportent assez souvent à des objets tout à fait supérieurs aux sens, comme par exemple, à Dieu et aux substances spirituelles. Mais les premiers concepts de notre intelligence, dont le point de départ se trouve toujours dans les choses sen-

---

(1) *Ibid.*, page 223.

sibles, ont un objet qui diffère de celui des sens comme le contenu diffère du contenant où il est renfermé. Car, si les sens ont vraiment un objet réel pour terme de leur perception, c'est bien dans cet objet que peut être perçue l'essence par une faculté que la nature destine à cette sorte de connaissance, étant donnée toutefois l'abstraction préalable des caractères matériels de l'objet, comme une condition que réclame nécessairement sa spiritualité.

8° *Objection.* — L'intellect doit savoir ce qu'il fait quand il abstrait ainsi ; autrement, comment pourrait-il séparer des choses qu'il ne connaît point ? Il lui faut nécessairement une idée préalablement abstraite, qui lui serve de règle pour les abstractions ultérieures (1).

Réponse. — On peut faire la même difficulté au système de l'*être idéal*. Quand la raison applique aux sensations l'idée innée de l'être, elle doit savoir ce qu'elle fait ; autrement, comment pourrait-elle unir des éléments qu'elle ne connaît pas ? Il faudrait un jugement quelconque qui pût lui servir de règle dans cette opération; elle devrait, sans doute, avoir préalablement la connaissance de l'objet senti, qui est le sujet auquel elle doit appliquer l'être à la manière d'un attribut ; elle devrait savoir quel degré d'être peut convenir à l'objet particulier, dans la crainte de lui en attribuer un peu plus ou un peu moins qu'il ne faut ; et ainsi de suite. Or, que répond Rosmini à cette objection ? Il nous dit tout simplement que cette synthèse est l'œuvre de la nature et non de la délibération ; qu'elle se fait spontanément et non par réflexion, et qu'elle ne suppose, par conséquent, aucune connaissance préalable des éléments qu'il s'agit de réunir. Nous faisons, nous aussi, et avec plus de raison encore, la même réponse pour expliquer le travail de l'analyse primitive. Je dis : avec plus de raison ; car il est certainement plus aisé de comprendre comment une force peut faire jaillir d'un composé des éléments nouveaux (comme la chimie nous le montre tous les jours), que de saisir comment une puissance peut réunir des éléments qui ne sont pas le moins du monde à sa disposition. Le jugement est un acte par lequel on établit la convenance ou la disconvenance de deux termes entre eux. Il consiste dans la perception d'un rapport. Or, est-il possible de connaître une relation sans la connaissance préalable des termes dont la comparaison doit lui donner nais-

---

(1) *Ibid.*, page 213.

sance? L'abstraction, au contraire, n'exige que la simple omission d'un élément qui se trouve dans l'objet. La connaissance préalable de cet élément n'est pas pour cela nécessaire ; il suffit que l'intelligence le laisse de côté, ne le perçoive pas. Quant à la prétendue connaissance d'une règle qui viendrait diriger cette opération, elle serait nécessaire si l'intelligence y mettait quelque chose de sa propre industrie, au lieu de la disposition toute naturelle qu'elle a reçue de Dieu à cet effet.

9° *Objection.* — L'intelligence, quand elle abstrait, perçoit-elle, oui ou non, le singulier ? « Pour résoudre cette difficulté, les scholastiques sont obligés de dire que l'intelligence perçoit les particuliers *per quamdam reflexionem*. Mais, il est aisé de comprendre que ce pronom *quidam, quædam, quoddam*, fort respectable d'ailleurs, et souvent employé par les philosophes comme planche de salut dans le naufrage, n'est point en état de satisfaire l'esprit humain accoutumé à chercher de meilleures raisons » (1).

Réponse. — Avant de tourner en ridicule une doctrine, il serait bon de la comprendre. La phrase signalée par notre adversaire : « l'intelligence connaît le particulier *per quamdam reflexionem* », est bien de saint Thomas ; et on peut croire qu'il ne l'a pas employée comme planche de salut dans le naufrage, puisque, dans sa doctrine, la connaissance du singulier n'a rien à faire avec l'abstraction des idées qui lui est antérieure. Nous dirons plus tard, quand nous traiterons de la connaissance des singuliers, pourquoi saint Thomas s'est servi de ce *quamdam*. En attendant, nous allons répondre directement à la question de Rosmini.

L'intelligence perçoit-elle le particulier sur lequel elle exerce son abstraction ? Quelques scholastiques ont soutenu l'affirmative. Ils pensaient qu'après la perception sensitive le premier acte de l'intellect était un acte de réflexion sur l'objet senti, c'est-à-dire sur l'acte de l'imagination où il est représenté ; et qu'ensuite l'abstraction intellectuelle venait opérer dans cet objet la séparation de la quiddité d'avec les caractères individuels. Mais cette opinion n'est ni celle de saint Thomas ni la nôtre. Saint Thomas veut qu'après la sensation le premier acte de l'intelligence soit de percevoir l'essence de l'objet sous la lumière de l'intellect agent. L'objet singulier sur lequel doit porter l'action de cette lumière n'est point connu antérieure-

---

(1) *Ibid.*, page 229.

ment par l'intellect, mais seulement par les sens, et la détermination de l'opération illuminative de l'intellect agent trouve sa raison dans l'harmonie radicale des facultés de l'homme et dans l'union intime qui existe entre les sens et l'intelligence, en vertu de leur communauté d'origine ; car l'une et l'autre faculté découlent également de l'âme humaine comme de la même source.

L'intellect étant une puissance active de l'âme, se trouve toujours en disposition prochaine à agir. Pour qu'il exerce son action, la simple présence d'un sujet lui suffit, et ce sujet lui est présenté par là-même qu'un phantasme, c'est-à-dire la représentation d'un objet sensible, se trouve formé dans l'imagination.

10ᵉ *Objection.* — « Ce ne serait pas pour moi un mince embarras si je me voyais chargé d'apprendre à l'intellect agent à remplir les fonctions que lui attribuent les scholastiques. »

Réponse. — Plus grand encore serait notre embarras s'il nous fallait éduquer l'*être idéal*. Quelle habileté ne doit-il pas avoir pour se rencontrer ainsi avec la sensation, sans qu'il soit besoin pour lui de s'abaisser jusqu'aux sens, ou pour les sens de s'élever jusqu'à l'intellect ! Quelle puissance il faut pour contraindre la sensation à produire un terme extrinsèque et objectif, alors qu'elle ne perçoit que de pures modifications subjectives ! Quel prodigieux discernement pour appliquer, à propos, à ces modifications, non pas la possibilité mais l'existence réelle, alors que le fameux être idéal n'est que possible ! Quelle adresse enfin, pour faire ainsi cette prétendue application d'existence réelle, sans appliquer en même temps les caractères divins dont l'être idéal en question est revêtu ! On pourrait allonger encore la liste des très difficiles instructions que devrait donner à l'*être* un éducateur d'une habileté consommée. Au contraire, l'instruction de l'intellect agent se réduit à bien peu de chose. Étant, comme l'imagination, une faculté de l'âme, il vivifie le phantasme par son influence, pour déterminer ensuite objectivement l'intellect possible à la perception de la seule essence de l'objet senti, abstraction faite de ses caractères individuels. Dans ce travail, le phantasme concourt comme cause instrumentale et l'intellect agent comme cause principale ; et, par conséquent, l'effet qui en résulte dans l'intellect possible, c'est-à-dire l'« espèce impresse » qui détermine la production du verbe mental, participe à la condition des deux éléments qui ont concouru à sa production. Elle participe d'abord à la condition du phantasme, quant à la représentation de l'être de l'objet qui est contenu dans le phantasme ; ensuite, à la condition de l'intellect agent, quant à l'immatérialité de cette représentation, car elle exprime la seule essence de cet être, indépendamment des caractères individuels qui la matérialisaient dans l'objet sensible. C'est ce que nous aurons l'occasion de mieux éclaircir au chapitre VII, où nous traiterons spécialement la question de l'origine des idées et du rôle qu'il convient d'attribuer à l'intellect agent dans leur formation.

ARTICLE VII

Nécessité des images sensibles dans la connaissance intellectuelle.

169. L'esprit humain, dans l'état présent de son union avec le corps, ne connaît rien sans le secours d'un phantasme ou représentation sensible existant dans l'imagination. *Impossibile est intellectum nostrum, secundum præsentis vitæ statum, quo passibili corpori conjungitur, aliquid intelligere in actu nisi convertendo se ad phantasmata* (1). Ceci a lieu non seulement dans la première formation des idées qui résultent, comme on le sait, de l'abstraction exercée sur les objets perçus par les sens et reproduits dans l'imagination, mais encore dans tous les actes ultérieurs de connaissance, alors même que nous revenons à une perception actuelle des idées que nous possédions déjà auparavant à l'état habituel.

Saint Thomas emploie pour démontrer ce fait psychologique, deux arguments tirés de l'expérience. Voici le premier : Quand l'exercice de la faculté imaginative vient à être troublé ou même complètement suspendu, comme il arrive dans la folie ou dans la léthargie, l'acte de l'intelligence se trouve pareillement troublé et suspendu dans l'usage même des idées acquises auparavant, ce qui serait inexplicable si l'on n'admettait pas comme nécessaire le concours des images sensibles, des phantasmes. L'intelligence, en effet, est une faculté inorganique, c'est-à-dire capable d'opérer par elle-même sans le concours d'aucun instrument corporel, comme le prouve évidemment la spiritualité de ses actes. Elle ne devrait donc ressentir aucun trouble de l'altération ou de l'embarras du cerveau, si son action n'avait

(1) *Summa th.*, I. P., Q. LXXXIV, art. 7.

besoin d'être secondée par l'intervention d'une autre puissance dépendant de cet organe. Aussi ceux qui n'admettent pas cette doctrine sont-ils obligés de recourir à des hypothèses plus ou moins abstraites et contraires au bon sens, en disant, par exemple, que le fou dans son délire et l'enfant dans le sein maternel jouissent, tout comme l'homme sain et adulte, du développement de leur vie intellectuelle, sans qu'on puisse dire pourquoi ils n'en ont ni conscience ni souvenir.

Voici une autre preuve tirée également de l'expérience: Quand nous nous livrons à une étude, quelque spirituelle et abstraite qu'elle soit, nous nous formons toujours dans l'imagination une représentation sensible où se trouve individualisé, d'une certaine manière, l'objet actuel de notre connaissance. Il en est de même dans la conversation, où nous avons accoutumé d'expliquer par des exemples d'ordre sensitif les vérités intelligibles que nous voulons faire saisir à nos auditeurs (1). Ainsi, en parlant de la magnanimité, nous racontons un fait particulier où éclate spécialement cette vertu. S'agit-il de la béatitude future? Nous tâchons de l'embellir par des formes qui soient en rapport avec les délices de la vie présente. C'est ce qu'a merveilleusement compris le grand poëte philosophe de la *Divine comédie*. Au IVe chant de son *Paradis*, Dante nous dit que les bienheureux lui apparaissaient dans des sphères différentes, non qu'ils n'eussent tous le même ciel pour séjour, mais pour nous faire comprendre, au moyen d'images sensibles, les différents degrés de gloire acquis par chacun d'eux suivant la diversité de leurs mérites :

(1) *Hoc duobus indiciis apparet. Primo quidem, quia cum intellectus sit vis quædam non utens corporali organo, nullo modo impediretur in suo actu per læsionem alicujus corporalis organi, si non requireretur ad ejus actum actus alicujus potentiæ utentis organo corporali. Utuntur autem organo corporali sensus et imaginatio et aliæ vires pertinentes ad partem sensitivam. Unde manifestum est quod ad hoc, quod intellectus actu intelligat non solum accipiendo scientiam de novo, sed etiam utendo scientia jam acquisita, requiritur actus imaginationis et cæterarum virtutum. Videmus enim quod, impedito actu imaginativæ per læsionem organi, ut in phræneticis, et similiter impedito actu memorativæ virtutis, ut in lethargicis, impeditur homo ab intelligendo in actu, etiam ea quorum scientiam præaccepit. Secundo, quia hoc quilibet in seipso experiri potest quod, quando aliquis conatur aliquid intelligere, format sibi aliqua phantasmata per modum exemplorum, in quibus quasi inspiciat quod intelligere studet. Et inde est etiam quod, quando aliquem volumus facere aliquid intelligere, proponimus ei exempla ex quibus sibi phantasmata formare possit ad intelligendum.* Summa th., I. p., Q. LXXXIV, art. 7.

Par tous du premier ciel l'enceinte est embellie ;
Tous, mais différemment, ils ont la douce vie,
Sentant ou plus ou moins le souffle du Seigneur.

Tu les as vus ici, non que Dieu leur assigne
Ce cercle inférieur, mais afin qu'à tel signe
Tu connaisses leur rang dans le saint firmament.

Il faut ainsi parler à notre intelligence
Qui ne prend que des sens et de l'expérience
Tout ce qui monte ensuite à notre entendement.

S'abaissant jusqu'à nous, c'est pour la même cause
Que l'Ecriture (encor qu'elle entende autre chose),
Donne à l'Être suprême et des pieds et des mains,

Et que la sainte Église, en sa parole étrange,
Représente Michel, Gabriel et l'autre ange
Qui sut guérir Tobie, avec des traits humains (1).

Toute opération doit être conforme à l'essence et au mode d'être du sujet opérant. C'est ce qui explique pourquoi, dans sa condition présente, notre intelligence se trouve dans l'impossibilité d'arriver à l'abstraction de ses premières idées, et même d'employer celles qu'elle a déjà abstraites, sans le secours des phantasmes sensibles. L'essence de l'homme, en effet, est un composé de corps et d'âme, et l'union intime avec la faculté sensitive constitue le mode d'être actuel de notre intelligence. Par conséquent, l'opération propre de l'homme doit exiger le concours des deux éléments dont il est formé, et son action naturelle réclame évidemment la compagnie et le concours de la sensation. Ainsi se trouvent réunis dans une harmonieuse proportion l'être du sujet opérant, la faculté opérative et l'objet qui est le terme de l'opération. L'être du sujet est un composé d'esprit et de corps ; la faculté opérative est une intelligence spirituelle qui émane d'un principe doué en même temps de sensibilité ; l'objet est un intelligible se manifestant au sein d'un être matériel. En d'autres termes, l'esprit humain, dans sa condition présente, est joint à un corps auquel il communique la vie et le sentiment, en se réservant toutefois pour lui seul la partie incommunicable de son être, je veux dire la partie intellective. Dante rend exactement cette doctrine par l'exemple d'une personne dont le corps

(1) Dante, *Paradis*, ch. iv, (Trad. Ratisbonne).

serait tout entier plongé dans l'eau, alors que la tête seule surnagerait à l'air libre (1). Si donc l'opération et l'objet doivent être proportionnés au principe opérant, il nous faut conclure que l'acte intellectuel, tout en étant par lui-même indépendant et au-dessus de la sensation, ne s'exerce qu'en vertu d'un parfait accord avec elle, et que l'intelligible est tout autre chose que le sensible, encore que l'un et l'autre doivent toujours aller de compagnie, tant que dure pour nous l'état d'union de l'âme avec le corps. Aristote disait donc avec raison que présentement l'âme humaine ne peut rien comprendre sans phantasme : οὐδὲν ἄνευ φαντάσματος νοεῖ ἡ ψυχή. (2).

170. Pour éviter toute équivoque, une triple observation est encore ici nécessaire. D'abord, l'idée et le phantasme, quoique relatifs l'un à l'autre, ne représentent pas toujours le même objet. Cette identité de l'objet pris matériellement n'est nécessaire que s'il s'agit de l'acquisition première d'une idée par dérivation directe du phantasme. Quand, par exemple, on a pour la première fois l'idée d'arbre, il est clair que l'imagination doit fournir précisément l'image d'un arbre ; de même pour l'idée d'homme, de cheval, et ainsi de suite. Mais, étant donné que nous possédions à l'état habituel ou latent une idée acquise précédemment, un phantasme quelconque peut suffire pour la réveiller, pour peu qu'il ait quelque relation avec elle. Ainsi, l'empreinte d'un pas sur le sable nous rappellera l'idée de l'animal qui l'y a imprimée, sans qu'on ait besoin d'un autre phantasme pendant toute la durée de cette pensée. Ainsi encore en lisant un livre nous méditons les pensées qu'il renferme, sans autres phantasmes que ceux des caractères et des signes dont il est composé.

Il en est de même, à plus forte raison, quand l'esprit part des choses sensibles pour s'élever à la considération des choses insensibles. Celles-ci, en effet, n'ayant aucun type qui leur corresponde exactement dans le monde matériel, ne sont pas susceptibles d'une représentation imaginative particulière. Leur phantasme sera donc tout simplement l'image de quelque

---

(1) « Ainsi la bonté de Dieu est participée autrement par les substances séparées, c'est-à-dire par les anges, exempts des entraves de la matière, et pour ainsi dire diaphanes par la pureté de leur forme ; et autrement par l'âme humaine qui est tout à la fois embarrassée et indépendante de la matière, comme un homme dont le corps entier plonge dans l'eau, la la tête exceptée, et dont on ne peut dire qu'il soit tout entier dans l'eau, ni tout entier hors de l'eau. » *Il Convito, trattato* 3zo, cap. 7.

(2) *De anima*, Lib. III, text. 30.

objet ayant une analogie plus ou moins éloignée avec elles. Ainsi, quand nous concevons l'esprit comme quelque chose de simple et de souverainement actif, l'imagination nous représente une sorte d'éther, une flamme, ou tout autre objet dont l'agilité et la subtilité soient les qualités prédominantes. Quand nous concevons Dieu comme éternel et infini, l'imagination nous le dépeint sous les traits graves et majestueux d'un vieillard ou d'une lumière qui se répand par delà un horizon sans bornes. Toutefois, la pensée distingue parfaitement ces deux éléments, spirituel et imaginatif; car c'est à elle que nous devons de connaître et d'affirmer la profonde différence qui les sépare.

C'est précisément là ce qui nous amène à faire une seconde observation, à savoir, que l'idée et le phantasme, quoique présents au même esprit, ne se confondent point dans notre connaissance, de même que le corps et l'âme conservent, dans une parfaite distinction, la réalité propre de leur être respectif, malgré les liens intimes de leur union dans la constitution du composé humain. Le phantasme accompagne l'idée, l'idée le phantasme; mais l'esprit, avec la subtilité de son regard, sépare très bien l'un et l'autre. Quand par exemple, il pense à « la vie » et que l'imagination lui représente un arbre ou tout autre objet vivant, il voit clairement que l'arbre n'est pas la vie, et qu'il n'en est qu'une manifestation, quoique dans un degré bien imparfait; il sait que la vie s'étend plus loin et embrasse dans son concept non seulement les plantes mais l'animal et l'homme, et, en général, tout être doué de la propriété de consommer en lui-même son opération et de se mouvoir de lui-même en vertu d'un principe interne, *ab intrinseco*.

Il faut enfin observer, en troisième lieu, que cette dépendance de notre intelligence par rapport à l'imagination, n'est pas absolue, mais seulement relative; elle tire toute sa raison d'être, non de la nature de l'intelligence considérée en elle-même, mais uniquement de l'état présent de son union avec le corps. La raison en est évidente; car la connaissance intellective est absolument d'ordre spirituel, et n'a, par conséquent, prise en elle-même, aucun besoin du concours des sens. Elle ne s'accomplit pas au moyen d'un organe corporel; autrement il lui serait impossible de s'élever au-dessus des conditions individuelles de la matière, et elle se trouverait réduite à la condition des perceptions sensitives, qui ont toujours pour objet un être concret, sous des dimensions précises et déterminées par telle ou telle de ces qualités qui sont le propre de tout être existant dans un temps et un lieu donnés. L'objet formel de notre intelligence est toujours incorporel, puisqu'il est immatériel dans sa substance, ou au moins dans la manière dont il est considéré. C'est pourquoi, alors même que notre esprit perçoit les corps, l'intellection n'est pas une représentation figurative de l'objet; elle en est seulement un concept tout relatif à la nature de celui-ci et à ses propriétés intrinsèques et invisibles; et ce concept est tout autre chose que le phantasme imaginatif, qui ne représente jamais qu'un objet concret sous une quantité et une figure déterminées. Si nous sommes obligés de réclamer ses services, cela ne peut venir que de la condition présente où notre esprit se trouve uni à un corps dans lequel il développe et exerce ses facultés sensitives. Pour peu qu'il en soit séparé et que sa manière d'être vienne à changer, aussitôt s'évanouira cette nécessité, propre seulement à son premier état, et l'intelligence se conformera dans son opération au nouveau mode d'être du sujet opérant; car alors celui-ci, au lieu d'être un composé d'esprit et de matière sera devenu esprit pur, c'est-à-dire principe intellectif non plus superposé pour ainsi dire à une faculté sensitive, mais principe intellectif subsistant en lui-même, sans aucun mélange d'enveloppe corporelle.

CHAPITRE VI

DE LA LUMIÈRE INTELLECTUELLE.

Quand on parle de connaissance, rien de plus commun que l'emploi d'expressions comme celles-ci : la lumière de la raison, la lumière de l'intelligence, la lumière dont Dieu a orné notre esprit. La signification vulgaire de ces paroles donne à entendre que nous ne saurions arriver à la connaissance du vrai par la seule perception sensitive du monde corporel, et qu'il faut, en conséquence, admettre dans la partie la plus élevée de notre âme, une illumination d'ordre supérieur, qui découvre l'intelligible et le mette pour ainsi dire sous les yeux de l'esprit. Ce langage est une sorte de protestation continuelle élevée contre le sensualisme par notre nature raisonnable, qui manifeste ainsi sa constitution par la bouche même des illettrés et des ignorants. Toutefois, il nous faut expliquer scientifiquement en quoi consiste cette lumière de l'intelligence.

ARTICLE I

Dans quel sens se prend le mot « lumière » par rapport à l'intelligence.

171. Nous avons fait remarquer ailleurs que les mots actuellement usités pour désigner des objets spirituels et abstraits n'avaient d'abord qu'un sens métaphorique. Employés dans le principe pour exprimer les choses matérielles et sensibles, ils servirent dans la suite à exprimer, dans un ordre plus élevé, les choses incorporelles et intelligibles qui avaient avec celles-là quelque relation de similitude ou de simple analogie. Cette observation nous a fourni une preuve pour établir que notre connaissance tire son origine de la sensation, puisqu'il est cer-

tain que nous nommons les choses comme nous les connaissons, et que l'origine des mots est par conséquent pour nous un excellent moyen pour découvrir l'origine des idées.

Toutefois, quand le mot s'applique à un objet nouveau, de telle sorte qu'il perde sa signification primitive, il devient l'expression exclusivement propre de cet objet. Tel, par exemple, le mot *âme*, qui, employé à l'origine pour exprimer le *vent* (*impellunt animæ lintea*) (1), fut ensuite adopté pour signifier le principe de la vie et du sentiment ; et cette signification lui est si bien restée qu'on ne saurait aujourd'hui, sans une métaphore, et des plus hardies, lui restituer sa signification primitive.

Si, au contraire, un mot donné sert par extension à désigner quelqu'objet nouveau sans perdre pour cela sa signification première, on peut alors également bien l'employer dans ses deux sens, propre et métaphorique : dans le sens métaphorique, alors qu'on l'attribue au nouvel objet, en vertu de la similitude de celui-ci avec l'objet primitif ; dans le sens propre, quand on l'attribue encore au nouvel objet, mais avec une signification plus large, c'est-à-dire avec celle qui par extension convient, rigoureusement parlant, également bien à l'un et à l'autre. C'est précisément ce qui est arrivé pour le mot « lumière » dans le cas qui nous occupe. On l'a d'abord exclusivement employé dans l'ordre de la vision sensible ; puis, on l'a, par métaphore, transporté dans l'ordre intelligible où il est resté sans perdre cependant sa signification primitive. On peut donc l'y prendre dans un double sens : au sens métaphorique, si l'on considère seulement l'analogie ou la similitude qui justifie son emploi ; au sens propre, si on entend retenir sa signification originaire et directe.

172. Saint Thomas développe très explicitement cette doctrine dans sa *Somme théologique,* quand il demande si le mot *lumière* s'emploie dans l'ordre spirituel avec son sens propre : *Utrum lux proprie in spiritualibus dicatur* (2). Et ce n'est pas sans raison que le saint Docteur pose cette question ; car saint Augustin dit que Notre-Seigneur Jésus-Christ est appelé proprement lumière : *Christus non sic dicitur lux quo modo lapis; sed illud proprie, hoc figurative* (3), tandis que saint Ambroise met le mot *splendeur* au nombre de ceux qui sont métaphorique-

---

(1) Horatius, *Od.,* lib. i.
(2) S. Thomas, *Summa th.,* I. p., q. lxvii, art. 1.
(3) S. Augustinus, *Sup. Gen. ad litt.,* lib. iv, c. 28.

ment appliqués à Dieu (1). Saint Thomas résout ainsi la question avec sa lucidité ordinaire : « On peut, dit-il, employer un mot de deux manières : premièrement, suivant sa signification primitive ; en second lieu, d'après l'usage communément reçu. Ainsi en est-il, par exemple, du mot vision qui désignait à l'origine les actes du sens de la vue, et qu'on a par la suite appliqué à la connaissance intellectuelle, suivant cette parole de l'Evangile (S. Matthieu V, 8): *Heureux ceux qui ont le cœur pur, car ils verront Dieu.* On doit en dire autant du mot lumière. On l'a d'abord employé pour désigner ce qui éclaire et révèle un objet dans tout genre de connaissance. D'où il suit que si l'on prend le mot lumière avec sa signification primitive, on ne peut que par métaphore l'appliquer aux choses spirituelles ; si on entend, au contraire, l'employer d'après l'usage communément reçu, pour désigner toute sorte d'illumination, on peut l'appliquer dans son sens propre aux choses spirituelles » (2).

173. Par conséquent, d'après le saint Docteur, le mot lumière appliqué à l'ordre spirituel, outre le sens métaphorique, peut avoir aussi un sens propre, qui est précisément celui de « révélation » par rapport à la connaissance, *quod facit manifestationem secundum quamcumque cognitionem*. Si donc on demande ce qu'est, au sens propre, la lumière de notre intelligence ou de notre raison, c'est, d'après saint Thomas, comme si l'on demandait ce que c'est que le principe révélateur de la vérité pour notre intelligence.

Rien de plus important que cette observation dans la matière qui nous occupe ; car nombre de philosophes, sans se préoccuper du sens propre si clairement expliqué par saint Thomas, s'en tiennent à dessein au sens métaphorique, dans l'intérêt de leurs opinions préconçues. Ils considèrent le rôle de la lumière

---

(1) S. Ambrosius, *De fide ad Gratianum*, lib. II, prol.
(2) *De aliquo nomine dupliciter convenit loqui. Uno modo, secundum primam ejus impositionem ; alio modo, secundum usum nominis ; sicut patet in nomine visionis, quod primo impositum est ad significandum actum sensus visus..... et ulterius etiam ad cognitionem intellectus, secundum illud Matthæi : Beati mundo corde, quoniam ipsi Deum videbunt. Et similiter dicendum est de nomine lucis. Nam primo quidem est institutum ad significandum id quod facit manifestationem in sensu visus ; postmodum autem extensum est ad significandum omne illud quod facit manifestationem secundum quamcumque cognitionem. Si ergo accipiatur nomen luminis, secundum suam primam impositionem, metaphorice in spiritualibus dicitur. Si autem accipiatur secundum quod est in usu loquentium ad omnem manifestationem extensum, sic proprie in spiritualibus dicitur.* S. Thomas, *Summa th.*, I. p., q. LXVII, art. 1.

corporelle dans la vision sensible, et partent de là pour prétendre que la lumière, dans l'ordre spirituel, doit se trouver exactement dans les mêmes conditions. Ils transforment ainsi en principe de démonstration ce qui ne peut servir qu'à éclairer une vérité déjà prouvée par ailleurs, et montrent par là qu'ils ne savent pas ce que c'est qu'une métaphore. En effet, la métaphore, par là-même qu'elle est la transposition d'un mot de son sens propre à une signification étrangère en vertu d'une simple analogie, exige que tous les caractères qui conviennent à l'objet de la signification propre ne conviennent pas également à l'objet auquel le mot se trouve ainsi appliqué par extension. Autrement il n'y aurait plus analogie entre l'un et l'autre, mais similitude parfaite, et dès lors l'usage du mot cesserait d'être métaphorique.

ARTICLE VII

En quoi consiste, pour saint Thomas, la lumière de notre intelligence.

174. Nous avons vu que le mot lumière pris au sens propre dans l'ordre spirituel peut servir à désigner tout ce qui concourt à la manifestation de la vérité : *Quod facit manifestationem secundum quamcumque cognitionem*. Ainsi Notre-Seigneur est « lumière », puisqu'il est venu révéler au monde le royaume des cieux : *Ego sum lux*; les apôtres sont « lumière », car ils en ont répandu partout la bonne nouvelle : *Vos estis lux mundi*; « lumière » aussi, la vertu de foi qui détermine notre assentiment aux vérités révélées : *ex lumine..... quod est fides* (1); « lumière », la vertu surnaturelle qui dispose et élève les bienheureux à la vision de l'essence divine : *In lumine tuo videbimus lumen;* « lumière », l'inspiration prophétique : *lumen propheticum dicitur ex cujus receptione aliquis propheta constituitur* (2) ; « lumière », l'objet connu par notre intelligence : *Ipsum intelligibile vocatur lumen vel lux* (3) ; « lumière » enfin, la parole qui révèle notre pensée.

175. Tous ces exemples, où il s'agit d'une manifestation de

---

(1) S. Thomas, *Qq. dispp.*, Quæst. *De fide*, art. 1.
(2) *Qq. dispp.*, Quæst. *De prophetia*, art. 1.
(3) *Summa th.*, I. P., Q. XII, art. 5.

vérité, nous montrent évidemment l'emploi du mot lumière au sens propre. Pour revenir à notre question, nous disons que par lumière intellectuelle on peut entendre, soit la faculté intellective elle-même, surtout si on la considère dans toute son extension, soit aussi le moyen qui lui permet d'arriver à la connaissance de son objet : *Lumen intellectuale potest dici ipse vigor intellectus ad intelligendum, vel etiam id quo aliquid fit nobis notum.* Dans le premier cas, la similitude avec la lumière corporelle est moins apparente ; on n'y voit en effet rien qui corresponde à la distinction de la lumière et de l'œil, puisque la vertu intellectuelle n'est rien autre chose que la faculté intellective prise en général. Ce défaut de correspondance parfaite n'a rien qui doive nous étonner ; car la similitude n'est pas l'égalité, et il suffit qu'il existe seulement quelques points communs d'analogie. La similitude est plus évidente dans le second cas, alors qu'on entend par lumière intellectuelle ce qui révèle l'objet à notre intelligence. La lumière se distingue alors de la faculté perceptive qui remplit le rôle propre à l'œil dans la vision sensitive.

176. D'après cette seconde signification, il semble qu'on peut donner le nom de lumière intellectuelle aux premiers principes considérés par rapport aux conséquences qui en découlent et que l'on ne connaît que par leur intermédiaire. Le même nom pourra être également appliqué aux idées considérées par rapport aux premiers principes qui ne se révèlent à nous qu'au moyen des idées ; encore nous faudra-t-il observer que les idées primitives elles-mêmes, que saint Thomas appelle souvent *primas conceptiones per se notas*, sont, par rapport à nous, de véritables manifestations, et qu'elles réclament par conséquent aussi le concours d'une lumière qui nous les révèle, puisque rien n'est révélé ou manifesté sans le secours d'une lumière quelconque : *Omne quod manifestatur sub lumine quodam manifestatur* (1). Il nous faut donc pénétrer plus avant encore dans les profondeurs de l'esprit humain, afin d'y découvrir un premier moyen de manifestation, une première lumière si universelle et si indépendante qu'elle n'ait elle-même besoin du concours d'aucune autre.

177. Or, cette lumière, saint Thomas la fait consister dans une qualité ou forme permanente de notre esprit: *In intellectu humano lumen quoddam est quasi qualitas vel forma perma-*

---

(1) *Qq. dipp.*, Quæst. *De prophetia*, art. 1.

nens (1). Elle doit appartenir à la nature même de l'intelligence ; elle diffère donc de la lumière divine. Car, bien qu'il soit la première lumière qui illumine toute intelligence, comme il est la cause première qui meut tous les êtres de l'univers, Dieu, toutefois, communique à l'être raisonnable les moyens propres à la découverte de la vérité, de même qu'il donne aux causes secondes naturelles la vertu nécessaire à la production de leurs effets propres. *Sicut in rebus naturalibus sunt propria principia activa in unoquoque genere, licet Deus sit causa agens prima et communis; ita etiam requiritur proprium lumen intellectuale in homine, quamvis Deus sit prima lux omnes communiter illuminans* (2). C'est en quoi le rôle de l'œil diffère de celui de l'intelligence. L'œil ne reçoit de l'illumination du soleil matériel aucune lumière qui lui appartienne en propre et lui permette de rendre les objets visibles par lui-même, comme il arrive pour l'intelligence sous l'influence du Soleil incréé. De là vient que l'esprit n'a pas besoin, comme la vue, d'une lumière étrangère pour son acte de connaissance. *Oculus corporalis ex illustratione solis corporalis non consequitur lumen aliquod sibi naturale, per quod possit facere visibilia in actu ; sicut consequitur mens ex illustratione Solis increati ; et ideo oculus indiget semper exteriori lumine, et non mens* (3). Cette lumière, bien qu'elle nous vienne de Dieu, est donc cependant en elle-même quelque chose de créé et de propre à notre intelligence : *Mens humana illustrata est divinitus lumine naturali : hoc lumen creatum est* (4). Ce qui n'empêche pas de dire avec raison que Dieu opère en nous par cette lumière, puisque c'est lui qui nous la donne, nous la conserve et la dirige dans son action : *In hoc ergo continuo Deus operatur in mente, quod in ipsa lumen naturale causat et ipsum dirigit. Et sic mens non sine operatione causæ primæ in suam operationem procedit* (5). Il résulte de cette continuelle influence de la direction divine sur l'opération propre de notre lumière, que la manifestation de la vérité doit moins nous être attribuée qu'à Dieu même qui règle l'exercice de notre intelligence; de même, par exemple, qu'on rapporte une œuvre d'art à l'artiste qui en est l'auteur plutôt qu'à l'art ou à l'instrument qui ont servi à son exécution. *Hoc ipso quod Deus in nobis lumen natu-*

(1) *Ibid.*
(2) *Qq. dispp.*, Quæst. *De magistro*, art. 1, ad 7.
(3) S. Thomas, Opusc. *Super Boetium de Trinitate.*
(4) *Ibid.*
(5) S. Thomas, *Super Boetium de Trinitate.*

rale conservando causat et ipsum dirigit ad videndum, manifestum est quod perceptio veritatis sibi præcipue debet adscribi, sicut operatio artis magis adscribitur artifici quam arti (1).

178. Mais quel nom particulier donner à cette lumière, et en quoi consiste exactement son action? La réponse est facile, pour peu qu'on veuille réfléchir à la fonction qu'elle doit remplir. Dieu nous l'a donnée comme un canal ou un véhicule au moyen duquel il nous communique naturellement la vérité. *Quod aliquid per certitudinem sciatur est ex lumine rationis, divinitus interius indita, qua in nobis loquitur Deus* (2). Or, comment, en dernière analyse, la vérité se révèle-t-elle à nous dans l'ordre naturel? Par la perception des intelligibles d'où procèdent immédiatement les premiers jugements de la raison ou vérités évidentes par elles-mêmes; de celles-ci enfin dérivent, par voie de déduction, toutes les conclusions qui font l'objet propre du raisonnement. Cette lumière intellectuelle innée n'est donc autre chose que le principe qui révèle à notre esprit les premiers intelligibles. Or, ce principe est précisément la vertu spirituelle de l'âme que saint Thomas appelle *intellect agent*, et dont nous avons déjà parlé au chapitre précédent : *Lux in qua contemplamur veritatem est intellectus agens* (3). *Lux ista qua mens nostra intelligit est intellectus agens* (4). Aussi le saint Docteur dit-il en parlant des objets perçus par la sensation qu'ils se rapportent à l'intellect possible comme les couleurs à la vue, mais à l'intellect agent comme les couleurs à la lumière : *Comparantur ad intellectum possibilem ut colores ad visum; ad intellectum autem agentem ut colores ad lucem* (5). Comme la vue ne perçoit point les couleurs, si elles ne sont préalablement rendues visibles par la lumière, ainsi les objets perçus par les sens et reproduits dans l'imagination ne peuvent être perçus par l'intellect possible que s'ils ont été tout d'abord illuminés et rendus intelligibles par l'intellect agent.

179. L'action illuminative de cette lumière intellectuelle consiste, par conséquent, dans l'abstraction primitive sous l'influence de laquelle se révèlent à l'intelligence les quiddités ou essences qui n'étaient intelligibles qu'en puissance dans les objets perçus par les sens. Saint Thomas l'affirme dans maint

---

(1) *Ibid.*
(2) S. Thomas, *Qq. dispp.*, Quæst. *De magistro*, art. 1, ad 13.
(3) S. Thomas, *Qq. dispp.*, *De spiritualibus creaturis*, art. 10.
(4) *Ibid.*
(5) *Summa th.*, I. p., Q. XXIV, art. 4.

endroit de ses œuvres. Nous citerons seulement pour exemples les passages suivants : « C'est, dit-il, la fonction de l'intellect agent d'illuminer non pas un autre sujet intelligent, mais les objets qui sont intelligibles en puissance, et de les rendre par *abstraction* intelligibles en acte » : *Intellectus agentis est illuminare non quidem alium intelligentem sed intelligibilia in potentia, in quantum per abstractionem facit ea intelligibilia in actu* (1). Et ailleurs : « Il faut, outre l'intellect possible, admettre un intellect agent qui constitue les intelligibles en acte et capables de déterminer l'opération de l'intellect possible, ce qu'il fait en les séparant, par voie d'abstraction, de la nature et des conditions matérielles qui sont les principes de l'individuation. » *Oportet ponere, præter intellectum possibilem, intellectum agentem qui faciat intelligibilia in actu, quæ moveant intellectum possibilem : facit autem ea per abstractionem a materia et a materialibus conditionibus quæ sunt principia individuationis* (2). Il rappelle la même doctrine chaque fois qu'il touche à cette matière ; il démontre surabondamment l'existence de l'intellect agent et de la lumière intellectuelle par la nécessité, où se trouve notre esprit, d'universaliser les objets sensibles, afin qu'ils deviennent objets intellectuels ; et cette universalisation consiste précisément, pour lui, dans l'action particulière qui rend le phantasme apte à produire l'espèce intelligible où se trouve représentée la quiddité seule, abstraction faite des conditions qui l'individualisent dans les objets matériels concrets.

ARTICLE III

La nécessité de l'abstraction pour obtenir l'intelligible s'applique également à l' « idée de l'être ».

180. Il ne sera pas inutile de faire voir en particulier comment *l'idée de l'être*, pour saint Thomas, s'obtient aussi par abstraction; car c'est sur ce point que viennent se concentrer les objections que nous opposent les partisans de Rosmini. Et d'abord, j'entends m'appuyer sur les principes mêmes du maître que ses disciples n'oseront sans doute pas contredire. Voici comment il s'exprime dans sa *Psychologie* à propos d'une objection proposée

---

(1) *Summa th.*, I. P., Q. LIV, art. 4, ad. 2.
(2) *Qq. dispp.*, Quæst. *De anima*, art. 4.

contre l'identité de l'homme qui pense et sent tout à la fois :
« Il faut remarquer, dit-il, que dans toute sensation, il y a une
entité, puisque l'action est une entité. Mais, comme l'expérience nous l'atteste, cette entité sentie est dépourvue de
lumière intelligible et d'intelligibilité ; car, *entité sentie* n'est
par la même chose que *entité pensée*; et dire *sentie* plutôt que
pensée, c'est précisément nier à la sensation le pouvoir de
connaître. Le principe intelligent, au contraire, a pour objet
propre l'entité pensée, puisqu'il ne fait autre chose que penser,
et que tout ce qu'il pense est nécessairement entité. Donc le
terme du principe sensitif et du principe intelligent est également *entité*. Il y a donc une véritable identité entre ces deux
termes. » (1)

Je me dispense, pour le moment, d'examiner la valeur de
cette réponse, et n'en veux retenir qu'un aveu particulièrement
important, à savoir, qu'il y a entité dans l'objet senti, et qu'en
conséquence il y a identification du terme de la sensation avec
le terme de l'opération intellectuelle. Étant donné cet aveu, je
dis : s'il y a entité dans l'objet senti, qui empêche que l'intelligence la perçoive et obtienne ainsi l'idée de l'être, sans qu'il
soit besoin de la supposer innée ? Jusqu'ici on nous avait nié
que le terme de la sensation fût une entité, même concrète ;
d'où l'on devait conclure que nous ne pouvions sentir que ce
qui n'existait pas, ou, ce qui revient au même, que nous ne
pouvions pas sentir du tout, puisque ne sentir rien c'est ne
pas sentir. Je vois bien qu'avec cela il n'était pas possible de
persuader à nos adversaires que l'idée d'être pût être abstraite
de la sensation, puisqu'on ne peut tirer d'une chose ce qui n'y
est pas. Mais, puisqu'on veut bien reconnaître, à présent, qu'il y
a une entité dans tout objet senti, et qu'on nous en donne pour
preuve que tout acte est une entité, je ne vois plus comment on
pourrait refuser à l'intelligence la faculté de trouver dans la
sensation ce qui s'y trouve véritablement renfermé. L'intelligence serait-elle dépourvue, elle aussi, de la faculté de percevoir son objet propre ? N'est-elle point l'œil de l'âme, au sens
spirituel, et capable par conséquent de voir l'objet dès qu'il est
en sa présence ? Dira-t-on que cet objet n'est pas suffisamment
présent, alors qu'il existe déjà dans l'objet perçu par la sensation, c'est-à-dire dans le terme intrinsèque d'une sensation
qu'éprouve cette même âme à laquelle appartient l'intelligence ?

(1) *Psicologia*, vol. I, lib. 2, c. v, a. 5. pag. 103.

Si j'entends le son d'une cloche, je me tourne aussitôt du côté où se trouve l'origine du bruit, et si la cloche est à une distance convenable, je la vois avec les yeux pendant que j'entends par l'oreille le son qui s'en échappe. Et pourquoi cela ? Parce que la couleur se trouve réellement dans l'objet qui est en même temps sonore, et que je suis doué tout à la fois de la faculté de voir et d'entendre. De même, si l'entité se trouve dans l'objet senti, je ne puis ne pas la saisir par la pensée, puisque je suis doué tout ensemble du double pouvoir de sentir et de penser.

181. — On nous dira peut-être : l'objet est présent à l'intelligence, mais celle-ci ne peut le voir, faute d'une lumière qui le rende visible. Voilà pourquoi Rosmini ne dit pas seulement que dans toute sensation il y a une entité, mais il ajoute aussitôt que *l'entité sentie est totalement dépourvue de lumière intelligible*. Tant que cette lumière fera défaut, l'entité ne pourra être saisie par l'esprit, encore qu'elle soit contenue dans le terme de la perception sensitive.

Fort bien : je ne prétends rien autre chose. La question revient donc, non pas à chercher l'être qui se trouve dans la sensation, mais à chercher la lumière qui doit l'éclairer et le rendre visible à l'intelligence, ou, en d'autres termes, le transformer en objet intelligible. Or, je demande à Rosmini : quelle est cette lumière qui éclaire ainsi le terme senti, ou, pour mieux dire, le phantasme, puisque c'est par l'intermédiaire de l'imagination que l'objet senti se présente à l'intelligence, et que le phantasme n'est autre chose que l'objet senti reproduit et fixé dans l'imagination ? Dans le second volume de son *Nouvel essai*, Rosmini s'exprime ainsi : « Que signifie, à proprement parler, cette expression métaphorique *illustrari phantasmata* ? Je crois ne pas m'écarter de la vérité en la considérant comme ce qui correspond à l'*universalisation*, opération par laquelle, à l'occasion des phantasmes, nous formons les idées et percevons les choses sensibles. » Voilà donc que pour Rosmini l'illumination en question n'est autre chose que l'universalisation. Il est vrai que, d'après lui, cette universalisaion se fait par l'application de l'idée innée de l'être aux phantasmes, ce qu'il appelle la synthèse primitive. Mais, il est vrai aussi que si l'on veut prouver par les principes même d'un adversaire une doctrine tout opposée à la sienne, on peut fort bien ne lui emprunter que celles de ses affirmations dont on a besoin, en laissant les autres de côté. On est même obligé de faire ainsi sous peine de reproduire sa doctrine au lieu de la réfuter. Je puis donc et dois, dans le cas présent, omettre ce point particulier de l'idée innée de l'être dont nous avons d'ailleurs déjà parlé plus haut. Il serait curieux en vérité, que sous prétexte qu'on est d'accord sur certains points avec son adversaire, (ce qui est nécessaire dans toute sorte de discussion), ou dût par là même accepter d'emblée sa solution sur le point même qui est en litige. Revenons donc à notre sujet.

Rosmini nous fait cette triple concession : 1° qu'il y a entité dans le terme de la sensation, ou, ce qui revient au même, dans le phantasme; 2° que le phantasme, pour devenir objet de pensée, doit être illuminé; 3° que cette illumination consiste, à proprement parler, dans l'universalisation. Or, que faut-il pour universaliser le phantasme ? Une simple vertu abstractive qui dépouille l'entité contenue dans le phantasme, des caractères individuels qui la rendent singulière, de manière qu'elle soit idéalement perçue comme entité et rien de plus. L'entité ainsi perçue dans son essence pure, abstraction faite de son individuation, constitue précisément l'universel. *Hoc est abstrahere universale a particulari, vel speciem intelligibilem a phantasmatibus, considerare scilicet naturam absque consideratione individualium principiorum quæ per phantasmata representantur* (1). Par conséquent, la lumière nécessaire pour illuminer le phantasme n'est autre que la vertu abstractive. En résumé, dans le phantasme se trouve l'entité, qui n'a besoin que d'être illuminée pour apparaître à l'intelligence; et cette illumination n'est que l'universalisation qui s'obtient par voie de simple abstraction. Ainsi donc, pour que l'entité contenue dans le phantasme se révèle à l'intelligence, il n'est besoin de rien autre chose que d'une vertu abstractive.

Laquelle de ces propositions nos adversaires nieront-ils ? La première ? non, sans doute, puisque Rosmini l'admet comme doit l'admettre quiconque n'est pas disposé à nier la réalité de la sensation. La seconde ? pas davantage, puisque Rosmini la concède volontiers dans le passage que nous avons rapporté plus haut. Il ne reste donc plus qu'à nier la troisième, si l'on veut échapper à notre conclusion. Mais, là encore, on se heurte à une impossibilité, car nous avons longuement démontré cette proposition au chapitre II du présent volume ; et d'ailleurs, il est par trop évident que l'abstraction des caractères individuels

---

(1) S. Thomas, *Summa th.*, I. p., q. LXXXV, art. 1, ad 1.

et la perception de l'objet comme universel absolu, sont exactement la même chose.

182. Mais, dira-t-on, l'intelligence pour exercer l'abstraction sur le phantasme, devrait préalablement le connaître et en avoir l'idée, ce qui constitue un cercle vicieux.

Je réponds : Cette objection revient à dire, par exemple, que pour projeter une lumière sur un tableau afin d'y voir l'objet qu'il représente, il faut préalablement avoir vu cet objet. — Fort bien, continuera notre adversaire ; mais avant de projeter la lumière, il faut savoir qu'il y a un tableau où un objet se trouve représenté. On doit donc en dire autant de l'intelligence dans le cas présent. Je réponds en niant la parité de l'exemple. Celui qui approche la lumière doit connaître à l'avance l'existence du tableau, parce que cet acte résulte chez lui de la délibération de de sa volonté. Mais, si, pendant qu'il tient au hasard une lampe à la main, un tableau venait tout à coup s'offrir inopinément aux rayons lumineux, il l'éclairerait et le verrait sans en avoir eu préalablement la moindre connaissance. C'est précisément ce qui arrive dans notre cas. L'objet se présente de lui-même à l'intelligence en vertu de la sensation, et l'intelligence exerce sur lui son action, non par un choix libre de la volonté, mais par une détermination toute naturelle ; et je suis heureux de trouver encore ici l'occasion de m'appuyer sur les propres paroles de Rosmini. Voici comment il répond à une objection analogue, touchant sa prétendue « synthèse primitive » dans laquelle notre esprit devrait appliquer l'idée d'être à l'objet senti qu'elle ne connaît pas encore : « *L'universalisation* ou *synthèse primitive* n'est point délibérée ; elle s'accomplit sous l'influence ou au moins avec l'aide de la nature même qui a mis en moi un entendement toujours éveillé, comme un œil toujours ouvert et prêt à voir tout objet qui s'offre à lui, en un mot, un entendement qui voit nécessairement l'être. Les sensations étant données, on peut aisément comprendre que l'âme accomplisse spontanément l'opération de la synthèse primitive ; car, par sa propre vertu, notre âme est toujours en activité par rapport à cette opération (1). » Je donne, moi aussi, la même réponse. L'universalisation directe ou primitive n'est pas délibérée ; elle s'accomplit sous l'influence de la nature qui a mis en nous l'intellect agent comme un foyer lumineux toujours rayonnant et toujours prêt par lui-même à éclairer tout ce qui vient s'offrir à ses rayons.

---

(1) *Nuovo saggio*, vol. II, sez. v, c. 4, a. 2, pag. 9.

Aussi voyons-nous que saint Thomas compare notre esprit à l'œil de ces animaux qui voient dans les ténèbres, en projetant autour d'eux la lumière phosphorescente dont ils sont pourvus (1).

ARTICLE IV

Réponse aux objections d'un anonyme.

183. Pour compléter cette étude, il nous reste à répondre aux partisans du système rosminien. Ils font tous leurs efforts pour tirer saint Thomas de leur côté, en essayant de prouver que d'après lui la lumière innée de la raison n'est autre chose que l'idée de l'être. Cette thèse se trouve tout particulièrement développée dans un opuscule anonyme intitulé : *La lumière de l'œil et celle de l'intelligence*, où l'auteur propose avec beaucoup de subtilité tout ce qu'il y a de meilleur et de plus fort à dire pour soutenir cette opinion. Voici comment il établit le fondement de sa doctrine : « Quelle est cette lumière innée en nous, indéfectible et essentiellement propre à nous rendre intelligents ? Suivant le Docteur angélique que nous avons choisi pour guide et pour maître, cette lumière est *l'être en général*, c'est-à-dire l'être en tant que tel, et rien de plus. » D'après ce que nous avons dit au second article du présent chapitre, le lecteur est déjà en état de voir par lui-même combien cette affirmation est peu conforme à la vérité. Toutefois, je vais le prouver à nouveau en démontrant la proposition contradictoire, à savoir que, pour saint Thomas, cette lumière innée en nous, qui s'appelle lumière de la raison, n'est pas *l'être en général*. Voyons d'abord les preuves de l'auteur anonyme : les nôtres viendront ensuite.

184. Notre adversaire, part de ce principe : pour saint Thomas

---

(1) *Est in anima invenire quamdam virtutem activam immaterialem quæ ipsa phantasmata a materialibus conditionibus abstrahit. Et hoc pertinet ad intellectum agentem, ut intellectus agens sit quasi quædam virtus participata ex aliqua substantia superiori scilicet Deo. Unde Philosophus dicit quod intellectus agens est ut habitus quidam et lumen. Et in Psalm. 4, dicitur:* Signatum est super nos lumen vultus tui Domine. *Et hujusmodi simile quodammodo apparet in animalibus videntibus de nocte, quorum pupillæ sunt in potentia ad omnes colores, in quantum nullum colorem habent determinatum in actu, sed per quamdam lucem insitam faciunt quodammodo colores visibiles actu.* Qq. dispp., Quæst. *De anima*, art. 5.

la lumière intellectuelle n'est autre que l'intellect agent. Nous aurions aimé qu'il ajoutât cet adverbe restrictif : *radicalement* ; car il nous semble que dans la doctrine de saint Thomas toute vertu intellectuelle révélatrice de la vérité mérite le nom de lumière. *Virtus intellectualis creaturæ lumen quoddam intelligibile dicitur* (1). D'où il résulte que les idées et les premiers principes peuvent être aussi appelés lumière, par rapport aux conclusions qui en dérivent, puisqu'en général on peut ainsi désigner tout ce qui concourt dans un degré quelconque à la manifestation de la vérité. *Lumen secundum quod ad intellectum pertinet nihil aliud est quam quædam manifestatio veritatis* (2). Mais, pour ne pas faire dévier la discussion, accordons à notre adversaire la vérité de son principe. Ceci étant admis, il ne démontrera sa thèse qu'à la condition de prouver que, pour saint Thomas, *l'être en général* est l'intellect agent. Voici donc comment il devra raisonner. Pour saint Thomas, la lumière de la raison, c'est l'intellect agent; or, pour saint Thomas, l'intellect agent, c'est l'être en général; donc, pour saint Thomas, la lumière de la raison, c'est l'être en général. Toute la difficulté de ce syllogisme se trouve évidemment dans la preuve de la mineure, puisque nous lui concédons volontiers la majeure. Voyons donc comment il démontre cette mineure.

Il commence tout d'abord par citer quelques textes de saint Thomas où il est dit que l'objet de l'intelligence est l'être en général, et que l'intelligence ne perçoit rien, si ce n'est sous la raison d'être (3) : *Objectum intellectus est ens vel verum commune* (4). *Intellectus respicit suum objectum secundum communem rationem entis* (5). *Intellectus est apprehensivus entis et veri universalis* (6). *Primum principium formale est ens et verum universale, quod est objectum intellectus* (7). Or, que prouvent tous ces textes ? Que l'intelligence a pour objet l'être en général, le premier principe formel de tout ce qui est, le vrai universel. Fort bien : mais rappelons-nous que ce n'est pas là ce qu'il faudrait prouver : car il s'agit de montrer que, pour saint Thomas, l'intellect agent c'est l'être en général.

(1) S. Thomas, *Summa th.*, I. p. q. xii, art. 2,
(2) *Ibid.*, q. cvi, art. 1.
(3) *La luce dell' occhio*, etc., c. IV, page 13.
(4) S. Thomas, *Summa th.*, I. p., q. lv, art. 1.
(5) Ibid., q. lxxix, art. 7.
(6) Ibid., q. lxxxii, art. 4.
(7) Ibid., I-II., q. ix, art. 1.

Notre auteur ajoute que, d'après le Docteur angélique, l'être en général n'a aucune détermination, et il cite tout aussitôt pour le prouver, un texte de la *Somme théologique* (1). Sur quoi il conclut : *mais c'est précisément là l'être idéal!* Or, c'est précisément là aussi que son raisonnement commence à devenir équivoque : car, s'il veut dire que « l'être en général » de saint Thomas est identique à « l'être idéal », quant au caractère précisé plus haut, rien de mieux ; mais, s'il veut étendre encore cette identité à tous les autres caractères que son système prête à l'être idéal, je l'arrête, et je nie qu'une pareille conséquence soit contenue dans les prémisses de son argumentation.

Notre anonyme pousse plus loin encore ses déductions et nous dit : «Donc, il est vrai que pour saint Thomas cet être est l'objet propre et perpétuel, c'est-à-dire le véritable principe formel de l'intelligence. Mais le principe *formel, la forme constitutive* de l'intelligence, qu'est-ce autre chose que la *lumière de la raison*? Donc, cette lumière consiste bien dans l'être en général (2). »

Le lecteur constatera sans doute avec nous que c'est là marcher un peu vite. Notre auteur fait trop voir dans ses raisonnements le défaut habituel où il est de tirer toujours des conclusions plus étendues que ses prémisses. Les textes cités par lui permettent de conclure que, pour saint Thomas, l'être en général est l'objet *propre* de l'intelligence, et rien de plus. Où prend-il le droit d'ajouter dans sa conclusion que, d'après le saint Docteur, l'être est aussi l'objet *perpétuel* de l'intelligence ? Il devait, pour le prouver, apporter d'autres textes ; mais il avait de bonnes raisons pour s'en dispenser, car ces textes n'existent pas. Il serait plus aisé de trouver dans les œuvres de saint Thomas maint passage où il enseigne, tout au contraire, que l'âme ne pense pas toujours ; d'où il résulte évidemment qu'elle n'a point d'objet *perpétuel*, pas plus l'être en général que toute autre chose. Quant à la dénomination de « principe formel de l'intelligence » qu'on donne à l'être, il est à propos de remarquer que l'objet, par là même qu'il spécifie l'acte, appartient au genre de la cause formelle : *Objectum movet determinando actum ad modum principii formalis* (3) ; et sous ce rapport, on peut très bien l'appeler *forme extrinsèque*, mais non pas *forme*

---
(1) Ibid., I. p., q. iii, art. 4.
(2) *Op. cit.* page 13.
(3) *Summa th.*, I-II., q. ix, art. 3.

intrinsèque de l'acte intellectuel. Le nom de forme intrinsèque ne convient qu'à l'entité propre et physique qui le constitue. Mais ceci n'a rien à faire avec notre question. Nous n'avons pas ici à chercher si, pour saint Thomas, l'être peut, d'une manière quelconque, être appelé la forme de l'intelligence, parce qu'il en est l'objet ; il s'agit uniquement de savoir si l'être est précisément cette forme que saint Thomas appelle intellect agent. Pour nous le démontrer on aurait dû essayer de prouver que, pour saint Thomas, l'intellect agent est un principe formel objectif et non pas un principe formel subjectif de l'intelligence, c'est-à-dire une puissance ou faculté de l'âme.

Voici maintenant la seconde preuve proposée par notre auteur. D'après saint Thomas, dit-il, l'être est le premier intelligible par rapport à nous ; il est le fondement du principe de contradiction, qui est lui-même la base de tous les autres principes. Là dessus, il cite un texte où le saint Docteur dit que la connaissance des premiers principes est une action qui dérive tout naturellement de l'essence de l'homme, et qu'en conséquence tous les individus de l'espèce humaine doivent également posséder le principe de cette connaissance ; et que ce principe est l'intellec agent : *Cognoscere prima intelligibilia est actio consequens speciem humanam : unde oportet quod omnes homines communicent in virtute quæ est principium hujus actionis; et hæc est virtus intellectus agentis* (1). De là il conclut que, pour saint Thomas, l'intellect agent c'est l'être en général. Il est pourtant bien évident qu'on devait attendre une conclusion tout opposée. Si, en effet, l'être est le premier intelligible, et si saint Thomas nous dit qu'une vertu intellectuelle appartenant à tous les hommes est le principe ou la cause de l'action qui nous fait percevoir les premiers intelligibles, il est impossible de confondre cette vertu intellectuelle avec l'être en général, sans confondre par là même le principe d'une action avec son terme. On peut faire la même observation sur tous les autres textes qu'on prétend nous opposer : saint Thomas y affirme constamment que par l'intellect agent nous connaissons les premiers principes et les premiers intelligibles ; jamais, que l'intellect agent est un premier principe ou un premier intelligible. Or, cette dernière proposition devrait évidemment se rencontrer chez le saint Docteur, s'il avait pensé que l'intellect agent fût l'être en général.

(1) *Summa th.*, I. p., Q. LXXIX, art. 5.

La dernière preuve, enfin, est tirée de ce que, pour saint Thomas, la lumière intellectuelle est toujours une vérité, et une vérité tout à fait universelle, en un mot, l'idée générale de l'être.

Nous répondons : Tout d'abord, les textes qu'on nous objecte à ce propos ne disent point que la lumière intellectuelle est une vérité, mais seulement qu'elle est une manifestation ou révélation de la vérité, ou mieux, d'après les expressions cent fois employées par saint Thomas lui-même, que cette lumière est une vertu révélatrice de la vérité. En second lieu, nous concédons volontiers qu'une vérité peut être appelée, comme on le voit parfois dans les œuvres de saint Thomas, lumière par rapport à une autre vérité qui en dérive. L'idée d'être peut donc être appelée lumière si on la compare au principe de contradiction ; lumière aussi le principe de contradiction, si on le compare aux autres principes ; lumières enfin ces derniers, par rapport à des conclusions ultérieures. Mais il n'y a rien en tout cela qui prouve que l'idée de l'être soit l'intellect agent : car, à supposer qu'on puisse donner le nom de lumière à cette idée, il ne s'ensuit pas qu'elle soit cette lumière innée qui, d'après saint Thomas, appartient subjectivement à l'esprit même, comme sa puissance ou sa faculté. Aussi le saint Docteur évite-t-il, quand il parle de l'intellect agent, de l'appeler lumière tout court ; il le désigne sous le nom de lumière innée, *lumen nobis inditum*, *naturaliter inditum*, etc., dénominations qu'il refuse à l'idée d'être, celle-ci étant, d'après lui, non pas *naturaliter indita*, mais abstraite des phantasmes sensibles.

185. Après avoir réfuté les arguments de notre adversaire, il nous reste à proposer maintenant les nôtres et à démontrer que pour saint Thomas l'intellect agent n'est pas l'être en général.

I. L'intellect agent, d'après saint Thomas, est inné en nous, *lumen naturale nobis inditum*, comme il l'appelle souvent. Mais pour saint Thomas, l'idée de l'être n'est pas innée, puisqu'il enseigne qu'à l'origine notre intelligence est en puissance à recevoir toutes sortes d'idées : *Intellectus quo anima intelligit non habet aliquas species sibi naturaliter inditas, sed est in principio in potentia ad hujusmodi species omnes* (1). Donc, pour saint Thomas, l'intellect agent n'est pas l'idée de l'être.

II. Saint Thomas arrivé à ce passage de son commentaire sur le troisième livre *De anima*, où Aristote donne à l'intellect agent le nom d'*habitus*, fait remarquer que plusieurs philosophes,

---

(1) *Summa th.*, I. p., Q. LXXXIV, art. 3.

induits en erreur par ce mot, ont confondu l'intellect agent avec l' « *habitus* des premiers principes ». *Hujus autem verbi occasione quidam posuerunt intellectum agentem idem esse cum intellectu qui est habitus principiorum.* Or, une pareille identification, dit-il, est inadmissible, attendu que « l'habitude des premiers principes » ne procède à son opération qu'après la connaissance préalable des termes dont les principes sont constitués; on ne peut donc universellement lui attribuer la formation de tous les intelligibles : *Quod esse non potest, quia intellectus qui est habitus principiorum præsupponit aliqua jam intellecta in actu, scilicet terminos principiorum, per quorum intelligentiam cognoscimus principia, et sic sequeretur quod intellectus agens non faceret omnia intelligibilia in actu* (1). Ceci étant posé, voici notre agument : pour saint Thomas, l'intellect agent est la vertu qui constitue en acte tous les intelligibles; or, l'être en général est lui-même un intelligible; donc, pour saint Thomas, l'être en général est autre chose que l'intellect agent.

Nos adversaires répondent que de cet *omnia intelligibilia* il faut excepter l'idée de l'être. Mais d'abord, c'est là une réserve absolument gratuite. D'après les règles de la critique, on doit prendre les paroles d'un auteur dans leur sens propre et naturel tant que le contraire n'est pas démontré par des passages parallèles ou par la doctrine évidemment professée par lui. Cette observation s'applique tout spécialement à saint Thomas qui, comme le remarque Rosmini, prit toujours *un soin jaloux de l'exactitude du langage* (2). En second lieu, cette restriction est formellement contraire à l'enseignement du saint Docteur, car il dit, en maint endroit, que le concept d'être est, lui aussi, formé par l'abstraction qu'exerce l'intellect agent sur les phantasmes; aussi met-il l'idée d'être au nombre des premières conceptions qu'engendre en nous cette abstraction de l'intellect agent : *Primæ conceptiones intellectus quæ statim lumine intellectus agentis cognoscuntur per species a sensibilibus abstractas... sicut ratio entis et hujusmodi* (2). Dans ses commentaires sur

---

(1) *In* III *De anima*, lect. 10.
(2) *Qq. dispp., De magistro*, art. 1. Rosmini n'ignore pas ce texte; mais pour s'en débarrasser, il a recours à un moyen assez original; il propose de mettre une distinction entre « avoir le concept de l'être » et « avoir l'être présent ». On peut accorder avec saint Thomas qu'il y a acquisition dans le premier cas, sans nier pour cela qu'au second sens l'idée d'être soit innée. Dans ce cas, avoir le concept de l'être supposerait qu'outre la simple intuition de l'être, on connaît encore sa valeur et ses applications.

Boèce, il compte également l'idée de l'être parmi les premiers concepts que l'intellect abstrait des phantasmes : *Quamvis illa quæ sunt in genere prima eorum quæ intellectus abstrahit a phantasmatibus, sint prima cognita a nobis ut ens et unum*, etc. Enfin dans la *Somme théologique*, après avoir rangé la notion tout à fait universelle d'être parmi les essences abstraites des choses sensibles, il conclut que Platon a dû recourir aux « formes séparées », faute d'avoir connu cette manière d'acquérir les idées ; d'où il suit évidemment que cette notion ne peut en aucune manière être confondue avec l'intellect agent ; à moins qu'on ne veuille identifier la chose abstraite avec le principe efficient de l'abstraction, et le terme d'une action avec la cause qui la produit.

IV. Pour saint Thomas, ce n'est pas à l'intellect agent, mais à l'intellect possible qu'appartiennent l'idée et l'acte intellectif: *Intellectus possibilis est qui speciem recipit et actum intelligendi elicit* (1). Ce n'est donc pas à l'intellect agent qu'il faut rapporter l'intuition de l'être qui est certainement bien un acte intellectif exigeant la réception d'une idée. Comment peut-on identifier deux choses qui n'ont pas de rapport entre elles ?

V. L'intellect possible et l'intellect agent sont pour saint Thomas des puissances de l'âme. *Intellectus agens est potentia animæ* (2). Dans ses commentaires sur le 3ᵉ livre *De anima*, là où il réfute l'erreur des Arabes qui voulaient que l'un et l'autre intellect existassent en dehors de nous, il s'appuie sur cette raison, que leur action s'attribue à l'homme, ce qui ne saurait avoir lieu, si les deux intellects ne faisaient pas, pour ainsi dire, partie intégrante de notre esprit ; et il confirme son argumentation en l'appuyant sur l'autorité d'Aristote dont il reproduit la doctrine : *Est enim prædicta positio contra Aristotelis intentionem, qui expresse dicit has differentias duas, scilicet intellectum agentem et intellectum possibilem, esse in anima* ; et

---

(*Nuovo saggio*, v. 2, p. 114.) On peut aisément se convaincre du peu de consistance de cette explication. Saint Thomas parle des premiers concepts *primæ conceptiones*, au nombre desquels il met le concept d'être ; et Rosmini veut qu'on n'obtienne ce concept qu'en vertu d'une attention nouvelle qui se porterait sur une idée antérieure ! Saint Thomas dit que dans ce concept de l'être, formé par l'action de l'intellect agent, on connait la quiddité ou essence de l'être, *ratio entis* ; et Rosmini voudrait qu'on y vît non pas l'essence même de l'être, mais son application et sa fécondité !

(1) Opusc. XLII, *De potentiis animæ*.
(2) Loc. cit.

quo expresse dat intelligere quod sint partes animæ vel potentiæ (1). Or, l'être en général n'est ni puissance de notre âme ni partie de notre être, mais simplement objet de connaissance. On ne peut donc le confondre avec l'intellect agent que saint Thomas compte au nombre des puissances de l'âme.

ARTICLE V

Où l'on examine un subterfuge des adversaires, qui consiste à distinguer l'intellect agent de sa lumière.

186. Les Rosminiens voyant l'impossibilité d'identifier l'intellect agent de saint Thomas avec leur être idéal, ont recours, en dernière analyse, au subterfuge que voici : Saint Thomas emploie souvent l'expression « lumière de l'intellect agent », *lumen intellectus agentis ;* par où il semble nous donner à entendre qu'il distingue la lumière de l'intellect agent d'avec l'intellect agent lui-même qu'il considère sans aucun doute comme une puissance de l'âme. Or, cette lumière est précisément l'être idéal, et c'est ainsi que l'entend Césara, l'auteur de l'opuscule anonyme dont nous avons parlé plus haut. La lumière ne se confond pas avec le sujet illuminé, et partant, l'être idéal ne se confond pas non plus avec l'intellect agent dont il est l'objet perçu dans une continuelle intuition. L'intellect possible a pour fonction de réunir cette idée de l'être avec les déterminations fournies par les sens, et de former ainsi des idées de choses déterminées, par une sorte de synthèse constitutive des espèces intelligibles que saint Thomas fait dériver des phantasmes par abstraction. Dans cette explicitation, il est parfaitement vrai de dire que toutes les idées sont acquises, (celles du moins qui se rapportent à des essences déterminées), et que cependant on doit tenir pour innée l'idée de l'être, c'est-à-dire la lumière de l'intellect agent que saint Thomas lui-même appelle *nobis naturaliter inditum*.

Mais cette subtile explication, tout ingénieuse qu'elle paraisse, n'est en réalité, comme on va le voir, qu'un vain subterfuge. D'après nos adversaires, nous posséderions dans la partie intellectuelle de notre âme deux facultés cognitives : l'une qui percevrait l'être universel (l'intellect agent), l'autre

---

(1) *In* III. *De anima*, lect. 10.

qui aurait pour objet la connaissance des intelligibles d'ordre inférieur (l'intellect possible). La formation des idées ou espèces intelligibles appartiendrait à l'intellect possible et non pas à l'intellect agent, comme le veut saint Thomas. Mais alors, pourquoi donner à ce dernier intellect la qualification d'*agent*, quand elle conviendrait bien plutôt au premier, puisqu'il est le principe de la synthèse intellectuelle d'où résulte la formation des espèces intelligibles ? La doctrine de saint Thomas sur ce point deviendrait absolument inintelligible.

Le saint Docteur semble d'ailleurs avoir prévu ce travestissement futur de sa pensée ; car il se sert d'explications qui le rendent à l'avance absolument impossible. Il enseigne expressément que cette lumière, qu'il dit être innée en nous, n'est pas l'objet premier de notre connaissance ; qu'elle nous sert à connaître toutes choses, non comme un intelligible qui serait pour nous un moyen de connaissance, mais simplement comme une lumière qui met les objets en disposition d'être perçus par nous : *Nec tamen oportet quod ipsum lumen inditum sit primo a nobis cognitum ; non enim eo alia cognoscimus sicut cognoscibili quod sit medium cognitionis, sed sicut eo quod facit alia cognoscibilia* (1). Donc, si pour saint Thomas la lumière innée de notre raison n'est pas un objet premier de connaissance, ni un objet intelligible qui, comme tel, nous serve à en percevoir d'autres, (*non enim eo alia cognoscimus, sicut cognoscibili quod sit medium cognitionis,*) il nous reste à conclure que pour saint Thomas aussi cette lumière n'est point l'être idéal dont nos adversaires font précisément un objet premier de connaissance et un intelligible qui, en tant que tel, nous sert de moyen pour arriver à d'autres perceptions. De plus, pour couper court à toute interprétation subtile étrangère à sa pensée, saint Thomas, après avoir établi dans le texte rapporté plus haut que la lumière innée de notre intelligence n'est pas un objet premier de connaissance (*primo cognitum*), ajoute aussitôt que l'être est précisément au nombre des objets premiers de notre perception, un *primo cognitum* : *Prima cognita a nobis... ut ens, unum,* etc. (2). Par conséquent, à moins de mettre sur le compte du saint Docteur une grossière et flagrante contradiction, il faut avouer que pour lui l'être idéal est tout autre chose que la lumière de la raison, qu'il regarde

---

(1) S. Thomas, Opusc. LXVIII, *Super Boetium, de Trinitate.*
(2) *Ibid.*

comme une vertu, une faculté innée de notre âme, et non comme une connaissance ou un objet de connaissance. Cette vertu procède du premier intelligible qui est Dieu ; et, en nous la donnant, Dieu est par rapport à nous, une cause et non un objet. *Non oportet quod primum intelligibile hoc modo influat in intellectum nostrum ut intelligatur sed ut præstet intelligendi virtutem* (1).

Nous trouvons exactement la même doctrine, quoique sous une forme différente, dans la *Somme théologique* où saint Thomas, concluant a *minori ad majus*, nie que Dieu soit le premier objet de notre connaissance. La raison qu'il en donne est que la lumière innée de notre esprit n'est pas pour nous un objet de connaissance directe, mais seulement un moyen de connaissance. *Cum ipsum lumen intellectus nostri non se habeat ad intellectum nostrum sicut quod intelligitur, sed sicut quo intelligitur, multo minus Deus est id quod primo a nostro intellectu intelligitur* (2). Or, comment se pourrait-il que saint Thomas confondît cette lumière avec l'être idéal, puisque de celle-là il nie qu'elle soit *id quod intelligitur*, et qu'il affirme de celui-ci non seulement qu'il est *id quod intelligitur*, mais qu'il est le premier *quod intelligitur*.

187. Enfin, pour dissiper toute équivoque, le saint Docteur déclare expressément que la lumière intellectuelle dont il parle est l'intellect agent lui-même. Nous ne rappelons que pour mémoire, sans les rapporter ici, les passages où il dit que l'intellect agent a pour fonction propre d'*illuminer*, ce qu'il fait en exerçant sa vertu abstractive sur les représentations sensibles ou phantasmes, ce qui montre bien qu'il fait consister la lumière dans la vertu abstractive qui n'est autre que l'intellect agent. Mais nous allons citer des textes si parfaitement explicites qu'ils n'admettent aucune réplique. Nous pourrions, à la rigueur, nous contenter de renvoyer le lecteur à ceux que nous avons rapportés au second article de ce chapitre. Mais pour plus de clarté nous allons y revenir. Dans la question *De spiritualibus creaturis* (art. 10.), saint Thomas se demande s'il n'existe qu'un seul intellect agent commun à tous les hommes: *Utrum intellectus agens sit unus omnium hominum,* et il répond par la thèse négative, à savoir que l'intellect agent *multiplicatur secundum multiplicationem animarum*, puisqu'il appartient

---

(1) *Loc. cit.*, Ib.
(2) *Summa th.*, I. p., q. LXXXVIII, art. 3, ad 1.

à l'âme. Pour le prouver, il emploie jusqu'à deux fois, comme moyen de démonstration, cette proposition : l'intellect agent est la lumière même dans laquelle nous contemplons la vérité : *Lux in qua contemplamur veritatem est intellectus agens. Ergo intellectus agens est aliquid animæ* (1). Et encore : *Lux ista qua mens nostra intelligit est intellectus agens. Ergo intellectus agens est aliquid de genere animæ et ita multiplicatur per multiplicationem animarum et luminum* (2). Puis, dans le cours de l'article, il cite Aristote : *Intellectus agens est sicut lumen quod est lux participata;* et il conclut : *Intellectus agens ab Aristotele nominatur lumen receptum in anima nostra a Deo, et sic relinquitur simpliciter dicendum quod intellectus agens non est unus in omnibus.* Enfin, dans les réponses aux objections : *Intellectus agens illustrat phantasmata sicut lumen a Deo impressum* (3). Voilà donc bien la lumière qui nous est communiquée par Dieu, sans qu'il soit besoin d'en introduire une autre. Nous trouvons exactement la même doctrine dans la *Somme théologique*. Saint Thomas se pose la question : *Utrum intellectus agens sit unus in omnibus*, et il répond en disant : *Sed contra est quod Philosophus dicit quod intellectus agens est sicut lumen ; non autem est idem lumen in diversis illuminatis* (4). Or, l'être idéal, pour les Rosminiens, *est idem lumen in omnibus illuminatis*.

Dans la question *De anima*, il demande encore : *Utrum intellectus agens sit unus et separatus*, et répond toujours négativement, parce que, dit-il, l'intellect agent est une vertu donnée à notre âme comme lumière : *Cum posuerimus intellectum agentem in animabus nostris velut lumen quoddam*, etc. (5); ce qu'il répète aussi dans son commentaire sur le livre II des *Sentences* (6), et, en général, chaque fois qu'il trouve l'occasion de s'expliquer sur ce point.

---

(1) *Qq. dispp.*, Quæst. *De spirit. creat.*, art. 10.
(2) *Qq. dispp.*, loc. cit.
(3) *Ibid.*, art. 10, ad 1.
(4) *Summa th.*, I, p., q. LXXIX, art. 5.
(5) *Qq. dispp., De anima*, art. 5.
(6) *In lib. II. Sent.*, dist. 24, part. I, a. 2, q. 4.

ARTICLE VI

Retour aux objections de l'auteur anonyme

188. Nous avons soigneusement discuté les raisons que met en avant notre Anonyme, afin de prouver que pour saint Thomas la lumière innée de la raison n'est autre chose que l'idée de l'être. Le lecteur a pu voir combien cette prétention est contraire à l'enseignement du saint Docteur. Il nous reste maintenant à relever dans la brochure en question (1) quelques autres passages qui nous ont paru dignes d'examen.

I. Il nous semble tout d'abord que l'auteur abuse quelque peu de la signification métaphorique du mot lumière, si volontiers employée par saint Thomas. Voici à peu près comment il raisonne : pour saint Thomas, la lumière de la raison est semblable à la lumière corporelle; or, celle-ci est un objet propre au sens de la vue, et, suivant la diversité des corps qu'elle frappe, elle se divise en couleurs différentes ; donc, proportions gardées, on en doit dire autant, dans la doctrine de saint Thomas, de la lumière de la raison par rapport aux idées.

Il est toujours périlleux de prendre une métaphore comme moyen terme de démonstration ; on court en effet grand risque de conclure à une similitude complète, là où la métaphore n'autorise qu'une assimilation partielle. Il est opportun surtout d'éviter cette manière de raisonner quand il s'agit d'interpréter le texte d'un auteur. Il ne faut pas chercher le sens précis de son enseignement dans les figures ou métaphores qu'il juge bon parfois d'employer, mais dans les passages où il parle avec une exacte propriété de langage. Or, saint Thomas ne parle pas toujours métaphoriquement de la lumière de la raison : et chaque fois qu'il se sert d'expressions propres sur ce sujet, il nous dit toujours que cette lumière, loin d'être l'objet premier de la connaissance, n'est qu'une simple puissance ou vertu de l'âme dont l'opération consiste à rendre intelligible l'objet de la perception intellectuelle, par l'abstraction des conditions matérielles de l'espèce qui doit le représen-

---

(1) *La luce dell'occhio corporeo e quella dell'intelletto*, Parallelo da F. P. V, Venezia, 1857.

ter : *Virtutem ex parte intellectus quæ faciat intelligibilia in actu per abstractionem specierum a conditionibus materialibus* (1).

Ainsi, dans l'emploi de cette métaphore, il nous donne à entendre qu'il la prend comme résultat d'une comparaison large, sans nous dire si la lumière corporelle remplit ou non dans son ordre toutes les fonctions de la lumière intellectuelle : *Quidam dicunt quod lumen requiritur ad visum ut faciat colores actu visibiles ; et secundum hoc similiter requiritur, et propter idem, intellectus agens ad intelligendum, propter quod lumen ad videndum. Secundum alios lumen requiritur ad videndum non propter colores ut fiant actu visibiles sed ut medium fiat actu lucidum : et secundum hoc similitudo qua Aristoteles assimilat intellectum agentem lumini, ostenditur quantum ad hoc quod sicut hoc est necessarium ad videndum, ita illud ad intelligendum, sed non propter idem* (2). Par conséquent il est indifférent, pour saint Thomas, que la nécessité des deux lumières, intellectuelle et corporelle, soit *propter idem* ou *non propter idem*; et même, dans un autre endroit où il s'en explique avec plus de précision, il préfère la seconde hypothèse : *De lumine est duplex opinio. Quidam enim dixerunt quod lumen necessarium est ad videndum quantum ad hoc quod dat virtutem coloribus ut possint movere visum, quasi color non ex seipso sit visibilis, sed per lumen. Sed hoc videtur Aristoteles removere cum dicit in 2. De anima, quod color est per se visibilis ; quod non esset si solum ex lumine haberet visibilitatem. Et ideo alii aliter dicunt,* et melius, *quod lumen est necessarium ad videndum in quantum perficit diaphanum, faciens illud esse lucidum in actu. Unde Philosophus dicit, in 3. De anima, quod color est motivus lucidi secundum actum. Nec obstat quod ab eo qui est in tenebris videntur ea quæ sunt in luce et non e converso. Hoc enim accidit ex eo quod oportet illuminari diaphanum quod circumstat rem visibilem, ut recipiat visibilem speciem, quæ usque ad hoc visibilis est quousque porrigitur actus lucidi illuminantis diaphanum, licet de propinquo perfectius illuminet et a longinquo magis debilitetur. Comparatio ergo luminis ad intellectum agentem non est quantum ad omnia, cum intellectus agens ad hoc sit necessarius ut faciat intelligibilia in potentia esse intelligibilia in actu. Et hoc significavit Aristoteles, in 3 De anima, cum dixit quod intellectus agens est quasi lumen* (3). Or, si pour saint Thomas la comparaison

---

(1) *Summa th.*, I. P., Q. LXXXIX, art. 3.
(2) *Summa th.*, I. P., Q. LXXIX, art. 3, ad 2.
(3) *Qq. dispp.*, *De anima*, art. 4, ad 4.

des deux lumières, corporelle et intellectuelle, *non est quantum ad omnia*, on ne saurait établir sur son autorité une doctrine qui prétend instituer entre l'une et l'autre un parfait parallèle (1).

On nous prie de dire où se trouve l'œil, où se trouve la lumière dans la perception intellective.

La réponse est facile pour saint Thomas. L'œil, c'est l'intellect possible, c'est-à-dire la faculté intellective qui reçoit les idées, produit l'acte intellectif de la perception et est le véritable sujet de la connaissance : *Intellectus possibilis est qui speciem recipit et actum intelligendi elicit ; et sic solus intellectus possibilis est qui est subjectum scientiæ* (2). La lumière, c'est l'intellect agent qui illumine les phantasmes par sa vertu propre, pour les rendre intelligibles et capables de manifester à l'intellect possible l'essence des choses concrètes, qui, on le sait, sont aptes à cette représentation, pour peu qu'elles soient dépouillées de leurs caractères individuels : *Intellectus agentis est illuminare, non quidem alium intelligentem, sed intelligibilia in potentia, in quantum per abstractionem facit ea intelligibilia in actu* (3). Notre adversaire, d'ailleurs, concède volontiers que l'intellect possible et l'intellect agent sont *deux vertus* de notre faculté intellective (4). Or, de ces deux vertus, l'une est l'œil, l'autre la lumière. Il n'y a ici à craindre aucun péril de subjectivisme ; car cette lumière, d'après saint Thomas, ne fait que révéler, découvrir l'objet, loin de s'identifier avec lui. Elle ne fait qu'écarter les caractères individuants et concrets pour rendre ainsi apparente et saisissable la seule essence, qui est proprement l'intelligible. Notre auteur

---

(1) Il est bon de faire remarquer ici à nos adversaires que, poussée à l'excès, l'analogie entre les deux lumières conduirait fatalement à une conclusion tout opposée à leur propre système. Étant concédé, en effet, que l'idée de l'être est la lumière de l'intelligence, voici comment on pourra raisonner : la lumière corporelle n'est pas innée dans l'œil ; donc, l'idée de l'être ne doit pas être innée dans notre esprit. La vision de la lumière corporelle ne constitue pas la faculté de voir : donc, l'intuition de l'être ne doit pas non plus constituer la faculté intellective. La lumière corporelle n'est pas une, mais multiple, puisque nous voyons également bien les objets matériels avec la lumière du soleil, avec celle de la lune, des étoiles, d'un flambeau etc. ; donc, la seule idée de l'être est insuffisante pour nous faire connaître tous les intelligibles. On pourrait poursuivre plus loin encore cette série de comparaisons pour en tirer toujours des conclusions opposées au système de l'être idéal.

(2) Opusc. *De potentiis animæ*.
(3) *Summ. theol.*, I. P., Q. LIV, art. 4, ad 2.
(4) *Op. cit.* pag, 9.

voudrait que l'intellect agent fût *tout à la fois l'œil et la lumière* (1), comme étant l'acte par lequel l'âme perçoit la lumière, tandis que l'intellect possible serait la faculté intellective proprement dite, comme percevant les choses particulières (2). Rien de plus contraire à l'enseignement de saint Thomas ; car le saint Docteur nie que le premier acte de notre intelligence ait pour objet la lumière même qui nous est innée. Il n'attribue jamais la moindre perception intuitive à l'intellect agent qu'il regarde toujours comme une simple vertu destinée à illuminer les phantasmes sensibles. Il fait consister le premier acte de l'esprit humain non dans la synthèse mais dans l'analyse, c'est-à-dire dans cette abstraction qui enlève à l'essence les caractères individuels de son existence concrète.

Enfin, il rapporte expressément à l'intellect possible la simple appréhension et le jugement des objets universels. *Sic ergo actio intellectus agentis quæ est abstrahere universale, est actio hujus hominis, sicut et considerare vel judicare de natura communi, quod est actio intellectus possibilis* (3). Remarquons bien ces dernières paroles ; faire acte de simple perception et de jugement sur la nature universelle, c'est-à-dire en général sur les universaux, voilà l'œuvre de l'intellect possible; à l'intellect agent appartient seulement le travail de l'abstraction.

Notre auteur qui fait profession de suivre fidèlement saint Thomas prétend établir que l'être idéal reconnu par le saint Docteur comme objet premier de notre connaissance, est précisément l'être idéal rosminien ; mais les textes sur lesquels il s'appuie démontrent tout juste le contraire. Ainsi, pour nous en tenir à un seul exemple, il cite ce passage: *Objectum intellectus est commune quoddam, scilicet ens et verum*. Or, dans cet endroit même, après avoir conclu de ce principe que l'intelligence peut connaître son propre acte, saint Thomas ajoute aussitôt : *Sed non primo, quia nec primum objectum intellectus nostri secundum præsentem statum est quodlibet ens et verum sed ens et verum consideratum in rebus materialibus* (4). Est-ce-clair? L'objet premier de notre intelli-

---

(1) *Ibid. Num.* 15.
(2) « *L'intellect agent* n'est autre chose que l'acte par lequel l'âme perçoit cette lumière qui lui est essentiellement unie, et qui la maintient pour ainsi dire perpétuellement dans cette première et essentielle opération de l'intelligence ; tandis que *l'intellect possible* est cette faculté de percevoir les objets concrets, qui dérive en nous de ce premier acte. » *Ibid., num.* 11.
(3) *Qq. dispp.*, Quæst. *De Spir. creat.*, art. 10.
(4) *Summa th.*, I. P., Q. VIII, art. 3, ad 1.

gence dans la condition présente de notre vie, *primum objectum*, c'est l'être et le vrai *consideratum in rebus materialibus*. D'où l'on peut aisément tirer le raisonnement que voici : pour saint Thomas, l'objet premier de notre intelligence, c'est l'être et le vrai considéré dans les choses matérielles ; or, tel n'est point l'être idéal des rosminiens, qui devrait être comme imprimé en nous *a priori* et doué encore de bien d'autres caractères ; donc, l'être rosminien ne saurait être pour saint Thomas le premier objet de notre intelligence. Remarquez qu'on ne peut avoir recours ici au subterfuge de l'acte réflexe, puisque saint Thomas parle expressément de l'être qui est *primum objectum intellectus nostri*, ce qui ne convient qu'à la seule connaissance directe, étant donné surtout, comme on nous le concède, que dans la connaissance réflexe l'être est le dernier objet auquel on puisse arriver par voie d'abstraction (1).

L'Anonyme veut démontrer que la lumière de la raison, inhérente par nature à notre esprit, est, d'après saint Thomas, une lumière divine ; et pourtant, il ne cite que des textes où cette lumière n'est jamais appelée *divine*, mais seulement participation ou similitude de la lumière divine. Mais les créatures irraisonnables sont aussi appelées par saint Thomas des imitations de Dieu : *Quælibet res imitatur aliquo modo Deum* (2). Faudra-t-il pour cela les appeler divines ? Le nom de Dieu est incommunicable dans la propriété du terme ; on ne peut l'attribuer à une créature que par analogie et pour exprimer une certaine similitude directe, et pour ainsi dire spécifique, avec quelque perfection divine : *Ego dixi, dii estis* ; ainsi en est-il de l'épithète *divin*. Nous disons d'une force extraordinaire que c'est une force de lion, une force herculéenne ; mais nous savons très bien que ce n'est là qu'une simple métaphore. Si donc on veut appeler divine la lumière de notre intelligence, en ayant soin de dire qu'on n'emploie ce mot qu'au sens métaphorique et non au sens propre, nous accepterons volontiers cette manière de parler ; mais en revanche on nous permettra de nier le légitime emploi de cette épithète, chaque fois qu'on parlera au sens propre des mots, comme on doit s'appliquer à le faire en philosophie quand on explique la nature d'une chose. Saint Thomas n'appelle jamais divine la lumière naturelle de la raison ; bien plus, il appelle *lumière créée* la lumière de gloire elle-même, bien qu'elle soit d'ordre surnaturel.

(1) *Qq. dispp.*, Quæst. *De scientia Dei*, art. 1.
(2) *Ibid.*

III. Notre adversaire se demande encore si les idées sont aussi pour saint Thomas des objets de connaissance ; et il essaie d'établir démonstrativement la réponse affirmative. Mais la question n'est pas de savoir si les idées sont objets de connaissance d'une manière générale. Tout le monde l'accorde volontiers : et c'est pourquoi saint Thomas leur donne le nom d'intelligibles : *species intelligibiles*. Il s'agit au contraire de savoir si elles sont pour saint Thomas objets de connaissance directe. Quiconque abordera sans préjugés la lecture des passages où le saint Docteur traite cette matière, se persuadera aisément que d'après lui les idées ne sont intelligibles que par connaissance secondaire et réflexe, et non par connaissance directe.

Dans la connaissance directe, les idées ne sont jamais *id quod intelligitur*, mais seulement *id quo intelligitur ;* elles servent de « moyen » de connaissance en ce sens qu'elles représentent l'essence qui est l'objet direct de la perception. *Objectum intellectus est ipsa rei essentia, quamvis essentiam rei cognoscat per ejus similitudinem* (l'idée) *sicut per medium cognoscendi, non sicut per objectum in quod primo fertur ejus visio* (1).

L'Anonyme veut absolument que, même dans la connaissance directe, l'idée ou espèce intelligible soit *id quod intelligitur*, afin de pouvoir dire ensuite : les idées n'existant pas dans le monde réel des choses mais seulement dans l'esprit, il faut conclure que le terme de la perception n'est pas l'être réel des choses conçu abstraitement, mais bien plutôt un je ne sais quoi qui n'existe que dans l'intelligence. Telle n'est point cependant la doctrine de saint Thomas pour qui l'objet de la perception intellectuelle est justement ce même objet que les diverses sciences prennent pour terme de leur étude : or, les sciences étudient bien les choses du monde réel, et non les idées par lesquelles on les connaît, à l'exception toutefois de l'idéologie, science de réflexion, qui considère spécialement les idées elles-mêmes comme choses, c'est-à-dire comme images représentatives destinées à informer notre esprit dans l'œuvre de la connaissance. Pour que l'acte de la perception soit immanent et ne sorte pas de l'intelligence, point n'est besoin que l'objet réel s'unisse *substantiellement* avec elle; il suffit que cette union se fasse par une image représentative ; et cette image c'est l'idée ou espèce, que saint Thomas définit toujours ainsi : *Similitudo rei intellectæ*. Dans l'idée nous percevons l'être même des choses, abstraitement considéré,

---

(1) *Qq. dispp.*, Quæst. *De mente*, art. 4, ad 1.

c'est-à-dire quant à la seule quiddité ou essence ; d'où il suit que l'idée n'est pas *id quod intelligitur* dans l'ordre de la connaissance directe, tandis que l'essence est bien *id quod intelligitur*. L'idée est la forme même de l'objet reproduite dans l'intelligence à titre d'exacte représentation. Elle existe vraiment dans l'esprit sans que nous y fassions la moindre attention dans la connaissance directe. Ici encore, pour prouver que, d'après saint Thomas, les essences mêmes que nous percevons, ne sont autre chose que les idées, on met en avant des textes du saint Docteur qui démontrent absolument le contraire. Prenons pour exemple les passages où il est dit que l'idée *est similitudo rei intellectæ, est repræsentativa eorum quorum sunt phantasmata solum quantum ad naturam speciei, est similitudo naturæ absque iis quæ ipsam distinguunt*. L'idée pour saint Thomas étant une ressemblance ou représentation de la nature ou de l'essence (et dans l'acte de connaissance ce n'est pas une ressemblance que nous percevons, mais l'essence en elle-même, c'est-à-dire quant à ses caractères intrinsèques), force nous est de conclure que l'objet perçu n'est pas l'idée, mais ce qui est exprimé par l'idée ; autrement il serait vrai de dire que penser à un homme et penser à son image sont une seule et même chose (1).

Notre auteur, s'en tenant toujours à son principe que l'idée est l'objet de la connaissance, nous demande comment notre esprit peut trouver l'idée dans les choses réelles. Voici la réponse : à proprement parler, l'idée ne se trouve point dans le monde de la réalité, qui renferme seulement l'être que nous percevons par son intermédiaire ; or, l'être existe bien réellement dans la nature, puisque Dieu l'y a mis ; et si nous le concevons abstraitement, c'est là le fait de notre manière de connaître.

L'auteur serait plus disposé à admettre que l'esprit met lui-même l'idée dans les phantasmes, pour l'y retrouver ensuite (2). Voilà certes une plaisante explication qui rappelle assez le jeu de ces enfants qui cachent un joujou pour se donner ensuite le plaisir de dire qu'ils l'ont retrouvé ! Si notre intelligence tire l'idée de son propre fond, et si l'idée est vraiment l'intelligible, la science ne sera plus qu'un produit spontané de notre esprit ; elle aura pour terme de son étude nos propres créations et non

---

(1) Cette manière de parler peut légitimement s'employer à la condition de prendre l'idée non pas formellement mais objectivement, c'est-à-dire pour l'objet qu'elle représente, comme par exemple quand on dit «Alexandre» pour désigner le portrait d'Alexandre.

(2) *Op. cit.*, pag. 34 et 39.

point des objets dont elle n'aurait fait que constater l'existence.

IV. L'Anonyme veut soutenir encore que les sens ne sont en en aucune manière des facultés perceptives. Pour se mettre en garde contre l'autorité de saint Thomas qui attribue constamment la connaissance aux puissances sensitives, il a recours aux trois expédients que voici : I. Au temps de saint Thomas *l'observation et l'analyse, même dans les études psychologiques étaient bien loin de l'état de progrès où elles se trouvent aujourd'hui* (1). II. Le langage de saint Thomas doit être entendu au sens métaphorique et par conséquent comme manière de parler peu exacte (2). III. S'il en était autrement, il faudrait donner aux sens toutes les autres fonctions que saint Thomas leur attribue (3).

Réponse : De ce défaut d'observation expérimentale chez les anciens on ne saurait conclure à l'insuffisance de leur observation psychologique ; car l'expérience est le résultat d'explorations longues et répétées des phénomènes matériels ; elle est intimement liée à la découverte progressive des instruments ingénieux qu'elle emploie, tandis que l'observation psychologique ne relève que de la méditation de l'esprit sur les faits de la conscience. La première de ces études devait être nécessairement imparfaite au temps de saint Thomas. Aussi sommes-nous volontiers d'accord avec les modernes en matière de physique. L'observation psychologique, au contraire, surpassait alors celle de nos jours de toute la supériorité que donnait aux penseurs du moyen âge sur ceux du temps présent l'habitude d'une méditation plus profonde et plus recueillie. Elle commence à décliner avec Descartes pour consommer sa ruine dans la philosophie de Kant : et il suffit de s'appuyer sur les principes de l'un ou de l'autre de ces deux philosophes pour se voir fatalement condamné à l'erreur en cette matière. Notre adversaire peut donc se rassurer et accepter en sûreté de conscience la doctrine de saint Thomas, sans redouter le moindre péril de matérialisme ou de sensualisme. La théorie sensualiste n'est point une production d'origine thomiste : elle a ses racines dans la philosophie de Descartes, et, si l'on veut, aussi dans celle de Kant.

Quant au second point, nous voyons ici avec peine notre auteur abandonner son maître. Rosmini dit en effet que saint Tho-

---

(1) Page 63.
(2) Page 64.
(3) Page 65.

mas *a toujours recherché avec un soin jaloux la propriété du langage* ; son disciple veut au contraire que le saint Docteur ait employé des *formules inexactes* et un perpétuel langage métaphorique dans une matière de si haute importance. Il demande avec instance qu'on pénètre bien la pensée de saint Thomas ; mais où ira-t-on chercher la pensée d'un auteur sinon dans les mots dont il fait un constant usage ? — Dans les mots, sans doute, mais à la condition qu'on les étudie à la lumière du contexte. — Nous sommes d'accord ; mais si l'on veut examiner tous les contextes possibles des œuvres du saint Docteur, on y verra que tous s'accordent également à attribuer aux sens, et par conséquent aux animaux, une véritable connaissance avec tous les éléments requis pour cette opération : objet, image représentative, et ainsi de suite. — Mais alors il n'y aurait pas de différence de nature entre les sens et l'intelligence, ce ne serait plus qu'une question de degré. — J'avoue ne point saisir la légitimité d'une pareille conséquence. Que dirait notre auteur, si quelqu'un se permettait de lui nier que les minéraux soient de véritables substances, parce que les esprits sont aussi des substances ? surtout s'il prouvait son dire en faisant remarquer que l'attribution d'une même qualité aux substances minérales et spirituelles conduit à supprimer toute différence de nature entre elles. On en pourrait dire autant de mille autres exemples qui feraient voir que deux choses génériquement semblables peuvent néanmoins différer entre elles spécifiquement, c'est-à-dire essentiellement.

On peut, il est vrai, constater un grand nombre de différences entre les sens et l'esprit. Mais, de ce que les sens ne possèdent pas les caractères de la connaissance intellectuelle, s'ensuit-il qu'on doive leur refuser ceux de la connaissance en général ? Si par connaissance en général on entend la seule connaissance intellective, il est tout clair que les sens ne sont point des facultés perceptives. Mais c'est là restreindre arbitrairement le sens des mots : restriction dangereuse en philosophie, car modifier le sens d'une phrase c'est préparer la voie à la modification d'une doctrine. Si l'on veut au contraire conserver au mot *connaissance* sa signification générique, commune aux deux ordres, intellectuel et sensitif, je ne vois pas quel inconvénient pourrait en résulter. Quel inconvénient y a-t-il à conserver à la « vie » sa signification générique, bien qu'on la divise ensuite en vie végétative, sensitive et intellective ? Personne à coup sûr ne s'avisera de conclure de là que ces trois vies sont identiques.

Enfin, pour ce qui regarde les autres opérations que saint Thomas attribue à la sensibilité, quelle difficulté y a-t-il à les admettre au sens où il les admet ? Nous examinerons plus tard cette question avec détail : nous aurons alors l'occasion de faire voir l'absolue justesse des idées de saint Thomas et des explications qu'il donne touchant la différence des deux natures, animale et rationnelle, problème qu'ont si étrangement obscurci Descartes et tous ceux qui marchent sur ses traces. Comme nous n'entendons point pour le moment parcourir un champ si vaste, nous nous contenterons d'insister seulement sur un point en passant.

Saint Thomas accorde aux animaux une sorte de jugement. Or, notre auteur cite précisément des textes où le saint Docteur déclare qu'il n'entend point parler d'un jugement proprement dit, issu du libre usage de la faculté réflexive et de la comparaison contradictoire de deux termes différents, mais bien seulement d'un jugement impropre, qu'il appelle naturel parce qu'il a son origine dans le pur instinct de l'animal : *Quædam agunt judicio sed non libero, sicut animalia bruta; judicat enim ovis, videns lupum, hunc esse fugendium, naturali judicio et non libero ; qvia non ex collatione sed ex naturali instinctu hoc judicat. Et simile est de quolibet judicio brutorum animalium* (1). Que peut-on reprocher à un jugement de cette nature ?

Notre adversaire croit que c'est une bonne chose en Psychologie que de rabaisser la sensibilité. Prenons garde que la crainte exagérée de ne pas distinguer suffisamment les sens d'avec l'esprit ne nous condamne à la nécessité tout opposée d'accorder l'intelligence aux bêtes, ce qui arrivera infailliblement chaque fois qu'on voudra regarder comme intellectives des opérations qui n'appartiennent en réalité qu'à l'ordre sensitif.

V. Enfin l'on prétend que d'après saint Thomas la lumière de la raison est numériquement une et identique dans tous les hommes (2). Le saint Docteur enseigne pourtant le contraire : *Lumen intellectus agentis multiplicatur immediate per multiplicationem animarum quæ participant ipsum* (3).

Mais voyons les textes sur lesquels l'auteur s'appuie. Tout d'abord il cite quelques passages où saint Thomas dit que notre intelligence donne nécessairement son assentiment aux premiers principes. Fort bien; mais ceci n'a rien à faire avec la question

---

(1) *Summa th.*, I. p., LXXXIII; art. 1.
(2) *Op. cit.*, pag. 88 et suiv.
(3) *Qq. dispp.*, Quæst. *De spiritual. creat.*, art. 10.

présente; car il s'agit de savoir si la lumière qui préside à cet assentiment est une ou multiple. Il cite en second lieu le texte suivant : *Cognoscere prima intelligibilia est actio consequens speciem humanam. Unde oportet quod omnes homines communicent in virtute quæ est principium hujus actionis ; et hæc est virtus intellectus agentis; non tamen oportet quod sit eadem numero in omnibus.* Or, ce passage prouve manifestement tout le contraire de ce qu'on voudrait lui faire dire, puisque saint Thomas y déclare expressément que la vertu de l'intellect agent est le principe de l'action qui nous fait connaître les premiers intelligibles, et que cette vertu n'est pas nécessairement une dans tous les hommes; à moins toutefois que notre auteur ne s'appuie sur les paroles qui suivent, quand saint Thomas ajoute : *Oportet tamen* (la vertu de l'intellect agent dont il vient de parler) *quod ab uno principio derivetur* (1). Or, ces paroles, prises même en dehors du contexte, ne prouvent rien : car cette condition nécessaire d'unité dans le principe d'où procède la vertu de l'intellect agent ne veut pas dire le moins du monde que la lumière, formellement considérée, soit une dans tous les sujets pensants. Elles prouvent bien moins encore si on les rapproche du contexte; car on voit clairement alors que par ce principe qui doit être un, saint Thomas entend non pas la lumière intellectuelle qui éclaire notre esprit, mais Dieu lui-même qui en est la source première. Aussi, après les paroles rapportées plus haut il ajoute immédiatement : *Et sic illa communicatio hominum in primis intelligibilibus demonstrat unitatem intellectus separati quem Plato comparat soli, non autem unitatem intellectus agentis quem Aristoteles comparat lumini.* Par conséquent, pour saint Thomas, l'identité des premiers intelligibles, objets de notre connaissance, ne peut logiquement conduire qu'à l'unité d'un intellect séparé. Or, qu'est ce que l'intellect séparé d'après lui ? *Intellectus separatus secundum nostræ fidei documenta est ipse Deus qui est creator animæ.* Ce sont ses propres paroles dans le corps de l'article précédent. On ne peut donc déduire de ce texte du Docteur angélique que l'unité de Dieu et non l'unité de la lumière qui nous est innée : à moins qu'on ne veuille admettre implicitement que notre lumière propre soit Dieu lui-même, et alors c'est affaire à notre adversaire de voir où peut conduire son système. Saint Thomas emploie deux métaphores : celle du soleil, chère à Platon, et celle de la lumière, adoptée par Aristote.

---

(1) *Summa th.*, I, p., Q. LXXIX, art. 5, ad 3.

Il recourt à la première pour désigner l'intellect séparé, et il ajoute que celui-ci est un parce qu'il est Dieu. Il réserve la seconde pour l'intellect agent qui est partie réelle de nous-mêmes, et il dit que celui-ci, loin d'être un, suit numériquement la multiplication des individus. Que devient alors la prétendue unité numérique de la lumière innée en nous, telle que la voudrait notre contracdicteur? Mais en voilà assez sur cette controverse.

CHAPITRE VII

DE L'ORIGINE DES IDÉES.

Il n'y a peut-être pas, dans toute la philosophie, de matière plus difficile et plus controversée que le fameux problème de l'origine des idées. Les anciens et les modernes s'y sont exercés dans de nombreux volumes remplis des plus subtiles argumentations. Question délicate entre toutes et dont la solution, en dépit de tous les efforts, garde toujours quelque chose de mystérieux. On dirait qu'il n'a pas été donné à l'homme de jamais pouvoir la saisir complètement, ainsi que le prouve suffisamment, à défaut d'autres arguments, le perpétuel combat qu'ont soutenu à son sujet les plus profonds génies, sans être jamais parvenus à s'entendre. Impossible pourtant de laisser de côté l'étude d'une question si étroitement liée avec les parties les plus essentielles de la philosophie. Je suis intimement convaincu que personne ne l'a plus parfaitement résolue que le grand Docteur d'Aquin. Nos lecteurs ont déjà pu saisir sa doctrine d'après tout ce que nous avons dit jusqu'à présent, et surtout dans les deux chapitres qui précèdent. Toutefois, il est nécessaire d'en faire ici un examen spécial pour l'exposer à nouveau, la discuter et éclaircir les points qui restent encore obscurs.

ARTICLE I

Théorie de saint Thomas.

189. L'extrême difficulté de la question de l'origine des idées nous impose évidemment l'obligation de ne procéder ici qu'avec lenteur et d'infinies précautions. Il s'agit, en effet, d'établir une théorie qui, tout en ramenant les faits particuliers de la connaissance au principe fondamental dont ils dérivent, reste cependant

en parfaite harmonie avec les lois essentielles de notre esprit. Il faut, par dessus tout, garder présentes à la mémoire les trois observations suivantes :

1° On ne doit jamais avoir recours à l'absurde pour expliquer un mystère, en proposant, par exemple, des hypothèses qui soient en contradiction manifeste avec quelque vérité indubitable. — C'est à cet écueil que viennent échouer les panthéistes et les ontologistes, du moins les ontologistes exagérés, qui, à vrai dire, ne réduisent pas absolument à néant les sens et la conscience, mais sont forcément conduits tôt ou tard à confondre l'être créé avec l'Incréé.

2° On doit bien se garder, par préjugé de système, de dénaturer le composé humain, en niant, par exemple, sous prétexte de simplicité, l'un ou l'autre des éléments qui composent notre nature. — Cette règle est violée surtout par le sensualisme qui, dans son désir de ramener toutes les opérations humaines à un seul principe, réduit à la seule sensation toute l'œuvre de la connaissance ; illusion qui a évidemment son origine dans le soin qu'on met à ne regarder qu'un seul côté du phénomène, c'est-à-dire la dépendance qui rattache la pensée aux sensations. A la même source d'erreur se rattache encore l'idéalisme qui, toujours sous l'influence de cette même utopie de l'unité, prétend ramener tout aux idées ; et cela, sans doute, parce qu'il ne tient compte que de la seule spiritualité de la pensée humaine.

3° Il faut se garder enfin de substituer ici l'imagination à la raison, en recourant à des fictions plus ou moins arbitraires qu'on s'efforce ensuite de confirmer en faisant bon gré mal gré cadrer les faits avec elles. — C'est là une règle que n'observent point assez tous ceux qui, pour éviter tout à la fois l'ontologisme et le sensualisme, mettent en avant quelque système nouveau, et vous inventent une vision de je ne sais quelle lumière intermédiaire entre Dieu et nous, sans jamais pouvoir nous la définir.

190. La théorie de saint Thomas sait échapper à tous ces inconvénients. Dans sa *Somme théologique* le saint Docteur rejette tout d'abord, entre autres systèmes erronés, l'hypothèse des idées innées et la vision immédiate des archétypes divins ; la la première, parce que c'est là un mode de connaissance qui n'appartient qu'aux anges : *Intellectus angeli est perfectus per species intelligibiles secundum suam naturam ; intellectus autem humanus est in potentia ad hujusmodi species* (1); la seconde,

---

(1) *Summa th.*, I. P., Q. LXXXIV, art. 3, ad 1.

parce qu'elle ne se rencontre que chez les bienheureux : *Hoc modo* (il parle de la vision intuitive) *anima in statu præsentis vitæ non potest videre omnia in rationibus æternis; sed sic in rationibus æternis cognoscunt omnia beati qui Deum vident* (1). De là il conclut que nos idées sont *acquises*; et acquises par l'abstraction exercée sur les phantasmes, c'est-à-dire sur les représentations sensibles recueillies par l'imagination.

L'objet de la connaissance, dit-il, doit être proportionné à la faculté cognitive. Or, il y a trois sortes de facultés cognitives. L'une est une faculté organique appartenant à un organe corporel : c'est le sens, dont l'objet n'est autre, par conséquent, que la forme ou actualité d'une chose en tant qu'elle existe dans la matière ; et comme la matière est le principe de l'individuation, c'est-à-dire de la multiplication numérique des individus dans une même espèce, il s'ensuit que la faculté sensitive ne saisit exclusivement que des objets particuliers. — Il existe encore une autre espèce de faculté cognitive qui n'est ni organique, ni d'aucune façon unie à la matière : telle est l'intelligence angélique. Celle-ci ne peut avoir pour objet qu'une forme subsistante en dehors de la matière, car les anges, bien qu'ils connaissent aussi les choses matérielles, ne les voient cependant que dans des êtres immatériels, c'est-à-dire en eux-mêmes, ou en Dieu. — Entre ces deux extrêmes, se place l'intelligence humaine, qui n'est, en effet, substantiellement liée à aucun organe. C'est la vertu d'une âme spirituelle qui informe un corps. Aussi a-t-elle pour objet de connaissance les formes matérielles, non pas toutefois en tant qu'elles sont dans telle ou telle matière déterminée ; ces formes, elle ne les peut atteindre qu'à la condition de les abstraire des individus matériels représentés dans les phantasmes. Notre intelligence ne perçoit donc les choses matérielles qu'au moyen d'une abstraction exercée sur les phantasmes, pour s'élever ensuite de la perception des choses matérielles, ainsi entendue, jusqu'à une certaine connaissance imparfaite des êtres immatériels ; la connaissance angélique, au contraire, procède de l'immatériel au matériel (2).

(1) *Ibid.*, Q. LXXXIV, art. 5.
(2) *Objectum cognoscibile proportionatur virtuti cognoscitivæ. Est autem triplex gradus cognoscitivæ virtutis. Quædam enim cognoscitiva virtus est actus organi corporalis, scilicet sensus; et ideo objectum cujuslibet sensitivæ potentiæ est forma, prout in materia corporali existit; et quia hujusmodi materia est individuationis principium, ideo omnis potentia sensitivæ partis est cognoscitiva particularium. Quædam autem*

191. Saint Thomas enseigne constamment la même doctrine dans maint passage de ses œuvres, et, entre autres, dans les *Questions disputées*, là où il demande si l'intelligence humaine dépend des sens dans l'acquisition de ses idées : *Utrum mens humana cognitionem a sensibus accipiat* (1). Dans sa réponse il commence par réfuter toutes les autres théories de l'origine des idées connues dans l'histoire de la philosophie jusqu'à son temps : « Platon supposait que nos idées dérivaient de ces fameuses « formes séparées » dont il faisait le principe de toute génération dans l'ordre réel comme dans l'ordre idéal : mais cette opinion n'est pas soutenable, car les formes des êtres matériels ne peuvent subsister ailleurs que dans leurs sujets concrets. D'autres ont mis en avant le système des intelligences séparées. Ainsi, par exemple, Avicenne supposait que l'une de ces formes qu'il appelait intelligence active, imprimait par son influence les formes intelligibles dans notre esprit : mais cette opinion est absolument fausse, car elle détruit le lien naturel qui rattache les sens à l'intelligence, et dont l'existence nous est attestée par l'expérience elle-même. Cette théorie a, de plus, l'inconvénient de supprimer l'action propre des causes secondes dans l'ordre de l'univers. D'autres s'avisèrent de soutenir que nous possédions, dès l'origine, la connaissance de toutes choses, mais que l'union de notre âme avec un corps ayant en quelque sorte obscurci et comme endormi cette science primordiale, le concours des sens et l'étude devenaient nécessaires pour la rendre à son premier état. Une pareille doctrine détruit l'union substantielle et naturelle de l'âme avec le corps. Comment, en effet,

---

virtus cognoscitiva est quæ neque est actus organi corporalis neque est aliquo modo corporali materiæ conjuncta, sicut intellectus angelicus: et ideo hujus virtutis cognoscitivæ objectum est forma sine materia subsistens. Etsi enim angeli materialia cognoscant, non tamen nisi in immaterialibus ea intuentur vel in seipsis vel in Deo. Intellectus autem humanus medio modo se habet : non enim est actus alicujus organi, sed tamen est quædam virtus animæ, quæ est forma corporis, ut ex supra dictis patet. Et ideo proprium ejus est cognoscere formam in materia quidem corporali individualiter existentem, non tamen prout est in tali materia. Cognoscere vero id quod est in materia individuali, non prout est in tali materia, est abstrahere formam a materia individuali quam repræsentant phantasmata. Et ideo necesse est dicere quod intellectus noster intelligit materialia abstrahendo a phantasmatibus; et per materialia sic considerata in immaterialium aliqualem cognitionem devenimus, sicut contra angeli per immaterialia materialia cognoscunt. Summa th., I. P., Q. LXXXV, art. 1.

(1) *Qq. dispp., De mente,* art. 6.

tenir pour naturelle une union qui tourne au préjudice des parties qu'elle joint ensemble, au préjudice surtout de l'âme qui est certainement la plus noble partie du composé humain. D'autres enfin ont prétendu que l'âme est elle-même la cause de sa propre science, parce que, disaient-ils, à l'occasion des sensations elle produit en elle-même des représentations idéales correspondantes. Mais cette opinion est encore loin de la vérité ; car, s'il est vrai qu'une cause n'opère qu'autant qu'elle est en acte, l'âme étant cause de ses propres idées devrait déjà les posséder à l'avance ; et ainsi cette hypothèse ne diffère plus de l'opinion qui veut que toute notre connaissance soit innée. Il nous reste donc à embrasser l'opinion d'Aristote d'après laquelle la production de la science dans notre esprit procède en même temps de deux causes, l'une intérieure, l'autre extérieure, sans préjudice d'une dépendance étroite vis-à-vis des éléments du monde sensible et du monde suprasensible. Notre intelligence, en effet, par rapport aux choses sensibles, peut être considérée sous un double point de vue : comme acte ou comme puissance. D'abord comme acte, en tant que les choses sensibles sont intelligibles seulement en puissance, alors que notre esprit est intelligent en acte : ensuite comme puissance, en tant que les formes ont dans les choses sensibles un mode d'être actuel déterminé, tandis qu'elles ne se trouvent qu'à l'état de puissance en notre esprit. Suivant la première de ces deux considérations, nous devons concéder à l'intelligence une vertu active capable de réduire en acte la puisssance des objets sensibles ; et, d'après la seconde, nous sommes obligés de lui concéder une capacité intellective ayant pour rôle de recevoir ces formes abstraites dont nous avons déjà parlé. Il est donc vrai que notre esprit va puiser la science dans les choses sensibles, et il est vrai également qu'il produit en lui-même les idées. D'où l'on peut dire que l'intellect agent contient en quelque sorte (en germe) à l'état inné la science tout entière, puisque c'est à lui qu'il faut rapporter l'éclosion subite de ces concepts universels dont nous nous servons comme de principes suprêmes pour la formation de tous nos autres jugements. » (1)

(1) *Qq. dispp.*, Quæst. X, *De veritate*, art. 6.

ARTICLE II

Comment, d'après saint Thomas, le phantasme et l'intellect agent concourent à la formation des espèces intelligibles.

192. Chercher l'origine des idées, c'est, en somme, chercher l'origine de ces représentations idéales, que saint Thomas appelle espèces intelligibles, et qui sont nécessaires pour féconder notre intelligence et déterminer en elle la production de tel ou tel concept ou verbe mental particulier. D'après le saint Docteur elles sont le résultat de l'action de la lumière spirituelle imprimée par Dieu dans nos âmes. Cette lumière éclaire les objets sensibles que recèle l'imagination et les rend ainsi capables d'influer sur la faculté intellective. Nous l'avons vu, cette lumière est désignée par lui sous le nom d'*intellect agent*, tandis qu'il appelle la faculté intellective *intellect possible*, et *phantasme* l'objet représenté par l'imagination. Or, on se demande en quoi consiste précisément l'action de ces deux causes, l'intellect agent et le phantasme ? Quelle est la part de l'un et de l'autre dans la production des espèces intelligibles ?

Dans le passage déjà cité plus haut saint Thomas s'exprime en ces termes : « Quand l'intellect possible reçoit des phantasmes les espèces intelligibles, les phantasmes jouent le rôle de causes instrumentales et secondaires ; l'intellect agent, au contraire, opère comme cause principale et primaire. Il en résulte que l'effet produit dans l'intellect possible se ressent de la double condition des deux causes dont il procède, loin qu'il doive s'assimiler exclusivement à l'une d'elles. En conséquence, grâce à la vertu de l'intellect agent, l'intellect possible reçoit les formes comme intelligibles en acte, tandis qu'il doit à l'*influence* des phantasmes de recevoir ces mêmes formes comme représentations d'objets déterminés. Ainsi les formes intelligibles en acte n'existent donc par elles-mêmes ni dans l'imagination ni dans l'intellect agent, mais seulement dans l'intellect possible. » (1)

Trois propositions ressortent clairement du texte que nous venons de rapporter : 1° Le phantasme concourt comme instrument et l'intellect agent comme cause principale ; 2° Il résulte

---

(1) *Qq. dispp.*, Quæst. X, *De veritate*, art. 6, ad 7.

de là que l'espèce intelligible, effet de cette double action, participe tout à la fois de la condition des deux causes, et qu'elle est par conséquent représentation d'un objet déterminé (de l'homme par exemple), et représentation de nature immatérielle comme l'intellect agent ; 3° L'espèce intelligible est produite dans l'intellect possible. Cette dernière proposition n'a aucun besoin d'être expliquée. L'intellect possible devant être informé par les représentations idéales pour émettre l'acte cognitif, c'est évidemment sur lui que s'exercent les deux causes, instrumentale et principale, le phantasme et l'intellect agent. Les deux premières propositions demandent donc seules à être éclaircies : c'est à quoi nous allons désormais nous appliquer avec le plus grand soin.

193. On peut chercher, tout d'abord, si le concours du phantasme comme cause instrumentale doit être considéré comme ayant une influence réelle sur la puissance intellective, c'est-à-dire sur l'intellect possible, ou s'il n'a seulement qu'une influence purement externe et pour ainsi dire occasionnelle. Cette question est motivée par ces paroles bien connues de saint Thomas: *Nihil corporeum imprimere potest in rem incorpoream* (1). Or, le phantasme appartient à la catégorie des choses corporelles, en sa qualité de représentation sensitive, revêtue par conséquent de caractères individuels, et dépendante d'un organe matériel. C'est pour cette raison, d'ailleurs, qu'un illustre défenseur des doctrines scholastiques, s'arrêtant à la seconde des hypothèses proposées dans notre question, enseigne que l'intellect agent, quand il abstrait des phantasmes les espèces intelligibles, n'exerce pas son action sur le phantasme, mais seulement sur l'intellect possible. En effet, puisque c'est bien la même âme qui connaît par le sens et par l'intelligence, la seule présence des phantasmes suffit pour déterminer la vertu active de l'esprit à produire dans l'intellect possible une forme idéale, image de l'objet lui-même, sans qu'aucune représentation sensi-y concoure par son influence intrinsèque (2).

Saint Thomas condamne expressément cette opinion soutenue déjà par plusieurs philosophes avant lui. Il ne sera pas inutile de rapporter ici ses propres paroles : *Alii vero dixerunt quod anima sibi ipsi est scientiæ causa ; non enim a sensibilibus scientiam accipit, quasi actione sensibilium aliquomodo similitudines*

---

(1) *Summa th.*, I. P., Q. LXXXIV, art. 6.
(2) Telle est aussi l'opinion de Suarez, *De anima*, Lib. IV, c. 2.

rerum ad animam perveniant; sed ipsa anima, ad præsentiam sensibilium, in se similitudines sensibilium format. Le saint Docteur déclare que cette manière de voir n'est pas tout à fait juste : *Hæc positio non videtur totaliter rationabilis* ; et voici pourquoi : une chose ne pouvant opérer qu'autant qu'elle est en acte, l'intelligence ne pourrait produire en elle-même les représentations idéales qu'à la condition de les contenir actuellement, au moins comme assoupies ; ce qui reviendrait à la doctrine des idées innées, déjà exclue par lui auparavant. *Nullum enim agens, nisi secundum quod est actu, agit. Unde, si anima format in se omnium rerum similitudines, oportet quod ipsa in se actu habeat illas similitudines rerum. Et sic redibit in prædictam opinionem quæ ponit omnium rerum scientiam animæ naturaliter insitam esse* (1).

194. Evidemment, pour saint Thomas, le phantasme concourt activement à la production des espèces intelligibles dans la faculté intellective. *In mente accipiente scientiam a rebus formæ existunt per quamdam actionem rerum in animam* (2). Il est facile d'ailleurs, de répondre à l'objection tirée de ce mot de saint Thomas : *Nihil corporeum imprimere potest in rem incorpoream* : car la seule conséquence que le saint Docteur en tire à propos du phantasme, est qu'il ne suffit pas par lui seul à produire l'espèce intelligible, mais qu'il requiert le concours d'une vertu plus élevée. *Et ideo ad causandam intellectualem operationem non sufficit sola impressio sensibilium, sed requiritur aliquid nobilius, quia agens est honorabilius patiente* (3). Loin d'être exclue, l'*impressio sensibilium* est ici requise : on dit seulement qu'elle est insuffisante. Nous pouvons donc résoudre l'objection par la simple distinction que voici : nul être corporel n'agit sur un être incorporel par sa vertu propre, je le *concède* ; par la vertu d'une cause supérieure qui s'en sert comme d'un instrument, je le *nie*. La cause supérieure, dans le cas présent, c'est l'intellect agent auquel par conséquent revient l'attribution principale de l'effet. *Actio intellectus agentis in phantasma præcedit receptionem intellectus possibilis, et sic principalitas actionis non attribuitur phantasmatibus sed intellectui agenti* (4). Le saint Docteur donne de ce phénomène une explication aussi détaillée que limpide au 3° article de son 8° *Quodlibetum*. Il y affirme d'abord que l'âme

---

(1) *Qq. dispp.*, Quæst. x, *De veritate*, art. 6.
(2) *Ibid.*, ad 1.
(3) *Summa th.*, I. P., Q. LXXXIV, art. 6.
(4) *Contra Gent.*, L. xi, c. 77.

reçoit les représentations idéales des objets eux-mêmes, comme tout sujet reçoit l'action dont il est le terme. *Anima humana similitudines rerum quibus cognoscit accipit a rebus, illo modo accipiendi quo patiens accipit ab agente* (1). Ensuite, pour mieux faire saisir le sens qu'il faut donner à cette proposition, il développe la théorie générale suivante : il y a, dit-il, des agents capables par eux-mêmes de produire leur effet dans le sujet sur lequel ils opèrent; ainsi le feu suffit par lui seul à la production de la chaleur dans un corps. Il y en a d'autres, au contraire, qui n'atteignent ce résultat que grâce au concours d'un agent supérieur : ainsi la chaleur du feu ne suffit pas pour exécuter entièrement le travail de la nutrition; il lui faut le concours de la vertu nutritive de l'âme. Dans ce dernier exemple, l'âme joue le rôle d'agent principal, la chaleur étant réduite au rôle d'instrument.

Cette double considération s'applique aussi aux sujets sur lesquels s'exerce la vertu des causes. Les uns reçoivent simplement la modification sans concourir à l'action de la cause; telle par exemple une pierre qu'on projette en l'air, ou une pièce de bois dont on fait un meuble. D'autres sujets, au contraire, coopèrent à l'action de la cause qui les sollicite ; comme par exemple une pierre qu'on jette de haut en bas, ou le corps humain quand il guérit d'un malaise grâce au concours de l'art médical (2).

Après avoir établi cette théorie générale, le saint Docteur en fait l'application aux objets extérieurs en tant qu'ils agissent sur nos facultés cognitives. Ces facultés sont les sens externes qui reçoivent immédiatement les impressions des corps, l'ima-

---

(1) Il faut remarquer avec soin que saint Thomas attribue tantôt aux phantasmes tantôt aux objets eux-mêmes (*rebus*) une influence effective dans la production de l'espèce intelligible ; la raison en est que le phantasme n'agit pas ici *virtute sua*, mais *virtute objecti* qui le produit dans l'imagination, tout comme la graine opère par la vertu de l'être vivant dont elle procède.

(2) *In agentibus et patientibus distinguendum est. Est enim quoddam agens quod de se sufficiens est ad inducendam formam suam in patiens, sicut ignis de se sufficit ad calefaciendum. Quoddam vero agens est quod non sufficit ad inducendam formam suam in patiens, nisi superveniat aliud agens; sicut calor ignis non sufficit ad complendam actionem nutritionis, nisi per virtutem animæ nutritivæ. Unde hæc est principaliter agens, calor vero igneus, instrumentaliter. Similiter etiam est diversitas ex parte patientium. Quoddam enim est patiens quod in nullo cooperatur agenti, sicut lapis cum sursum projicitur, vel lignum cum ex eo fit scamnum. Quoddam vero patiens est quod cooperatur agenti, sicut lapis cum deorsum projicitur et corpus humanum cum sanatur per artem.*

gination qui accueille, conserve et reproduit les représentations sensibles, enfin l'intelligence que viennent informer les espèces intelligibles. Or, par rapport à ces trois facultés, les objets extérieurs ont trois genres de relations bien différentes. Vis-à-vis des sens externes ils jouent le rôle d'agents suffisant à produire leur effet dans l'organe récepteur, sans avoir besoin du concours actif de celui-ci. Ainsi, par exemple, la couleur éclairée par la lumière (qui, elle aussi, existe en dehors de nous) suffit par elle-même à produire dans l'œil la représentation ou espèce visible au moyen de laquelle nous la percevons. *Ad sensus exteriores se habent (res) sicut agentia sufficientia; quibus patientia non cooperantur, sed recipiunt tantum.* Considérés par rapport à l'imagination, les objets extérieurs sont encore ce que saint Thomas appelle des *agents suffisants*: *Ad imaginationem res quæ sunt extra animam comparantur ut agentia sufficientia*: parce que leur action, au lieu de s'arrêter aux sens externes, s'étend et pénètre jusqu'à l'imagination. Cette faculté néanmoins, malgré son rôle passif, prête son concours à la cause qui l'impressionne; car elle a le pouvoir de séparer et de réunir les images reçues, pour en former de nouvelles. C'est ainsi que nous nous représentons par l'imagination un cheval ailé ou encore une montagne d'or, en réunissant ensemble les éléments contenus dans les images préalablement perçues de montagne et d'or. *Tamen imaginatio est patiens quod cooperatur agenti. Ipsa enim imaginatio format sibi aliquarum rerum similitudines quas nunquam sensus percepit; ex his tamen quæ sensu recipiuntur componendo ea et dividendo sicut imaginamur montes aureos quod nunquam vidimus, ex hoc quod vidimus montem et aurum.*

Tout au contraire, par rapport à la faculté intellective, les objets extérieurs sont des agents insuffisants. Ils exercent il est vrai sur elle une réelle influence par les représentations sensibles de l'imagination, c'est-à-dire par les phantasmes; mais ils ne peuvent le faire d'eux-mêmes sans le concours d'une vertu supérieure : ce qui est évident si l'on observe que l'objet contenu dans le phantasme n'est intelligible qu'en puissance, à cause de l'individuation matérielle qui l'enveloppe encore; tandis que la faculté intellective ne peut être déterminée que par un intelligible en acte, c'est-à-dire par un objet dépouillé de cette individuation matérielle. C'est là que doit nécessairement intervenir l'action de l'intellect agent qui en illuminant les phantasmes les rend intelligibles en acte, de même que la lumière matérielle rend actuellement visibles les corps qu'elle éclaire. Ainsi l'intellect agent joue le rôle de cause principale dans la production des représentations idéales, alors que les phantasmes dérivés des objets externes ne sont que des causes instrumentales. *Actio ipsarum rerum sensibilium nec etiam in imaginatione sistit, sed phantasmata ulterius movent intellectum possibilem; non autem ad hoc quod ex seipsis sufficiant, cum sint in potentia intelligibilia, intellectus autem non movetur nisi ab intelligibili in actu. Unde oportet quod superveniat actio intellectus agentis cujus illustratione phantasmata fiunt intelligibilia in actu, sicut illustratione lucis corporalis fiunt colores visibiles actu. Et sic patet quod intellectus agens est principale agens, qui agit rerum similitudines in intellectu possibili, phantasmata autem quæ a rebus exterioribus accipiuntur, sunt quasi agentia instrumentalia* (1). D'autre part, l'intellect possible est un sujet qui coopère avec l'agent, car il peut, bien plus aisément que l'imagination, se former des idées nouvelles, qui ne lui sont point fournies par les sens : *Intellectus possibilis camparatur ad res quarum notitiam recipit sicut patiens quod cooperatur agenti; multo enim magis potest formare quidditatem rei quæ non cecidit sub sensu quam imaginatio.* Voilà donc une triple relation des objets extérieurs avec nos facultés cognitives. Par rapport aux sens, ils sont agents suffisants pour impressionner un sujet qui *non cooperatur agenti*; il en est de même pour l'imagination qui cependant *cooperatur agenti*; quant à l'intelligence, bien qu'ils soient d'eux-mêmes insuffisants à la modifier, ils l'impressionnent comme un sujet *quod cooperatur agenti*.

Ce passage nous enseigne en termes fort explicites que l'objet contenu dans la représentation imaginative agit sur l'intellect possible pour y produire la représentation idéale, mais à la condition d'être rendu préalablement intelligible en acte par la vertu de l'intellect agent. Aussi dit-on que le phantasme concourt à ce résultat, à titre de cause instrumentale; or, la nature d'un instrument consiste précisément à être élevé, par l'influence d'une vertu supérieure, à la production d'un effet qui dépasse les limites de sa portée. Ainsi un pinceau peint un tableau, mais à la condition d'être mu et dirigé par la main de l'artiste sans lequel il ne saurait jamais de lui-même accomplir ce travail : ce qui fait qu'on attribue le tableau à l'artiste et non au pinceau (2).

(1) *Qq. Quodlibetales*, Quodlib. VIII, art. 3.
(2) Dans la *Summa totius Logicæ Aristotelis*, (Opusc. 44) saint Thomas s'exprime brièvement en ces termes : *In nostra phantasia est phantasma*

Il nous reste encore à expliquer comment l'intellect agent rend le phantasme intelligible en acte.

Pour pénétrer cette difficulté, autant du moins qu'il est possible de le faire en une matière si subtile, il faut avoir présentes à l'esprit les idées corrélatives de cause principale et de cause instrumentale, et se rappeler l'exemple de la lumière corporelle, qui rend visibles en acte les couleurs qui n'étaient tout d'abord que visibles en puissance.

Par « intelligible » on entend l'objet propre de l'intelligence, et pour nous c'est l'universel, c'est-à-dire la quiddité considérée en elle-même, indépendamment des caractères individuels dont elle se trouve enveloppée dans les sujets concrets du monde matériel. L'intelligible remplit une double fonction : il détermine l'opération de la faculté intellective, et lui sert de terme; il la meut, c'est-à-dire la fait passer de la puissance à l'acte en produisant en elle la représentation idéale et devient, en vertu de cette représentation, l'objet même de la perception intellectuelle. Le phantasme atteint ce résultat par l'action de l'intellect agent qui fait briller en lui aux yeux de l'intellect possible la quiddité seule de l'objet représenté. Ainsi *illuminé*, le phantasme devient l'élément excitant et terminatif de l'intellect possible ; excitant, pour ce qui regarde l'acte premier, c'est-à-dire la production de l'espèce intelligible, terminatif, par rapport à l'acte second, c'est-à-dire à l'intellection qui en résulte.

Cette intelligibilité se communique au phantasme dans un sens non pas absolu mais relatif : non par suite d'une transformation intrinsèque, qui en ferait une représentation de la pure quiddité qui n'est autre chose que l'intelligible, mais uniquement parce qu'il se trouve pour ainsi dire en face de l'intellect possible, comme instrument de l'intellect agent, ce que Cajetan fait parfaitement observer quand il dit : *Mutatur* (le phantasme) *in ordine ad aliud, et consistit ista mutatio in hoc quod de seorsum agente transit in ministrum alterius* (1). La mutation ou transformation du phantasme au sens absolu serait absurde et contraire à l'enseignement de saint Thomas : absurde, puisque

---

seu forma repræsentans hunc hominem, secundum quod fuit in aliquo sensu exteriori. Quæ forma, virtute intellectus agentis, agit in intellectum possibilem, sicut colores virtute luminis agunt in potentiam visivam et causatur tunc in intellectu possibili quædam forma quæ dicitur species intelligibilis. Tractatus I, c. 1.

(1) Voyez le Commentaire de Cajetan sur l'art. 3º de la question LXXIX de la *Somme théologique*.

le phantasme ne peut cesser d'être phantasme en lui-même, c'est-à-dire représentation sensible d'un objet particulier, affecté des conditions de la matière ; contraire à l'enseignement de saint Thomas, puisque le phantasme ainsi transformé serait par lui-même capable d'agir sur l'intellect possible, sans être instrument de l'intellect agent, alors que saint Thomas répète constamment qu'il ne concourt à la production de l'espèce intelligible que comme cause instrumentale, et non comme cause principale. Tout au contraire, entendue au sens relatif, la mutation ne présente aucun inconvénient ; car on conçoit fort bien qu'un agent inférieur puisse, sous l'influence d'une cause supérieure, produire un effet qu'il serait par lui-même incapable d'atteindre : *Constat quod eadem vis aliquid potest sub alterius potestate quod sola non potest* (1).

L'objet représenté par le phantasme (par exemple un homme, une plante) renferme toujours une quiddité ou essence, bien que revêtue de conditions individuelles et concrètes. Aussi saint Thomas affirme-t-il sans hésiter que, sous un certain rapport, le phantasme est supérieur à l'intellect possible, encore que sous une considération absolue l'intellect possible soit vraiment supérieur au phantasme. *Quamvis intellectus possibilis sit simpliciter nobilior quam phantasma, tamen secundum quid nihil prohibet phantasma nobilius esse, in quantum scilicet phantasma est actu similitudo talis rei, quod intellectui possibili non convenit nisi in potentia.* De là vient que le phantasme peut, comme instrument de l'intellect agent, exercer une influence active sur l'intellect possible. *Et sic quodam modo potest agere in intellectum possibilem virtute luminis intellectus agentis* (2). Sous ce rapport, en effet, l'imagination est à l'intellect possible comme l'acte à la puissance ; comme un acte *insuffisant*, bien entendu, puisque

---

(1) Cajetan, *loc. cit.*

Il faut également appliquer cette interprétation du sens relatif à certaines autres phrases équivalentes, où saint Thomas affirme que, par la vertu de l'intellect agent, le phantasme est spiritualisé et rendu immatériel ; ce qui est vrai si l'on considère le phantasme non pas en lui même, mais relativement, c'est-à-dire comme un instrument dont se sert l'intellect agent dans la production de l'espèce intelligible, où l'objet se trouve représenté d'une manière immatérielle, dans son essence immuable et non dans les conditions variables de son existence concrète.

C'est comme si l'on disait que le pinceau est rendu artistique et intelligent par la vertu du peintre qui le manie, puisque celle-ci le rend capable de produire une œuvre d'art qui suppose l'intelligence.

(2) *Qq. dispp.*, Quæst x, *De veritate*, art. 6, ad 8.

cette *similitudo rei* qu'elle contient se trouve enveloppée dans les conditions matérielles dont elle doit nécessairement être débarrassée pour devenir actuellement intelligible. Or, ce dernier travail s'opère par l'intermédiaire de l'intellect agent qui par sa vertu fortifie pour ainsi dire le phantasme, et le fait agir sur l'intellect possible, mais quant à la seule nature qu'il représente et non quant aux conditions individuelles sous lesquelles il la représente ; en d'autres termes, l'intellect agent rend le phantasme capable de mouvoir, sous ce rapport, et de déterminer la faculté intellective ; tout comme la lumière corporelle, en éclairant les objets, fait apparaître aux yeux leurs couleurs seulement et non les autres qualités qui s'y trouvent de fait réunies ; elle les met ainsi en état d'impressionner et de déterminer la faculté visive, en y produisant une espèce visible.

Il en est absolument de même pour le phantasme tant qu'il est sous l'influence de l'intellect agent ; ce qui fait dire avec raison que l'intellect agent en tire l'espèce intelligible en la faisant sortir de sa « potentialité » non pas subjective mais instrumentale : *Agit educendo de potentia phantasmatis non subjectiva sed ministeriali ; et ideo eductum non est in eo sed in potentia subjectiva quæ est intellectus possibilis* (1). Or, c'est précisément cette action de l'intellect agent sur le phantasme, que l'on appelle abstraction, parce qu'elle consiste à se servir du phantasme quant à l'essence de l'objet qui s'y trouve représenté, et non quant aux conditions individuelles dont cette essence y est enveloppée. *Quæ abstractio nihil aliud in productione speciei est quam uti ipsis phantasmatibus quoad naturam representatam, et non quoad individualia* (2).

195. Il est facile de saisir, d'après ces explications, le double rôle que saint Thomas attribue à l'intellect agent : l'illumination des phantasmes et l'abstraction de l'espèce intelligible. *Phantasmata et illuminantur ab intellectu agente, et iterum ab eis per virtutem intellectus agentis species intelligibiles abstrahuntur.*

Voici comment saint Thomas décrit la première de ces deux fonctions : *Illuminantur quidem quia sicut pars sensitiva ex conjunctione ad intellectum efficitur virtuosior, ita phantasmata ex virtute intellectus agentis redduntur habilia ut ab eis intentiones intelligibiles abstrahantur.* D'où il résulte que, pour lui, l'illumination consiste en ce que le phantasme devient sous l'influence de l'intellect agent comme une matière bien disposée

---

(1) Cajetan, In art. 1m Q. LXXXV.
(2) Cajetan, *Ibid.*

d'où se peut tirer l'espèce intelligible à la manière que nous avons expliquée plus haut. C'est comme si l'on disait que sous la main de Raphaël le pinceau devient apte à produire le fameux chef-d'œuvre de la Transfiguration.

Quant à l'abstraction de l'espèce intelligible, voici en quels termes le saint Docteur s'en explique : *Abstrahit autem intellectus agens species intelligibiles a phantasmatibus, in quantum per virtutem intellectus agentis accipere possumus in nostra consideratione naturas specierum sine individualibus conditionibus, secundum quarum similitudines intellectus possibilis informatur.* Ce qui revient à dire : l'abstraction consiste en ce que notre esprit peut contempler les essences spécifiques des choses sans leurs caractères individuels (*naturas specierum sine individualibus conditionibus*), au moyen des espèces intelligibles qui les représentent et informent l'intellect possible (*secundum quarum similitudines intellectus possibilis informatur*); espèces intelligibles qui ont été produites par l'intermédiaire de l'intellect agent. L'illumination du phantasme n'est donc autre chose que l'influence qu'il reçoit de l'intellect agent ; l'abstraction est l'usage actuel qu'en fait l'intellect agent pour la production de l'espèce intelligible. D'où il suit que le phantasme termine comme objet l'intellect possible quant à la quiddité qu'il représente, et non quant aux conditions individuelles de cette dernière. Il faut remarquer d'ailleurs que cette abstraction est encore souvent, elle aussi, appelée par saint Thomas, illumination, parce qu'elle est, plus que l'illumination proprement dite, cause prochaine de la manifestation de la vérité. *Intellectus agentis est illuminare non quidem alium intelligentem sed intelligibilia in potentia, in quantum per abstractionem facit ea intelligibilia in actu* (1). Ici l'abstraction de l'espèce intelligible est appelée illumination. Il n'est donc pas surprenant que le saint Docteur donne indifféremment à l'intellect agent le nom de lumière et de vertu abstractive.

---

(1) *Summa th.*, I. P., Q. LIV, art. 4, ad 2.

ARTICLE III

Dans l'explication de l'origine des idées il faut avoir présente à l'esprit cette règle : qu'on doit donner la préférence au système qui emploie le moins d'éléments *a priori*.

196. Les philosophes tiennent communément pour légitime la règle que nous venons d'énoncer, et quand ils se déterminent à défendre un système, ils ont grand soin de donner sa plus grande simplicité comme principal argument. Il nous suffira de citer Rosmini pour exemple. Dans la recherche qu'il fait des sources primitives de la connaissance, il commence précisément par établir que si, d'une part, on ne doit rien négliger de ce qui peut être utile à l'explication des phénomènes de l'esprit humain, on doit, de l'autre, se garder de rien mettre en avant qui ne soit strictement nécessaire (1). La raison générale de cette règle est d'ailleurs évidente : car la nature, comme le remarque fort bien Leibniz, est aussi parcimonieuse dans les causes qu'elle se montre prodigue dans les effets : « La nature, dit-il, est comme un bon ménager, qui épargne là où il faut pour être magnifique en temps et lieu. Elle est magnifique dans les effets, ménagère dans les causes qu'elle emploie (2). » Jamais cette parcimonie de la nature n'a été mieux à sa place que dans la présente question des éléments *a priori* de la connaissance humaine, d'autant plus que l'expérience nous force perpétuellement à constater la grande dépendance où nous sommes par rapport à la sensation, dans le développement de nos idées.

Non seulement nous n'avons conscience d'aucune vision ou image innée, qui informe essentiellement notre esprit, mais nous constatons au contraire bien plutôt que notre pensée n'est pas toujours en acte et que l'opération de l'intelligence suit l'exercice des facultés sensitives. Aux premiers moments de son existence, l'enfant ne donne aucun signe de pensée, et nous-mêmes, nous cessons tout exercice de l'intelligence lorsque nos sens sont complètement assoupis par un profond sommeil. Quand, au contraire, nous faisons acte de pensée et de raisonnement, notre opération intellectuelle se trouve toujours accompagnée d'images sensi-

---

(1) Rosmini, *Nuovo saggio*, vol. I, sez. I, c. 1.
(2) Leibniz, *Nouveaux Essais*, L. III, c. VI, § 33.

bles, même dans les conceptions les plus spirituelles. En dehors des concepts d'essences tout à fait universelles et des notions que nous recevons immédiatement de l'expérience sensible, nous ne connaissons d'autre essence que par le moyen d'une déduction appuyée sur les faits que nous révèlent les sens ou la conscience. Que si, par hasard, la sensibilité vient à être troublée ou gênée dans son exercice, par l'altération ou la lésion de l'organisme, le travail de la connaissance intellectuelle se trouble aussitôt et s'arrête ; comme il arrive, par exemple, dans la léthargie ou la folie. Tout ceci met parfaitement en évidence l'étroite union qui existe entre les deux ordres d'opérations, spirituelles et sensitives, et le concours nécessaire que la sensibilité prête au développement de l'intelligence.

197. On trouve encore une nouvelle preuve de cette dépendance, dans l'analyse du langage, véritable miroir de l'intelligence. Nous parlons comme nous comprenons. Le caractère de notre langage est donc admirablement propre à révéler la nature de nos pensées. Or, prenons, par exemple, les mots pour ainsi dire les plus spirituels, c'est-à-dire ceux que nous employons pour désigner les choses les plus élevées au-dessus de la matière. Nous pourrons aisément constater que tous dérivent de significations empruntées au monde sensible. Toutes les expressions que nous appliquons aux êtres immatériels ne sont que des métaphores, des transpositions ; ce qui montre que nous ne pouvons nous élever à ces êtres qu'en vertu de la relation ou de l'analogie qu'ils ont avec les objets corporels. On exprime l'être de la substance intellectuelle par le mot *esprit* qui originairement signifie *vent*. Les actes de connaissance sont rendus par les mots: *saisir, percevoir, comparer, déduire, réfléchir* ; les opérations affectives par les mots *tendre, désirer, choisir*, et d'autres semblables, tous mots qui, dans leur sens primitif, se rapportent à l'étendue et au mouvement. Il en faut dire autant des prépositions qui nous servent à désigner différentes sortes de rapports tout à fait abstraits comme: *entre, dans, hors de, vers, à l'entour, sur*, et ainsi de suite ; expressions qui sont tirées des notions de lieu, de site, de distance, etc. En un mot, si l'on considère l'étymologie non pas de tous, (car l'origine d'un grand nombre nous échappe), mais au moins de la plus grande partie des mots que nous employons pour désigner les objets propres de l'intelligence, nous ne pouvons nier qu'ils ne dérivent, par voie de métaphore, des choses sensibles. Ces observations que nous nous dispensons de multiplier pour ne pas être trop long, montrent

clairement la grande dépendance qui relie entre elles nos deux connaissances, intellectuelle et sensitive, ainsi que la marche qu'il nous faut suivre quand nous voulons nous élever de l'ordre sensible à l'ordre intelligible.

Ceci posé, toutes les règles d'une philosophie prudente et raisonnable nous obligent, dans cette question des sources primitives de la connaissance, à n'admettre *a priori* dans l'intelligence que les éléments qui sont absolument nécessaires à la formation des idées et qui ne sauraient en aucune façon provenir de la sensation; sans quoi notre hypothèse ne serait pas admissible, puisqu'elle serait plutôt contredite que confirmée par l'expérience ; de plus, elle serait injurieuse à la sage économie du Créateur qui n'a rien mis d'inutile ni de superflu dans ses œuvres : *Nihil debet esse frustra in operibus sapientis*.

ARTICLE IV

La théorie de saint Thomas est celle qui répond le mieux à la règle énoncée ci-dessus.

198. Chercher les sources primitives de la connaissance, c'est chercher comment l'âme humaine, créée dans le temps, reçoit de l'intelligence divine, communication des idées qui y séjournent de toute éternité comme en leur propre demeure. L'intellect divin renferme en lui les raisons intelligibles de toutes choses, raisons suprêmes où il contemple, comme en autant de rayons de son immuable lumière, les effets possibles de sa vertu créatrice. Telle est la profonde théorie de Platon, purifiée par saint Augustin des erreurs dont le philosophe athénien n'avait pas su la garantir, et élevée par saint Thomas à son plus haut degré de perfection. Dieu a la puissance de communiquer les idées qu'il possède aux intelligences créées ; et celles-ci, étant une ressemblance finie du Verbe infini de Dieu, en reçoivent une connaissance participée, suivant leurs limites et leur capacité. Or, comment l'éternel Soleil accomplit-t-il en nous cette irradiation communicative de ses splendeurs? Telle est la question que se pose le philosophe dans le problème de l'origine des idées.

199. Pour le résoudre, on a mis en avant quatre hypothèses différentes. Dieu nous communique les idées, soit en se révélant immédiatement à l'intuition directe de notre esprit, soit en imprimant à chaque instant en nous par une mystérieuse

influence les formes représentatives du vrai, soit par l'infusion primordiale d'une ou de plusieurs idées choisies parmi les plus universelles, soit enfin en nous donnant, avec l'être, une vertu illuminatrice capable de faire apparaître dans les objets de la sensation les raisons intelligibles des choses. Telles sont les quatre principales théories qu'on pourrait proposer, en abandonnant au mépris qu'elles méritent la doctrine avilissante des sensualistes, et l'absurde folie des panthéistes.

200. Il est parfaitement évident, dès le premier abord, que la dernière de ces hypothèses, celle qu'embrasse saint Thomas, observe scrupuleusement la règle établie dans l'article précédent, à savoir, qu'il faut faire le moins de suppositions possibles relativement aux éléments *a priori* de notre connaissance. Cette théorie, en effet, n'admet en nous, en dehors des sens, qu'une vertu ou puissance active, ce qui est certes bien le moins qu'on puisse supposer, la puissance étant comme l'intermédiaire entre l'essence pure et l'opération actuelle : *Virtus sive potentia est medium inter essentiam et operationem* (1). Les trois autres hypothèses supposent toutes une opération actuelle qui n'est liée que dans les mots et par une sorte de loi extrinsèque avec l'exercice de la faculté sensitive ; aussi sont-elles à plus d'un titre en contradiction avec l'expérience des faits et la sagesse du Créateur.

Mais, pour nous en tenir au seul point que nous nous proposons d'examiner, il est clair que la première hypothèse pèche par excès ; puisqu'elle ne prétend à rien moins qu'à transformer la pénible et imparfaite connaissance de l'homme sur cette terre en une vision béatifique qui n'appartient qu'aux bienheureux. Elle veut que nous tenions naturellement le regard attaché sur les splendeurs de la vérité première, ou, tout au moins, que nous connaissions par une perception directe et immédiate les archétypes de l'intelligence divine. Or, la condition de la vie présente ne nous permet point de fixer nos regards sur la lumière incréée, et, sans la vision de l'essence divine, il nous serait impossible de contempler directement les archétypes éternels : *Naturalis mentis humanæ intuitus, pondere corruptibilis corporis aggravatus, in prima veritatis luce, ex qua omnia sunt facile cognoscibilia, defigi non potest* (2). *Non est possibile quod aliquis videat rationes creaturarum in ipsa divina assentia, ita ut eam non videat* (3).

(1) S. Thomas, *Qq. dispp.*, Quæst *De mente*, art.
(2) S. Thomas, Opusc. LXVIII, *Super Boetium, de Trinitate*.
(3) *Summa th.*, II-II, Q. CLXXIII, art. 1.

Le seconde hypothèse fait de Dieu l'auteur immédiat de toutes nos connaissances ; aussi ne mérite-t-elle même pas d'être prise pour une opinion philosophique sérieuse, puisque dans l'explication d'un fait purement naturel elle laisse de côté les causes secondes pour recourir tout de suite à la cause première. Saint Thomas tient à bon droit pour déraisonnable une opinion analogue, qui prétendait rapporter à l'action immédiate d'un agent supérieur les faits de la connaissance, aussi bien que les phénomènes d'ordre physique, parce qu'ainsi, dit-il, on trouble l'ordre de l'univers qui n'est que le merveilleux résultat des rapports mutuels des choses créées, auxquelles la bienfaisante largesse de Dieu a donné tout ensemble et l'être et la vertu d'agir : *In quo derogatur ordini universi qui ordine et connexione causarum contexitur, dum prima causa ex eminentia bonitatis rebus aliis confert non solum quod sint sed etiam quod causæ sint* (1).

Quant à la troisième hypothèse, encore qu'on voulût la restreindre à la supposition d'une seule forme idéale innée dans l'esprit, elle pècherait toujours par défaut de simplicité. Pourquoi en effet, cette forme ne serait-elle pas aussi bien que les autres un résultat acquis de l'activité intellectuelle? Si l'on ne veut pas se condamner à une contradiction, il faut bien avouer que cette forme n'a d'autre utilité que de communiquer à l'esprit la vertu de produire en lui-même, les formes idéales ultérieures. Ces dernières étant le fruit d'une production spontanée, quelle raison peut nous empêcher d'en dire autant de la première forme idéale dont l'apparition s'expliquerait tout aussi bien par l'irradiation de la lumière intellectuelle? Qu'on lise l'article 6ᵉ de la magistrale question *De mente*; saint Thomas y réfute tout d'abord l'opinion de Platon et d'Avicenne, puis deux autres systèmes qui prétendaient que la connaissance est, en tout ou en partie, innée dans notre esprit. Il ajoute enfin qu'on doit préférer comme plus rationnelle la doctrine d'Aristote qui rapporte l'origine des idées à une vertu active de l'âme, dont l'influence rend intelligibles les objets représentés par les sens.

201. Le saint Docteur nie expressément que nous ayons aucune connaissance actuelle avant que l'exercice de l'intellect agent vienne abstraire les espèces intelligibles des phantasmes.

Il n'admet, comme innée, que la seule faculté intellectuelle illuminative et abstractive : *Intellectus noster nihil actu potest*

---

(1) *Qq. dispp.*, Quæst. *De magistro*, art. 1

intelligere antequam a phantasmatibus abstrahat..... *Species aliorum intelligibilium non sunt ei innatæ ; sed essentia sua sibi innata est ut non eam necesse habeat a phantasmatibus acquirere* (1). Les idées, ou, pour parler le langage de saint Thomas, les *espèces intelligibles* ne sont donc pas innées ; il n'y a d'innée dans notre esprit que la nature même de l'intelligence. On ne peut s'empêcher de voir dans ces paroles du Docteur angélique une formule à coup sûr plus précise et plus exacte que celle dont on fait tant d'honneur à Leibniz : *Nihil est in intellectu quod prius non fuerit in sensu ; excipe nisi ipse intellectus.* Saint Thomas dit la même chose dans un langage plus exact et plus clair. Les idées ne sont pas innées, mais bien l'intelligence seule : *Species intelligibilium non sunt ei innatæ, sed essentia sua innata est.* La nature de cette faculté révélatrice de l'essence des choses et apte à les percevoir, n'a pas en nous son origine dans les sens : elle est vraiment innée et immédiatement donnée par Dieu à l'homme.

C'est par là que saint Thomas se sépare nettement des sensualistes qui ramènent tout aux sens et ne considèrent les facultés spirituelles que comme des développements de la sensation. Leibniz a voulu sans doute imiter l'aphorisme du saint Docteur ; il l'a gâté en l'exprimant par des termes équivoques qui peuvent aisément conduire à l'erreur. Quand on dit, en effet, qu'il n'y a dans l'intelligence rien qui ne vienne des sens, excepté l'intelligence elle-même, on considère l'intelligence ou comme pure et simple faculté ou comme actuée déjà par les représentations idéales. Entendre dans ce second sens la formule, c'est donner à croire que l'intelligence est intrinsèquement constituée par le phénomène de l'intuition d'un objet quelconque ; on ouvre ainsi la voie aux erreurs de Kant et de tous ceux qui, de près ou de loin, marchent sur ses traces. Dans la première hypothèse la formule peut aussi bien être vraie que fausse ; vraie, si l'on pose *a priori* ce qui appartient à la constitution et à l'essence de la faculté intellective ; fausse, ou tout au moins équivoque, si en l'exprimant ainsi, sans aucune restriction, on veut donner à entendre que la connaissance intellectuelle n'est qu'une répétition et comme un perfectionnement de la connaissance sensitive. Ainsi compris, le fameux principe : *Nihil est in intellectu quod prius non fuerit in sensu*, est absolument faux. Il appartient en effet à l'intelligence seule de percevoir les na-

---

(1) *Qq. dispp.*, Quæst. *De mente,* art. 8, ad 1.

tures ou esssences des qualités sensibles : *Naturas sensibilium qualitatum cognoscere non est sensus, sed intellectus* (1). *Rationes universales et necessariæ contingentium cognoscuntur per intellectum* (2). En second lieu, notre intelligence découvre dans les objets sensibles beaucoup de choses que les sens ne sauraient apercevoir : *Licet intellectualis operatio oriatur a sensu, tamen in re apprehensa per sensum intellectus multa cognoscit quæ sensus percipere non potest* (3). Enfin, notre esprit, partant des données matérielles qui lui sont fournies par les sens, s'élève jusqu'à la connaissance d'autres et de plus sublimes vérités totalement étrangères à l'ordre sensible : *Pro tanto dicitur cognitio mentis a sensu originem habere, non quod omne illud quod mens cognoscit, sensus apprehendat, sed quia ex his quæ sensus apprehendit, mens in aliqua ulteriora manuducitur, sicut etiam sensibilia intellecta manuducunt in intelligibilia divinorum* (4).

ARTICLE V

L'élément *a priori* admis par saint Thomas est suffisant pour expliquer l'origine des idées.

202. Nous avons démontré, croyons-nous, avec toute la clarté désirable, que la théorie de saint Thomas est bien celle qui admet le moins d'éléments *a priori*, et qu'à ce titre elle l'emporte, en simplicité et en conformité avec les faits connus par l'expérience, sur toutes les autres hypothèses possibles. On pourrait peut-être encore se demander si l'on doit tenir pour suffisant ce minimum d'éléments *a priori*, réduit à une simple vertu illuminative et abstractive. Bien que cette question nous paraisse résolue par tout ce que nous avons dit précédemment, nous croyons utile d'en rappeler et d'en confirmer à nouveau la solution.

Par origine des idées on entend l'origine des concepts purement intellectuels qui servent de base à toute la connaissance humaine et répandent tout à la fois lumière et unité sur les données mêmes de l'expérience sensible, tandis que la connaissance réflexe les convertit en notions scientifiques. Or, ces con-

---

(1) *Summa th.*, I. P., Q. LXXVIII, art. 3.
(2) *Ib.*, Q. LXXXVII. art. 3.
(3) *Ib.*, I. P., Q. LXXVIII, art. 4, ad 4.
(4) *Qq. dispp.*, Quæst. X, *De mente*, art. 6, ad 2.

cepts sont précisément ceux qui se rapportent aux vérités universelles et nécessaires, c'est-à-dire aux essences considérées en elles-mêmes dans leur propre raison formelle, abstraction faite des caractères concrets qui les rendent individuelles et sujettes aux vicissitudes de la mutabilité dans la matière. Par conséquent, ce qui suffit à expliquer l'origine de ces concepts doit indubitablement suffire aussi à rendre compte de l'origine des idées. Cette observation s'applique précisément à l'intellect agent qui, par l'exercice de son influence sur les objets de la sensation, y fait apparaître les essences intelligibles aux regards de l'intellect possible.

203. Les objets perçus par les sens, et, par là même rendus présents à l'esprit, renferment des quiddités ou essences parfaitement aptes à se révéler à l'intelligence, pour peu qu'elles soient préalablement dépouillées des éléments concrets et individuels qui les restreignent pour ainsi dire dans les limites du sujet où elles subsistent. L'*essence* n'étant, en effet, que l'expression abstraite de l'*être*, tout ce qui possède vraiment un être réel dans les choses, possède par conséquent une véritable essence qui, pour être perçue comme telle, n'a besoin que d'être considérée dans les caractères qui lui sont propres. Ainsi, par exemple, la plante que voit mon œil a certainement en elle-même raison de substance, d'être, d'unité, de vie, et ainsi de suite. Les sens, il est vrai, ne saisissent point toutes ces raisons, réduits qu'ils sont à la seule perception du fait individuel et concret (1); mais l'intelligence peut fort bien y atteindre, puisque c'est en cela que consiste précisément sa nature ; et d'ailleurs, ce qui est dans l'objet principe d'être est aussi principe objectif de connaissance : *Illud quod est principium essendi est etiam principium cognoscendi ex parte rei cognitæ, quia per sua principia res cognoscibilis est* (2). Par *principium essendi* le saint Docteur entend le principe formel qui constitue intrinsèquement la chose, comme on peut s'en convaincre par les termes de l'objection à laquelle il répond ; ce qui lui fait dire que toute chose est intelligible par sa forme. Cette forme ne peut être saisie par l'intelligence qu'à la condition d'être purifiée des caractères individuels qui la revêtent dans son existence concrète matérielle. L'intelligence est une faculté séparée de la matière : elle n'est pas liée à un organe

---

(1) Ainsi l'œil ne perçoit pas *la couleur* mais *tel* objet individuel coloré, l'ouie *tel* objet sonore, le toucher *tel* objet résistant.

(2) *Qq. dispp.*, Quæst. *De scientia Dei*, art. 7, ad. 8.

comme la faculté sensitive, et partant, son objet primitif et direct ne peut être autre chose que la forme, l'actualité séparée, elle aussi, de la matière concrète d'où provient toute individuation dans les êtres qui composent le monde sensible. Cette épuration de la forme n'est pas *physique* évidemment, mais *intentionnelle*; elle s'accomplit dans l'ordre de la simple connaissance, et rien ne s'oppose à ce qu'il en soit ainsi; car il n'est pas nécessaire d'attribuer une subsistance séparée à tout ce que l'intelligence perçoit séparément : *Non necesse est ut ea, quæ intellectus separatim intelligit, separatim esse habeant in rerum natura* (1). Pour concevoir la forme en dehors des concrets où elle se trouve individualisée, il suffit qu'elle soit dans son concept propre affranchie des conditions individuelles ; aussi peut-on avec raison lui appliquer cet adage : *Omnis forma de se universalis est* (2). Par conséquent, pour expliquer l'origine de la connaissance intellectuelle, nous n'avons besoin que d'une vertu abstractive dans l'intelligence.

On nous dira : l'intelligence n'accomplit l'œuvre de la connaissance qu'à la condition d'y être déterminée par une représentation idéale qui corresponde à cette manière abstraite de connaître. Or, comment obtiendra-t-on cette représentation idéale ?

Nous avons déjà résolu cette question à l'article II du présent chapitre. Nous allons y revenir brièvement.

La forme que possède en lui l'objet de la connaissance se trouve comme transportée par la perception concrète des sens et de l'imagination jusqu'en présence de l'intellect, et ceci en vertu du principe spirituel où réside l'intelligence et d'où procède avec la vie la faculté de sentir et d'imaginer. Cette forme est en outre, par sa nature, apte à déterminer l'acte de la connaissance, car elle est véritablement une empreinte et une image des idées divines, encore que subsistante en un sujet matériel. *Res ex specie quam habet divino intellectui adæquatur, sicut artificialia arti ; et ex virtute ejusdem speciei nata est sibi intellectum nostrum adæquare, in quantum per similitudinem receptam in anima cognitionem de se facit* (3). Le seul obstacle qui l'empêche de produire immédiatement cet effet, lui vient précisément des conditions concrètes dont elle se trouve toujours entourée dans la perception sensitive et dans le phantasme.

(1) S. Thomas, Opusc. xv, *De Angelorum natura.*
(2) *Qq. dispp.*, Quæst. *De scientia Dei*, art. 5.
(3) *Qq. dispp.*, Quæst. I *De veritate*, art. 2.

Le problème serait donc résolu si l'on admettait que notre intelligence, à l'instant de son contact avec la forme sensible, peut lui communiquer l'influence d'une vertu capable de la débarrasser de ses liens matériels, en la mettant en état d'opérer comme forme pure et non plus comme forme restreinte aux conditions concrètes de l'existence matérielle. Or, c'est là précisément le rôle que saint Thomas attribue à l'intellect agent dont l'efficacité produit sur le phantasme un effet analogue à celui de la lumière sur les corps. Celle-ci rend actuellement visibles les couleurs, comme l'intellect agent rend les essences actuellement intelligibles et capables de produire leurs représentations idéales dans notre esprit (1). L'hypothèse de l'intellect agent suffit donc pour expliquer l'origine de nos concepts primitifs. Dans l'explication de la nature, c'est par les effets que nous devons juger des causes, sans jamais accorder à celles-ci une efficacité ou un nombre que n'exigerait pas strictement la vérification des faits. L'existence de l'intellect agent est donc plus qu'une hypothèse plausible, c'est une réalité bien établie.

204. Cette explication de l'origine des idées, donnée par saint Thomas, n'est pas seulement la plus simple des hypothèses possibles et la mieux adaptée à l'ordre des causes secondes, elle est encore la plus conforme à la nature du composé humain. Si, à son point de départ, le travail de la connaissance peut se passer du ministère des sens, l'union de l'âme et du corps a donc été œuvre inutile et contre nature. Cette union ne pouvait être raisonnable qu'à la condition de tourner à l'avantage de la partie la plus noble de l'homme, c'est-à-dire de l'âme ; et l'âme ne pouvait y trouver profit que dans l'ordre de la vie intellectuelle, qui est sa vie propre puisque c'est par là qu'elle se distingue des natures inférieures. Or, quelque subtilité d'esprit ou d'argumentation dialectique qu'on veuille y mettre, on ne réussira jamais à éviter l'écueil que voici : étant donné que nos idées proviennent, non d'un travail de l'esprit sur les données de la sensation, mais de formes innées ou de visions *a priori*, il faudra conclure que cette merveilleuse nature du composé humain a été ainsi constituée au préjudice plutôt qu'à l'avantage de l'esprit, dont les intuitions pures seraient nécessairement, dans cette hypothèse, troublées et obscurcies par les phantasmes de la sensation.

C'est ce qu'entrevit parfaitement le génie subtil de Platon ; et

---

(1) Voyez tout ce que nous avons dit à l'art. III.

pourtant, il ne sut point donner à son ontologisme d'autre fondement que la célèbre hypothèse d'après laquelle l'esprit serait uni au corps en punition d'une faute commise dans une sphère céleste quelconque pendant une existence antérieure. Quelqu'étrange et pleine d'absurdités que paraisse cette conclusion, il est impossible de la réfuter à moins d'admettre, avec la thèse scholastique, que le développement des idées dépend en nous des éléments matériels fournis par les sens, et que nos perceptions se font par le moyen des phantasmes, grâce à l'abstraction qui nous permet de trouver ces vérités immuables dans les objets concrets du monde matériel. De cette manière, l'opération intellectuelle sera conforme à la nature du sujet pensant, et l'objet, proportionné à la vertu qui exerce sur lui son influence. Voilà pourquoi saint Thomas fait justement remarquer que chez l'homme la raison est un principe intellectif qui s'exerce sur un élément sensitif, et que son objet proportionné doit être un intelligible révélé, manifesté au sein d'un élément sensible : *Operatio proportionatur virtuti et essentiæ; intellectivum autem hominis est in sensitivo, et ideo propria operatio ejus est intelligere intelligibile in phantasmatibus* (1).

Cette doctrine ne diminue en rien la dépendance de la science humaine par rapport à Dieu; elle a grand soin de nous faire remarquer que notre science n'est une empreinte des choses créées que parce que les choses créées sont elles-mêmes une empreinte de la science divine : *Sicut scientia in nobis est sigillatio rerum in animabus nostris, ita e converso formæ non sunt nisi quædam sigillatio divinæ scientiæ in rebus* (2).

ARTICLE VI

La théorie de saint Thomas n'est qu'un progrès sur celle de saint Augustin.

205. Ceux qui prennent le soin de lire saint Augustin, non pour en pénétrer la doctrine, mais avec le dessein d'y trouver la confirmation de quelqu'idée préconçue, se laissent volontiers persuader qu'il y a une grande différence entre les enseignements du célèbre Père de l'Église et la théorie que nous venons d'exposer. Rien d'ailleurs de plus naturel, puisqu'ils entendent compter saint Augustin au nombre des leurs, de même que les

---

(1) In lib. *De memoria et reminiscentia*, lect, 1.
(2) *Qq. dispp.*, Quæst. *De scientia Dei*, art. 1.

traditionalistes voient en lui un contempteur de la raison, les ontologistes, un défenseur de la vision immédiate de Dieu, les rosminiens, un partisan de l'idée innée de l'être. A tous nous pourrions dire : tout d'abord, mettez-vous d'accord entre vous sur la vraie doctrine du Saint, qui ne supporte évidemment pas ces quatre interprétations différentes ; après quoi nous répondrons à vos arguments.

206. Mais, comme nous avons plus souci de mettre en lumière la vérité que de confondre des adversaires, nous affirmons que sur ce point comme généralement sur toute autre matière philosophique, une parfaite harmonie règne entre les deux saints Docteurs, à cette légère différence près, que l'un développe et perfectionne la doctrine de l'autre. Dans la discussion des questions philosophiques, saint Augustin a coutume de mettre particulièrement en relief un point de haute importance, qu'il prend à cœur d'étudier avec plus de soin ; par contre, il laisse volontiers dans l'ombre toute question de moindre gravité ou dont il n'aperçoit pas encore clairement la solution. L'œuvre capitale des Docteurs qui l'ont suivi, de saint Thomas en particulier, a été de combler pour ainsi dire ces lacunes, de mettre la dernière main et le couronnement au travail commencé et en partie achevé par le grand évêque d'Hippone.

Pour en revenir à notre sujet, saint Augustin ne paraît évidemment avoir eu d'autre préoccupation que de défendre la certitude et la stabilité de la connaissance humaine, quand, par exemple, il enseigne que les idées découlent en nous d'une véritable illumination divine, sans chercher autrement en quoi peut bien consister, dans la rigueur des termes, une pareille illumination. Tout entier occupé à combattre l'absurde hypothèse des anciens sensualistes, qui enlevaient tout caractère de stabilité à nos connaissances en les faisant absolument dériver des sens, il fait appel aux doctrines de Platon ; il en corrige les erreurs ; il établit nettement la distinction des sens et de l'intelligence, et en arrive à concevoir la science comme une participation des idées mêmes de l'intelligence divine. Il se contente d'établir en maint endroit que cette participation ne se fait point dans la vie présente par mode de vision directe et immédiate des idées dans leur source divine (ce qui n'appartient qu'aux âmes des bienheureux), sans se préoccuper de déterminer avec plus de précision la nature de cette communication. Saint Thomas s'est chargé de le faire, en mettant à la fois à contribution les lumières de Platon et d'Aristote.

207. Parmi les nombreux passages que nous pourrions citer des œuvres du Docteur angélique, nous pensons n'avoir rien de mieux à faire que de transcrire la réponse qu'il donne à la huitième objection de l'article X de la question *De spiritualibus creaturis* : « Pour mieux pénétrer l'enseignement de saint Augustin et découvrir la vérité en cette matière, il est bon de remarquer d'abord que quelques philosophes anciens, n'admettant d'autres facultés cognitives que les sens, ni d'autre réalité que celle des êtres matériels, ont prétendu que nous sommes dans l'impossibilité de jamais atteindre la vérité avec certitude, et cela pour deux raisons. D'abord, suivant eux, le monde sensible est sujet à un perpétuel changement, et toute chose soumise à une fatale instabilité ; de plus, un même point est souvent matière à jugements fort différents : différents, par exemple, chez l'homme qui dort et chez celui qui veille; différents suivant les vicissitudes de la maladie et de la santé ; et l'on ne possède aucune règle qui nous puisse aider à décider de quel côté se trouve la vérité, chacune des opinions opposées possédant sa part de vraisemblance. Saint Augustin prend à partie ces deux arguments sur lesquels s'appuyaient les anciens philosophes pour dire que nous sommes incapables d'arriver à la connaissance de la vérité. Socrate en avait été frappé au point de désespérer de pouvoir jamais trouver la vérité : aussi s'adonna-t-il à l'étude de la philosophie morale. Platon, son disciple, accorde à ces anciens philosophes la perpétuelle instabilité des choses matérielles ; il reconnaît également que, par rapport aux objets sensibles, les facultés sensitives ne peuvent fournir aucun jugement certain. Pour sauvegarder la certitude de la connaissance scientifique, il admet d'un côté l'existence d'espèces séparées du monde sensible, et immuables, qu'il considère comme l'objet propre des sciences; de l'autre, il reconnaît dans l'homme une faculté de connaissance, distincte des sens, c'est-à-dire un esprit ou intelligence qui serait éclairé par un soleil intelligible d'ordre supérieur, comme l'œil est éclairé par le soleil matériel (Dial. VI, *De Rep.*). Saint Augustin s'attache à cette doctrine de Platon, mais dans les limites permises par la foi catholique ; aussi n'admet-il point les espèces séparées, subsistantes par elles-mêmes. Il les remplace par ce qu'il appelle « les raisons des choses dans l'intelligence divine », grâce auxquelles notre intelligence, éclairée par la lumière divine, peut juger de toutes choses; non que nous percevions ces raisons elles-mêmes, ce qui est impossible, à moins de voir l'essence de Dieu, mais en ce sens que ces raisons ont laissé pour ainsi dire leur empreinte en nos esprits. C'est ainsi d'ailleurs que Platon donne pour objet à notre science ses *espèces séparées*, non parce que nous les voyons en elles-mêmes, mais parce que notre esprit en possède une participation qui lui permet d'acquérir la connaissance scientifique des choses. Et saint Augustin lui-même, commentant cette parole du Psaume XI : *Diminutæ sunt veritates a filiis hominum*, fait observer que la multiplicité des vérités qui découlent d'une vérité première en nos âmes rappelle assez la multiplicité des images que peut produire la réflexion d'un seul visage sur des miroirs différents. Aristote (2 *De anima*, comm. 64) arrive à la même explication par une voie différente. Il établit d'abord par plusieurs raisonnements que les êtres matériels renferment quelque chose de stable. Il remarque ensuite que la perception sensitive n'est point sujette à erreur quand elle s'exerce sur les sensibles *propres*, tandis qu'elle peut se tromper quand il s'agit de sensibles *communs* et surtout de sensibles *per accidens*. Enfin, il admet au-dessus de la sensation une faculté intellective apte à percevoir la vérité, non par l'entremise d'espèces intelligibles existant en dehors et indépendamment de la matière, mais au moyen de l'intellect agent, qui met en acte les intelligibles. Il importe peu d'ailleurs qu'on attribue à ces intelligibles ou à la lumière qui détermine leur manifestation actuelle cette propriété d'être une participation de la lumière divine. »

208. On peut tirer de tout ceci les conséquences suivantes : 1° l'interprétation que donne ici saint Thomas de la doctrine de saint Augustin, est le fruit d'une méditation profonde de ses œuvres : *ut profundius intentionem Augustini scrutemur*; 2° saint Augustin n'a jamais, en aucune manière, donné à entendre que nous puissions voir les raisons éternelles de l'intelligence divine : *non quidem sic quod ipsas rationes videamus; hoc enim esset impossibile nisi Dei essentiam videremus*; 3° saint Augustin veut seulement que notre esprit possède une certaine empreinte dérivant de ces raisons suprêmes, et qu'ainsi la connaissance procède en nous d'une sorte de participation de ces raisons intelligibles : *sed secundum quod illæ supremæ rationes imprimunt in mentes nostras ....secundum quod eas mens nostra participat, de rebus scientiam habet*; 4° cette empreinte, cette participation que saint Augustin n'explique point, doit s'entendre de la lumière de l'intellect agent qui réduit en acte les intelligibles en découvrant au regard de la faculté intellective les essences dans les objets perçus par la sensation : *virtus intellectiva quæ judicat de veritate*,

non per aliqua intelligibilia extra existentia, sed per lumen intellectus agentis quod facit intelligibia; 5° enfin, quant à la manière de s'exprimer, on peut indifféremment dire avec le langage de saint Augustin que les intelligibles eux-mêmes sont une participation de Dieu, ou bien, pour employer une formule plus conforme à la véritable et profonde interprétation du grand Docteur, que cette participation s'applique à la lumière qui a pour fonction de déterminer la manifestation actuelle de ces intelligibles : *non multum autem refert dicere quod ipsa intelligibilia participantur a Deo, vel quod lumen faciens intelligibilia participetur.* Et à vrai dire, celui qui donne le pouvoir de faire une chose, donne aussi, par là même, d'une certaine manière, l'effet qui doit résulter de ce pouvoir, surtout si la production de l'effet réclame le concours continuel du donateur.

ARTICLE VII

Il n'y a pas de divergence entre saint Bonaventure et saint Thomas au sujet de l'origine des idées.

209. On s'efforce encore d'opposer à saint Thomas, sur la question de l'origine des idées, un autre Docteur, saint Bonaventure, à cause de la grande autorité dont il jouit dans l'Eglise, au double titre de théologien et de philosophe. Ainsi font généralement les Ontologistes. Nous allons essayer de montrer que le Docteur séraphique est, sur le point qui nous occupe, en parfaite harmonie avec l'Ange de l'École: nous trouverons d'ailleurs, dans cette digression, l'occasion d'examiner un texte d'où la *Revue catholique* de Louvain (1) prétendait conclure que saint Bonaventure enseignait l'Ontologisme, alors qu'elle eût dû plutôt conclure tout le contraire. Voici le passage en question : *Quidam namque dicere voluerunt quod intellectus agens sit intelligentia separata, intellectus autem possibilis sit anima corpori conjuncta. Et modus iste ponendi et dicendi fundatus est super verba philosophorum, qui posuerunt animam rationalem illustrari a decima intelligentia et perfici ex conjunctione sui ad illam. Sed iste modus dicendi falsus est et erroneus sicut supra probatum fuit (Dist. 10). Nulla enim substantia creata potentiam habet illuminandi et perficiendi animam, proprie intelligendo ; imo secundum mentem, immediate habet a Deo illu-*

---

(1) *Revue Catholique*, V° série, an 1850, liv. 7, pag. 823.

minari, sicut in multis locis Augustinus ostendit (1). *Alius modus intelligendi est quod intellectus agens esset ipse Deus, intellectus vero possibilis esset noster animus. Et iste modus dicendi super verba Augustini est fundatus, qui in pluribus locis dixit et ostendit quod lux quœ nos illuminat, magister qui nos docet, veritas quœ nos dirigit, Deus est, juxta illud Joannis* : Erat lux vera quæ illuminat omnem hominem venientem in hunc mundum. *Iste autem modus dicendi, etsi rerum ponat et fidei catholicœ consonum, nihil tamen est ad propositum, quia cum animœ nostrœ data sit potentia ad intelligendum, sicut aliis creaturis data est potentia ad alios actus, sic Deus, quamvis sit principalis operans in operatione cujuslibet creaturœ, dedit tamen cuilibet vim activam per quam exiret in operationem propriam ; et sic credendum est indubitanter quod animœ humanœ non tantummodo dederit intellectum possibilem, sed etiam agentem, ita quod uterque est aliquid ipsius animœ* (2).

210. *La Revue catholique* insiste tout particulièrement sur cette phrase: *secundum mentem immediate habet a Deo illuminari*, et sur cette autre : *lux quœ nos illuminat, magister qui nos docet, veritas quœ nos dirigit, Deus est*. Il suffit de la plus légère attention pour reconnaître que dans ces deux passages il n'y a pas la moindre trace d'Ontologisme. Rien de plus clair tout d'abord, quant au premier, soit que l'on considère la valeur des termes employés, soit qu'on veuille pénétrer l'intention avec laquelle ils ont été proposés. Si l'on disait, par exemple, que l'air est immédiatement illuminé par le soleil, pourrait-on raisonnablement conclure de là que le soleil pénètre et informe l'air par sa propre substance ? Assurément non. Chacun comprendrait, par cette manière de parler, que le soleil produit, sans l'intermédiaire d'aucun autre corps, la lumière dont l'air se trouve éclairé. De même, dire que l'intelligence est *immédiatement illuminée par Dieu*, ne signifie rien autre chose sinon que Dieu est la cause immédiate qui produit et conserve dans nos âmes la lumière intellectuelle, c'est-à-dire la faculté que nous avons de découvrir la vérité. Ce n'est pas là de l'Ontologisme; c'est une thèse commune à tous les catholiques. Par conséquent, à ne considérer que la valeur des mots, les Ontologistes ne sauraient rien tirer de ce passage pour appuyer leur thèse.

---

(1) *In Ps.* CXVIII. serm. 18. — *Lib* LXXXIII *qq.* 51. — *De lib. arbitr.* lib. 3, c. 16. — *De spiritu et anima*, c. 10.
(2) In lib. II *Sent.*, Dist. 24, Part. 1, art. 2, q. 4.

Encore moins le peuvent-ils faire, si l'on tient compte du dessein que s'est proposé l'auteur du texte en parlant ainsi. Saint Bonaventure entend réfuter la théorie des philosophes arabes qui prétendaient interposer une intelligence créée entre Dieu et notre esprit. Pour la combattre, il affirme qu'aucune substance créée n'a le pouvoir d'illuminer ou de perfectionner l'âme humaine, mais que celle-ci, *secundum mentem immediate habet a Deo illuminari*. Cet *immediate* exclut toute intelligence intermédiaire entre Dieu et l'âme humaine, sans nier pourtant l'existence en nous d'une vertu produite immédiatement par Dieu lui-même; vertu dont le rôle est de mettre en acte les intelligibles, et qu'on appelle à cause de cela lumière de l'intelligence, communiquée par Dieu à notre esprit. Que ce soit là le véritable sens des paroles du saint Docteur, on peut aisément s'en convaincre par la citation qu'il fait d'un autre passage de ses œuvres (1) où il s'attache à démontrer qu'aucun ange n'illumine notre intelligence, *quasi cadat medium inter Deum et animam per modum influentis*. De plus, il ajoute que l'illumination *quæ est per luminis infusionem, hoc solius Dei proprium est*. Voilà donc le sens dans lequel saint Bonaventure soutient que *mens immediate illuminatur a Deo*; c'est-à-dire que Dieu nous donne immédiatement la lumière, *immediate infundit lumen*, sans remplir lui-même le rôle de lumière; c'est comme si l'on disait de l'air qu'il est immédiatement illuminé par le soleil, non parce que le soleil joue lui-même le rôle de lumière, mais parce qu'il produit immédiatement dans l'air la lumière dont celui-ci est éclairé.

211. Passons maintenant à l'examen des autres parties du texte, sur lesquelles nos adversaires insistent tout particulièrement : *Dieu est la lumière qui nous éclaire, le maître qui nous enseigne, la vérité qui nous dirige*. Disons tout de suite que nous ne pouvons nous défendre ici d'admirer la modération des Ontologistes; ils se contentent en effet de prouver par ces paroles que l'Ontologisme est bien la doctrine de saint Bonaventure et de saint Augustin, alors qu'ils auraient pu tout aussi bien conclure qu'elle est une vérité de foi. Car on retrouve à peu près les mêmes termes dans la sainte Ecriture : *Ego sum via, veritas et vita; unus est magister vester qui in cœlis est; erat lux vera quæ illuminat omnem hominem.* Si donc les mots « lumière, » « maître, » « vérité, » attribués à Dieu suffisent pour démontrer

(1) In lib. II *Sent.*, Dist. 10, art. 2, q. 3.

l'Ontologisme, l'Ontologisme est une vérité révélée. C'est un nouvel article à ajouter au Symbole. Que si les Ontologistes conviennent du peu de solidité d'un pareil argument, pourquoi ne se gardent-ils pas de le présenter, par respect pour saint Bonaventure? S'ils le trouvent bon chez saint Bonaventure, pourquoi refusent-ils de l'admettre chez saint Thomas qui emploie souvent les mêmes expressions? Ils auraient là une belle occasion de montrer du même coup que saint Thomas aussi est Ontologiste, ce qui constituerait à coup sûr une magnifique découverte.

212. La vérité est que saint Bonaventure donne immédiatement une explication de ses paroles, absolument défavorable à l'Ontologisme. Après avoir fait remarquer que cette manière de parler est vraie et conforme à la foi catholique, il ajoute aussitôt qu'elle n'a rien à faire avec la question proposée : *Iste modus dicendi, etsi verum ponat et fidei catholicæ consonum, nihil tamen est ad propositum.* Est-ce clair? Ce raisonnement est en dehors de la question, et voici pourquoi : notre âme, dit-il, a reçu la faculté de comprendre, comme toute autre créature la faculté d'accomplir ses actes propres; car, bien qu'il soit agent principal dans toutes les actions des créatures, Dieu a donné cependant à chacune d'elles un principe d'activité qui leur permet d'accomplir leur opération propre ; il nous faut donc croire indubitablement qu'outre l'intellect possible il a donné aussi à l'âme humaine l'intellect agent, de telle sorte que l'un et l'autre appartiennent vraiment à l'âme : *Quia cum animæ nostræ data sit potentia ad intelligendum, sicut aliis creaturis data est potentia ad alios actus, sic Deus, quamvis sit principalis operans in operatione cujuslibet creaturæ, dedit tamen cuilibet vim activam, per quam exiret in operationem propriam ; et sic credendum est indubitanter quod humanæ animæ non tantummodo dederit intellectum possibilem, sed etiam agentem, ita quod uterque est aliquid ipsius animæ.* Par conséquent, pour le saint Docteur Dieu est la *lumière qui nous illumine, le maître qui nous enseigne, la vérité qui nous dirige*, en ce sens qu'il est agent principal dans nos actes d'intelligence, c'est-à-dire qu'il nous donne lui-même immédiatement la lumière intellectuelle et concourt assidûment comme cause première à toutes ses opérations; ce qui nous oblige indubitablement à admettre que cette lumière qu'il nous donne est une faculté, une véritable propriété de l'âme, qu'on désigne sous le nom d'intellect agent. Ainsi la légitime interprétation du texte si vanté par nos adversaires, loin de prouver que saint Bonaventure est Ontologiste, sert bien plutôt à démontrer le contraire.

213. Tout ceci devient encore plus évident, si l'on se donne la peine d'étudier le contexte de la question tout entière. Car saint Bonaventure, en définitive, ne fait qu'y enseigner, à un point de vue différent, la doctrine même de saint Thomas sur l'origine de nos idées. En fait, il se propose de démontrer que l'intellect possible et l'intellect agent, nécessaires pour expliquer l'origine des idées, sont deux propriétés différentes de notre âme intellective (1). Pour le prouver, il commence par énumérer huit opinions différentes touchant la distinction des deux intellects; il en rejette cinq, et n'en conserve que trois qu'il regarde comme identiques quant au fond (2). Les cinq premières sont : 1° celle qui prétend que l'intellect agent est une substance créée, distincte de nous-mêmes; 2° celle qui confond l'intellect agent avec Dieu; 3° celle qui fait de l'intellect possible une puissance absolument passive et matérielle; 4° celle qui fait consister l'intellect agent dans une habitude innée de connaissance; 5° enfin, celle qui n'admet entre ces deux puissances qu'une distinction purement relative, en sorte que l'une désigne l'intellect dans un sens absolu, tandisque l'autre exprime plutôt le même intellect considéré par rapport aux phantasmes corporels. Voici maintenant les trois opinions approuvées par le saint Docteur : la première reconnaît l'intellect agent et l'intellect possible comme deux puissances spirituelles, à cette condition, pourtant, que l'intellect possible ne soit pas considéré comme entièrement passif, puisque c'est à lui qu'il appartient de saisir l'espèce intelligible dans le phantasme, et cela, grâce au concours de l'intellect agent auquel est dévolu le travail de l'abstraction; c'est aussi l'intellect possible qui, après cette perception, forme les jugements (3). La seconde assimile l'intellect agent à un *habitus*, en ce sens seulement qu'il est toujours prêt à exercer son action, pour peu qu'on lui présente

---

(1) Conclusion : *Intellectus agens et possibilis sunt duæ ipsius animæ intellectivæ differentiæ.* In lib. II Sent., Dist. 24, Part. I, art. 2, q. 4.

(2) *Cum enim sint quatuor principales modi assignandi differentiam inter hos intellectus, et quilibet subdividatur in duos, sicut in prosequendo monstratum est; solummodo tres modi digni sunt approbari, quorum unus ab altero non discordat, sed unus ortum habet ex altero.* Ibid.

(3) *Appropriatur intellectus agens formæ et possibilis materiæ, quia intellectus possibilis ordinatur ad suscipiendum, intellectus agens ad abstrahendum. Nec intellectus possibilis est pure passivus; habet enim supra speciem existentem in phantasia se convertere, et convertendo per auxilium intellectus agentis illam suscipere et de ea judicare.* Ibid.

un phantasme sensible (1). La troisième enfin, distingue l'intellect agent de l'intellect possible, comme la puissance absolue de la puissance relative, non parce que ce sont deux facultés différentes, mais seulement en ce sens que l'intellect possible a besoin d'être aidé et pour ainsi dire complété par l'intellect agent, dont l'action sur les phantasmes détermine la production des espèces intelligibles, tandis que l'intellect agent ne réclame le secours d'aucun auxiliaire (2).

De tout ceci il résulte très évidemment que saint Bonaventure est en tout et pour tout d'accord avec saint Thomas. Il admet que l'intellect agent est la cause prochaine des idées ; que cet intellect est vraiment une puissance de l'âme ; que son action consiste à abstraire les espèces intelligibles, et que sous ce rapport on l'appelle lumière de l'esprit, c'est-à-dire principe révélateur du vrai. Si saint Thomas n'est pas Ontologiste, saint Bonaventure ne l'est donc pas non plus, et c'est travailler en pure perte que de s'efforcer d'appuyer l'Ontologisme sur l'autorité de ce grand Docteur.

214. Enfin, il déclare expressément que la lumière qui est le principe formel de notre connaissance n'est pas Dieu, mais une puissance de l'âme ; car, après avoir affirmé que l'intellect agent est en nous comme un *habitus*, il ajoute : « Il est vrai, suivant saint Denis, que les substances intellectuelles sont de véritables lumières, dès là qu'elles sont substances intellectuelles. La perfection et le complément de la substance intellectuelle doit donc être une lumière spirituelle. Par conséquent, la puissance qui découle de la partie intellective de l'âme est pour elle une véritable lumière ; lumière à laquelle on peut appliquer ces mots du Psalmiste : *Signatum est super nos lumen vultus tui Domine.* C'est vraisemblablement cette lumière qu'Aristote appelle intellect agent, quand il dit qu'on peut considérer

---

(1) *Alius modus dicendi est ut dicatur intellectus agens differre a possibili sicut habitus a potentia, non quia agens sit pure habitus, sed quia est potentia habitualis.* Ibid.

(2) *Alius modus intelligendi prædictam differentiam est ut dicatur intellectus agens differre a possibili sicut potentia absoluta a comparata; non quia sit omnino eadem potentia comparatione differens ; sed quia cum sit alia et alia intellectus differentia, una est per quam ordinatur ad suscipiendum, altera vero per quam ordinatur ad abstrahendum; et ita una est de se quodammodo completa et habilitata, alia vero indigens habilitatione et complemento ; et cum sit nata ad illud complementum venire mediante auxilio corporis et corporalium sensuum, inest ipsi animæ secundum quod habet inclinari ad corpus.* Ibid.

comme une habitude et une lumière cette puissance qui constitue en acte les intelligibles. Ainsi en est-il de l'ordre matériel où la lumière fait passer les couleurs de la puissance à l'acte (1).

Il résulte clairement de cette citation que la lumière spirituelle, complément de l'âme intellective, n'est autre chose pour le saint Docteur qu'une puissance de l'âme, c'est-à-dire cet intellect agent auquel il attribuait plus haut la fonction spéciale d'abstraire et de mettre en acte les intelligibles. C'est pourquoi l'on peut entendre de l'intellect agent ce passage du Psalmiste : *Signatum est super nos lumen vultus tui Domine*, puisqu'il est en nous comme un vestige et une empreinte de la lumière divine. Or, cette puissance de l'âme qu'on appelle lumière parce qu'elle nous révèle l'objet, nous est immédiatement communiquée par Dieu créateur de l'âme : on peut donc dire aussi avec raison que l'âme est immédiatement illuminée par Dieu : *Lumen spirituale propter sui dignitatem ex fonte luminis immediate procedit*.

215. Voici d'ailleurs comment nous répondons en forme à nos adversaires : saint Bonaventure nie que notre esprit soit éclairé par une lumière intermédiaire ; *je distingue* : si l'on entend par lumière intermédiaire une substance angélique interposée entre Dieu et nous, *je concède*; si par cette expression l'on entend une vertu donnée par Dieu même à notre âme pour la manifestation de la vérité, *je nie*. Et encore : saint Bonaventure dit que notre âme est illuminée immédiatement par Dieu ; *je distingue* : parce qu'elle reçoit immédiatement de Dieu la lumière dont elle est douée, c'est-à-dire la vertu qui illumine et nous révèle les premiers intelligibles, *je concède*; en ce sens que Dieu lui-même soit, à titre de cause prochaine et formelle, la lumière de notre âme, *je nie*. En d'autres termes, Dieu est la lumière immédiate de notre intelligence *efficienter* et non pas *formaliter*; comme cause efficiente et non comme cause formelle; c'est dans ce sens qu'on l'appelle « maître qui nous enseigne » et « vérité qui nous dirige ». Mais, par là même qu'il est lumière comme cause efficiente, il doit produire en nous quelque chose

---

(1) *Verum enim est, secundum Dionysium, quod substantiæ intellectuales, eo ipso quod intellectuales substantiæ, lumina sunt. Ergo perfectio et complementum substantiæ intellectualis lux est spiritualis. Igitur illa potentia quæ consequitur animam ex parte intellectus sui, quoddam lumen est in ipsa; de quo lumine potest intelligi illud Psalmi*: Signatum est super nos lumen vultus tui Domine. *Et hoc lumen videtur intellexisse Philosophus esse intellectum agentem. Dicit enim quod ille intellectus quo est omnia facere, est sicut habitus quidam et ut lumen. Quodam enim modo lumen facit colores potentia actu colores.*

qui soit lumière comme cause formelle. Or, celle-ci n'est ni la conscience, ni l'idée, mais simplement une vertu capable de produire les idées en faisant apparaître par son influence les essences intelligibles au sein des objets matériels perçus par la sensation. Telle est la doctrine de saint Thomas aussi bien que de saint Bonaventure, et en général de tous les scholastiques qui se sont attachés à marcher sur les pas de ces deux illustres maîtres.

ARTICLE VIII

La théorie de saint Thomas n'a aucun rapport avec le système de Locke.

216. Tout homme qui lirait saint Thomas sans le bien comprendre, pourrait être amené à soupçonner une certaine ressemblance, ou tout au moins une analogie entre la théorie du saint Docteur sur l'origine des idées et le système proposé par Locke sur la même matière. Ce qui pourrait donner lieu à cette erreur c'est l'identité de certaines expressions et surtout de certains exemples, également employés par l'un et par l'autre. Saint Thomas distingue trois sortes d'intelligences : celle de Dieu, de l'ange et de l'homme. Pour lui, l'intelligence divine est un acte parfaitement pur, dégagé de toute imperfection et de toute puissance. Celle de l'ange est une véritable puissance, mais toujours en acte, c'est-à-dire informée par des idées. L'intelligence humaine, enfin, est une puissance qui n'est pas en possession de son acte, mais qui y tend perpétuellement. Aussi approuve-t-il ce mot d'Aristote, que notre intelligence peut être considérée à l'origine comme une *table rase* où il n'y aurait rien d'écrit. *Intellectus humanus, qui est infimus in ordine intellectuum et maxime remotus a perfectione divini intellectus, est in potentia respectu intelligibilium ; et in principio est sicut tabula rasa in qua nihil est scriptum* (1). Un peu plus loin il affirme que notre intelligence, dans chacune de ses opérations, passe de la puissance à l'acte : *In his quæ intelligit, de potentia procedit ad actum* (2). D'après saint Thomas, il n'y a donc en notre esprit rien d'inné que la seule faculté intellective.

Locke paraît aussi enseigner une doctrine à peu près analogue. Au cours de sa réfutation des idées innées, il fait remarquer

---

(1) *Summa th.*, I. P., Q. LXXIX, art. 2.
(2) *Ibid.*

que si par cette expression d' « idées innées » on veut entendre la capacité ou faculté de connaître, tout motif de controverse disparaît, car il est certain qu'on doit préalablement admettre l'existence de cette faculté dans l'âme, si l'on regarde comme acquises nos connaissances actuelles : et à ce propos il emprunte à Aristote l'exemple fameux de la table rase : « *supposons donc qu'au commencement l'âme est ce qu'on appelle une table rase, vide de tous caractères* » (1). A ne voir les choses que superficiellement, on pourrait croire qu'il n'y a pas de différence, au moins substantielle, entre les théories des deux philosophes.

217. Pour arriver à une pareille conclusion, il faudrait avoir oublié tout ce que nous avons dit jusqu'à présent. Les deux systèmes sont en réalité séparés par un abîme, comme on peut s'en convaincre en réfléchissant quelque peu sur les observations suivantes :

I. Saint Thomas voit dans l'intelligence une puissance ou faculté *sui generis*, d'ordre absolument supérieur aux sens ; il lui assigne un objet propre, les quiddités ou essences des choses, que les sens sont absolument incapables de percevoir.

II. Pour lui, la partie intellectuelle, bien que passive d'une certaine manière, en tant qu'elle est déterminée par l'objet, est néanmoins parfaitement active sous un autre rapport, si l'on considère que l'objet ne s'éclaire et ne devient intelligible que sous l'influence de la lumière intellectuelle dont elle est douée.

III. D'après lui encore, l'œuvre de l'intellect agent précède celle de l'intellect possible, puisqu'il faut donner la première place à cette action de la lumière intellectuelle qui éclaire l'objet sensible et le rend apte à exercer ensuite son influence informatrice sur la puissance intellective ; après quoi vient la détermination produite par l'objet dans l'intelligence.

IV. L'exemple de la *table rase* est appliqué spécialement par saint Thomas à l'intellect possible et non à l'intelligence en général, considérée sous un rapport quelconque. Celle-ci en effet, prise comme faculté active, n'est jamais comparée chez lui à une table rase, mais bien plutôt à une lumière qui contient virtuellement toute sorte de couleurs et à un agent qui opère en vertu de son efficacité innée.

Sur tous ces points Locke enseigne une doctrine absolument opposée :

I. Ce n'est que par un abus de langage qu'il donne le nom de

---

(1) *Essai phil. sur l'ent. humain*, T. I, L. 1, c. 1.

« faculté » à l'intelligence ; en réalité il la considère comme une pure *réceptivité* ou *puissance de recevoir* l'action des sens.

II. Il n'assigne à l'intelligence aucun objet propre ; il prétend au contraire que, dans son évolution primive, elle ne perçoit rien que ce que les sens lui apprennent.

III. L'élément passif, d'après lui, précède l'élément actif, en ce sens que l'intelligence commence d'abord par recevoir les perceptions sensitives, pour exercer ensuite sur elles son travail de réflexion.

IV. Il applique la comparaison de la *table rase*, non comme saint Thomas à une fonction particulière de l'intelligence, mais à l'entendement pris dans toute son extension. Par conséquent, s'il est permis de parler ainsi, il ne reconnaît que l'intellect possible sans admettre l'intellect agent : et cet intellect possible il finit par le confondre avec les sens, puisqu'il le réduit à n'être qu'une sorte de faculté secondaire, toujours dans l'ordre sensitif.

Pour résumer d'un seul mot toute la différence des deux théories, celle de saint Thomas nous représente, il est vrai, l'intelligence comme une toile dépourvue de toute peinture ; mais elle met à côté les couleurs et l'artiste qui doit les y appliquer. Locke, au contraire, exagère à ce point l'absence de toute peinture sur la toile, qu'il va jusqu'à nier les couleurs et l'artiste; ou, tout au plus, à la place des couleurs, il nous donne de la boue, et un portefaix pour un artiste. Dans cette comparaison en effet, les couleurs, au lieu d'essences brillant au seul regard de l'intelligence, ne représentent plus pour Locke que les sensations elles-mêmes, travaillées et manipulées de diverses manières. L'artiste n'est plus la lumière intellectuelle qui rend visible à l'esprit ce qui ne peut être perçu par les sens, mais seulement la faculté sensitive transmettant ses perceptions à l'intelligence.

218. Comment, en effet, Locke explique-t-il l'origine des idées ? Par le double travail de la « sensation » et de la « réflexion ». La réflexion arrive en second lieu et ne sert qu'à nous faire percevoir nos propres actes ou à nous fixer sur la connaissance préalablement acquise par la sensation. Or, quelle est cette connaissance préalable sur laquelle la réflexion est appelée à méditer ? La sensation, tout simplement. Écoutons Locke lui-même : « Premièrement, dit-il, nos sens étant frappés par certains objets extérieurs, font entrer dans notre âme plusieurs perceptions distinctes des choses, selon les diverses manières

dont ces objets agissent sur nos sens. C'est ainsi que nous acquérons les idées que nous avons du *blanc*, du *jaune*, du *chaud*, du *froid*, du *dur*, du *mou*, de l'*amer*, et de tout ce que nous appelons *qualités sensibles*. Nos sens, dis-je, font entrer toutes ces idées dans notre âme, par où j'entends qu'ils font passer, des objets extérieurs dans l'âme, ce qui y produit ces sortes de perceptions. Et comme cette grande source de la plupart des idées que nous avons dépend entièrement de nos sens et se communique à l'entendement par leur moyen, je l'appelle *sensation*. »

Que peut avoir de commun avec la théorie de saint Thomas un pareil système? Le saint Docteur fait commencer en nous la connaissance intellective avec la perception des quiddités ou essences rendues visibles à l'intelligence par l'action de la lumière dont elle est douée. Dès l'origine, notre esprit voit se découvrir devant lui un horizon qui lui appartient en propre, je veux dire le monde des raisons intelligibles des choses et de leurs essences abstraites ; horizon absolument inaccessible aux sens dont il dépasse les limites. Locke fait au contraire passer dans l'esprit la perception des objets extérieurs quant à leurs propriétés sensibles, sans qu'on puisse comprendre comment cela se fait puisque les sens ne peuvent par eux-mêmes agir sur l'intelligence.

219 On nous dira peut-être : la lumière intellectuelle, pour saint Thomas, n'est autre chose qu'une vertu abstractive ; et Locke admet, lui aussi, l'abstraction par laquelle se forment les concepts universels. — Proposer une pareille objection, c'est montrer qu'on n'entend point la doctrine de saint Thomas ni celle de Locke. L'abstraction de Locke n'est qu'une abstraction appartenant à l'ordre de la connaissance réflexe ; elle est le résultat de la comparaison que l'on fait de plusieurs individus entre eux, pour mettre en relief l'élément commun par lequel ils se ressemblent. Elle ne fait que diviser en parties la perception même des sens, et ne s'exerce que sur les données expérimentales offertes à la considération de l'intelligence. Or, les sens ne perçoivent que le seul fait individuel, et l'expérience ne s'étend qu'à des cas plus ou moins nombreux, mais toujours singuliers et finis. L'abstraction, dans la théorie de Locke, ne peut donc fournir d'autres éléments que les divers aspects d'un fait déterminé et les rapports concrets des individus qu'on a mis en comparaison. Tout au contraire, l'universalité, au vrai sens philosophique du mot, fait abstraction de toute énumération, parce qu'elle est fondée sur la perception pure de l'essence multipla-

ble à l'infini. Cette universalité est totalement inconnue à Locke. Il en est de même de la « nécessité » qu'on ne saurait baser sur un simple fait où on trouve bien ce qui est, non ce qui doit être. Aussi ne doit-on point s'étonner que la théorie de Locke aboutisse, en fin de compte, à détruire logiquement toute connaissance *a priori*, en réduisant la science à un pur empirisme, avec le matérialisme ou le scepticisme pour conséquence. Tout autre est l'abstraction mise en jeu par saint Thomas pour expliquer l'origine des idées. Elle appartient, non à l'ordre réflexe, mais à l'ordre direct de la connaissance; elle a pour fonction, non de disposer les éléments de la sensation, mais de découvrir l'ordre idéal dans ses premiers éléments. Elle ne morcelle pas un fait en ses parties intégrantes ; mais elle tire pour ainsi dire des conditions concrètes du fait l'essence qui apparaît alors aux regards de l'esprit revêtue des caractères de nécessité et d'universalité qui lui conviennent dans ce nouvel état. Elle a donc, d'après saint Thomas, pour mission de découvrir, de révéler à l'intelligence son objet propre, qui n'est certes point d'ordre sensible, bien qu'il existe au sein de la matière. L'abstraction de Locke, au contraire, prend la perception sensitive pour n'en tirer que les éléments perçus qui s'y trouvent actuellement. Locke, enfin, fait dériver l'intelligence de la sensation ; puisque la réflexion qui constitue cette faculté est simplement une fonction secondaire d'une faculté (*la sensation*) dont les opérations se sont d'abord exercées par des actes directs ; et pour Locke, avant l'acte intellectuel, il n'y a point d'autre opération directe que celle des sens.

ARTICLE IX

La théorie de saint Thomas n'a aucun rapport avec le système de Kant.

220. La théorie de saint Thomas sur l'origine des idées, nous l'avons vu, est aussi éloignée que possible de la doctrine de Locke, principe et fondement du sensualisme moderne. Nous allons montrer qu'elle est tout aussi éloignée de la doctrine de Kant, principe et fondement du moderne rationalisme.

Kant fait observer que la connaissance intellectuelle, bien qu'elle ait son point de départ dans l'expérience, ne dérive cependant pas tout entière de l'expérience. Celle-ci, en effet, nous dit bien ce qui est, mais elle ne nous dit point qu'il doive être nécessairement ainsi et pas autrement. Aussi ne peut-elle jamais donner une véritable universalité à nos concepts, puisqu'elle ne peut leur donner aucun caractère de véritable nécessité. Voilà pourquoi il faut demander à une autre source l'origine de nos connaissances *a priori*, qui s'offrent à nous comme nécessaires et universelles (1). Après avoir cherché cette source, Kant croit la trouver dans le sujet connaissant lui-même d'où germent mystérieusement, à l'occasion des sensations, les éléments rationnels de nos jugements, c'est-à-dire, en d'autres termes, les idées universelles et primitives. Celles-ci, en donnant l'ordre et la forme aux impressions produites en nous par les objets extérieurs, se transforment finalement en concepts déterminés (2). D'où il conclut son idéalisme transcendantal qui restreint notre connaissance à la seule représentation des phénomènes ou apparences, le « noumène », l'objet en soi, nous restant absolument inconnu (3).

(1) « L'expérience est loin d'être le seul champ dans lequel notre entendement veuille être limité. Elle nous dit bien ce qui est, mais elle nous ne dit pas qu'il doive être nécessairement ainsi, et pas autrement. Elle ne nous donne par cela même aucune véritable universalité; et la raison qui est si désireuse des connaissances de cette espèce, se trouve ainsi plutôt excitée que satisfaite. Des connaissances universelles, qui sont en même temps marquées d'un caractère de nécessité intrinsèque, doivent être par elles-mêmes, indépendamment de l'expérience, claires et certaines. » *Critique de la raison pure*, Trad. Tissot, Tome I, *Introduction*.

(2) « L'expérience contient deux éléments très différents, à savoir : une *matière* de connaissance, fournie par les sens, et une certaine *forme* propre à ordonner cette matière ; laquelle forme dérive de la source initiale de l'intuition pure de la *pensée* ; intuition et pensée qui, à l'occasion des impressions sensibles, entrent en exercice et produisent les concepts. » *Ibid.*, Liv. I, c. 2.

(3) « Nous avons donc voulu dire que toutes nos intuitions ne sont que des représentations des phénomènes ; que les choses que nous percevons ne sont pas en elles-mêmes telles que nous les percevons ; que leurs rapports ne sont pas essentiellement non plus ce qu'ils nous paraissent être, et que si nous faisions abstraction de notre sujet, ou même de la qualité subjective des sens en général, c'en serait fait de toute propriété, de tout rapport des objets dans l'espace et le temps, de l'espace et du temps eux-mêmes ; car rien de tout cela ne peut exister en soi comme phénomène mais seulement en nous. Nous ignorons complètement ce que peut être la nature des choses en soi, indépendamment de toute notre capacité (réceptivité). Nous ne connaissons que notre manière de les percevoir, qui est tout à fait propre à notre esprit et qui ne doit pas être nécessairement celle de tout être, quoique, à la vérité, elle soit celle de chacun de nous ». *Op. cit.*, I. part, sect. 2, *Observation générale sur l'esthétique transcendantale*.

221. L'erreur de Kant porte évidemment sur ces deux points: l'origine de nos idées, et leur valeur. Pour l'origine, il prétend que les idées émanent du fond même de notre esprit. Il ouvre ainsi la voie au panthéisme égoïstique de Fichte par la confusion qu'il fait de l'homme avec Dieu. Nous avons établi au 1er chapitre de cet ouvrage que l'acte de la connaissance consiste à reproduire idéalement en nous l'être même des choses que nous percevons. L'idée, prise au sens de « verbe » ou « parole mentale » (ainsi paraissent l'entendre communément les philosophes modernes) l'idée, dis-je, est la forme de l'objet perceptible, reproduite en nous par l'acte de la perception. Or, comment peut-il se faire que le fond de notre pensée, c'est-à-dire l'être substantiel de notre esprit, soit par lui-même principe unique d'une pareille production ? Toute cause n'agit qu'autant qu'elle est en acte, puisque l'action est comme une sorte de communication que l'agent fait de son propre être. La cause donne, dans un certain degré, sa ressemblance à l'effet qu'elle produit ; il faut donc qu'elle contienne à l'avance la perfection de l'effet, d'une manière au moins identique sinon supérieure à la condition de celui-ci. Il en est ainsi, même dans l'ordre idéal, puisque l'idée, avons-nous dit, renferme l'être même de l'objet à l'état de connaissance. Or, il est impossible que notre esprit possède formellement la réalité des choses, comme s'il était composé de parcelles de chacune d'elles, ainsi que l'avaient rêvé ces physiciens philosophes dont parle Aristote. Il faut donc avouer, dans l'hypothèse de Kant, que notre esprit possède éminemment ces réalités et que, dans la simplicité de son être, il renferme les perfections de toutes choses, sans défauts ni limites. C'est ainsi seulement que l'on peut concevoir que l'intelligence tire de son propre fond les représentations idéales des êtres qu'elle contemple. Mais qui ne voit qu'alors l'homme deviendrait Dieu, puisqu'à Dieu seul appartient cette propriété de posséder toute perfection possible dans l'éminence de son être ? Voilà comment la théorie de Kant aboutit, en dernière analyse, à la déification de l'esprit humain ! Aussi ne sommes-nous point étonnés de voir ses disciples tomber promptement dans cette absurdité.

Tout autre est l'origine des idées d'après saint Thomas. Le saint Docteur la trouve dans l'influence des formes réelles elles-mêmes créées par Dieu, formes qui viennent déterminer notre esprit à l'acte de la connaissance avec le concours de la lumière que Dieu lui a donnée. L'être réel est nécessairement porté à se reproduire lui-même dans l'ordre idéal. Telle est la très profonde raison pour laquelle Dieu profère son Verbe en s'exprimant lui-même intellectuellement. Or, les créatures sont des images, bien obscures il est vrai, de l'être divin. Elles possèdent donc aussi, à leur manière, une tendance analogue à se réfléter comme en un miroir, dans tout sujet convenablement disposé. L'intelligence humaine est précisément un de ces sujets ; elle se tourne par la connaissance vers les choses qui composent l'univers sensible, et entre avec elles en communication immédiate et directe par le moyen des sens.

222. Qu'on ne vienne pas nous objecter que les sens ne présentent à l'esprit que le simple fait, et que le fait, tout contingent et particulier, ne peut donner naissance à des concepts universels et nécessaires. Car, s'il est vrai que le fait est contingent et que l'universalité absolue ne peut exclusivement provenir que de la nécessité de l'objet, il est vrai aussi que dans tout fait il y a un essence, et que l'essence, en tant que telle, possède le caractère de nécessité. J'écris : voilà certainement un fait qui, comme fait, est contingent ; mais, qu'en écrivant j'exprime des concepts et que je fasse une action, voilà aussi qui est nécessairement impliqué dans le fait d'écrire ; car la raison d'écriture suppose nécessairement les deux raisons d'acte et de signification d'une parole mentale. Vous faites une boule avec un morceau de cire : voilà encore un fait ; et vous pourriez certainement vous en abstenir ou le défaire après l'avoir accompli. Mais que vous deviez, en façonnant cette boule, éviter les angles et faire en sorte que toutes les lignes qui joignent la superficie au centre soient égales entre elles, voilà qui est indispensablement requis ; et vous ne pouvez vous affranchir de cette loi, vu la forme sphérique que vous prétendez donner à votre morceau de cire. On en pourrait dire autant de toute autre essence ; car toute essence est une copie de l'idée divine ; et si l'original reste immuable, la copie cesse de le représenter dès qu'on tente de la modifier.

Il est vrai que cette essence, immuable quant à ce qui la constitue, se trouve néanmoins enchaînée dans les conditions changeantes de son individualité matérielle. Mais pour l'en débarrasser il suffit tout simplement de la vertu abstractive d'une lumière intellectuelle capable de faire apparaître à l'intelligence la quiddité de l'objet, dépouillée de ses caractères matériels d'individuation. Étant donné le rayonnement de cette lumière, l'essence peut très bien, même du sein d'un fait contingent, se révéler dans toute sa pureté à l'intelligence et manifester ainsi la propriété qu'elle a d'être vraie en tout lieu et en tout temps. Or, saint Thomas admet parfaitement l'existence de cette lumière dans notre esprit. Elle est vraiment à nous, puisque Dieu nous a créés intelligents, et qu'à ce titre nous devions recevoir de lui tout ce qui est requis pour l'exercice de la connaissance intellectuelle. Telle est la doctrine de saint Thomas, doctrine infiniment éloignée, comme on le voit, de celle de Kant sur cette question de l'origine des idées. Voyons maintenant comment elle s'en éloigne encore au point de vue de la valeur objective de nos idées.

223. Pour Kant, notre esprit trouve en lui-même les attributs qu'il accorde aux choses et dont il revêt comme d'une forme les impressions sensibles qui sont comme la matière de nos perceptions. Par conséquent, les représentations idéales, en tant que pur produit de notre esprit, constituent les objets propres que perçoit la connaissance directe, c'est-à-dire, en d'autres termes, l'intelligible même, d'où il suit logiquement que dans l'acte de la connaissance nous ne percevons qu'une création spontanée de notre esprit, puisque nous n'atteignons point l'être réel des choses mais seulement nos manières subjectives de les concevoir, manières que nous attribuons aux objets extérieurs en vertu d'une illusion qui procède de la constitution même de notre nature. Voilà bien en germe le plus horrible subjectivisme, et, sous une forme plus élégante, une véritable restauration du scepticisme antique de Protagoras pour qui la vérité n'était pas absolue mais seulement relative au sujet connaissant.

Il en va tout différemment dans la théorie de saint Thomas. Pour le saint Docteur, en effet, les idées procèdent en nous des formes mêmes ou natures réelles qui nous sont révélées par l'irradiation de la lumière intellectuelle. Elles sont nécessairement objectives quant à leur valeur représentative, bien qu'elles soient subjectives quant à leur subsistance. Elles ne sont pas l'« intelligible », mais seulement le « moyen » qui nous permet de l'atteindre. L'intelligible que nous percevons par les idées est la quiddité même ou essence des choses, bien qu'abstraitement considérée. Par ailleurs, l'état d'abstraction dans lequel on considère alors les essences appartient tout entier à l'acte cognitif, et ne fait nullement partie de l'objet. C'est pourquoi l'intelligence a pour terme immédiat de sa perception le véritable être des choses, conçu il est vrai abstraitement, dans sa raison de pure essence. Quand elle revient par un acte réflexe sur la perception sensitive de l'individu concret, elle transforme l'analyse en synthèse, et c'est à cet individu qu'elle rapporte, à titre d'attribut, l'essence qu'elle vient de percevoir ; et cet attribut, loin d'être une création de notre esprit, n'est au contraire que la réalité même de l'objet auquel on le rapporte.

224. Dans l'exposé de cette théorie, il faut bien se garder de perdre de vue les deux considérations suivantes : 1° les sens ne perçoivent pas, comme Kant le prétend, les impressions produites dans le sujet sentant, mais bien l'individu réel lui-même qui produit ces impressions dans le sujet ; 2° la connaissance directe n'a pas pour objet intelligible l'idée, mais bien l'essence même qui subsiste réellement dans l'individu, et qui, au moyen de l'abstraction, revêt aux yeux de l'intelligence le caractère de l'universalité. Ces deux points étant admis, quand le sujet, sensitif et intelligent tout à la fois, attribue par son jugement la quiddité perçue à l'individu, il ne fait qu'unir des choses qui sont réellement et objectivement unies dans la nature. En résumé, tandis que dans la théorie de Kant l'intelligence donne aux objets sa propre forme, dans celle de saint Thomas, au contraire, c'est des objets qu'elle la reçoit. Pour le premier, l'intelligence ne fait que se voir elle-même dans les choses, tandis que, pour le second, l'intelligence ne voit en elle-même que les choses. Cette différence entre les deux théories, nous le répétons encore une fois, vient de ce que l'un regarde l'idée comme l'intelligible, tandis que, d'après l'autre, ce n'est pas l'idée qui est l'intelligible, mais l'essence réelle représentée par l'idée, suivant cette formule : *Idea est* ID QUO *intelligitur, non* ID QUOD *intelligitur* (1).

Conclusion : la théorie de saint Thomas, soit quant à l'origine soit quant à la valeur objective des idées, est plus que différente de celle de Kant; elle en est la négation absolue : aussi est-elle merveilleusement propre à la combattre et seule capable de la réfuter victorieusement.

(1) *Sicut in visione corporali aliquis intuetur corpus, non ita quod inspiciat aliquam corporis similitudinem, quamvis per aliquam corporis similitudinem inspiciat ; ita in visione intellectuali aliquis inspicit ipsam essentiam rei, sine hoc quod inspiciat similitudinem rei.* Qq. dispp., Quæst. *De mente*, art. 8, ad 1.

CHAPITRE VIII

DU DÉVELOPPEMENT DE LA CONNAISSANCE HUMAINE

Je n'ai pas l'intention de traiter ici, avec toute l'ampleur qu'il mériterait, le sujet annoncé dans le titre de ce chapitre. Il faudrait y employer non des articles mais des volumes entiers. Je me propose seulement de toucher brièvement quelques-uns des points les plus importants de cette matière, et de tracer pour ainsi dire l'esquisse d'un tableau qu'un génie plus habile et plus fort se chargera de créer et d'embellir. Je cherche simplement, à la lumière des principes de saint Thomas d'Aquin, quelle marche suit le développement de l'intelligence dans la connaissance de ses divers objets, sans me préoccuper de la variété infinie des vérités qu'elle y découvre.

ARTICLE 1

La première opération de notre esprit est l'analyse et non la synthèse.

225. Cette proposition n'est en réalité qu'un simple corollaire de la doctrine que nous avons exposée jusqu'ici. Si, en effet, la perception d'une essence constitue vraiment le premier acte de notre esprit dans la connaissance directe de la vérité, et si nous ne pouvons percevoir immédiatement une essence qu'à la condition de l'abstraire des objets perçus sensitivement, il est clair que le premier exercice de notre activité intellectuelle ne peut être qu'une séparation, une analyse. Il ne sera pas superflu néanmoins de rappeler ici quelques-unes des explications déjà données dans le cours de cet ouvrage; d'autant plus que ce point capital est précisément celui qui sépare radicalement la

théorie de saint Thomas de toutes les doctrines de faux spiritualisme inventées de nos jours par le Criticisme allemand.

Kant a introduit dans la philosophie ce fameux principe : qu'il faut, dans les objets de notre pensée, distinguer soigneusement la matière d'avec la forme. Par *matière* il entend un élément que fournissent les sens, et par *forme* un élément ajouté au premier par l'activité propre de l'esprit. Or, comme chacune de nos perceptions suppose nécessairement la composition de ces deux éléments, il en vint à conclure que la première opération de notre esprit était une synthèse. Le livre de la nature, écrit de la main de Dieu, devenait ainsi pour lui une simple feuille de papier blanc où nous traçons nous-mêmes les mots que nous devions y lire. Il est clair, en effet, que si l'esprit humain ne connaît les objets qu'en les revêtant d'une forme qu'il possède à l'avance en lui-même, il ne peut apercevoir dans les choses que l'effet de son propre travail. Tel, par exemple, un œil dont la conjonctive serait imprégnée d'une teinture qui ne lui permettrait pas de saisir les objets extérieurs autrement que sous la couleur dont il serait dans ce cas tout particulièrement affecté. Tout homme qui n'aurait alors aucun moyen de se rendre compte de son illusion tiendrait pour une qualité réelle ce qui ne serait pourtant qu'une affection subjective. C'est justement ce qui arrive au Kantisme, et aussi au Rosminianisme qui prétend expliquer la connaissance par l'application d'une prétendue « forme innée » aux déterminations sensibles qui, ainsi revêtues, deviennent intelligibles. L'idéalisme transcendantal est une conséquence inévitable d'un pareil principe. Aussi, les plus perspicaces de ceux qui prirent comme point de départ la synthèse primitive de Kant, ne trouvèrent-ils d'autre moyen d'éviter l'idéalisme, dont ils se voyaient menacés, qu'en identifiant cette forme innée avec les exemplaires éternels de l'intelligence divine, ou mieux encore avec Dieu lui-même créant actuellement l'universalité des choses. Ainsi le Kantisme qu'on avait considéré comme un progrès philosophique aboutit, en fin de compte et fatalement, à la restauration de l'Ontologisme sous la forme que lui a donnée Gioberti. Se refuser à admettre cette conclusion alors qu'on en admet les prémisses, c'est rompre ouvertement avec les lois absolues de la logique.

226. Kant s'est trouvé entraîné à cette extrémité parce qu'il ne voyait aucun autre moyen d'expliquer la nécessité et l'universalité de nos connaissances *a priori*. Il avait bien remarqué

qu'outre les connaissances de fait, basées sur l'expérience, et, partant, contingentes et particulières, nous avons aussi des connaissances indépendantes du fait et qui se présentent comme universelles et nécessaires. Quand je dis : tout évènement suppose une cause, j'affirme une vérité qui implique l'impossibilité du contraire ; une vérité qui ne concerne pas tel ou tel cas particulier, mais s'applique à tous en général. Là dessus le philosophe allemand fait observer avec raison que de pareilles connaissances ne sont point renfermées dans la simple expérience du fait; celui-ci en effet peut être autrement qu'il n'est ; il ne s'étend qu'à une série déterminée de cas, sans nous autoriser le moins du monde à appliquer la même appréciation à tant d'autres qui n'ont pas encore été observés. Il faut donc, dit-il, abandonner l'expérience et reconnaître qu'il existe en nous une autre source de connaissances qui n'a rien à faire avec les objets de la perception sensitive. Cette source donnera la partie « formelle » de toute connaissance quelle-qu'elle soit, puisqu'on ne peut énoncer un seul jugement sans y faire entrer des rapports universels et nécessaires.

On le voit, Kant ne considère dans les choses que la seule existence; pour l'essence, il la met entièrement de côté. C'est l'erreur de Platon qui emprunte le même principe à l'ancienne philosophie naturelle, à savoir, que tout n'est dans le monde entier que vicissitude et mouvement, sans aucun élément de permanence ou de stabilité.

Mais, dans toute chose créée, outre l'existence contingente et variable, il faut aussi considérer l'essence qui est immuable. La naissance d'une plante est certes bien une chose contingente : mais que cette plante, pour être plante, exige absolument la vie végétative qui la distingue des minéraux, voilà qui est une nécessité intrinsèque de sa nature. La raison en est, comme nous l'avons déjà souvent fait observer, que toute essence créée est une copie de l'idée divine; et l'idée divine est de soi immuable, puisqu'elle est fondée sur l'essence même de Dieu. L'existence contingente des créatures est toujours intimement liée à une essence revêtue du caractère de nécessité par là même qu'elle est conforme aux exemplaires divins. Notre intelligence, destinée à percevoir ces essences et à s'en former intérieurement un concept, doit donc nécessairement exprimer aussi, dans ce concept, la nécessité qui leur convient. De la nécessité on peut aisément passer à l'universalité, car ce qui est nécessaire se trouve identiquement partout et toujours. La nécessité et l'universalité de nos concepts deviennent inexplicables pour ceux-là seuls qui refusent à l'homme la perception des essences : c'est ce qui arrive aux sensualistes à cause de la confusion qu'ils font de l'intelligence avec les sens. La vérité est que la faculté intellective a pour objet propre l'essence, absolument comme la faculté visive a pour objet propre les couleurs.

Mais, nous dira-t-on, il faut que l'essence soit rendue présente à l'esprit. — Sans doute ; et elle lui est rendue présente dans le fait même que perçoit la sensation, puisque c'est le même homme qui sent et comprend, et que l'objet senti renferme une essence. J'entre dans un jardin ; j'y respire un parfum agréable ; je me tourne du côté d'où me vient l'odeur et j'aperçois un charmant massif de jasmin. Pourquoi cela ? Parce que la couleur, objet de la vue, existe réellement dans ces fleurs, et que je suis, tout ensemble, doué de faculté olfactive et visive. Or, je le demande : dans le fait perçu par les sens, y a-t-il oui ou non une essence ? Si l'on me répond que non, on tombera dans cette énorme absurdité, qu'une chose existe sans avoir ce par quoi elle existe, un triangle, par exemple, sans ce qui le constitue triangle, une chose étendue sans ce qui constitue l'extension, un vivant sans ce qui constitue la vie. Si l'on répond affirmativement, il est clair que le sujet qui perçoit le fait ne peut pas ne pas percevoir aussi l'essence, étant donné qu'il puisse le faire, c'est-à-dire qu'il possède une intelligence dont l'objet propre soit l'essence, comme l'objet propre de la vue est la couleur.

Mais, repliquera-t-on, l'essence individualisée dans ce fait ne peut être perçue qu'à la condition d'être dépouillée des déterminations concrètes de son existence matérielle. — Ceci est encore parfaitement vrai : mais que conclure de là ? sinon la preuve de la proposition que nous avons donnée pour titre à cet article, à savoir, que le premier exercice de l'activité intellectuelle doit être l'analyse. Toute vertu ou force opérative est dirigée dans ses actions par les lois inhérentes à sa nature. Ainsi en est-il de la sensation dans les animaux, de la végétation dans les plantes, du mouvement dans les corps animés. Pareillement, l'intelligence est aussi gouvernée dans ses actes par ses lois propres. Faculté spirituelle, il lui est impossible de saisir son objet autrement que d'une manière spirituelle, et, par conséquent, indépendamment des caractères propres à l'individualité matérielle. Voilà pourquoi elle est douée de la faculté abstractive de l'intellect agent, en vertu du principe qui veut que tout être possède naturellement les principes nécessaires à l'accomplissement de ses opérations propres.

227. C'est ici qu'apparaît clairement l'équivoque où Kant est tombé, ainsi que tous ceux qui n'ont pas su abandonner ses traces. Dans un certain sens, l'on peut dire que la forme de nos concepts nous est donnée par notre esprit ; mais alors il faut entendre seulement par « forme » la manière de concevoir, considérée comme affection subjective. On commettrait au contraire une erreur si on employait cette expression en désignant par le mot forme un élément intérieur de l'objet, entrant comme partie constitutive dans le terme même de la perception. Ainsi entendue, la forme ne saurait être une émanation de l'esprit ; elle doit tout entière appartenir à l'objet, puisqu'elle est précisément la chose perçue, et que celle-ci doit être ou l'objet ou une dépendance de l'objet. L'esprit, quand il conçoit abstraitement l'objet, ne lui prête pas pour cela sa propre manière subjective de le concevoir, comme si par exemple l'on jugeait que l'objet existe en lui-même à la façon dont on le comprend. Ce serait convertir illogiquement la forme subjective de l'action intellectuelle en raison objective de la chose perçue ; dès lors, la connaissance deviendrait fausse. Mais l'esprit ne procède point ainsi. Il perçoit l'essence sans lui attribuer le mode abstrait de sa perception. Il ne voit que ce qui appartient à l'essence en tant que telle ; il ne fixe son regard que sur ses caractères constitutifs, sans faire attention aux caractères d'individualité propres à tel ou tel sujet particulier.

De soi, l'essence est indifférente à se trouver dans l'état réel ou dans l'état idéal ; c'est-à-dire qu'elle reste identiquement la même essence, qu'on la considère dans l'un ou dans l'autre ordre. Elle existe de toute éternité dans l'intelligence divine ; et, dans cet état, non seulement elle est universelle, mais elle participe encore, par l'acte intellectif divin, à la vie même de Dieu. Par la création, elle a été produite dans sa réalité propre ; aussi est-elle, dans ce nouvel état, sujette à la mutabilité et aux limites inhérentes à la condition de tout être subsistant matériellement. Par l'acte de la connaissance, elle se trouve restituée en nous à l'état idéal ; et alors, étant donné la nature du sujet pensant, elle retrouve le mode d'être et les caractères particuliers de cet état, où elle se dépouille des déterminations concrètes de l'ordre réel ; mais c'est là une différence, non dans l'essence considérée comme essence, mais dans sa manière d'exister. Pour qu'elle reprenne dans notre intellect sa première manière d'être idéale, analogue à celle qu'elle avait dans l'intelligence divine, il faut seulement que notre esprit soit capable de la recevoir idéalement, ou, en d'autres termes, qu'il soit vraiment une faculté intellective ; car il est impossible que la faculté intellective ne reçoive pas idéalement son objet, c'est-à-dire, dans une condition analogue à celle qu'il possède dans l'intelligence divine dont toute créature est une ressemblance participée.

Conclusion : Pour connaître un objet avec ses caractères de nécessité et d'universalité, il suffit de percevoir son essence, puisque l'essence, en tant que telle, est immuable, et qu'elle peut à cause de cette immutabilité être considérée sous un aspect universel. L'essence se trouve vraiment et objectivement dans les choses, encore qu'elle y soit individualisée dans une existence sujette à mutabilité. L'intelligence est une faculté destinée par sa nature à percevoir l'essence comme son objet propre. En vertu de son union avec les sens dans l'unité de l'âme humaine, elle a son objet présent par là même que la faculté sensitive perçoit un fait concret ; il ne lui reste plus qu'à saisir cet objet à sa manière, c'est-à-dire abstraitement, en séparant l'essence d'avec les caractères individuels de sa subsistance physique. Or, cette opération est une analyse. C'est donc bien dans l'analyse que doit consister le premier exercice de l'activité intellectuelle.

ARTICLE II

De la perception des essences.

228 Le nom d'essence, comme l'indique le mot lui-même, exprime l'état abstrait de l'être. Il signifie « ce par quoi une chose est ce qu'elle est ». Ainsi l'on dit que l'essence de l'homme est d'être *animal raisonnable*, parce que c'est précisément en cela que consiste l'être par lequel l'homme est constitué (1). C'est en donnant les caractères de l'essence que l'on répond à la question *quid est*, et que l'on donne satisfaction à qui demande la définition d'une chose ; voilà pourquoi l'essence reçoit aussi

---

(1) *Essentia dicitur secundum quod per eam et in ea res habet esse.* S. Thomas, *De ente et essentia*, c. 1.

parfois le nom de *quiddité*(1). On lui donne également le nom de *forme,* quand on veut par ce dernier mot désigner la perfection intrinsèque d'une chose (2). On l'appelle encore *nature*, quand on la considère comme source des opérations qui lui sont propres (3). Ajoutons enfin qu'on la désigne aussi quelquefois sous le nom de *raison*, quand on la considère comme étant par elle-même apte à être perçue par l'intelligence.

Il résulte de là qu'une chose participe à l'essence de la même manière qu'elle participe à l'être : et cela s'applique également bien à toutes les dénominations rapportées plus haut. Il ne faudrait pas croire cependant que toute perception quelconque est par là même perception d'essence, puisqu'il y a des perceptions qui n'atteignent que le simple fait et rien de plus, comme il arrive dans la connaissance sensitive par laquelle nous saisissons un objet sans comprendre en quoi il consiste. Autre chose est sa grandeur, autre chose son essence : *Aliud est magnitudo, et quod quid est ejus* (4). Les sens perçoivent par exemple la chair, l'esprit en pénètre l'essence : *Potentia sensitiva cognoscitur caro, potentia intellectiva cognoscitur quidditas carnis* (5). Il n'y a à pouvoir saisir l'essence qu'une faculté capable de pénétrer l'objet qui lui est présenté, et l'intelligence seule se trouve dans ce cas, comme l'indique l'étymologie de son nom; *solus intellectus apprehendit essentias rerum* (6). Or, comme elle est, dans la condition de notre vie actuelle, tournée vers les choses sensibles dont la considération est la source de nos connaissances, il en résulte que l'essence des choses matérielles et corporelles constitue son objet premier et immédiat. *Primum quod intelligitur a nobis secundum statum præsentis vitæ est quidditas rei materialis, quæ est nostri intellectus objectum, ut multoties dictum est* (7).

229. Nous ne connaissons pas immédiatement toutes les essences que nous percevons, même dans les choses sensibles. Souvent il arrive que nous devons recourir à la démonstration

---

(1) *Quia illud per quod res constituitur in proprio genere vel specie, est quod significamus per definitionem indicantem quid est res, inde est quod nomen essentiæ a philosophis in nomen quidditatis mutatur.* Ibid.

(2) *Dicitur etiam forma secundum quod per formam significatur perfectio vel certitudo unius cujusque rei.* Ibid.

(3) *Nomen autem naturæ videtur significare essentiam rei, secundum quod habet ordinem vel ordinationem ad propriam operationem.* Ibid.

(4) S. Thomas, In III *De anima*, lect. 8.

(5) *Ibid.*

(6) *Summa th.*, I. P., Q. LVII, art. 1, ad 2.

(7) *Ibid.*, Q. LXXXIX, art. 3.

pour les découvrir. Il en est ainsi chaque fois que nous sommes obligés de chercher la définition d'une chose par voie d'analyse et de raisonnement : *Componendo et dividendo quandoque ad intellectum quidditatis pervenimus, sicut cum dividendo et demonstrando definitionem investigamus* (1). Nous procédons ainsi quand nous voulons chercher la quiddité spécifique des substances que nous ne connaissons actuellement que par leurs effets et leurs attributs. Il arrive même souvent que le raisonnement ne nous conduit pas à la connaissance distincte de l'essence que nous voulons étudier ; nous en saisissons bien la partie générique, mais l'élément différentiel nous échappe. Nous sommes alors obligés de prendre pour caractère distinctif de cette essence l'ensemble de ses qualités accidentelles : *Quia essentiales rerum differentiæ sunt ignotæ frequenter et innominatæ, oportet interdum uti accidentalibus differentiis ad substantiales differentias designandas* (2). Ainsi, par exemple, nous définissons l'or et le distinguons des autres métaux par les caractères de ductilité, d'éclat, de poids, et ainsi de suite.

Quoique tout ceci soit parfaitement vrai, il est néanmoins incontestable qu'un grand nombre d'essences nous sont, d'une manière ou d'une autre, très bien connues ; autrement la science humaine serait anéantie. Il est évident que dans ce nombre il doit s'en trouver qui nous sont immédiatement connues ; car on ne peut aller à l'infini dans la série des essences connues par voie de raisonnement. On en rencontre à l'origine qui se révèlent subitement à l'esprit, en sorte que, sans aucun raisonnement, la simple attention ou bien encore une analyse par intuition directe suffit pour les définir, au moins d'une définition imparfaite et cependant suffisante pour les distinguer de toutes les autres. Ainsi, tandis qu'il faut un chef-d'œuvre de raisonnement pour saisir distinctement en quoi consiste la vie, le premier venu vous dira sans tant de précautions, au moins d'une manière confuse, ce que c'est que le mouvement et le repos, l'unité et le nombre, la substance et l'accident, ou tout autre objet de perception immédiate.

230. Les essences, soit médiatement soit immédiatement connues, peuvent être de trois sortes. Les unes sont si parfaitement dépendantes de la matière dans leur subsistance réelle, qu'on ne peut même pas les en séparer dans leur concept objectif :

---

(1) *Summa th.*, I. P. Quæst. LVIII, art. 5.
(2) *Qq. dispp.*, Quæst. IX, *De potentia*, art. 2, ad 2.

ainsi par exemple l'idée de corps, de plante, d'animal et autres semblables qu'étudient les sciences *physiques*. Que l'on considère, en effet, les corps organiques ou les corps inorganiques, il est dans tous les cas impossible de ne pas tenir compte de la matière prise abstraitement, puisque celle-ci est une partie intrinsèque et constitutive de leur essence. Il y en a d'autres que l'on peut concevoir indépendamment de la matière sensible, mais qui ne peuvent, dans la réalité, subsister en dehors d'elle ; exemple : les figures et les nombres sur lesquels s'exercent les sciences *mathématiques*. D'autres enfin ne dépendent en aucune façon de la matière, ni dans leur concept ni dans l'existence réelle, soit qu'elles l'excluent absolument, comme Dieu et les autres substances séparées, soit qu'on les rencontre non seulement dans la matière mais ailleurs encore, comme la raison d'être, de substance, d'acte, de puissance, etc. Cette catégorie d'essences constitue l'objet propre de la *métaphysique*. *Sciendum quod quœdam sunt quorum esse dependet a materia, nec sine materia definiri possunt; quœdam vero sunt quæ, licet esse non possint nisi in materia sensibili, in eorum tamen definitione materia sensibilis non cadit. Et hœc differunt ad invicem ut curvum et simum. Nam simum est in materia sensibili et necesse est quod in ejus definitione cadat materia sensibilis; est enim simum nasus curvus, et talia sunt omnia naturalia ut homo et lapis. Curvum vero, licet esse non possit nisi in materia sensibili, tamen in ejus definitione materia sensibilis non cadit. Et talia sunt omnia mathematica ut numerus, magnitudines et figurœ. Quœdam vero sunt quæ non dependent a materia, nec secundum esse nec secundum rationem, vel quia nunquam sunt in materia, ut Deus et aliæ substantiæ separatæ, vel quia non universaliter sunt in materia, ut substantia, potentia et actus, et ipsum ens : de his igitur est Metaphysica ; de his vero quæ dependent a materia sensibili secundum esse, sed non secundum rationem, est Mathematica ; de his vero quæ dependent a materia, non solum secundum esse, sed etiam secundum rationem, est Naturalis, quæ Physica dicitur* (1).

(1) S. Thomas, in lib. I *Physic*, lect. 1.
Saint Thomas répète la même chose dans le passage suivant de la *Somme théologique* :
Materia est duplex, scilicet communis et signata vel individualis. Communis quidem, ut caro et ossa; individualis autem, ut hæ carnes et hæc ossa. Intellectus igitur abstrahit speciem rei naturalis a materia sensibili individuali, non autem a materia sensibili communi; sicut species hominis abstrahit ab his carnibus et his ossibus, quæ non sunt de ratione speciei, sed partes individui, et ideo sine eis considerari potest. Sed species hominis

231. Il est clair que les essences qui appartiennent à cette troisième classe, par pure transcendance de la matière, peuvent, aussi bien que les essences des deux premières catégories, être abstraites des choses sensibles où, de fait, elles sont réalisées : car on ne peut nier que tout corps, par là même qu'il est corps, ne soit aussi être, substance, doué d'acte, de puissance et d'autres diverses perfections. Leur unique prérogative est d'être, comme nous l'avons dit, transcendantales; car, bien qu'elles soient dans la matière, elles en dépassent les limites, puisqu'elles se rencontrent également dans d'autres êtres absolument incorporels, et que nous pouvons les concevoir sans penser à aucun être matériel. Ainsi, quand je considère un objet quelconque, une pierre, une plante, un animal, je peux parfaitement en abstraire la raison d'être, de substance, d'unité, suivant que je le conçois comme existant, ou comme subsistant en lui-même, ou comme séparé de toute autre chose. Ces notions, encore qu'elles proviennent originairement dans notre intelligence d'un travail d'abstraction exercée sur les objets sensibles, peuvent être néanmoins regardées ensuite en elles-mêmes, quant aux caractères intrinsèques qui les constituent ; et, sous ce rapport, elles nous apparaissent, non plus comme restreintes au domaine des choses corporelles, mais comme applicables, dans un champ plus vaste, à tout ce qui subsiste ou peut subsister.

non potest abstrahi per intellectum a carnibus et ossibus; species autem mathematicæ possunt abstrahi per intellectum a materia sensibili, non solum individuali sed etiam communi ; non tamen a materia intelligibili communi sed solum individuali. Materia enim sensibilis dicitur materia corporalis, secundum quod subjacet qualitatibus sensibilibus, scilicet calido et frigido, duro et molli, et hujusmodi. Materia vero intelligibilis dicitur substantia, secundum quod subjacet quantitati. Manifestum est autem quod quantitas prius inest substantiæ quam qualitates sensibiles. Unde quantitates (ut numeri et dimensiones et figuræ quæ sunt terminationes quantitatum) possunt considerari absque qualitatibus sensibilibus, quod est eas abstrahi a materia sensibili. Non tamen possunt considerari sine intellectu substantiæ quantitati subjectæ, quod esset eas abstrahi a materia intelligibili communi ; possunt tamen considerari sine hac vel illa substantia, quod est eas abstrahi a materia intelligibili individuali; quædam vero sunt quæ possunt abstrahi etiam a materia intelligibili communi, sicut ens, unum, potentia et actus, et alia hujusmodi, quæ etiam esse possunt absque omni materia, ut patet in substantiis immaterialibus. Summa th., I. P., Q. LXXXV, art. 1, ad 2.

ARTICLE III

Dans la perception immédiate des essences, notre esprit commence par les concepts les plus généraux.

232. Quel ordre suit l'intelligence humaine dans l'abstraction des essences que lui fournit le monde sensible ? Elle commence par les plus universelles. Voici la raison qu'en donne saint Thomas :

Tout ce qui passe de la puissance à l'acte, dit-il, n'arrive à l'acte complet qu'après avoir passé d'abord par l'acte incomplet, qui tient pour ainsi dire le milieu entre l'acte et la puissance. Or, l'acte parfait, pour notre intelligence, c'est la science complète par laquelle nous acquérons une connaissance distincte et déterminée. L'acte incomplet c'est la science imparfaite qui nous fait seulement connaître les choses indistinctement et avec une certaine confusion. Par conséquent, l'intelligence commence par avoir des concepts confus et indéterminés, c'est-à-dire plus universels ; car, plus la connaissance est universelle, moins elle est distincte quant aux sujets particuliers d'où elle provient et dont elle ne représente plus alors que les caractères communs. Elle peut donc recevoir un perfectionnement ultérieur par l'adjonction de caractères propres qui, en diminuant son extension, augmentent par là même sa compréhension et la rendent plus conforme à l'objet (1).

Cette loi de notre intelligence, qui consiste à procéder toujours du plus universel au moins universel, se trouve merveil-

---

(1) *Intellectus noster de potentia in actum procedit. Omne autem quod procedit de potentia in actum prius pervenit ad actum incompletum, qui est medius inter potentiam et actum, quam ad actum perfectum. Actus autem perfectus ad quem pervenit intellectus est scientia completa per quam distincte et determinate res noscuntur. Actus autem incompletus est scientia imperfecta per quam sciuntur res indistincte sub quadam confusione ; quod enim sic cognoscitur secundum quid cognoscitur in actu et quodammodo in potentia..... Manifestum est autem quod cognoscere aliquid in quo plura continentur, sine hoc quod habeatur propria notitia uniuscujusque eorum quæ continentur in illo, est cognoscere aliquid sub confusione quadam..... Cognoscere autem distincte id quod continetur in toto universali, est habere cognitionem de re minus communi ; sicut cognoscere aanimal indistincte est cognoscere in quantum est animal, cognoscere autem animal distincte est cognoscere animal in quantum est animal rationale vel irrationale, quod est cognoscere hominem vel leonem. Prius igitur occurrit intellectui nostro cognoscere animal quam cognoscere hominem ; et eadem ratio est si comparamus quodcumque magis universale ad minus universale.* Summa th., I. P., Q. LXXXV, art. 4.

leusement confirmée par l'étude du langage qui est particulièrement apte à révéler les caractères et la marche de la pensée, puisqu'il en est la manifestation extérieure. Les langues sont d'autant moins parfaites qu'elles renferment davantage de termes génériques et moins d'expressions spécifiques. Elles se servent ordinairement d'un même mot pour désigner plusieurs choses fort différentes entre elles ; ce qui s'explique aisément si l'on veut remarquer que les peuples auxquels ces langues appartiennent, n'ont qu'une intelligence grossière et peu habituée à distinguer les caractères multiples qui séparent un objet d'un autre. Ils ne saisissent que les éléments communs des choses et les expriment par la parole comme ils les comprennent. Au contraire, les nations civilisées brillent par la richesse de leur langage, et la moindre petite différence dans un objet s'exprime chez elles par une phrase particulière. Ceci prouve bien que le progrès de la civilisation a pour conséquence d'apporter dans nos concepts une distinction plus précise qui naturellement finit par passer dans le langage. De là vient, dans l'antiquité, la richesse et l'étendue de la langue grecque. Disons aussi, sans crainte d'être taxé d'orgueil, qu'il en est de même pour la langue italienne, particulièrement en ce qui touche les sciences rationnelles et les beaux-arts, encore que d'autres puissent l'emporter sur elle dans le domaine des arts mécaniques et des sciences naturelles.

233. Étant donné que notre connaissance intellectuelle tire son origine de la sensation par le travail d'abstraction qui détermine la production des représentations idéales nécessaires à la formation de nos premiers concepts, saint Thomas fait avec raison remarquer que l'ordre indiqué ci-dessus se trouve, proportions gardées, même dans la connaissance des sens. Ceux-ci perçoivent, il est vrai, l'individu ; mais dans leurs premières opérations ils commencent par le percevoir comme un concret d'un caractère plus général, pour arriver ensuite à le saisir comme un concret d'un caractère moins universel. Quand, par exemple, nous voyons pour la première fois un individu humain, nous le percevons comme corps, puis comme vivant, puis comme animal et enfin comme homme. Ce qui revient à dire que nous saisissons d'abord confusément les seules déterminations quantitatives, pour arriver ensuite aux différences plus délicates qui correspondent à des degrés moins universels d'être (1). La raison de ce pro-

---

(1) Ceci est tout aussi vrai pour le lieu que pour le temps : *Videndo in magna distantia aliquid, primum percipio quod sit corpus; deinde acce-*

cédé est exactement celle que nous avons donnée plus haut ; car les facultés sensitives, elles aussi, passent de la puissance à l'acte : elles doivent par conséquent suivre, à leur manière, une marche analogue à celle de l'intelligence : *Quia sensus exit de potentia in actum, sicut et intellectus, idem etiam ordo cognitionis apparet in sensu* (1).

Saint Thomas confirme cette doctrine par l'exemple des enfants qui, dans le principe, donnent indistinctement le nom de *père* à toute sorte d'hommes. Ce qui montre que, dans la connaissance qu'ils ont de leur propre père, ils ne savent pas tout d'abord distinguer les caractères particuliers qui le séparent, même comme simple aspect, de tous les autres hommes ; de là leur confusion. *Puer a principio prius distinguit hominem a non homine quam distinguat hunc hominem ab alio homine; et ideo pueri a principio appellant omnes viros patres, posterius autem determinant unumquemque* (2). Le saint Docteur en conclut que les sens, aussi bien que l'intelligence, débutent par la connaissance de ce qui est plus général, pour arriver ensuite à ce qui l'est moins, avec cette différence, que les sens saisissent dans tous les cas leur objet d'une manière concrète et singulière, tandis que l'intelligence perçoit le sien d'une manière abstraite et universelle. *Est ergo dicendum quod cognitio singularium est prior quoad nos quam cognitio universalium, sicut cognitio sensitiva quam cognitio intellectiva. Sed, tam secundum sensum quam secundum intellectum, cognitio magis communis est prior quam cognitio minus communis* (3).

234. Il résulte de cette doctrine que l'idée de l'être est la première qui apparaisse en nous. *Ens est primum quod cadit in apprehensione simpliciter* (4). Si, en effet, notre intelligence commence toujours par la perception des raisons les plus générales, il est clair qu'elle doit percevoir avant tout l'idée générale et universelle par excellence, c'est-à-dire l'idée de l'être. *Illud quod primo intellectus concipit quasi notissimum et in quod omnes conceptiones resolvit, est ens. Unde oportet quod omnes alias con-*

---

dendo video quod sit animal; deinde cognosco quod sit homo, deinde quod sit Petrus. Sic intelligendo discurrit intellectus noster; primo enim de re concipit quod sit ens, deinde quod sit substantia, deinde quod sit corpus et sic usque ad speciem specialissimam. S. THOMAS, *Summa totius Logicæ Aristotelis*, Opusc. XLIV, tract. 2, cap. 2.

(1) *Summa th.*, I. p., Q. LXXXV, art. 4.
(2) *Ibid.*
(3) *Ibid.*
(4) *Qq. dispp.*, Quæst. X *De veritate*, art. 1.

ceptiones intellectus accipiat ex additione ad ens (1). Ailleurs, en maint endroit, il nous dit encore que l'être est l'objet premier et immédiat de l'intelligence, et que la raison d'être est la première qui soit abstraite par notre esprit. *Illa quæ sunt in genere prima eorum quæ intellectus abstrahit a phantasmatibus sunt prima cognita a nobis, ut ens.* (In Boetium, *de Trin.*)

Toutefois, c'est seulement dans le développement primitif et non dans les opérations ultérieures de notre intelligence que l'idée de l'être se trouve ainsi à l'origine de la connaissance. Les idées une fois acquises et conservées habituellement, point n'est besoin pour nous de commencer toujours par l'idée universelle de l'être pour les rappeler dans tout autre cas de perception particulière. Affirmer le contraire serait, ce nous semble, aller directement à l'encontre de l'enseignement de saint Thomas qui répète souvent que ce qui nous est représenté par les sens d'une manière particulière et concrète, est perçu par l'intelligence d'une manière universelle et abstraite : *Id quod cognoscit sensus materialiter et concrete (quod est cognoscere singulare) hoc cognoscit intellectus immaterialiter et abstracte, quod est cognoscere universale.* Quand les sens, par exemple, me présentent une jacinthe ou un lis avec toutes les déterminations propres à ces fleurs, mon intelligence en abstrait aussitôt l'idée spécifique, sans avoir besoin de leur appliquer préalablement l'idée de l'être, puis celles de substance, de corps, de vivant, et ainsi de suite. L'exemple, rapporté plus haut, de l'enfant qui confond son père avec les autres hommes, vient à l'appui de cette manière de voir. Saint Thomas voyant que l'enfant ne sait pas faire un usage suffisant de son intelligence pour reconnaître exactement son père, en conclut qu'il en va de même pour lui dans l'ordre de la connaissance sensitive où il connaît son père d'une manière concrète, il est vrai, mais confuse. Ce qui veut dire, d'après le saint Docteur, qu'en vertu de l'harmonieuse correspondance des sens avec l'intellect, celui-ci n'obéit à la loi de la priorité des concepts universels qu'autant que la faculté sensitive commence, elle aussi, par des perceptions concrètes qui se rapportent à des formes communes et indéterminées. Par une raison contraire, si les sens présentent l'individu d'une manière distincte et déterminée dans son espèce propre, l'intelligence doit aussitôt concevoir la notion universelle relative à cette espèce, surtout s'il s'agit, non pas de former une idée

---

(1) *Summa th.*, I. P., Q. XCIV, art. 2.

pour la première fois, mais de rappeler celles que nous possédions déjà par avance.

Quant aux textes du saint Docteur où il est dit que la notion d'être se trouve dans toute perception, *includitur in omni apprehensione*, on doit les entendre d'une contenance non pas formelle et explicite, mais implicite et virtuelle. Ainsi, quand il dit que nous adhérons aux autres vérités en vertu du principe de contradiction, il ne veut évidemment pas donner à entendre par là que toute vérité sort de ce principe fondamental, mais seulement que toute vérité le présuppose implicitement. Autrement il faudrait reconnaître qu'il n'y a qu'un seul principe immédiatement connu par lui-même, ce qui serait nier la possibilité même de la démonstration, qui réclame au moins la certitude de ses deux prémisses.

Nous répondrions de même à celui qui nous objecterait qu'en d'autres passages saint Thomas dit souvent que l'être est la raison formelle de la connaissance intellective. Qu'est-ce à dire? sinon que l'intelligence peut atteindre par la connaissance tout ce qui possède à un degré quelconque une participation de l'être, de même que l'œil peut saisir tout sorte d'objets colorés. S'il fallait entendre cette expression en ce sens que l'esprit, dans chacun de ses actes de connaissance, doit penser tout d'abord à l'être abstrait, il faudrait conclure aussi de cet autre passage de saint Thomas où il appelle la couleur objet formel de la vue, que l'œil ne peut voir un objet coloré sans voir d'abord la couleur à l'état abstrait. Rien de plus absurde évidemment. Saint Thomas veut par ce langage nous faire entendre qu'une chose n'est perceptible pour notre intelligence qu'à cause de sa raison commune d'être, et non parce qu'elle est telle ou telle nature d'être déterminé, puisque l'être considéré en général possède seul le privilège d'embrasser tous les autres êtres particuliers, et que l'objet adéquat d'une faculté doit exprimer tout ce qui peut servir de terme à ses opérations.

ARTICLE IV

Comment s'identifient les deux concepts d'« essence » et de « possible ».

235. Par possibilité on entend en général toute aptitude d'une chose à exister, et on appelle possible le sujet qui possède cette aptitude. Saint Thomas distingue fort judicieusement deux

sortes de possibles : *Possibile dicitur dupliciter* (1). D'abord le possible *relatif* et *extrinsèque* qui se dit d'une chose apte à exister, en tant qu'on la considère par rapport à la puissance qui peut la produire ; c'est ainsi par exemple qu'on regarde comme possible à l'homme tout effet susceptible d'être produit par la puissance humaine ; *uno modo per respectum ad aliquam potentiam, sicut quod subditur humanæ potentiæ dicitur esse possibile homini* (2). Le possible *absolu*, au contraire, appelé encore possible *intrinsèque*, est celui qui désigne la pure aptitude d'une chose à exister, en tant qu'on la considère dans les seuls caractères intrinsèques de sa nature et comme n'offrant par elle-même aucune répugnance à exister : ainsi le mouvement ou le repos d'un corps. *Dicitur autem possibile vel impossibile absolute ex habitudine terminorum. Possibile quidem, quia prædicatum non repugnat subjecto, ut Sortem sedere; impossibile vero, quia prædicatum repugnat subjecto, ut hominem esse asinum* (3).

236. Il est clair que le concept d'essence ne saurait s'identifier avec le concept de possible entendu au premier sens; car le concept d'essence est absolu, tandis que le possible externe est relatif, puisqu'on ne le perçoit qu'en dépendance de la cause qui peut lui communiquer l'existence. Ce possible appartient au domaine de la connaissance réflexe. On commence en effet tout d'abord par concevoir une chose comme essence; ce n'est qu'ensuite qu'on se demande si elle peut être produite dans l'ordre réel par une cause donnée. Ainsi considérées, les essences sont toutes possibles par rapport à Dieu dont la puissance infinie s'étend à tout ce que peut concevoir l'intelligence de l'homme : *Non erit impossibile apud Deum omne verbum* (4).

La question revient donc à chercher si le concept d'essence s'identifie avec celui de possible absolu et interne, puisque ce dernier ne relève que de la considération absolue des éléments intrinsèques de la chose : *Possibile absolutum non dicitur neque secundum causas superiores neque secundum causas inferiores, sed secundum seipsum*. A la question ainsi posée nous répondons que l'essence et le possible interne sont une seule et même chose, pourvu toutefois qu'on entende parler de la possibilité non pas formelle mais fondamentale. Essayons d'expliquer ceci clairement et en peu de mots.

(1) *Summa th.*, I. p., q. XXV, art. 3.
(2) *Ibid.*
(3) *Ibid.*
(4) Luc. I.

La possibilité, même interne, quand on la considère formellement, renferme, elle aussi, une idée de relation. Elle signifie la non-répugnance d'une chose à exister en elle-même, en dehors du concept idéal de l'esprit ; et, par conséquent, outre la simple considération de ses éléments propres, elle implique encore un rapport à son actualisation réelle. La dénomination formelle de possible interne s'attribue à une essence déterminée, en tant que l'on considère dans celle-ci une aptitude à recevoir l'existence réelle, puisque l'existence réelle est le dernier complément, la dernière actualité que l'on puisse concevoir dans l'être. Bien que cette aptitude résulte des notes intrinsèques de l'essence, cela n'empêche pas qu'on puisse joindre au concept de l'essence celui de rapport à un perfectionnement ultérieur ; adjonction qui appartient à l'ordre des idées réflexes, et sort par conséquent du domaine des idées directes et primitives. L'essence, en effet, dans sa perception directe et primitive, n'offre à l'intelligence d'autres éléments que ceux qu'exprime ensuite la définition qui ne renferme, comme on le sait, aucune notion explicite de l'existence, mais seulement tout ce qui constitue la quiddité intelligible de la chose définie. Quand je conçois l'homme, je conçois simplement un animal raisonnable, sans faire réflexion que l'objet de ma perception peut exister réellement en dehors de ma pensée. Pour avoir cette idée, j'ai besoin de recourir à la réflexion ontologique ; il me faut faire un retour sur l'objet déjà perçu, afin d'y découvrir un rapport avec l'actuation dernière de son propre être.

On ne saurait en dire autant quand il s'agit de la possibilité fondamentale, c'est-à-dire, de la source d'où émane pour l'essence son aptitude à l'existence, sa non-répugnance à exister. Cette source n'est autre chose que l'entité même de l'essence, ou, en d'autres termes, les notes et caractères intrinsèques qui la constituent. Je ne puis concevoir une essence sans concevoir ces notes en tant que parfaitement conciliables entre elles ; celles-ci, dès là qu'elles ne s'excluent pas comme il arrive dans les contradictoires, expriment une véritable entité qui de soi n'oppose aucun obstacle à sa réalisation actuelle. Je conçois un cercle, par exemple. Que présente à mon esprit un pareil concept ? Une surface plane limitée par une ligne courbe dont tous les points sont également distants du centre. Voilà les caractères qui constituent l'être même du cercle et dont on ne peut rien retrancher sans cesser de le concevoir comme cercle. Si, par hasard, au lieu d'une ligne courbe, je voulais me représenter une ligne droite, ou, si je supposais les rayons inégaux, je ferais de vains efforts pour former avec ces éléments le concept de cercle; ma pensée n'aurait plus pour objet que contradiction et néant. Or, ces caractères, par là même que leur harmonieuse union offre quelque chose, un être, à mon esprit, sont la raison même pour laquelle l'essence ne fait par elle-même aucun contraste avec l'existence. Telle est la possibilité interne fondamentale dont on ne saurait faire abstraction dans le concept d'essence. Elle consiste seulement, comme nous l'avons vu, dans l'accord mutuel des caractères constitutifs de l'essence ; de telle sorte que l'union de ces caractères n'implique aucune contradiction, et qu'elle offre, par conséquent à l'intelligence un être, en soi distinct du néant, c'est-à-dire de la négation de tout être. De là il n'y a qu'un pas facile à franchir pour arriver à regarder cette essence comme apte à être actuée dans l'ordre réel, puisqu'elle ne comporte ni cet antagonisme ni cette négation réciproque de caractères, qui sont la seule chose qui ne se puisse concilier avec l'existence. Mais il reste bien entendu que, pour la connaissance de la possibilité interne explicite et formelle, il faut nécessairement un acte réflexe de l'intelligence.

En résumé, on peut considérer dans une essence : ou bien la compatibilité mutuelle de ses notes caractéristiques, en tant qu'elles ne se contredisent point entre elles ; ou bien l'aptitude qui résulte de là pour elle, par rapport à l'actuation réelle ; ou enfin la relation à une cause capable de réaliser effectivement cette actuation. Dans le premier cas, on a la possibilité interne fondamentale, ou, si l'on veut, implicite ; et celle-ci est identique au concept d'essence. Dans le second, nous sommes en présence de la possibilité interne, formelle et explicite, qui, à vrai dire, est bien inséparable de l'essence, puisqu'une essence ne se peut concevoir qu'autant qu'elle est de soi susceptible d'exister en dehors de la pensée; mais il faut bien prendre garde qu'on ne conçoit cette possibilté que par un acte de l'esprit qui considère l'essence par rapport à l'existence. Le troisième cas enfin nous montre la possibilité externe ou relative qui, non seulement requiert le concours de la réflexion, mais, de plus, exige une véritable comparaison avec l'activité de la cause, par rapport à laquelle on dit que cette essence est possible.

ARTICLE V

Des premiers principes.

237. Le concept de l'essence ne nous a encore donné que le point de départ de la connaissance intellectuelle. *Formatio quidditatis est prima operatio intellectus* (1). Il constitue ce qu'on appelle la « simple appréhension » : viennent ensuite le jugement et le raisonnement. Ces deux dernières opérations consistent à réunir et à séparer deux idées, c'est-à-dire à exercer un travail de synthèse et d'analyse sur les concepts acquis à l'avance : ainsi procède, en se perfectionnant, la connaissance humaine (2). La nécessité d'une pareille succession dans les actes cognitifs provient de l'imperfection de notre esprit. Il n'embrasse pas tout d'un seul coup d'œil ; il procède par degrés en passant d'une connaissance à une autre. Il développe et éclaircit ainsi les notions qu'il possédait auparavant confusément et à l'état de germes. Écoutons le Docteur angélique : « Dans son passage de la puissance à l'acte, l'intelligence humaine a une certaine ressemblance avec les éléments corruptibles du monde matériel, qui n'arrivent pas du premier coup à leur perfection propre, mais l'acquièrent successivement et par degrés. Dès l'instant de la première appréhension, l'esprit humain n'atteint pas la connaissance parfaite de son objet ; il

---

(1) *Qq. dispp.*, Quæst. X *De veritate*, art. 3, ad 1.
(2) *Duplex est operatio intellectus. Una quidem quæ dicitur indivisibilium intelligentia, per quam scilicet apprehendit essentiam uniuscujusque rei in seipsa; alia est operatio intellectus, scilicet componentis et dividentis; additur autem et tertia operatio, scilicet ratiocinandi, secundum quod ratio procedit a notis ad inquisitionem ignotorum. Harum autem operationum prima ordinatur ad secundam, quia non potest esse compositio et divisio nisi simplicium apprehensorum; secunda vero ordinatur ad tertiam, quia videlicet oportet quod ex aliquo vero cognito, cui intellectus assentiat, procedatur ad certitudinem accipiendam de aliquibus ignotis.* S. Thomas, In lib. I. *Perihermenias*, lect. 1.
Voilà énumérées avec une clarté parfaite les trois opérations de l'intelligence humaine : *la simple appréhension*, le *jugement*, le *raisonnement*. On voit encore dans ce passage l'ordre que suivent ces trois opérations dans leur développement : la simple appréhension précède le jugement, et le jugement précède le raisonnement. Saint Thomas donne en outre la raison de cet ordre. Il n'est pas possible, en effet, d'unir ou de séparer par le jugement des termes dont l'intelligence n'aurait pas préalablement acquis la connaissance, pas plus qu'on ne saurait arriver à une vérité inconnue autrement qu'en partant d'une vérité connue auparavant.

commence par en saisir une partie, c'est-à-dire l'essence ou quiddité qui est l'objet propre et premier de la faculté intellective ; ensuite il en perçoit les propriétés, les accidents, les rapports. Pour en arriver là l'intelligence a besoin de réunir et de séparer ses divers concepts, ce qui est l'œuvre du jugement ; puis, d'un jugement elle passe à un autre : c'est l'œuvre du raisonnement (1). La simple appréhension, le jugement et le raisonnement sont donc trois opérations de la même faculté intellective, ordonnées entre elles de façon que le raisonnement procède du jugement, et le jugement de la simple appréhension. *In speculativa ratione primo quidem est definitio, secundo enuntiatio, tertio vero syllogismus vel argumentatio* (2). L'acte parfait de la connaissance est toujours un jugement ; quand ce jugement est dérivé d'un autre on l'appelle jugement *médiat*, comme il arrive pour ceux qui s'obtiennent par voie de raisonnement. On donne au contraire le nom de jugement *immédiat* à celui qui, sans intermédiaire, procède immédiatement de la simple appréhension d'une essence ; il s'obtient par la réflexion ontologique sur l'essence perçue préalablement : *Intellectui non omnia intelligibilia æqualiter vicina sunt ad cognoscendum; sed quædam statim conspicere potest, quædam vero non conspicit nisi ex aliis principiis inspectis* (3).

238. Le premier travail de la pensée, après la perception des essences, consiste donc dans les premiers jugements que forme d'abord l'esprit et qui, à cause de cela, ont reçu le nom de « premiers principes ou « vérités connues par elles-mêmes ». Ils se révèlent à l'intelligence par le moyen des relations que laissent apercevoir immédiatement les essences en vertu de leurs caractères intrinsèques. Tout ce qui appartient à une essence ne se découvre pas, il est vrai, au premier abord, et souvent il nous faut recourir à des concepts intermédiaires pour déduire et raisonner. Toutefois, il est des rapports qui apparaissent au premier coup d'œil, soit qu'ils reposent sur une exclusion contradictoire, soit qu'ils résultent d'une comparaison faite avec un caractère qui a servi de matière prochaine à la perception de la première idée. Ainsi, étant donnée la notion d'être, il est impossible que nous ne saisissions pas immédiatement son opposition avec le néant, puisque le néant n'est autre

---

(1) *Summa th.*, I. p., q. LXXXV, art. 5.
(2) *Summa th.*, I-II, q. LXXXIX, art. 7, ad 5.
(3) *Qq. dispp.*, Quæst. De magistro, art. 3.

chose que la négation de l'être. De même, quand nous concevons l' « être en acte » et le comparons avec l' « être en puissance, » nous ne pouvons pas ne pas percevoir immédiatement l'excès de l'un sur l'autre, ce que nous exprimons en disant que l'acte est, à l'état complet et parfait, l'être même qui dans la puissance ne se trouve qu'à l'état de capacité et de commencement. De là ces jugements de l'intelligence : une chose ne peut pas à la fois être et ne pas être ; l'acte est plus que la simple puissance. On en peut dire autant de l'idée de substance, de cause, d'ordre et de cent autres, où la simple appréhension donne immédiatement lieu à un premier jugement, en vertu de la perception immédiate de convenance ou de disconvenance avec une autre essence ou avec un autre caractère nécessairement compris ou exclu par l'essence connue tout d'abord. Une proposition, dit saint Thomas, est connue par elle-même (*per se nota*) quand l'attribut est renfermé dans la notion du sujet ; exemple : l'*homme est un animal*. L'animalité appartient en effet à la notion d'homme. Si donc le sujet et l'attribut sont également connus de tout le monde, on dira que la proposition qui résulte de ces deux termes est *immédiatement* connue de tous (1). Il en est ainsi des premiers principes dont les termes sont des concepts communs que personne n'ignore, comme l'être, le non-être, le tout, la partie et autres semblables (2).

239. Il est bon d'appliquer ici, toute proportion gardée, les principes que nous avons développés plus haut touchant la simple perception de l'essence. Nous avons établi que cet acte de l'intelligence présupposait, à l'origine, un premier concept absolument universel et simple, le concept de l'être. Tout de même, dans nos jugements, quelqu'immédiats qu'on les veuille imaginer, il faut admettre comme point de départ un premier jugement qui soit comme la condition nécessaire et comme le fondement de tous les autres ; de telle sorte que si l'intelligence n'en admettait pas l'absolue vérité, elle serait dans l'impossibilité de donner son assentiment à aucun autre. Ce jugement primordial est ce qu'on appelle communément le principe de contradiction ; en voici la formule : *Une chose ne peut pas à la*

---

(1) Pour éviter les périphrases, nous rendons l'expression scholastique *propositio per se nota* par *proposition immédiate* ou immédiatement connue. Nous ne faisons d'ailleurs, en cela, que nous conformer au langage de la philosophie péripatéticienne qui emploie indifféremment dans le même sens *propositio per se nota* et *propositio immediata*. (*Note du traducteur*).

(2) *Summa th.*, I. P., Q. III, art. 1.

fois être et n'être pas. Pour en pénétrer toute la nécessité, il suffirait, à défaut d'autres considérations, de remarquer que ce principe s'appuie tout entier et immédiatement sur le concept de l'être, et que d'ailleurs l'ordre des jugements suit celui des simples perceptions. « Comme il y a deux opérations intellectuelles, l'une par laquelle on perçoit l'essence et qu'on appelle simple appréhension, l'autre qui réunit ou sépare les notions simples, il faut admettre à l'origine de l'une et de l'autre un élément premier. Dans la simple appréhension c'est le concept de l'être, sans lequel aucune autre idée n'est intelligible. Or, comme c'est du concept de l'être que découle ce principe : *Une chose ne peut pas à la fois être et n'être pas* ; tout comme cet autre : *Le tout est plus grand que la partie*, dérive du concept du tout et de la partie; celui-là doit par conséquent occuper la première place dans la seconde opération de l'esprit, c'est-à-dire dans le jugement. Il est impossible de rien comprendre par cette seconde opération de l'esprit si l'on n'a pas tout d'abord compris ce principe; de même que celui-ci : *le tout est plus grand que la partie*, ne peut se concevoir qu'en vertu de l'intelligence préalable du principe de contradiction qui est le plus inébranlable de tous (1). »

240. On nous objectera peut-être que le concept de l'être sert de point d'appui à d'autres jugements qui pourraient en conséquence disputer sa primauté au principe de contradiction. La réponse est facile; car, si l'on veut y faire attention, on verra que tout autre jugement, où l'on affirme quelque chose de l'idée d'être, exprime toujours une notion postérieure à celle que renferme le principe de contradiction. La première chose que notre esprit découvre dans l'être, c'est son opposition avec le néant. Cette opposition est si intimement liée avec la simple appréhension qu'elle semble presque se confondre avec elle. Saint Thomas fait observer que le concept de l'esprit se *habet ad opposita* : c'est-à-dire qu'étant donnée la perception d'une quiddité, on en conçoit par là même aussitôt la négation. D'où il résulte que les concepts d'*être* et de *non-être* sont inséparables dans la même intuition mentale. Dans le premier on voit le second qui en est la négation et s'y rapporte comme l'ombre au corps. Aussi, quand nous comparons ces deux concepts, nous comparons en réalité les deux concepts premiers et originaires ; et comme il n'y a entre eux d'autre relation que celle d'une incompatibilité absolue, l'intelligence ne fait autre

---

(1) S. Thomas, in lib. IV *Metaph.*, lect. 6.

chose que la constater quand elle formule le principe de contradiction. L'esprit, par conséquent, dans la formation de ce principe, ne sort pas de l'intuition de l'être dans laquelle et par laquelle il perçoit la négation opposée ; il ne fait que lui attribuer le caractère primitif et fondamental qu'il y découvre, c'est-à-dire son opposition et sa répugnance avec le néant.

On voit par là combien est peu fondée la théorie rosminienne quand elle nie que le principe de contradiction soit absolument le premier de tous, et qu'elle essaie de lui substituer ce qu'elle appelle le « principe de connaissance » dont elle donne la formule que voici : *l'être est l'objet de la pensée* (1). Loin d'être primitif, ce jugement n'appartient même pas à l'ordre de la connaissance directe. Il exprime seulement le rapport qui existe entre l'être et la faculté intellective; d'ailleurs, il suppose le principe de contradiction, puisque l'être est l'objet de la pensée précisément parce qu'il est impossible que l'être s'identifie avec le néant; autrement il serait à la fois et ne serait pas objet, et la pensée pourrait regarder le néant comme elle regarde l'être. De plus, cette vérité : *l'être est l'objet de la pensée*, nous est connue par réflexion sur nos actes intellectuels et sur les objets que nous percevons. Voilà pourquoi il est impossible qu'elle constitue le premier jugement formé par l'esprit qui, après la première appréhension, juge dans l'ordre direct avant de passer à l'ordre réflexe.

241. Quand nous disons que le principe de contradiction : *Ce qui est ne peut pas ne pas être*, est le fondement de tous les autres, nous entendons seulement que c'est là le premier jugement formé par notre intelligence et qu'il se trouve implicitement contenu dans tous les autres. Nous ne disons pas qu'il soit seul immédiatement intelligible par lui-même, comme si tous les autres devaient s'en déduire par démonstration. Une pareille explication serait contraire à la doctrine de saint Thomas qui dit fréquemment de plusieurs autres principes qu'ils sont immédiats et connus par eux-mêmes ; ce qui serait absolument faux si nous ne les connaissions que par déduction d'un principe supérieur. En outre, le saint Docteur nie explicitement qu'on puisse regarder comme fruits du raisonnement ces jugements auxquels on donne le nom de « premiers principes », et qui cons-

---

(1) « *Il principio di contraddizione si può dedurre da un principio antecedente, che io chiamo principio di cognizione ed esprimo in questa proposizione : L'oggetto del pensiero è l'essere.* » Nuovo Saggio, vol. 2, sez. V, part. 3, cap. 1.

tituent la base commune des arts et des sciences. On les connaît, dit-il, par la simple perception de l'attribut et du sujet dont ils sont composés. « Les propositions connues par elles-mêmes, *immédiates*, sont celles qui se conçoivent dès qu'on en connaît les termes. C'est ce qui arrive quand l'attribut fait partie de la définition même du sujet, ou encore quand il est identique au sujet ». Il en donne pour exemples ces deux axiomes : *le tout est plus grand que la partie*; *deux choses égales à une troisième sont égales entre elles* (1). Un peu plus loin, il ajoute que les premiers principes nous sont révélés par la lumière de l'intellect agent, c'est-à-dire par la vertu abstractive de notre esprit, non par raisonnement, mais par la seule perception des termes (2). Ce n'est donc pas sur un principe unique, origine de tout raisonnement ultérieur, mais sur la simple appréhension de l'essence des termes que s'appuie explicitement l'intelligence dans la formation des premiers principes. Ainsi, par exemple, après avoir conçu l'idée de cause et l'idée d'effet, elle voit immédiatement que l'existence de la chose exprimée par la première est nécessairement requise pour l'existence de ce qui est exprimé par la seconde; de même, étant données les notions de substance et d'accident, elle conçoit immédiatement que l'une réclame l'autre comme sujet; ce qu'elle traduit ainsi : *il n'y a pas d'effet sans cause*; *l'accident doit exister dans une substance*. Dans tout ceci il n'y a comme élément présupposé qu'une simple perception d'essence, sans aucune considération explicite d'un principe antérieur d'où procéderaient ces deux axiomes. L'esprit ne saurait

---

(1) *Propositiones per se notæ sunt quæ statim, notis terminis, cognoscuntur. Hoc autem contingit in illis propositionibus in quibus prædicatum ponitur in definitione subjecti, vel prædicatum est idem subjecto. Sed contingit aliquam propositionem, quantum in se est, esse per se notam non tamen esse per se notam omnibus qui ignorant definitionem prædicati et subjecti. Unde Boetius, dicit* (in libro de *Hebdomadibus*) *quod quædam sunt per se nota sapientibus, quæ non sunt per se nota omnibus. Illa autem sunt per se nota omnibus, quorum termini in conceptione omnium cadunt. Hujusmodi autem sunt communia : eo quod nostra cognitio a communibus ad propria pervenit. Et ideo illæ propositiones sunt prima demonstrationum principia quæ componuntur ex terminis communibus, sicut totum et pars, ut omne totum est majus sua parte; et sicut æquale vel inæquale, ut quæ uni et eidem sunt æqualia, inter se sunt æqualia. Et eadem ratio est de similibus.* In lib. IV *Metaphys.*, Lect. 5.

(2) *Ex ipso lumine naturali intellectus agentis prima principia fiunt cognita, nec acquiruntur per ratiocinationes, sed solum per hoc quod eorum termini innotescunt.* Ibid., lect. 6.

toutefois les former sans un assentiment implicite au principe de contradiction dont l'absence entraînerait la ruine de tous les autres. De là vient que nous pouvons ensuite éclairer la certitude des autres principes par le principe de contradiction, de même que nous pouvons recourir à l'idée de l'être pour éclairer nos autres concepts. C'est aussi pour cela qu'on peut même démontrer indirectement, ou, comme on dit, *ab absurdo*, la stabilité des autres principes au moyen du principe de contradiction; non qu'ils aient par eux-mêmes besoin de cette démonstration, mais uniquement pour convaincre un adversaire mal disposé qui refuserait de les admettre tout en concédant ce qui est nécessaire pour faire ce raisonnement.

ARTICLE VI

De l' « habitude » innée des premiers principes.

242. Les essences étant une fois abstraites des choses sensibles, notre intellect forme vite et facilement les premiers principes, dès qu'il aperçoit les caractères compris ou exclus par ces quiddités. Cette facilité, cette promptitude de notre esprit à former les premiers jugements immédiatement après la simple perception des essences est ce que saint Thomas désigne sous le nom d' « habitude » naturelle de l'intelligence; ce qui lui donne souvent l'occasion d'appeler innés les principes premiers de la connaissance. Quelques auteurs, faute d'avoir suffisamment approfondi cette doctrine du Docteur angélique, ont été amenés à croire qu'il admettait, d'une certaine manière, le système des idées innées, parce qu'ils rencontraient souvent chez lui des textes d'où il ressort que la connaissance des premiers principes nous est innée par nature. *Illa nobis dicuntur per se nota quorum cognitio nobis naturaliter inest, sicut patet de primis principiis.* Ce qui les confirme surtout dans cette opinion, c'est le passage où saint Thomas dit expressément qu'outre la lumière intellectuelle Dieu a imprimé dans nos âmes la connaissance des premiers principes, comme un germe de toutes nos connaissances ultérieures : *Ignotorum cognitionem per duo accipit, scilicet per lumen intellectuale et per primas conceptiones per se notas, quæ comparantur ad istud lumen, quod est intellectus agentis, sicut instrumenta ad artificem. Quantum igitur ad utrumque, Deus hominis scientiæ causa est excellentissimo modo, quia et ipsam animam*

intellectuali lumine insignivit, et notitiam primorum principiorum ei impressit, quæ sunt quasi quædam seminaria scientiarum, sicut aliis naturalibus rebus impressit seminales rationes omnium effectuum producendorum (1). Dans ce texte, dit-on, saint Thomas distingue deux choses : la lumière intellectuelle et la connaissance des premiers principes, et il regarde l'une et l'autre comme innées dans notre esprit, ce qui est impossible si l'on ne suppose en même temps que les idées aussi sont innées. Il est vrai que nos adversaires se trouvent grandement embarrassés quand on leur objecte qu'ailleurs saint Thomas affirme avec non moins d'assurance que la connaissance des premiers principes tire son origine des sens et de l'abstraction de l'intellect agent : *Ipsorum principiorum cognitio in nobis a sensibilibus causatur* (2). *Cognitio principiorum a sensibilibus accipitur. A sensibilibus autem non possunt intelligibilia accipi nisi per abstractionem intellectus agentis* (3). Comment concilier des affirmations aussi opposées : la connaissance des principes est innée ; la connaissance des principes dépend des sens et de l'abstraction de l'intelligence ? Pour qui lit saint Thomas afin d'en approfondir la doctrine et sans préoccupation d'y trouver la confirmation d'opinions préconçues, rien de plus facile que d'accorder ensemble ces manières de parler, apparemment si différentes. Les premiers principes, pour saint Thomas, nous sont innés en « habitude » et non en acte (ce qui supposerait nécessairement les idées innées); et pour qu'il en soit ainsi, il suffit que nous possédions à tout instant une disposition naturelle à les former. Pour se convaincre que c'est bien là véritablement sa doctrine, il suffit de lire le passage où il se demande s'il y a en nous quelqu'habitude naturellement innée ; à quoi il répond que parmi les autres habitudes se trouve celle des premiers principes, et que celle-ci nous est donnée par la nature, d'où il résulte que ces principes nous sont connus naturellement : *Inter alios habitus ponitur intellectus principiorum qui est a natura ; unde et principia hujusmodi dicuntur naturaliter cognita* (4). Il explique ensuite pourquoi cette habitude est appelée « naturelle » ; c'est, dit-il, parceque la nature de l'âme intellective est disposée de telle sorte qu'étant donnée la perception des éléments compris dans une idée primitive, elle porte immédiatement un jugement sur cette

---

(1) *Qq. dispp., De magistro*, art. 3.
(2) *Cont. Gent.*, Lib. II, cap. 83.
(3) *Qq. dispp., De anima*, art. 4.
(4) *Summ. theol.*, I. p., q. LI, art. 1.

idée qu'elle a dû nécessairement abstraire des objets de la connaissance sensitive. *Intellectus principiorum dicitur esse habitus naturalis. Ex ipsa enim natura aminæ intellectivæ convenit homini quod, statim cognito quid est totum et quid est pars, cognoscat quod omne totum est majus sua parte ; et simile est in cæteris. Sed quid sit totum et quid sit pars, cognoscere non potest nisi per species intelligibiles a phantasmatibus acceptas* (1). Le saint Docteur pouvait-il rendre sa pensée avec plus de précision et de clarté ? Les principes sont donc innés pour lui, parce qu'innée est la source d'où ils procèdent, c'est-à-dire, parce que Dieu nous a donné une disposition et comme une inclination naturelle à les former : ce qui n'empêche pas que les idées, sur lesquelles ils s'appuient, soient véritablement acquises en vertu de l'abstraction exercée sur les représentations sensibles. Cette habitude n'est autre chose qu'une tendance et une facilité naturelle de notre intelligence à donner son assentiment aux premières vérités, dès qu'elles lui sont proposées. *Quod est per se notum se habet ut principium et percipitur statim ab intellectu ; et ideo habitus perficiens intellectum ad hujusmodi veri considerationem vocatur intellectus qui est habitus principiorum* (2). Mais ces vérités ne sont proposées que par des idées abstraites des objets sensibles. Voilà pourquoi le saint Docteur fait avec raison observer que « l'habitude des principes » ne procède pas totalement de la nature, mais qu'elle relève en partie de la nature et en partie d'un principe extérieur ; à la différence des anges qui connaissent par le moyen d'idées innées : *Neutro modo contingit in hominibus esse habitus naturales, ita quod sint totaliter a natura. In angelis siquidem contingit, eo quod habent species intelligibiles naturaliter inditas, quod non competit humanæ naturæ. Sunt ergo in hominibus aliqui habitus naturales, tanquam partim a natura existentes et partim ab exteriori principio* (3).

Nous pouvons donc établir les conclusions suivantes :

I. Il n'appartient pas à la nature humaine de connaître par le moyen d'idées innées : cette manière est propre à la nature angélique.

II. L'homme acquiert les idées par l'abstraction exercée sur les données de la connaissance sensitive.

---

(1) *Ibid.*
(2) *Summa th.*, I-II. p., q. LVII, art. 2.
(3) *Ibid.*

III. Il possède néanmoins dans son intelligence, à l'état d'habitude innée, une tendance naturelle à former promptement des jugements, étant données les idées provenant de la sensation par voie d'abstraction.

IV. Cette tendance s'appelle « habitude naturelle des premiers principes », ou encore « intelligence », parce que, pour saint Thomas, bien que ce mot intelligence s'emploie communément pour désigner la faculté intellective, il s'applique cependant quelquefois à la disposition naturelle qu'elle possède à saisir les premiers principes.

V. On peut donc, d'une certaine manière, dire que les premiers principes eux-mêmes nous sont innés, parce que innée est l'habitude en vertu de laquelle nous les connaissons, étant supposée toujours la perception préalable de l'objet, laquelle, ainsi que nous l'avons dit, dépend de l'abstraction.

VI. Dans un autre sens, l'on peut et l'on doit dire que les premiers principes ne sont pas innés mais acquis, puisque les idées qui leur servent de fondements sont acquises.

VII. Comme toute science dérive de l'application de ces principes, on peut dire également que toute science nous est virtuellement innée, en tant qu'elle est contenue dans des principes innés eux-mêmes au sens précis expliqué plus haut ; et aussi, en tant que nous possédons, à l'état inné, la lumière de l'intellect agent qui abstrait des sensibles les idées d'où découlent ces principes. C'est ce que saint Thomas exprime, avec sa limpidité et sa concision ordinaires, quand il dit : *In lumine intellectus agentis nobis est quodammodo omnis scientia originaliter indita, mediantibus universalibus conceptionibus, quæ statim lumine intellectus agentis cognoscuntur, per quas, sicut per universalia principia, judicamus de aliis et ea præcognoscimus in ipsis* (1).

ARTICLE VII

Application de la doctrine précédente à la loi naturelle.

243. Tout ce que nous avons dit jusqu'à présent du développement de la connaissance spéculative doit aussi trouver son application dans le domaine de la connaissance pratique. Ceci ne mérite guère d'être prouvé par de longs discours. Il est clair,

---

(1) *Qq. dispp.*, *De mente*, art. 6.

en effet, que c'est toujours la même raison qui, chez l'homme, tantôt s'exerce dans la contemplation de la vérité, tantôt s'applique à la recherche du bien. La différence de l'un et l'autre cas se trouve uniquement dans les mots, ainsi que nous l'avons déjà fait remarquer au début de cet ouvrage. Aussi saint Thomas regarde-t-il à bon droit le développement de la raison pratique comme semblable à celui de la raison spéculative. *Similis processus esse invenitur rationis practicæ et speculativæ* (1). Ainsi, dans l'ordre spéculatif, les conclusions découlent des principes, et ceux-ci sont appelés innés à cause de l'inclination naturelle que nous avons à les former : tout de même, dans l'ordre pratique, la règle des actions particulières nous est donnée dans les principes universels de cet ordre, qui sont aussi innés en nous à l'état d'habitude, en vertu de la tendance et de la facilité naturelle que nous avons à les discerner. Mais, puisqu'il a plu à quelques auteurs de voir une preuve du système des idées innées dans le fait d'une loi naturelle écrite en nos cœurs, nous allons examiner ce point avec quelqu'attention, en suivant, comme de coutume, les enseignements de saint Thomas d'Aquin.

On donne le nom de *loi éternelle* aux décrets de la sagesse divine relatifs au gouvernement des choses créées. Elle est en Dieu comme dans le gouverneur suprême et le principe universel du monde, et c'est d'après elle qu'il dirige toute chose à sa fin. Saint Thomas la définit : la raison de la divine sagesse en tant qu'elle dirige tous les actes et tous les mouvements : *Lex æterna nihil aliud est quam ratio divinæ sapientiæ secundum quod est directiva omnium actuum et motionum* (2).

La direction de toute créature à sa fin particulière et à la fin commune de toute la création, tel est l'effet propre de cette loi. Or, les créatures atteignent ces fins diverses par les opérations qu'elles exercent en vertu des principes opératifs que Dieu leur a donnés, d'où il suit que ces principes sont comme une participation de la loi éternelle elle-même. Il en est ainsi pour toutes les créatures, mêmes privées de raison, celles-ci recevant communication des principes par simple mode d'inclination naturelle. *Deus imprimit toti naturæ principia propriorum actuum, et ideo per hunc modum Deus dicitur præcipere toti naturæ, secundum illud* Psalmi 148 : *Præceptum posuit et non præteribit.*

---

(1) *Summa th.* I-II, q. xci, art. 7.
(2) *Summa th.*, I-II, q. xciii, art. 1.

Et per hanc etiam rationem omnes motus et actiones totius naturæ legi æternæ subduntur (1).

244. Toutefois les créatures raisonnables sont soumises à la Providence divine d'une manière particulière ; car elles sont mues et se meuvent d'elles-mêmes vers leur propre fin. Douées de connaissance intellectuelle, elles connaissent la fin qu'il leur faut atteindre et la proportion qu'ont avec celle-ci les moyens qui y conduisent ; et ainsi elles participent à la Providence divine dans la direction de leurs propres opérations ou de celles qui appartiennent à d'autres créatures soumises à leur empire. La participation de la loi éternelle ne consiste pas seulement pour elles dans une inclination naturelle instinctive, comme il arrive pour les créatures dénuées de raison, mais encore dans la connaissance rationnelle qui leur donne le moyen de se diriger elles-mêmes, de gouverner leurs inclinations naturelles conformément à l'ordre voulu par le Créateur. *Quia rationalis natura cum eo quod est commune omnibus creaturis habet aliquid sibi proprium, in quantum est rationalis, ideo, secundum utrumque modum, legi æternæ subditur, quia et notionem legis æternæ aliquo modo habet, et iterum unicuique rationali creaturæ inest naturalis inclinatio ad id quod est consonum legi æternæ* (2). La créature participe donc à la loi éternelle d'une manière absolument spéciale, par la connaissance ; et, de même que dans l'ordre spéculatif elle voit briller à ses yeux les vérités mêmes de l'intellect divin, grâce auxquelles elle procède à la connaissance des choses, de même, dans l'ordre pratique elle saisit la manifestation des décrets mêmes de la raison divine, qui la dirigent dans le gouvernement de ses actions. C'est précisément à cette participation de la loi éternelle dans la créature raisonnable qu'on a donné le nom de loi naturelle : *Lex naturalis nihil aliud est quam participatio legis æternæ in rationali creatura* (3). C'est comme un rayonnement de la lumière même de Dieu qui communique idéalement à l'être raisonnable le principe de sa propre direction. Aussi, bien qu'elle appartienne à l'ordre rationnel, *lex est aliquid rationis*, elle ne lui appartient pourtant que comme un objet et une règle connus par lui, non comme partie formellement constitutive de son propre être. *Ratio humana secundum se non est regula rerum ; sed principia naturaliter ei indita sunt*

---

(1) *Ibid.*, art. 5.
(2) *Summa th.*, I-II, Q. XCIII, art. 6.
(3) *Summa th.*, I-II, Q. XCI, art. 2.

regulæ quædam generales et mensuræ omnium quæ sunt per hominem agenda (1). De là vient qu'on peut dire que la loi naturelle c'est notre raison considérée quant à ses éléments non subjectifs, qui sont les vérités pratiques contenues dans les premiers principes universels; principes qui, par rapport aux actions, jouent le même rôle que les premières vérités spéculatives par rapport aux conclusions qui en découlent. *Est invenire aliquid in ratione practica quod ita se habeat ad operationes sicut se habet propositio in ratione speculativa ad conclusiones ; et hujusmodi propositiones universales rationis practicæ ordinatæ ad actiones habent rationem legis* (2). Voilà en peu de mots ce qu'est la loi naturelle, dans la doctrine de saint Thomas. Voyons maintenant sous quel rapport il la considère comme innée.

245. Quiconque étudie sans préoccupation d'esprit les écrits du saint Docteur ne peut s'empêcher de reconnaître qu'il n'admet une loi de nature innée qu'à l'état d' « habitude ». *Lex naturalis habitualiter tenetur* (3). De même que les principes de la raison spéculative sont innés dans l'habitude que la nature nous en a donnée, ainsi les premières vérités pratiques peuvent être appelées innées à cause de l'habitude naturelle et innée qui leur correspond, et qu'on appelle « syndérèse ». *Oportet naturaliter nobis esse indita, sicut principia speculabilium, ita et principia operabilium ; prima autem principia speculabilium nobis naturaliter indita, non pertinent ad aliquam specialem potentiam, sed ad quemdam specialem habitum, qui dicitur intellectus principiorum. Unde et principia operabilium nobis naturaliter indita non pertinent ad specialem potentiam, sed ad specialem habitum naturalem, quem dicimus synderesim* (4). C'est pourquoi saint Thomas dit, en parlant des enfants, que leur défaut d'âge les met hors d'état de se prévaloir de la loi naturelle, qu'ils n'ont qu'en habitude ; c'est d'ailleurs pour la même raison qu'ils ne peuvent se servir des principes spéculatifs : *Puer non potest uti habitu intellectus principiorum, vel etiam lege naturali quæ ei habitualiter inest, propter defectum ætatis*. Un peu plus haut, dans le corps de l'article, il se demande si la loi naturelle est une habitude; non, dit-il, si par habitude on entend une qualité

---

(1) *Ibid.*
(2) *Ibid.*, Q. xc, art. 2, ad 1.
(3) *Ibid.*, xciv, art. 1, ad 3.
(4) *Summa th.*, I. P., Q. lxxix, art. 12.

propre à la puissance opérative : oui, si par ce mot on désigne une tendance habituelle et innée de la nature. *Cum habitus sit quo quis agit, non potest esse quod lex aliqua sit habitus, proprie et essentialiter. Alio modo potest dici habitus id quod habitu tenetur, sicut dicitur fides id quod fide tenetur : et hoc modo, quia præcepta legis naturalis quandoque considerantur in actu a ratione, quandoque autem sunt in ea habitualiter tantum, secundum hunc modum potest dici quod lex naturalis sit habitus; sicut etiam principia indemonstrabilia in speculativis non sunt ipse habitus principiorum, sed sunt principia quorum est habitus* (1).

246. Pour dissiper enfin toutes les équivoques où l'on tombe fréquemment à propos de ce mot *habitude*, comme il arrive par exemple à ceux qui le confondent bien à tort avec la contiuation de l'acte (2), reportons-nous aux passages où le saint Docteur traite cette matière *ex professo*; nous y verrons que pour lui l'essence de l'habitude est d'être une qualité destinée à perfectionner la puissance qu'elle dispose à accomplir avec promptitude et facilité ses opérations ; aussi lui donne-t-il le nom d' « acte premier », pour la distinguer de l'opération qu'il appelle « acte second ». *Habitus est actus in quantum est qualitas, et secundum hoc potest esse principium operationis; sed est in potentia per respectum ad operationem ; unde habitus dicitur actus primus et operatio actus secundus* (3). L'habitude n'est donc pas une disposition de l'objet par rapport à la puissance opérative; c'est au contraire une disposition et un perfectionnement de la

---

(1) *Summa th.*, I-II, Q. XCIV, art. 1.
(2) Les Cartésiens, gens habiles à dénaturer toute sorte de concept philosophique, faisaient consister l'habitude dans une action continuée sans interruption, dont aucune réflexion ne nous révélait l'existence. Dans ce cas, il nous faudrait dire que les mathématiciens ne peuvent avoir l'habitude de la science qu'autant qu'ils pensent perpétuellement à leurs théorèmes, sans s'en douter le moins du monde. De même encore, le philosophe, le légiste, le physiologiste, le médecin seraient constamment occupés à penser, sans en avoir conscience, aux différents objets de leur étude, sous peine, s'ils venaient à être distraits, de perdre la science qu'ils ont acquise au prix de tant d'efforts. Ceci deviendrait plus curieux encore dans les arts, soit libéraux soit mécaniques. L'artiste et l'artisan possèdent, en effet, eux aussi, l'habitude de leur art, qui exige à la fois la connaissance de l'œuvre à faire et son exécution. Comment se pourrait-il faire que chez eux, l'habitude ne fût autre chose que la continuation d'un acte inconscient? Dira-t-on, par hasard, que le peintre n'a l'habitude de son art qu'autant qu'il manie constamment le pinceau, même quand il dort ou se promène ; que le maréchal et le menuisier n'ont l'habitude de leur métier qu'autant qu'ils sont perpétuellement occupés à scier, ou à frapper l'enclume?
(3) *Summa th.*, I-II, Q. XLIX, art. 8, ad 1.

puissance même par rapport à l'objet qui est le terme de ses actes. Par conséquent, l'habitude informe la puissance en tant précisément qu'elle est puissance, c'est-à-dire principe *élicitif* de l'action : *Habitus non est dispositio objecti ad potentiam, sed magis potentiæ ad objectum; unde habitus oportet quod sit in ipsa potentia quæ est principium actus, non autem in eo quod comparatur ad potentiam ut objectum* (1). Voilà pourquoi l'habitude peut-être considérée comme une sorte d'intermédiaire entre la puissance pure et le pur acte. *Habitus quodammodo est medium inter potentiam puram et purum actum* (2). Elle n'est point le terme de la puissance (ce qui serait vrai cependant si elle était un acte); elle est une simple disposition à l'acte : *Habitus non est terminus potentiæ sed dispositio ad actum* (3).

247. Conclusion : d'après saint Thomas, la loi naturelle est innée en nous à la manière des premiers principes de la raison spéculative ; c'est-à-dire que notre nature est douée, dans sa faculté intellectuelle, d'une disposition ou inclination à discerner vite et facilement ce qui est bien ou mal dans l'ordre pratique, encore que ces jugements pratiques doivent toujours présupposer en nous le travail préalable de l'abstraction qui révèle à notre esprit les idées où sont représentées les essences des choses. Voilà pourquoi le saint Docteur, voulant expliquer comment Dieu promulgue en nous la loi naturelle, fait remarquer que cette promulgation se fait dans chaque homme par là même que Dieu nous la donne comme devant être immédiatement connue par instinct de nature : *Promulgatio legis naturæ est hoc ipso quod Deus eam mentibus hominum inseruit naturaliter cognoscendam* (4): ce qui ne réclame certainement aucune connaissance actuelle, mais seulement une disposition naturelle à y arriver.

ARTICLE VIII

Comment notre âme connaît les objets corporels.

248. Par les représentations idéales abstraites des sens et les jugements immédiats qui en découlent notre intelligence est déjà en possession des premiers éléments de la connaissance.

---

(1) *Summa*, I-II. Q. L, art. 4, ad 1.
(2) *Ibid.*, Q. LXXXVII, art. 2.
(3) *Ibid.*, Q. LIV, art. 1, ad 3.
(4) *Ibid.*, Q. XC, art. 4.

Grâce aux diverses combinaisons de ces jugements, elle peut former des raisonnements et découvrir ainsi de nouveaux caractères et de nouvelles relations dans les essences perçues auparavant. Cependant, tant qu'elle reste dans ce cercle, elle ne sort pas de l'ordre purement abstrait et idéal. Pour passer à l'ordre concret ou réel il lui faut connaître immédiatement quelque existence ; de sorte qu'en faisant ainsi l'application des principes qu'elle possède déjà, elle acquière des connaissances nouvelles sur la nature et les propriétés des choses, et tâche de découvrir les causes éloignées ou prochaines dont elles dépendent. *Processus rationis provenientis ad cognitionem ignoti in inveniendo est ut principia communia per se nota applicet ad determinatas materias et inde procedat in aliquas particulares conclusiones, et ex his in alias* (1).

Or, les existences que peut ainsi percevoir immédiatement l'âme humaine sont de deux sortes : celles des corps, et la sienne propre. Quant à l'existence de Dieu et des Anges, elle n'y peut atteindre que par voie de raisonnement. Mais comment l'âme humaine pourrait-elle connaître les choses concrètes du monde matériel, si, comme nous l'avons souvent répété, l'intelligence ne connaît rien autre chose que l'universel ? Voilà précisément la difficulté qu'il s'agit d'éclaircir dans le présent article.

249. Tout d'abord, il est parfaitement sûr que l'âme humaine connaît d'une certaine manière les individus concrets du monde matériel. Elle juge et raisonne à leur sujet, ce qui serait impossible si elle n'en avait aucune connaissance. Elle dit par exemple : cet individu, que j'ai là sous les yeux, est un homme, et, étant homme, il est doué de libre arbitre, puisque la liberté est une propriété essentielle de la nature humaine. Or, comment expliquer ce jugement et ce raisonnement de notre esprit, s'il ne percevait aussi avec la même faculté cognitive l'individu concret qui est l'objet de l'un et de l'autre ? Juger et raisonner sont des opérations intellectuelles. Par la première, étant donné un sujet, nous en affirmons ou nions un attribut déterminé ; par la seconde, nous passons d'un jugement à un autre, relatif toujours au même sujet, au moyen d'un troisième jugement qui se rattache aux deux premiers par leur sujet et leur attribut. Comment l'esprit exécuterait-il ce travail sur un individu qui lui serait totalement inconnu ? L'affirmation ou la négation résulte de la perception d'une convenance ou d'une

---

(1) *Qq. dispp.*, *De magistro*, art. 4.

disconvenance, en un mot, d'une relation. Or, conçoit-on une relation sans la connaissance des termes auxquels elle se rapporte ? Il est donc hors de doute que notre intelligence, pour juger et raisonner des choses concrètes matérielles existant dans la nature, doit les connaître d'une manière quelconque.

Mais, encore une fois, comment cela se peut-il, si l'intelligence a pour objet l'universel et non les individus ? Pour répondre à cette question il faut d'abord distinguer la connaissance directe d'avec la connaissance indirecte que saint Thomas appelle aussi *en quelque sorte réflexe*. La connaissance directe est celle où une faculté contemple son objet immédiatement et en lui-même ; la connaissance indirecte est celle où une faculté regarde son objet en tant que perçu déjà par une autre puissance avec laquelle elle est intimement liée. Or, cette seconde manière de connaître suppose nécessairement que la première puissance se replie sur l'acte de la seconde pour y voir son objet. Cette connaissance est donc, à juste titre, appelée *en quelque sorte réflexe*. On la dit réflexe parce qu'elle suppose un retour de l'âme sur un de ses actes ; on la dit réflexe *en quelque sorte*, parce que ce n'est point là un retour sur son acte propre, (ce qui ne conviendrait qu'à la réflexion proprement dite), mais sur l'acte d'une faculté différente. Or, notre esprit, d'après saint Thomas, ne connaît les individus matériels que de cette seconde manière, c'est-à-dire par voie de réflexion sur les opérations de l'imagination et des sens. « Notre intelligence, dit-il, ne connaît directement que l'universel ; mais elle peut arriver à la connaissance du singulier indirectement, et par une sorte de réflexion. Car, même après avoir abstrait les espèces intelligibles, elle ne peut s'en servir pour son opération actuelle de connaissance qu'à la condition de se retourner vers les phantasmes où elle perçoit les intelligibles. Par conséquent, l'intelligence perçoit directement l'universel par l'espèce intelligible, et indirectement les singuliers représentés par les phantasmes. C'est ainsi, par exemple, qu'elle forme cette proposition : Socrate est un homme (1). »

(1) *Intellectus noster directe non est cognoscitivus nisi universalium ; indirecte autem, et quasi per quamdam reflexionem, potest cognoscere singulare. Quia, sicut supra dictum est, etiam postquam species intelligibiles abstraxerit, non potest secundum eas actu intelligere, nisi convertendo se ad phantasmata, in quibus species intelligibiles intelligit. Sic igitur ipsum universale per speciem intelligibilem directe intelligit, indirecte autem singularia, quorum sunt phantasmata. Et hoc modo format hanc propositionem : Socrates est homo.* Summa th., I. p., Q. LXXXVI, art. 1.

Il répète la même doctrine un peu plus loin, quand il parle de la connaissance des contingents matériels dont il dit qu'ils sont directement connus par les sens et indirectement par l'intelligence au moyen d'une réflexion sur les phantasmes et les perceptions sensitives : *Contingentia prout sunt contingentia cognoscuntur, directe quidem a sensu, indirecte autem ab intellectu* (1).

250. Ainsi, le singulier corporel est connu par l'âme de deux manières, directement par les sens, indirectement par réflexion de l'intelligence sur les phantasmes. Notre esprit connaissant l'universel et le singulier, quoique différemment, peut donc, pour la formation de ses jugements, réunir ensemble ces deux éléments en considérant le second comme une réalisation concrète du premier. « La connaissance que nous avons de l'universel et du singulier dans les choses corporelles, dit saint Thomas, peut s'obtenir de deux manières : premièrement, par des puissances différentes, comme il arrive quand nous percevons le singulier par les sens, et par l'intelligence l'essence universelle ; secondement, quand on saisit l'un et l'autre avec la même faculté ; ce qui arrive pour l'intelligence qui doit nécessairement percevoir l'universel et le singulier quand il s'agit d'en faire la comparaison. Et ainsi, de même que nous ne saurions établir de différence entre le doux et le blanc si nous n'avions un sens interne identique apte à percevoir tout à la fois ces deux qualités sensibles, de même nous serions dans l'impossibilité de saisir les rapports du particulier à l'universel, si une seule et même puissance ne les percevait tous les deux en même temps. Donc, l'intelligence connaît l'un et l'autre, bien que de manières différentes. Elle perçoit la quiddité ou essence universelle par un acte direct ; et le singulier, seulement par un acte réflexe qui détermine son retour sur les phantasmes dont elle a abstrait les espèces intelligibles (2). »

L'homme, en effet, est en même temps doué de raison et de facultés sensitives. Il peut donc avoir une certaine conscience de ses actes dans l'ordre de la sensibilité, tout comme il a conscience de ses actes intellectuels. Par la réflexion sur ses perceptions sensitives, non seulement il connaît qu'il sent, mais encore il sait ce qu'il sent, puisque l'objet senti se trouve renfermé dans la sensation, et que l'un ne va pas sans l'autre. Ainsi, par exemple, nous percevons une fleur par les sens, c'est-à-dire un être

---

(1) *Ibid.*, art. 3.
(2) In III *De anima*, lect. 8.

possédant telle couleur, telle figure, telle odeur actuellement ici présente à nos organes. Par l'imagination nous en formons une représentation. L'intellect ne peut se réfléchir sur cette image sans percevoir simultanément l'objet qui s'y trouve représenté. Dans le cas présent, nous ne pouvons avoir conscience d'imaginer et de sentir sans avoir également conscience d'imaginer et de sentir cette fleur en particulier. Les deux termes se trouvent embrassés dans un seul et même acte de réflexion. Toutefois, cet acte réflexe qui atteint la sensation et le phantasme comme modifications du sujet sentant, garde le nom de « conscience »; tandis qu'on l'appelle « perception intellective des singuliers matériels » si on le considère comme se terminant à la connaissance de l'objet contenu dans le phantasme. Cette perception, encore une fois, n'est pas directe, mais indirecte, parcequ'elle saisit l'objet non en lui-même immédiatement mais en tant qu'il est perçu par une autre faculté d'ordre inférieur.

251. Que ce soit vraiment là notre manière de connaître les choses corporelles, c'est ce que l'expérience nous prouve tous les jours. Quand il s'agit de les définir, nous énumérons leurs caractères contingents comme le lieu, le temps, les dimensions, la figure, la couleur et autres accidents sensibles propres aux existences singulières. Ce qui démontre que dans la perception de l'individu matériel notre intelligence reconnaît pour maîtresse la sensation dont elle ne fait que répéter les enseignements. Elle y met pourtant un peu du sien, puisqu'elle considère tel particulier, non comme un simple fait et rien de plus, ainsi que font les sens, mais comme un concret de la forme abstraite qu'elle contemple dans l'idée universelle. Car l'intelligence, quand elle se prend à faire retour sur un particulier perçu par les sens, se trouve déjà informée par une idée universelle qui en exprime l'essence. Il est donc impossible que la lumière de cette idée ne projette pas ses reflets sur ce sujet particulier, et que celui-ci ne se révèle pas à ses yeux comme la réalisation concrète de cette essence. Ceci résulte non seulement de cette raison subjective, que les sens et l'imagination émanent radicalement de la même âme à laquelle appartient l'intelligence (1), mais aussi d'une raison objective, puisque ce concret perçu par les sens et reproduit par

---

(1) *Homo cognoscit singulare per imaginationem et sensum, et ideo potest applicare universalem cognitionem quæ est in intellectu ad particulare; non enim proprie loquendo sensus aut intellectus cognoscunt, sed homo per utrumque.* Qq. dispp., *De scientia Dei*, art. 6, ad 3.

l'imagination est précisément celui d'où l'intellect a abstrait l'espèce intelligible qui représente l'universel (1). C'est pourquoi notre connaissance offre subjectivement et objectivement une sorte de continuité parfaite entre la sensation, l'image et le concept mental ; continuité qui permet à l'intelligence de faire réflexion sur les deux premières, de percevoir ce qu'elles contiennent et d'acquérir ainsi la connaissance d'un objet réel, c'est-à-dire de l'individu existant connu par les sens. *In quantum intellectus noster, per similitudinem quam accepit a phantasmatibus, reflectitur in ipsum phantasma a quo speciem abstrahit, quod est similitudo particularis, habet quamdam cognitionem de singulari, secundum continuationem quamdam intellectus ad imaginationem* (2).

ARTICLE IX

Comment notre âme se connaît elle-même.

252. Quelques auteurs, tout en n'admettant pas les idées innées, veulent cependant que l'âme ait dès l'origine un perpétuel sentiment de son existence. Ils prétendent suivre en cela l'opinion de saint Thomas, parce qu'ils trouvent chez lui des textes d'où il ressort que l'âme se connaît elle-même habituellement. Leur erreur vient précisément de ce qu'ils ne comprennent point ce que saint Thomas entend par ce mot « habitude », qu'ils considèrent comme ayant, d'après lui, le sens d'action continuée. Nous avons montré plus haut, (art. VI) que pour le saint Docteur, l'habitude n'est pas une action, mais une disposition de la puissance, qui constitue comme un terme moyen entre l'une et l'autre. *Habitus quodammodo est medium inter potentiam puram et purum actum* (3).

Vu l'importance de cette question, nous croyons utile de l'éclaircir avec quelque détail, en développant les deux points suivants, à la lumière des enseignements du Docteur angélique : 1° comment l'âme se connaît elle-même ; 2° comment l'on peut dire que cette connaissance est habituelle.

(1) *Sicut species quæ est in sensu abstrahitur a rebus ipsis et per eam cognitio sensus continuatur ad ipsas res sensibiles, ita intellectus noster abstrahit speciem a phantasmatibus, et per eam cognitio ejus quodammodo ad phantasmata continuatur.* Ibid., in corp. art. 6.
(2) *Qq. dispp.*, Quæst. *De scientia Dei*, art. 6.
(3) *Summa th.*, I. P., Q. LXXXVII, art. 2.

Il est hors de doute que pour saint Thomas l'âme humaine ne se connaît pas toujours actuellement, mais seulement en puissance. Il déduit cette conclusion de la nature même de notre intellect qui, à la différence de l'intelligence angélique, est, dès le principe, intelligent en puissance et non en acte. Considéré en lui-même, il ne possède que la faculté de comprendre; et il ne se peut comprendre actuellement qu'à la condition de passer de la puissance à l'acte. *Intellectus humanus se habet, in genere rerum intelligibilium, ut ens in potentia tantum, sicut et materia prima se habet in genere rerum sensibilium; unde possibilis nominatur. Sic igitur, in sua essentia consideratus, se habet ut potentia intelligens. Unde ex se ipso habet virtutem ut intelligat, non autem ut intelligatur, nisi secundum id quo fit actu* (1). D'où saint Thomas conclut que l'intelligence ne se connaît pas immédiatement par sa propre essence, mais seulement au moyen de ses opérations ; et cela, indifféremment, pour la connaissance que l'âme a, soit de son existence soit de son essence. Car elle sait qu'elle existe dès qu'elle s'aperçoit qu'elle pense, et c'est par la nature de sa pensée qu'elle parvient à pénétrer la nature de sa propre substance. *Non ergo per essentiam suam, sed per actum suum, se cognoscit intellectus noster, et hoc dupliciter. Uno quidem modo, particulariter, secundum quod Socrates vel Plato percipit se habere animam intellectivam, ex hoc quod percipit se intelligere; alio modo, in universali, secundum quod naturam humanæ mentis ex actu intellectus consideramus* (2). Voici donc en quoi diffèrent ces deux sortes de connaissance: pour percevoir sa propre existence, il suffit de la seule présence de l'âme, principe de l'acte qu'elle atteint par voie de réflexion, tandis que la connaissance de l'essence exige une subtile recherche et un raisonnement en règle. *Est autem differentia inter has duas cognitiones : ad primam cognitionem de mente habendam* (celle qui regarde l'existence), *sufficit ipsa mentis præsentia quæ est principium actus ex quo mens percipit se ipsam; et ideo dicitur se cognoscere per suam præsentiam; sed ad secundam cognitionem de mente habendam* (celle qui regarde l'essence), *non sufficit ejus præsentia, sed requiritur diligens et subtilis inquisitio* (3).

253. Cette connaissance qui ne réclame autre chose que la présence de l'âme, sans le concours d'aucune espèce intelligible

---

(1) *Summa th.*, I. P., Q. VII, art. 1.
(2) *Ibid.*
(3) *Ibid.*

qui la représente, saint Thomas lui donne le nom de « connaissance habituelle », obtenue en vertu de l'essence même. C'est ce qui résulte de plusieurs passages où le saint Docteur traite cette question. Pour ne pas prolonger trop cette explication, nous nous contenterons de citer la question *De mente* (art. 8). Saint Thomas y distingue d'abord la double connaissance que l'âme peut avoir d'elle-même (1), quant à son essence ou quant à son existence; puis il ajoute : « Pour ce qui regarde le premier mode de connaissance, il y a lieu de faire une distinction, car on peut connaître une chose ou habituellement ou actuellement. S'il s'agit de la connaissance actuelle qui nous fait comprendre que nous avons actuellement une âme, je dis que l'âme se connaît par ses actes. Car chacun sait qu'il a une âme, qu'il vit, qu'il existe, dès là qu'il a conscience de sentir, de penser et d'exercer toute opération vitale semblable. Ce qui fait dire à Aristote (Moral., Liv. IX) : « Nous avons conscience de sentir et de penser, voilà pourquoi nous avons aussi conscience d'exister. » Littéralement : nous sentons que nous sentons ; nous pensons que nous pensons. Mais on ne peut avoir conscience de penser que parce qu'on pense quelque chose ; car il faut percevoir quelque chose avant de percevoir sa propre perception. Voilà pourquoi l'âme arrive à connaître actuellement sa propre existence par ses actes particuliers d'intelligence ou de sensation. Mais pour ce qui concerne la connaissance habituelle, je dis que l'âme se voit elle-même par son essence, c'est-à-dire par là même que son essence lui est présente et toujours apte à passer à la connaissance actuelle de soi-même ; de même que celui qui possède une science à l'état d'habitude est toujours, en vertu de la présence même de l'habitude, disposé à percevoir actuellement les objets qui s'y rapportent. Mais, pour que l'âme perçoive sa propre existence, et comprenne ce qui se passe en elle, il n'est point besoin de recourir à une autre habitude ; il

---

(1) *De anima duplex cognitio haberi potest ab unoquoque, ut Augustinus dicit in IX. de Trinitate, una quidem, qua uniuscujusque anima se tantum cognoscit quantum ad id quod est ei proprium, et alia, qua cognoscitur anima quantum ad id quod omnibus animabus est commune. Illa enim cognitio, quæ communiter de omni anima habetur, est qua cognoscitur animæ natura. Cognitio vero, quam quis habet de anima quantum ad id quod est sibi proprium, est cognitio de anima secundum quod habet esse in tali individuo. Unde per hanc cognitionem cognoscitur an est anima, sicut cum aliquis percipit se habere animam; per aliam vero cognitionem scitur quid est anima, et quæ sunt per se accidentia ejus.* Qq. Dispp., Quæstio *De mente*, art. 8.

suffit pour cela de la seule essence de l'âme, perpétuellement présente à l'esprit; c'est d'elle en effet que dérivent les opérations par lesquelles elle se connaît actuellement (1). »

Voici les conclusions qui découlent manifestement de ce texte tout à la fois si clair et si beau :

I. Nous ne connaissons notre existence que par nos opérations : *In hoc aliquis percipit se animam habere et vivere et esse, quod percipit se sentire et intelligere.* Voilà le Cogito ergo sum de Descartes présenté sous une forme plus exacte et moins sujette, à coup sûr, à toutes les équivoques que peut facilement engendrer la formule du célèbre réformateur français.

II. Comme l'âme n'a point d'idée innée, ni par conséquent aucun acte intellectuel dès l'origine de son existence, il faut en conclure qu'elle n'a également ni sentiment ni conscience d'elle-même, puisqu'elle ne saisit son existence que par ses actes : *Anima non percipit se esse nisi percipiendo actum suum* (2).

III. Pour avoir cette connaissance d'elle-même, elle n'a besoin d'aucune habitude acquise ou innée. Ce qui lui tient lieu d'habitude, c'est la seule présence de son être d'où émanent les opérations dans lesquelles et par lesquelles elle se connaît : *Sufficit sola essentia animæ quæ menti est præsens; ex ea enim actus progrediuntur in quibus actualiter ipsa percipitur.*

IV. Cette présence de l'âme fait fonction d'habitude par

---

(1) *Cognoscere aliquid est habitu et actu. Quantum igitur ad actualem cognitionem, qua aliquis considerat se in actu animam habere, sic dico : quod anima cognoscitur per actus suos. In hoc enim aliquis percipit se animam habere et vivere et esse, quod percipit se sentire et intelligere, et alia hujusmodi vitæ opera exercere. Unde dicit Philosophus in* IX Ethicorum : *Sentimus autem quoniam sentimus, intelligimus quoniam intelligimus ; et quia hoc sentimus, intelligimus quoniam sumus. Nullus autem percipit se intelligere nisi ex hoc quod aliquid intelligit; quia prius est intelligere aliquid quam intelligere se intelligere. Et ideo pervenit anima ad actualiter percipiendum se esse per illud quod intelligit vel sentit. Sed quantum ad cognitionem habitualem, sic dico : quod anima per esssentiam suam se videt; id est, ex hoc ipso quod essentia sua est sibi præsens, est potens exire in actum cognitionis sui ipsius ; sicut aliquis ex hoc quod habet alicujus scientiæ habitum, ex ipsa præsentia habitus est potens percipere illa quæ subsunt illi habitui. Ad hoc autem quod percipiat anima se esse et quid in se ipsa agatur attendat, non requiritur alius habitus ; sed ad hoc sufficit sola essentia animæ, quæ menti est præsens; ex ea enim actus progrediuntur, in quibus actualiter ipsa percipitur.* Qq. dispp., *De mente*, art. 8.

(2) *Loc. cit.*, ad 4.

rapport à la connaissance que nous avons de nous-mêmes ; car si elle ne suffit pas à nous constituer connaissants en acte (ce qui n'est pas le propre de l'habitude), elle nous rend aptes à connaître avec facilité et promptitude. Ainsi le savant se trouve, par l'habitude qu'il a de sa science, apte à en raisonner à tout instant comme il lui plaît ; mais il n'est pas par là même constitué en acte de connaissance, ce qui n'arrive qu'avec l'opération. *Ex hoc ipso quod essentia sua est sibi præsens, est* POTENS *exire in actum cognitionis sui ipsius ; sicut aliquis, ex hoc quod habet alicujus scientiæ habitum, ex ipsa præsentia habitus est* POTENS *percipere illa quæ subsunt illi habitui.*

V. Voilà pourquoi l'on dit que l'âme se connaît habituellement par sa propre essence ; non qu'elle ait toujours comme une perception continuée d'elle-même, car ce serait là une connaissance actuelle, et nous savons qu'elle est dans le cas présent impossible ; mais parce que son essence, ainsi que nous l'avons expliqué plus haut, lui tient lieu d'habitude pour procéder à sa propre connaissance, bien que cette connaissance ne lui soit possible que si elle perçoit quelque objet distinct d'elle-même. *Prius est intelligere aliquid quam intelligere se intelligere ; et ideo pervenit anima ad actualiter percipiendum se esse, per illud quod intelligit vel sentit.*

254. Enfin, quant à la seconde manière que l'âme peut employer pour se connaître, c'est-à-dire par une définition de sa propre nature, saint Thomas fait remarquer qu'on y doit distinguer deux choses : le simple concept et le jugement. Le simple concept s'obtient par la perception que nous avons de notre âme informée par l'idée intellectuelle ; attendu que par ce moyen nous parvenons à la concevoir comme immatérielle et indépendante de la matière en raison de l'universalité de l'idée : « Notre âme, dit-il, ne se peut connaître immédiatement ; elle n'y parvient que par la perception d'objets différents d'elle-même. Par là même qu'elle connaît les natures universelles des choses elle conçoit que l'espèce intelligible est immatérielle ; autrement celle-ci serait individuée et ne saurait conduire à la connaissance de l'universel. Or, de ce que l'espèce intelligible est immatérielle, les philosophes ont conclu que l'intelligence est une faculté indépendante de la matière et ils sont partis de là pour arriver à connaître les autres propriétés de la puissance intellective. Si l'on considère au contraire la connaissance que nous avons de la nature de l'âme en ce qui concerne le jugement par lequel nous formulons le résultat du raisonnement proposé

tout à l'heure, alors la connaissance que nous avons de notre âme provient de la perception de l'inviolable vérité en vertu de laquelle nous définissons, avec toute la perfection dont nous sommes capables, non point ce qu'est l'âme de chaque homme, mais ce qu'elle doit être d'après les raisons éternelles, ainsi que le dit saint Augustin (*De Trinitate*, L. IX). Nous voyons cette vérité immuable dans son image qui se trouve imprimée dans notre âme, en tant que nous connaissons quelques vérités d'évidence immédiate qui nous servent à examiner les autres et à juger de tout le reste (1). »

ARTICLE X

Comment nous connaissons Dieu.

255. Nous avons vu comment notre âme connaît les choses d'ordre inférieur et comment elle se connaît elle-même ; il nous faut expliquer maintenant comment elle parvient à la connaissance de Dieu.

Notre connaissance tire entièrement son origine de la sensation ; elle ne peut donc, naturellement parlant, s'étendre au de là du domaine dont les sens lui ouvrent en quelque sorte le chemin : *Naturalis nostra cognitio a sensu principium sumit; unde tantum se nostra naturalis cognitio extendere potest in quantum manuduci potest per sensibilia* (2). Or, le premier objet que

---

(1) *Mens nostra non potest se ipsam intelligere, ita quod se ipsam immediate apprehendat ; sed ex hoc quod apprehendit alia, devenit in suam cognitionem... Ex hoc enim quod anima humana universales rerum naturas cognoscit, percipit quod species, qua intelligimus, est immaterialis; alias esset individuata, et sic non duceret in cognitionem universalis. Ex hoc autem quod species intelligibilis est immaterialis, intellexerunt (philosophi) quod intellectus est res quædam independens a materia, et ex hoc ad alias proprietates intellectivæ potentiæ cognoscendas processerunt..... Si vero consideratur cognitio quam de natura animæ habemus quantum ad judicium quo sentimus ita esse ut deductione prædicta apprehendimus, sic notitia animæ habetur in quantum intuemur inviolabilem veritatem, ex qua perfecte quantum possumus definimus non qualis sit uniuscujusque hominis mens sed qualis esse sempiternis rationibus debeat, ut Augustinus dicit IX de Trinitate. Hanc autem inviolabilem veritatem in sui similitudine, quæ est menti nostræ impressa, intuemur, in quantum aliqua naturaliter cognoscimus per se nota, ad quæ omnia alia examinamus, et secundum ea de omnibus judicamus*. Ibid.

(2) *Summa th.*, I. p., Q. XII, art. 12.

les choses sensibles présentent à la perception intellectuelle, c'est leur essence. *Primum quod intelligitur a nobis secundum statum præsentis vitæ est quidditas materialis* (1). De la perception de ces essences abstraites résultent immédiatement dans l'esprit les jugements universels d'évidence directe, qu'on appelle principes premiers de la raison. Ensuite, par la réflexion sur nos actes intellectuels ou sensitifs, nous percevons immédiatement notre existence et celle des autres individus corporels qui nous entourent. Tels sont les deux éléments de notre connaissance primitive, perfectionnée dans notre esprit par les deux genres d'opération, directe et réflexe. Toute autre connaissance doit nécessairement trouver là son point de départ. Dieu n'est donc pas un objet que nous puissions connaître immédiatement. Nous n'arrivons jusqu'à lui qu'à la condition d'y être pour ainsi dire portés par la connaissance préalable des créatures : *Deus non est primum quod a nobis cognoscitur, sed magis per creaturas in Dei cognitionem pervenimus* (2).

256. Mais quel est le concept de Dieu qu'engendre en nous tout d'abord la connaissance des créatures ? et comment réussissons-nous par la suite à en rendre la notion plus parfaite ? Le premier concept que nous ayons de Dieu est celui de son existence sous la raison de cause première. Les créatures se révèlent à nous comme sujettes à changements et contingentes, et, partant, comme êtres produits ; d'où le principe de causalité nous amène à reconnaître qu'elles dépendent d'une cause première qui est cause sans être effet, c'est-à-dire, cause improduite et subsistante par soi. La première chose qu'il nous faut d'abord saisir dans un objet réel, c'est son existence : *Primum quod oportet intelligi de aliquo est an sit* (3). Il n'est pas nécessaire que la définition essentielle précède cette connaissance ; il suffit qu'on ait la définition nominale qui nous apprend seulement la signification d'un nom donné (4). Or, les créatures dépendent de Dieu comme de leur cause première ; voilà pourquoi elles sont naturellement aptes à nous en révéler

---

(1) *Ibid.* I. P., Q. LXXXVIII, art. 3.
(2) *Ibid.*
(3) *Ibid.*, I. P., Q. II, art. 2.
(4) *Ad probandum aliquid esse necesse est accipere pro medio quid significat nomen, non autem quod quid est, quia quæstio quid est sequitur quæstionem an est... Unde demonstrando Deum esse per effectum, accipere possumus pro medio quid significat hoc nomen Deus.* Summa th., I. P., Q. II, art. 2, ad 2.

l'existence et à nous faire connaître les prérogatives qui lui appartiennent à titre de souverain principe de leur être. *Quia sunt ejus effectus a causa dependentes, ex eis in hoc perduci possumus ut cognoscamus de Deo an est, et ut cognoscamus de ipso ea quæ necesse est ei convenire secundum quod est prima omnium causa* (1). Nous connaissons donc l'existence de Dieu *a posteriori*, et seulement *a posteriori*, car la démonstration *a priori* est celle qui procède de l'étude des causes, et Dieu n'a aucune cause dont il dépende, bien qu'il soit lui-même la cause suprême de toutes choses. Son existence ne nous est connue qu'en vertu d'un raisonnement dont le point de départ se trouve dans les effets que nous admirons dans l'univers (2). Telle est aussi, d'ailleurs, la démonstration qui se fait dans l'ordre idéal, quand des vérités perçues par notre intelligence nous concluons à l'existence de Dieu comme source « non participée » de toute vérité. Or, à vrai dire, l'ordre idéal est également une révélation de Dieu ; et, chaque fois que nous procédons de la révélation au sujet révélant, nous raisonnons *a posteriori*, c'est-à-dire de l'effet à la cause.

257. Cette connaissance de Dieu comme cause première de toutes choses créées, contient en germe toutes les autres notions que nous pouvons, par la suite, acquérir à son sujet, notions d'autant plus parfaites qu'elles sont fondées sur une pénétration plus intime de la relation de dépendance qui rattache les créatures à leur auteur. La cause influe sur l'effet sans se confondre avec lui. Puisqu'elle influe, elle doit contenir, d'une certaine manière, la perfection qu'elle communique ; puisqu'elle s'en distingue, elle ne doit point contenir l'imperfection propre à l'effet en tant que tel. La cause première a cela de particulier qu'elle se distingue de ses effets, non par défaut ou limitation d'être, mais par excès. Elle est cause créatrice, et, comme il lui suffit que son effet n'implique à l'avance en soi aucune contradiction, sa vertu s'étend à tous les possibles. Elle plane au-dessus de la sphère des perfections limitées de toutes ses œuvres ; elle fait plus que s'en distisguer, elle les surpasse

---

(1) *Summa th.*, I. P., Q. XIII, art. 2.
(2) *Duplex est demonstratio. Una quæ est per causam, et dicitur propter quid, et hæc est per priora simpliciter ; alia est demonstratio quia, et hæc est per ea quæ sunt priora quoad nos... Unde Deum esse, secundum quod non est per se notum quoad nos, demonstrabile est per effectus nobis notos.* Summa th., I. P., Q. II, art. 2.

d'un incommensurable excès de perfection. *Unde cognoscimus de ipso habitudinem ipsius ad creaturas, quod scilicet omnium est causa ; et differentiam creaturarum ab ipso, quod scilicet ipse non est aliquid eorum quæ ab eo causantur ; et quod hæc non removentur ab ipso propter ejus defectum sed quia superexcedit* (1).

258. Il résulte de là que nous pouvons prendre trois voies différentes pour arriver à connaître les perfections divines : la voie de *causalité* (rapport de cause à effet), la voie de *rémotion* (en écartant de l'essence divine les imperfections des créatures), et enfin la voie de *suréminence* qui consiste à reconnaître en Dieu une possession absolue et infiniment éminente de tous les genres de perfections. Saint Thomas expose fréquemment cette doctrine quand il dit que nous connaissons Dieu *secundum habitudinem principii, et per modum excellentiæ et remotionis* (2) ; ce qu'il répète en termes formels chaque fois qu'il trouve l'occasion de traiter cette matière. « On peut, dit-il, considérer de trois manières la relation d'une cause à l'effet qui n'atteint point le degré de perfection de celle-ci : ou, en tant que l'effet procède de la cause, ou en tant qu'il reçoit dans sa production une certaine similitude avec sa cause, ou enfin, en tant qu'il reste en deçà de la perfection de sa cause ; et ainsi l'esprit humain possède trois manières d'arriver à la connaissance de Dieu (3). »

Par la voie de *causalité*, nous savons que Dieu existe, qu'il est non seulement cause efficiente, mais encore cause finale et cause exemplaire de tout être créé, puisqu'il est impossible que la cause première aille chercher en dehors de soi le but et le modèle de ses œuvres. Nous arrivons par là à la connaissance de tous les attributs qui se rapportent à ce triple genre de causalité : tels sont, par exemple, la conservation, la direction, la providence de toutes choses, et ainsi de suite. Par la voie de *rémotion* nous nions de Dieu toutes les imperfections propres aux créatures et en général toutes les qualités dont le concept formel implique une imperfection quelconque, comme

---

(1) *Summa th.*, I. P., Q. XII, art. 12.
(2) *Summa th.*, I. P., Q. XII, art. 1.
(3) *Habitudo causæ ad effectum qui non pertingit ad æqualitatem suæ causæ, attenditur secundum tria : scilicet secundum progressum effectus a causa, et secundum hoc quod effectus consequitur de similitudine causæ suæ, et secundum hoc quod deficit ab ejus perfecta consecutione ; et sic tripliciter mens humana proficit in cognitionem Dei.* Opusc. *Super Boetium, de Trinitate.*

la limitation, la dépendance, la mutabilité, la corruptibilité, l'extension, la corporéité, la composition, la passivité, etc.

Enfin, par la voie d'*éminence*, nous connaissons les perfections qui, au sens absolu et affirmatif, conviennent à Dieu, mais toujours, bien entendu, dans une mesure qui dépasse infiniment les limites essentielles à l'être créé. Ainsi, quand je dis que Dieu est bon, juste, sage et beau, etc., il ne faut pas seulement entendre par là que Dieu est la cause de ces perfections dans les créatures ; cela veut dire aussi que Dieu possède bien réellement, quoique d'une manière incompréhensiblement plus élevée et sans aucun mélange de limites ou de défauts, ces perfections créées que nous appelons bonté, sagesse et beauté. *Cum dicitur* : Deus *est* bonus, *non est sensus* : Deus *est causa bonitotis, vel* Deus *non est malus* ; *sed est sensus* : *id quod bonitatem dicimus in creaturis præexistit in Deo, et hoc quidem secundum modum altiorem* (1). De sorte que si nous ne pouvons, dans la vie présente, connaître immédiatement et en elle-même l'essence divine, nous parvenons cependant à la connaître d'une certaine manière par les vestiges de sa perfection que Dieu a laissés dans les créatures : *Essentiam Dei in hac vita cognoscere non possumus, secundum quod in se est* ; *sed cognoscimus eam secundum quod repræsentatur in perfectionibus creaturarum* (2).

Cette connaissance, il est vrai, ne laisse pas que d'être assez obscure et imparfaite, puisque les créatures ne nous donnent jamais une idée adéquate de la vertu et de l'essence de Dieu, par là même qu'elles ne reçoivent pas une participation complète des perfections divines. Voilà justement pourquoi saint Paul appelle cette connaissance « énigmatique » et comme indirectement « réflétée » : *Videmus nunc per speculum in ænigmate.* Toutefois le même Apôtre nous donne en même temps à entendre que cette connaissance suffit pour nous mettre en quelque sorte sous les yeux les perfections de Dieu et même sa nature ; non que nous la voyions en elle-même (ce qui est impossible, puisqu'elle se distingue de toute créature), mais parce que nous l'apercevons, pour ainsi dire par voie de réflexion, dans la réalité même des créatures qui sont comme des réverbérations et des reflets de ce soleil infiniment brillant. *Invisibilia Ipsius a creatura mundi per ea quæ facta sunt intellecta conspiciuntur* ; *sempiterna quoque ejus virtus et divinitas* (3).

(1) *Summa th.*, I. P., Q. XIII, art. 2, ad 3.
(2) *Summa th.*, I. P., Q. XIII, art. 1, ad 3.
(3) *Ad Rom.*, c. 1.

259. Par la réunion des deux méthodes d' « éminence » et de « rémotion », nous parvenons à nous former le plus noble concept qu'on puisse avoir de Dieu, et nous admirons en lui l'être absolument pur : non pas l'être universel et abstrait des panthéistes, mais l'être séparé de toute matière et subsistant, se possédant lui-même et distinct de toute autre chose par la pureté même de sa perfection. Voilà évidemment la différence fondamentale qui sépare une saine ontologie de cette métaphysique batarde qui, sous le nom d'Ontologisme, confond l'être général conçu par abstraction avec l'être incréé qui ne convient qu'à l'Infini. La plus légère attention suffit pour constater l'abîme qui sépare ces deux concepts. L'être général abstrait, bien qu'il ne soit pas actuellement déterminé, est cependant essentiellement déterminable (en puissance). Il ne renferme pas, il est vrai, les différences particulières qui le restreignent à tel ou tel degré d'être générique ou spécifique, mais il ne les exclut pas non plus. S'il les excluait, on ne pourrait plus accorder la dénomination d'être à ces mille choses diverses qui, outre la raison universelle d'être, renferment encore des raisons plus déterminées, c'est-à-dire des différences génériques, spécifiques et individuelles propres à chaque existence particulière. Or, se peut-il rien de plus faux? C'est pourquoi nous disons : *Pierre est, la plante est, l'animal est*; et ainsi de tout autre chose où la raison générale d'être se trouve circonscrite et limitée de telle ou telle manière particulière.

Aussi l'être abstrait est-il, quoique sous différents rapports, puissance et acte. L'être divin au contraire est tout acte ; il exclut essentiellement tout concept de potentialité, toute possibilité de recevoir une détermination future quelconque. Il se distingue de toute autre chose ; il est pour ainsi dire individué de lui-même par la pureté et la bonté intrinsèque de sa réalisation. Ecoutons plutôt les paroles de saint Thomas : « Quand nous disons que Dieu est l'être pur, nous devons prendre garde de tomber dans l'erreur de ceux qui prétendent que cet être n'est autre que celui qui constitue formellement toute chose dans sa nature particulière ; car l'être divin est tel qu'on n'y saurait concevoir aucune addition possible. La *pureté même de sa perfection* le distingue de tout autre être. C'est pourquoi on lit au commentaire de la IXe proposition du traité *De Causis* que la cause première, qui est l'être pur, trouve la raison de son individuation dans sa bonté parfaite. Quant à l'être en général et abstrait, il ne renferme pas plus qu'il n'exclut dans son concept l'addition possible d'une détermination particulière; autrement il deviendrait impossible de concevoir comme être tout ce qui, outre l'être, recevrait une pareille addition (1). » Voici encore comment il s'exprime dans la *Somme théologique* : « Dieu se distingue de toute autre chose par là même qu'il est l'être subsistant par soi, l'être qui n'est reçu dans aucun sujet et qui à ce titre est infini (2) ». Cette idée, si absolument propre à Dieu, d'être subsistant par soi, d'être tout acte et acte pur est précisément celle que nous présente la Sainte Écriture quand elle dit de Dieu qu'il est *Celui qui est* : *Ego sum qui sum*.

260. De ce que Dieu est *l'être pur* gardons-nous de conclure qu'il ne possède pas toutes les perfections. Il s'ensuit au contraire qu'il les possède d'une manière infiniment plus parfaite que celle qu'elles ont dans les choses créées, car elles existent en lui réunies dans une complète identité, tandis qu'elles sont distinctes les unes des autres dans les créatures. La raison en est que toutes les perfections s'identifient dans ce qu'elles ont d'être pur, et qu'elles doivent par conséquent se trouver chez l'être qui subsiste dans la pureté et l'actualité même de l'être. Elles doivent aussi par ailleurs s'y trouver dans un état plus noble et plus éminent, puisqu'elles y sont entièrement dépouillées des limites et des défauts qui sont la raison de leur multiplication et de leur distinction dans les créatures. C'est pourquoi l'essence divine est, à cause de sa parfaite actualité, comme un océan infini d'être, et renferme dans sa simplicité et sa plénitude toute sorte de perfections. Dieu subsiste par ce qui constitue l'élément commun de toutes les perfections, c'est-à-dire par l'actualité de l'être ; aussi la possède-t-il tout entière ; comme il arriverait, par exemple, si un être était doué d'une vertu équivalente à l'efficacité de toutes les autres puissances opératives ; on pour-

---

(1) *Nec oportet, si dicimus quod Deus est esse tantum, ut in errorem eorum incidamus, qui Deum dixerunt esse illud esse universale, quo quælibet res formaliter est. Hoc enim esse, quod Deus est, hujus conditionis est, ut nulla sibi additio fieri possit. Unde per ipsam suam puritatem est esse distinctum ab omni esse : propter quod in commento nonæ propositionis libri* De causis *dicitur quod individuatio primæ causæ quæ est esse tantum, est per puram bonitatem ejus. Esse autem commune, sicut in intellectu suo non includit aliquam additionem, ita nec includit in intellectu suo aliquam præcisionem additionis ; quia si hoc esset, nihil posset intelligi esse, in quo super esse aliquid adderetur.* De ente et essentia, c. 7.

(2) *Summa th.*, I. p., Q. VII, art. 1, ad 3.

rait dire alors que, dans sa seule vertu, il posséderait à la fois toutes les autres (1).

(1) *Quamvis (Deus) sit esse tantum, non oportet quod deficiant ei reliquæ perfectiones vel nobilitates ; imo habet omnes perfectiones quæ sunt in omnibus generibus, propter quod perfectum simpliciter dicitur... Sed habet eas modo excellentiori omnibus rebus : quia in eo omnes unum sunt, sed in aliis diversitatem habent ; et hoc est quia omnes illæ perfectiones conveniunt sibi secundum esse simplex. Sicut si aliquis per unam qualitatem posset efficere operationes omnium qualitatum, in illa una qualitate omnes qualitates haberet. Ita Deus in ipso esse suo omnes perfectiones habet.* S. THOMAS, *De ente et essentia*, c. 7.

CHAPITRE IX

DE L'EXEMPLARISME DIVIN

Rien de plus élevé en soi et de plus utile dans toutes les parties de la philosophie que la théorie de l'exemplarisme divin, célébrée d'abord par Platon, et perfectionnée ensuite par saint Augustin à la lumière de l'idée chrétienne. Saint Thomas l'embrasse et l'expose avec le plus grand soin; il en fait comme l'âme et la vie de toute sa doctrine scientifique. Rosmini n'avait sans doute pas fait cette remarque quand il disait qu'au temps de la scholastique, *on ne tenait compte de l'exemplarisme des idées qu'autant qu'il était nécessaire pour expliquer la sagesse divine et la création, sans en faire le fondement d'un système de philosophie.* Un peu plus loin, il exprimait plus clairement encore sa pensée en ces mots : *Ainsi saint Thomas, quand il parle des idées en Dieu, abandonne Aristote et recourt aux exemplaires dédaignés par celui-ci comme de pures métaphores poétiques ; mais il ne se met point en peine de concilier la doctrine des exemplaires avec la doctrine aristotélicienne qu'il suit fidèlement presque partout ailleurs* (1). Je suis absolument convaincu du contraire, et je me propose de le démontrer dans ce dernier chapitre.

ARTICLE I

Saint Thomas, tout en embrassant l'exemplarisme platonicien, ne contredit pas Aristote.

261. Quand on médite les immortels ouvrages de saint Thomas, on ne peut s'empêcher d'admirer le soin qu'il prend d'accorder entre eux les deux plus grands sages de l'antiquité. S'il fait profession de suivre les enseignements d'Aristote, on ne saurait

---

(1) *Aristotele esposto ed esaminato*, da A, ROSMINI SERBATI, cap. 35.

cependant dire de lui qu'il est antiplatonicien. S'il corrige sur plus d'un point les erreurs du prince de l'Académie, il le fait toujours avec tant de réserve et il garde avec tant de précautions les bonnes parties de son système, que Platon, s'il revenait à la vie de nos jours, à lumière du christianisme, ne ferait certainement aucune difficulté d'accepter comme sienne la philosophie du Docteur angélique. Cette observation est particulièrement vraie en ce qui regarde la théorie de l'exemplarisme où saint Thomas prend soin de s'appuyer sur Platon, sans pour cela s'éloigner d'Aristote. Au premier abord, on sera peut-être tenté de voir là quelque paradoxe. Mais toute équivoque disparaîtra aisément si l'on veut se donner la peine d'apprécier à son vrai point de vue le désaccord des deux philosophes sur la question qui nous occupe.

Voici les deux points fondamentaux de la théorie platonicienne: I° Les archétypes existent éternellement, antérieurement à la production de l'univers. II° Ils subsistent en eux-mêmes comme formes séparées. — Or, Aristote admet la première de ces deux propositions et ne combat son maître Platon que sur la seconde. Telle est du moins la manière dont saint Thomas entend cette lutte célèbre, et cela nous suffit, puisqu'on en peut conclure que, aux yeux de saint Thomas, le philosophe de Stagire ne contredisait point dans sa partie vraie la doctrine des exemplaires éternels. Ceci résulte évidemment du texte cité par Rosmini, où le Docteur angélique affirme nettement qu'Aristote réprouvait l'opinion de Platon sur le point seulement de la subsistance séparée des idées : *Aristoteles improbat opinionem Platonis de ideis secundum quod ponebat eas per se existentes et non in intellectu.*

262. On a essayé de prouver que, pour Platon, les exemplaires éternels des choses n'existaient pas en dehors de l'intelligence divine, et que, par conséquent, Aristote avait mal entendu sa doctrine. Telle est par exemple l'opinion de Zeller (1). Or, Aristote était doué d'un génie subtil; il avait lu les ouvrages de Platon ; mieux que cela encore, il avait assisté aux leçons de son maître pendant plus de vingt ans. Dans ces conditions, il serait en vérité bien étonnant qu'il n'eût pas compris ce que nos modernes critiques saisissent avec tant de facilité. D'autres supposent qu'Aristote a parfaitement compris Platon, mais qu'il a, par jalousie, travesti ses doctrines. Cette accusation est plus grave, car elle met sur le compte d'une volonté vicieuse un fait où les

---

(1) ZELLER, *Platonische studien*, Tubingue, 1839.

autres ne voyaient qu'une erreur d'intelligence. Mais, outre qu'il est gratuit, cet outrageant soupçon n'est pas même vraisemblable. Aristote parle de Platon avec respect ; il l'appelle son ami et donne pour raison de son dissentiment avec lui la préférence qu'il se voit obligé d'accorder à la vérité sur les obligations de l'amitié. Voici d'ailleurs ses propres paroles : « Peut être sera-t-il plus convenable d'étudier le bien dans son acception universelle et de nous rendre compte ainsi du sens exact qui s'attache à ce mot. Je ne me dissimule pas toutefois qu'une recherche de ce genre peut-être pour nous assez délicate, puisque le système des *idées* a été présenté par des personnes qui nous sont chères; mais on trouverait bien sans doute, et l'on regarderait comme un vrai devoir pour nous que dans l'intérêt de la vérité, nous fissions la critique même de nos propres opinions, surtout puisque nous nous piquons d'être philosophe ; ainsi, entre l'amitié et la vérité qui nous sont chères, toutes les deux, c'est une obligation sacrée de donner la préférence à la vérité. (1) »

Comment d'ailleurs Aristote aurait-il pu dénaturer la doctrine de son maître sans être démenti par ses contemporains, alors surtout qu'il s'agissait d'une question si chaudement controversée dans les écoles grecques ?

263. Mais laissons là les conjectures. Les œuvres qui nous restent de Platon montrent assez clairement que l'interprétation d'Aristote est loin d'être dénuée de fondement. Comme nous n'avons point à faire ici une discussion de critique mais seulement un article de philosophie, nous nous contenterons de citer un seul texte qui nous paraît suffisamment précis. Dans le *Phédon*, pour prouver la préexistence des âmes avant leur union avec le corps, Platon fait appel à la préexistence des idées : « Si toutes ces choses que nous avons constamment dans le bouche existent véritablement, je veux dire le beau, le bien et toutes les autres essences de même ordre, s'il est vrai que nous y rapportons toutes les impressions des sens comme à leur type primitif que nous trouvons d'abord

---

(1) Τὸ δὲ καθόλου βέλτιον ἴσως ἐπισκέψασθαι καὶ διαπορῆσαι πῶς λέγεται, καίπερ προσάντους τῆς τοιαύτης ζητήσεως γινομένης διὰ τὸ φίλους ἄνδρας εἰσαγαγεῖν τὰ εἴδη. Δόξειε δ' ἂν ἴσως βέλτιον εἶναι καὶ δεῖν ἐπὶ σωτηρίᾳ γε τῆς ἀληθείας καὶ τὰ οἰκεῖα ἀναιρεῖν, ἄλλως τε καὶ φιλοσόφους ὄντας· ἀμφοῖν γὰρ ὄντοιν φίλοιν ὅσιον προτιμᾶν τὴν ἀλήθειαν. *Ethic. ad Nicom.*, Lib. I, c. 6 (4). (In opp. Arist., Edit. Didot, t. II, p. 4.)

en nous-mêmes; et s'il est vrai que c'est à ce type que nous les comparons, il faut nécessairement, dis-je, que, comme toutes ces choses-là existent, notre âme existe aussi, et qu'elle soit avant que nous naissions. » (1).

Cette interprétation d'Aristote a été adoptée par plusieurs des premiers Pères de l'Église. Saint Justin, qu'on ne saurait certes suspecter en pareille matière, dit que Platon *admettait la forme c'est-à-dire l'idée comme existant séparément avant qu'elle fût en réalité accessible aux sens* (2). Tertullien, de son côté, déplore cette erreur où il croit voir le germe du gnosticisme et de plusieurs autres hérésies : *Vult Plato esse quasdam substantias invisibiles, incorporales, supermundiales, divinas et æternas, quas appellat ideas, id est formas, exempla et causas naturalium istorum manifestatorum et subjacentium corporalibus sensibus; et illas quidem esse veritates, hæc autem imagines earum. Relucentne jam hæretica semina Gnosticorum et Valentinianorum* (3) ?

Il est vrai que saint Augustin incline plutôt à croire que Platon ne mérite point une pareille accusation. Voici entre autres, un passage où il s'en explique assez clairement : *Nec Plato quidem in hoc erravit quia esse mundum intelligibilem dixit; si non vocabulum quod ecclesiasticæ consuetudini in re illa non usitatum est, sed ipsam rem velimus attendere. Mundum quippe ille intelligibilem nuncupavit ipsam rationem sempiternam atque incommutabilem, qua fecit Deus mundum. Quam qui esse negat, sequitur ut dicat irrationabiliter Deum fecisse quod fecit; aut, cum faceret, vel antequam faceret, nescisse quid faceret, si apud eum ratio faciendi non erat. Si vero erat, ipsam videtur Plato vocasse intelligibilem mundum* (4). Cette favorable interprétation du grand évêque d'Hippone a été dans la suite adoptée par bon nombre d'auteurs : ce qui prouve que les paroles de Platon sont au moins équivoques et qu'on ne saurait taxer de té-

---

(1) Εἰ μὲν ἔστιν ἃ θρυλλοῦμεν ἀεί, καλόν τε τι καὶ ἀγαθὸν καὶ πᾶσα ἡ τοιαύτη οὐσία, καὶ ἐπὶ ταύτην τὰ ἐκ τῶν αἰσθήσεων πάντα ἀναφέρομεν, ὑπάρχουσαν πρότερον ἀνευρίσκοντες ἡμετέραν οὖσαν, καὶ ταῦτα ἐκείνῃ ἀπεικάζομεν, ἀναγκαῖον, οὕτως ὥσπερ καὶ ταῦτα ἐστιν, οὕτω καὶ τὴν ἡμετέραν ψυχὴν εἶναι καὶ πρὶν γεγονέναι ἡμᾶς. In Phed., § 57, Edit. Bekker, p. 112. (Londini, 1825.)
(2) *Exhort. ad Græcos*, n. 6.
(3) Lib. *De anima*, c. 13.
(4) *Retract.*, L. I, c. 3.

mérité ceux qui préfèrent s'en tenir à l'explication contraire.

264. Quoiqu'il en soit, il est certain qu'on pourrait tout au plus accuser Aristote de n'avoir pas compris Platon, ou peut-être de l'avoir gratuitement interprété à sa façon : mais on ne saurait prouver par là qu'il ait contredit la partie saine de l'exemplarisme platonicien. Qu'on examine avec soin les arguments qu'il oppose à la doctrine de son maître, même dans les textes cités par Rosmini, et on verra très clairement qu'il n'entend combattre les idées que sous le rapport de leur prétendue subsistance en elles-mêmes. En fait, tous ses arguments se réduisent à deux ; les voici : 1° si la théorie de Platon est vraie, notre science cesserait d'avoir pour objet les choses existantes du monde visible : elle aurait, au contraire, pour terme de ses spéculations, des êtres de nature toute différente, c'est-à-dire des formes séparées et complètement dépouillées de toute matière corporelle ; 2° si de la similitude générique ou spécifique des choses il est permis de conclure à l'existence d'une forme abstraite, il nous faudra pareillement conclure de la similitude de cette forme abstraite avec les individus à l'existence d'une troisième forme également abstraite, et ainsi de suite à l'infini. On devrait encore tenir pour formes existantes abstraitement les négations et les privations, puisqu'elles ont un point commun de similitude dans les individus concrets. Ces arguments sont excellents dans l'hypothèse des idées subsistantes en elles-mêmes ; mais ils perdent toute valeur si l'on admet que les idées subsistent seulement dans une intelligence éternelle infinie, qui renferme en soi les raisons et quiddités de toutes choses, indépendamment de leur existence. Quand donc saint Thomas embrasse la théorie de l'exemplarisme platonicien, loin de contredire Aristote, il confirme plutôt son enseignement, puisqu'il rejette à l'exemple du Stagirite, le mauvais côté de cette théorie, pour en conserver la partie vraie qu'Aristote n'avait pas combattue. Il nous reste maintenant à prouver que celle-ci, loin de faire contraste avec les autres parties de la philosophie péripatéticienne, s'accorde au contraire merveilleusement avec elles.

ARTICLE II

L'exemplarisme dans ses rapports avec les possibles et la vie divine.

265. La doctrine des types éternels, purifiée des erreurs que Platon y avait mêlées, fut acceptée, ainsi que nous l'avons dit, par les saints Pères et surtout par saint Augustin. Saint Thomas qui semble avoir reçu pour mission de recueillir l'héritage de la philosophie patristique et de la perfectionner, en a saisi profondément toute la valeur; après s'être assimilé cette doctrine, il en a fait pour ainsi dire comme le sang et la vie de toutes les parties de sa philosophie. Il m'est impossible, à la fin de cet ouvrage, de développer cette question avec l'ampleur qu'elle mériterait; je me contenterai d'en examiner les points les plus importants.

Voici comment le saint Docteur établit tout d'abord l'existence en Dieu des archétypes éternels. Toute cause tend à produire dans son effet une certaine forme qui donne à celui-ci un point de ressemblance avec elle. Ainsi, la plante tend à produire une autre plante, et le corps lumineux à éclairer les objets sur lesquels il projette ses rayons. Mais il y a une grande différence entre la cause qui opère en vertu de la détermination nécessaire et aveugle de la nature et celle qui opère par l'intermédiaire du concept de l'intelligence. La première tend à assimiler l'effet à la forme qui la constitue elle-même dans son être et qui est la source de son opération; tandis que l'autre tend à assimiler l'effet à la forme qu'elle a conçue dans son esprit et qu'elle veut reproduire dans l'ordre réel de l'existence, en dehors d'elle-même. Tel, par exemple, l'artiste qui sculpte le marbre ou peint un tableau; il cherche dans l'un et l'autre cas à reproduire une copie fidèle du type ou modèle qu'il a dans l'esprit; tous ses efforts ont pour but de faire une œuvre qui soit conforme à sa pensée. Or Dieu, cause première et universelle de tout être, agit non par nécessité de nature, mais par libre détermination de sa volonté, sous la direction de son intelligence. Il doit donc posséder préalablement un concept de ses œuvres auquel, en artiste infiniment sage qu'il est, il conforme admirablement le travail qu'il produit; et, comme il est éternel et immuable, ces types idéaux sont en lui de toute éternité, indépendamment de tout acte futur et libre de création (1). Voilà pourquoi il faut nécessairement admettre les archétypes éternels ou idées en Dieu, au sens où les entend saint Augustin quand il dit : *Ideæ sunt principales quædam formæ vel rationes rerum, stabiles atque incommutabiles, quia ipsæ formatæ non sunt, ac per hoc æternæ ac semper eodem modo se habentes, quæ divina intelligentia continentur* (2).

266. Ces idées, ces archétypes éternels en Dieu sont multiples : car on doit se garder de croire qu'ils constituent le principe intrinsèque qui détermine la connaissance divine à titre d'espèce informative de l'intellect. S'il fallait ainsi comprendre les idées, comme on le fait encore trop souvent, il est clair qu'il n'y aurait qu'une seule idée en Dieu, comme il n'y a en lui qu'une seule essence où doit se trouver précisément le principe déterminant de la connaissance et la forme par laquelle Dieu voit tout ce qu'il voit. Mais, par idée il faut entendre ici la raison, connue intellectuellement, de chaque chose, en tant qu'exemplaire particulier et déterminé ; de même que la raison d'un édifice futur préexiste dans la pensée de l'architecte. Par conséquent, comme il y a un nombre infini de ces raisons susceptibles de reproduction réelle dans un nombre infini de créatures possibles, il faut en conclure également qu'il existe dans l'intelligence divine un nombre infini d'idées préconçues ou de types éternels de tout ce qui peut recevoir de Dieu l'existence.

On voit d'ailleurs qu'il n'y a rien là qui répugne à la simplicité divine, pour peu que l'on veuille considérer Dieu comme un acte unique, capable, en vertu de son essence, de se connaître et de se comprendre adéquatement lui-même. Il se connaît sous tous les aspects et dans tous les degrés possibles de

---

(1) *In omnibus, quæ non casu generantur, necesse est formam esse finem generationis cujuscumque. Agens autem non agit propter formam, nisi in quantum similitudo formæ est in ipso. Quod quidem contingit dupliciter. In quibusdam enim agentibus præexistit forma rei faciendæ secundum esse naturale, sicut in his quæ agunt per naturam; sicut homo generat hominem et ignis ignem. In quibusdam vero secundum esse intelligibile, ut in his quæ agunt per intellectum; sicut similitudo domus præexistit in mente ædificatoris. Et hæc potest dici idea domus : quia artifex intendit domum assimilare formæ quam mente concepit. Quia igitur mundus non est casu factus, sed est factus a Deo agente per intellectum, necesse est quod in mente divina sit forma, ad similitudinem cujus mundus est factus. Et in hoc consistit ratio ideæ.* Summa th., I. P., Q. XV, art. 1.

(2) *De diversis Quæstionibus LXXXIII*, Quæst. 46.

son intelligibilité. Or, il n'est pas intelligible seulement quant à sa subsistance propre, quant à son être nécessaire et infini ; il l'est aussi quant à son *imitabilité* extrinsèque, c'est-à-dire en tant qu'il peut exister en dehors de lui, et distinctes entre elles, des participations innombrables de son être, qui en sont comme une lointaine et obscure ressemblance ; car toute créature ne possède l'être qu'autant qu'elle est en quelque sorte, par voie d'imitation, une copie, une image de Dieu dans son être et dans ses opérations. Voilà pourquoi Dieu, alors qu'il se comprend lui-même, forme le concept des divers degrés de réalité plus ou moins parfaits suivant lesquels il serait possible que son essence fût imitée et reproduite en dehors de lui. Ainsi entendus, ces divers degrés de réalités possibles, ces raisons différentes perçues par Dieu, ne sont autre chose que les types ou exemplaires éternels de sa divine intelligence (1).

267. De cette doctrine si sublime à la fois et si claire découlent de merveilleuses applications. Nous en proposons ici brièvement, sous forme de corollaires, quelques-unes parmi les plus importantes ; la perspicacité de nos lecteurs saura y trouver un sujet de méditation plus profonde.

I. Encore que les exemplaires des choses créées, ou, en d'autres termes, les idées divines, soient innombrables, au sens que nous venons d'expliquer, toutefois il n'existe qu'un seul exemplaire premier et universel qui est Dieu lui-même considéré dans son être propre. Tous ces rapports d'imitabilité, qui donnent lieu à tant d'idées ou raisons intelligibles des choses, ont en dernière analyse leur source commune dans l'essence divine, parfaitement une, parfaitement simple et infinie dans son intrinsèque et incommunicable perfection. Ils ne sont que les degrés différents d'un même et très parfait exemplaire, inépuisable modèle de toute image extérieure quelque excellente qu'on la veuille supposer. C'est l'enseignement formel de saint Thomas :

---

(1) *Ipse essentiam suam perfecte cognoscit : unde cognoscit eam secundum omnem modum quo cognoscibilis est. Potest autem cognosci, non solum secundum quod in se est, sed secundum quod est participabilis secundum aliquem modum similitudinis a creaturis. Unaquæque enim creatura habet propriam speciem, secundum quod aliquo modo participat divinæ essentiæ similitudinem. Sic igitur, in quantum Deus cognoscit suam essentiam ut sic imitabilem a tali creatura, cognoscit eam ut propriam rationem et ideam hujus creaturæ et similiter de aliis. Et sic patet quod Deus intelligit plures rationes proprias plurium rerum, quæ sunt plures ideæ.* S. Thomas, *Summa th.*, 1. p., q. xv, art. 4.

Oportet dicere quod in divina sapientia sint rationes omnium rerum quas supra diximus ideas, id est formas exemplares in mente divina existentes. Quæ quidem, licet multiplicentur secundum respectum ad res, tamen non sunt realiter aliud a divina essentia, prout ejus similitudo a diversis participari potest diversimode. Sic igitur ipse Deus est PRIMUM EXEMPLAR *omnium* (1).

II. C'est dans ces archétypes éternels que Dieu voit les possibles : ainsi l'artiste voit la possibilité d'un édifice dans l'idée même qu'il en a conçue. Les « possibles » ne sont autre chose que les termes différents de cette imitabilité de l'essence divine où Dieu les voit comme pouvant exister en eux-mêmes en dehors de lui ; et, l'effet produit, réalisé par la vertu créatrice, est précisément ce qui, avant d'être, s'appelle possible. Or, cet effet produit par la vertu créatrice n'est autre chose qu'une imitation concrète de l'idée divine correspondante. Dieu, quand il crée, ne produit point en dehors de lui les archétypes mêmes de son intelligence : une pareille manière de concevoir la création serait absurde et panthéiste ; ce qui est ainsi appelé à l'existence, et qui n'était auparavant que pur possible, c'est pour ainsi dire l'imitation d'un type divin ; en un mot, c'est la copie et non le modèle.

Il est vrai que cette copie est conçue comme réalisable par là même que l'éternel Artiste en conçoit l'archétype dans lequel et par lequel il la contemple, de même que celui qui possède un sceau, y voit par son intermédiaire comme possibles les empreintes qu'il en pourra faire sur la cire. Mais il est bien différent d'être conçu en vertu d'une chose ou d'être cette chose même. Nous l'avons dit plus haut, saint Thomas fait consister le possible absolu dans la convenance réciproque des notes qui constituent un objet, de manière que l'attribut ne s'oppose pas contradictoirement au sujet dans la proposition qui en exprime l'essence : *Dicitur aliquid possibile absolutum ex habitudine terminorum ...... quia prædicatum non repugnat subjecto.* Cette non-répugnance mutuelle des caractères intrinsèques d'une essence vient précisément de ce que la raison d'être brille dans l'objet : *Quidquid habet vel potest habere rationem entis continetur sub possibilibus absolutis.* Or, nous l'avons déjà dit, une chose créée ou créable ne possède la raison d'être qu'autant qu'elle est, d'une certaine manière déterminée, une similitude participée de l'essence divine : *Unaquæque creatura habet propriam speciem, secundum quod aliquo modo participat divinæ*

---

(1) S. Thomas, *Summa th.*, I. P., Q. XLIV, art. 3.

essentiæ similitudinem. Mais cette similitude participée de l'essence divine n'est pas seulement distincte de Dieu dans l'ordre réel ; elle l'est également dans l'ordre idéal, quand elle est conçue comme possible avant d'exister. Elle n'est pas l'essence divine imitable ; elle en est seulement le terme imitatif, conçu comme créable. Elle est, il est vrai, un produit de l'intelligence divine, mais un produit idéal qui n'a par conséquent aucune subsistance propre, ainsi que le voulait Platon ; elle est toute entière dans l'esprit de celui qui la conçoit. L'essence divine, même en tant qu'imitable, a une existence réelle, tandis que ce terme imitatif n'a qu'une existence purement logique, encore qu'elle soit éternelle à cause de l'intelligence éternelle qui la conçoit.

III. Grâce à leur préexistence idéale en Dieu, les possibles participent aussi à la vie divine, au même titre que les idées dans lesquelles et par lesquelles ils sont connus. Saint Augustin trouve cette conclusion assez clairement exprimée dans le texte célèbre de saint Jean qu'il lisait ainsi : *Quod factum est, in Ipso vita erat*. Et à vrai dire, l'objet connu ne subsiste, en tant que tel, que dans le concept même du sujet intelligent. Or, en Dieu, le concept est vie, et vie identifiée avec l'essence divine elle-même, puisque la vie divine consiste dans l'acte infini d'intelligence et qu'en Dieu l'acte d'intelligence s'identifie avec la nature : *Quidquid est in Deo ut intellectum, est ipsum vivere vel vita ejus. Unde, cum omnia quæ facta sunt a Deo, sint in ipso ut intellecta, sequitur quod omnia in ipso sunt ipsa vita divina*.

Cette doctrine de saint Thomas n'est qu'une continuation de l'enseignement des Pères et des Docteurs qui l'avaient précédé. Voici, d'ailleurs, comment s'exprime saint Augustin sur le même sujet : « Un artisan fait une armoire ; il la possède à l'avance dans sa pensée ; car autrement, où irait-il en chercher le modèle quand il l'exécutera ? Mais cette armoire, ainsi conçue dans la pensée de l'artisan, n'est pas celle que nous verrons dans la réalité. Invisible dans l'esprit de son auteur, elle sera visible une fois exécutée. Voici qu'elle est exécutée. A-t-elle cessé pour cela d'exister dans l'idée de l'artisan ? Non : le meuble exécuté est vraiment fait à nouveau, tandis que son modèle reste ce qu'il était dans l'intelligence de l'ouvrier ; attendu que ce meuble peut pourrir, et le modèle qui est resté, servir à en fabriquer un autre. Considérez donc cette armoire dans la pensée de son auteur et dans son exécution. Dans le dernier cas, elle n'est point vie ; dans le premier, au contraire, elle est vie ; car, vivante est l'âme de l'ouvrier où elle subsiste avant d'être reproduite au dehors. C'est ainsi, mes bien chers frères, que la sagesse de Dieu, par laquelle toutes choses ont été faites, contient toutes choses en son art avant qu'elles soient créées : par conséquent, tout ce qui est l'œuvre de cet art divin n'est point par là même en soi vie divine ; mais tout ce qui a été fait est vie en lui. Vous voyez la terre, elle existe dans l'idée de son Créateur ; vous voyez le ciel, le soleil et la lune ; tout cela existe également dans l'idée du Créateur ; mais extérieurement, ce ne sont que des corps sans vie ; ils sont véritablement vie dans la pensée de Dieu » (1).

IV. Par conséquent, quand on dit que les choses créées ont été tirées par Dieu du néant absolu, *ex penitus non ente*, suivant l'expression de saint Thomas (2), ou *de omnino nihil*, d'après saint Augustin (3), il faut voir dans cette manière de parler une exclusion absolue de toute réalité (matérielle) préexistante, mais non pas l'exclusion de leur idéalité préalable. Car, bien qu'avant la création elles n'existassent en aucune façon, ni actuellement, ni dans la puissance d'un sujet réel qui pût jouer le rôle d'élément matériel de leur production, elles possédaient cependant un être idéal véritable, en tant qu'objets perçus dans les archétypes de l'intelligence divine. Dieu les a créées conformément à l'idée qu'il en avait déjà de toute éternité, et qui lui a servi de modèle pour le travail qu'il avait résolu d'exécuter. Écoutons encore, à ce sujet, le langage aussi profond qu'élégant de saint Anselme : « Avant la production de l'univers, la suprême nature renfermait dans son intelligence toute substance et tout

---

(1) *Faber facit arcam. Primo in arte habet arcam ; si enim in arte arcam non haberet, unde illam fabricando proferret ? Sed arca sic est in arte ut non ipsa arca sit quæ videtur oculis. In arte invisibiliter est, in opere visibiliter erit. Ecce facta est in opere, numquid destitit esse in arte ? Et illa in opere facta est, et illa manet quæ in arte est : nam potest illa arca putrescere, et iterum, ex illa quæ in arte est, alia fabricari. Attendite ergo arcam in arte et arcam in opere. Arca in opere non est vita, arca in arte vita est ; quia vivit anima artificis ubi sunt ista omnia antequam proferantur. Sic ergo, fratres charissimi, quia sapientia Dei per quam facta sunt omnia, secundum artem continet omnia antequam fabricet omnia ; hinc quæ fiunt per ipsam artem non continuo vita sunt, sed quidquid factum est, vita in illo est. Terram vides, est in arte terra ; cœlum vides, est in arte cœlum ; solem et lunam vides, sunt et ista in arte ; sed foris corpora sunt, in arte vita sunt.* In JOANNIS Evang., Tractatus I, n. 17.

(2) In VIII *Physic.*, lect. 2.

(3) *De Gen. contra manich.*, L. I, c. 6.

mode des êtres futurs. C'est pourquoi, bien que la créature ne fût évidemment rien avant sa création, quant à l'être qu'elle possède maintenant et qu'elle n'avait pas alors qu'il n'y avait rien d'où elle pût être tirée, toutefois elle n'était pas rien, quant à son existence idéale dans l'intelligence créatrice par qui et d'après qui elle a été faite (1) ».

V. Les archétypes éternels qui constituent le monde intelligible sont contenus dans le Verbe divin : *In Verbo Dei ab æterno extiterunt rationes rerum, non solum corporalium sed etiam spiritualium* (2). Dieu, par là même qu'il se comprend et s'aime lui-même, produit au sein de son être infini le Verbe et le Saint-Esprit ; l'un par intellection, l'autre par amour. C'est en cela que consiste le mystère ineffable de la très Sainte Trinité, où la première personne divine, c'est-à-dire le Père, engendre la seconde, et les deux premières la troisième. Or, Dieu par un seul et même acte embrasse tous les objets de son intelligence. Par conséquent, le Verbe procédant du Père par voie d'intellection pleine et parfaite, exprime non seulement Dieu le Père, mais aussi toutes les créatures possibles : *Quia Deus, uno actu et se et omnia intelligit, unicum Verbum ejus est expressivum non solum Patris sed etiam creaturarum* (3). Le Verbe divin est donc à la fois la science et l'art de son Père ; c'est en lui et par lui que toutes choses créées possédaient la vie avant leur existence réelle. Dieu les connaissait dans son Verbe, comme il les aimait dans son divin Esprit. En proférant le Verbe consubstantiel, il les a exprimées dans leur être intelligible, et il s'en est réjoui, comme d'un terme de ses complaisances, dans la spiration de l'Amour dont il s'aime lui-même ainsi que tout ce qui est connexe avec son infinie bonté.

ARTICLE III

De l'exemplarisme par rapport à la création.

268. Le Verbe divin, en tant qu'il contient et exprime les raisons intelligibles de toutes choses, est l'origine de la production *ad extra* des créatures corporelles et spirituelles. Voilà

---

(1) *Monologium*, c. 9.
(2) *Summa th.*, I. P., Q. XLVI, art. 2.
(3) *Ibid.*, Q. XXXIV, art. 3.

pourquoi l'Evangile lui donne le nom de *Principe*: *Principium qui et loquor vobis* (1). Dans leur propre réalité, les créatures ne sont que des rayons bien affaiblis de ce Soleil immense, engendré par le Père dans les éternelles splendeurs de sa lumière incréé. Saint Augustin développe cette idée en un langage sublime dans son commentaire de l'Evangile de saint Jean. Non moins sublimes sont aussi sur ce point les admirables vers de l'immortel auteur de la *Divine Comédie* :

> Tout être corruptible ou bien impérissable
> N'est rien que la splendeur de ce Verbe ineffable
> Emané de l'Amour de notre Seigneur Dieu.
>
> Cette vive clarté qui, d'un foyer sans tache
> Découle, et qui de lui jamais ne se détache,
> Non plus que de l'amour d'où naît leur Trinité,
>
> Daigne dans sa bonté concentrer sur neuf sphères,
> Comme dans un miroir, ses rayons de lumières,
> Sans perdre sa suprême éternelle unité.
>
> Et de là, d'acte en acte, aux dernières puissances,
> Jusqu'à ne plus créer que brèves contingences,
> Elle descend toujours et va s'affaiblissant (2).

Dante ne fait d'ailleurs qu'emprunter cette merveilleuse pensée à saint Thomas qui observe qu'on attribue au Fils, à cause de sa sagesse, le titre de principe exemplaire des choses, tout comme on donne au Père celui de principe efficient à cause de sa puissance : *Sicut principium effectivum appropriatur Patri propter potentiam, ita principium exemplare appropriatur Filio propter sapientiam; ut, sicut dicitur* Ps. CIII : Omnia in sapientia fecisti, *ita intelligatur Deus omnia fecisse in principio, id est in Filio secundum illud Apostoli ad* Coloss. I. : In ipso, *scilicet Filio*, condita sunt universa.

Il faut remarquer cependant qu'en fait la création appartient à la Trinité toute entière ; car la vertu créatrice résulte de l'essence qui est chose commune aux trois personnes : *Creare non est proprium alicujus personæ, sed commune toti Trinitati* (3). Néanmoins, l'acte créateur se rapporte différemment à chaque personne suivant les notes particulières qui la caractérisent. Dieu est cause de toutes choses par son intelligence et sa volonté;

---

(1) JOANN. VIII, 25.
(2) DANTE. *Paradis*, c. XIII, trad. Ratisbonne,
(3) S. THOMAS, *Summa th.*, I. P., Q. XLV, art. 6.

ainsi en est-il de l'artiste par rapport à ses œuvres ; or, celui-ci exécute son travail en vertu du verbe qu'il s'en est formé dans l'esprit et de l'amour qu'excite en sa volonté l'effet qu'il veut produire. Ainsi, Dieu le Père procède à la création des choses par son Verbe qui est le Fils et par son Amour qui est le Saint-Esprit. D'où ces vers du divin poète :

> Se mirant dans son Fils avec l'Amour sublime
> Qui, dans l'éternité, tous les deux les anime,
> Le principe premier, l'ineffable moteur
>
> A si bien ordonné dans le cercle du monde
> Tout ce qu'embrasse l'œil, tout ce que l'esprit sonde,
> Qu'on ne peut voir l'effet sans admirer l'auteur (1).

Bien plus, ce passage des créatures, de l'état purement idéal à celui d'une réalité subsistante, a été un effet de ce même Amour éternel qui par une libre impulsion de la volonté divine est venu pour ainsi dire s'épandre sur elles d'une manière plus intense. C'est par ce libre épanchement d'amour sur les intelligibles de son esprit, que Dieu a fécondé en quelque sorte les archétypes pour qu'ils pussent projeter au dehors une image réelle de ce qu'ils représentaient. Telle a été, dans les possibles, l'occasion de ce profond et si radical changement qui les a fait passer de l'être purement idéal à l'être réel qu'ils possèdent en eux-mêmes. Dieu, certes, n'a acquis par là aucune perfection intrinsèque, ce qui serait une contradiction manifeste dans un être d'actualité infinie. Il n'a eu d'autre but que de répandre sa bonté en dehors de lui-même et de faire communication de ses propres perfections, autant qu'il était possible et qu'il l'a jugé convenable dans les mystérieux conseils de sa sagesse : *Primo agenti, qui est agens tantum, non convenit agere propter acquisitionem alicujus finis, sed intendit solum communicare suam perfectionem* (2). C'est précisément sous ce rapport qu'on a coutume d'attribuer l'œuvre de la création à l'Esprit-Saint, c'est-à-dire à l'Amour incréé et subsistant de Dieu ; car, toute communication de son propre bien à autrui, trouve son principe et son accomplissement dans l'amour (3).

(1) DANTE, Div. Com., *Paradis*, c. 10.
(2) *Summa th.*, I. P., Q. XLIV, art. 4.
(3) . . . .
> Non pour ajouter rien à sa bonté première,
> Car cela ne se peut, mais pour que sa lumière
> Rayonnant au dehors, eût à dire : Je suis !

269. Il en résulte que dans les choses créées, même dépourvues de raison, on peut découvrir comme un vestige de la Sainte Trinité. On y trouve, en effet, tout d'abord la raison de substance créée qui rappelle la cause sans laquelle elles ne pourraient exister; sous ce rapport, elle nous donnent en quelque sorte l'idée de la personne du Père qui est le principe et la source de la divinité des deux autres personnes. En outre, chaque créature a une forme propre dans l'espèce déterminée à laquelle elle appartient; ainsi considérée, elle nous fait penser au Verbe divin : car toute œuvre d'art est constituée dans son espèce propre, en vertu de sa conformité avec la pensée de l'artiste; or, c'est le Verbe divin qui renferme toutes les raisons intelligibles des choses..... Enfin, les créatures sont ordonnées par rapport au bien : elles tendent à leur perfectionnement propre ou à celui des autres, et ainsi elles se rattachent au Saint-Esprit. Car c'est par la très généreuse volonté du Créateur que chaque chose tend naturellement à sa fin, sans cesser de concourir merveilleusement à la perfection de tout l'ensemble. (1)

Il faut ajouter que ces vestiges de la Sainte Trinité sont bien faibles et bien imparfaits : c'est une ombre plutôt qu'une ressemblance. On pourrait voir une ressemblance moins vague dans les créatures raisonnables, qui sont douées de volonté et d'intelligence. Non seulement elle subsistent en elles-mêmes, mais elles produisent dans leur opération intellectuelle un verbe mental qui est une image idéale de l'objet connu ; et sous un autre rapport, cet objet détermine encore dans l'affection de la volonté la production d'un terme spécial qui est l'amour. Mais nous parlerons plus longuement de ceci dans un prochain article.

> Dans son éternité, hors du temps, de l'espace,
> Et selon qu'il lui plut, l'Amour, qui tout embrasse,
> S'ouvrit en neuf amours ensemble épanouis.
> Cet amour n'était pas inerte avant d'éclore ;
> Car l'*avant* et l'*après* n'existaient pas encore,
> Lorsque l'esprit de Dieu fut porté sur les eaux.
> DANTE, *Paradis*, c. 29. (trad. Ratisbonne.)

(1) *Summa th.*, I. P., Q. XLV, art. 7.

ARTICLE IV

L'exemplarisme par rapport à la Cosmologie.

270. Saint Thomas, avec son admirable unité de méthode et de principes, tire de la théorie de l'exemplarisme de merveilleuses raisons pour expliquer la multiplicité, l'ordre et la puissance des créatures. Il n'y a, dit-il, qu'une seule image qui puisse représenter exactement le modèle ; toute multiplicité dans les copies n'est qu'accidentelle et matérielle comme il arrive dans les créatures dont le peintre fait une reproduction fidèle en plusieurs tableaux.

Or, il n'y a rien d'accidentel en Dieu. Aussi ne se trouve-t-il en lui qu'un seul Verbe, image incréée et infiniment parfaite du Père. Les créatures, au contraire, ne représentent Dieu que très imparfaitement ; elles restent toujours infiniment en deçà de la suprême perfection du prototype. Elles sont naturellement susceptibles de se multiplier à l'infini, et les possibles sont innombrables. *Nulla creatura repræsentat perfecte exemplar primum quod est divina essentia; et ideo potest per multa repræsentari* (1). Quant au fait de la création, saint Thomas y voit comme un magnifique discours que Dieu tient aux créatures raisonnables pour se révéler à elles. Dieu se comporte vis-à-vis de nous comme un orateur profond qui ne peut rendre parfaitement au dehors la sublimité de ses pensées et accumule, à cet effet, les termes et les figures, afin que les auditeurs saisissent par l'ensemble de son discours ce qu'une ou plusieurs phrases détachées n'auraient pu leur faire entendre. *Oportuit esse multiplicitatem et varietatem in rebus creatis ad hoc qnod inveniretur in eis Dei similitudo secundum modum suum* (2). Mais il ne suffisait pas que les créatures se fissent remarquer par leur variété et leur distinction : Dieu devait encore y répandre l'ordre et l'harmonie, afin que la multitude et l'unité réunies pussent faire éclater l'excellence de leur cause, une dans sa nature, multiple dans sa puissance. De là deux voies également sûres pour arriver à la connaissance de Dieu : en suivant la première, Aristote concluait de l'unité du monde existant à l'unité de Dieu

---

(1) *Summa th.*, I. P., Q. XLVII, art. 1, ad 2.
(2) *Contra Gent.*, L. II, c. 45.

qui le gouverne, tandis que la seconde conduisait Platon à déduire de l'unité du type l'unité du monde qui en est l'image. *Propter quod Aristoteles*, (Met. XII, text. 52) *ex unitate ordinis in rebus existentis concludit unitatem Dei gubernantis, et Plato* (in Timæo, aliquanto a principio) *ex unitate exemplaris probat unitatem mundi quasi exemplati* (1).

271. Considérant ensuite chaque créature en particulier, le saint Docteur s'appuie sur la théorie de l'exemplarisme pour expliquer leurs différents degrés de bonté ou de vérité, et l'excès relatif de perfection des unes sur les autres. Toute chose est vraie en elle-même par le fait de sa conformité avec l'idée que Dieu en a, c'est-à-dire avec son archétype éternel. *Res naturales dicuntur esse veræ secundum quod assequuntur multitudinem specierum quæ sunt in mente divina* (2). D'où il suit que tous les êtres créés sont vrais d'une seule et même vérité, qui est la vérité même de l'intelligence divine avec laquelle chaque chose doit être conforme. Il y a beaucoup de formes créées, mais il n'y a qu'une première forme incréée. *Si loquamur de veritate, secundum quod est in rebus, sic omnes sunt veræ una prima veritate, cui unumquodque assimilatur secundum suam entitatem. Et sic, licet plures sint essentiæ vel formæ rerum, tamen una est veritas divini intellectus, secundum quam omnes res denominantur veræ* (3).

Il en faut dire autant de la bonté des choses. Elles sont, il est vrai, formellement bonnes en elles-mêmes, parce qu'elles sont comme une similitude créée de la bonté divine; mais on peut dire cependant qu'elles sont d'une certaine manière extrinsèquement bonnes de la bonté même de Dieu, en tant qu'elles se rapportent au type suprême qu'elles représentent, à la cause première dont elles procèdent, à la fin dernière qu'elles doivent atteindre : *Unumquodque dicitur bonum bonitate divina, sicut primo principio exemplari, effectivo et finali totius bonitatis. Nihilominus tamen unumquodque dicitur bonum similitudine divinæ bonitatis sibi inhærente, quæ est formaliter sua bonitas* (4).

272. Chaque créature est donc plus ou moins parfaite dans son être, suivant qu'elle participe plus ou moins largement à la divine ressemblance. *Ex hoc sunt in rebus aliqua superiora, quod sunt uni primo, quod est Deus, propinquiora et similiora* (5). Elles

---

(1) *Summa th.*, I. P., Q. XLVII, art. 3, ad 1.
(2) *Summa th.*, I. P., Q. XVI, art. 1.
(3) *Ibid.*, Q. XVII, art. 6.
(4) *Summa th.*, I. P., Q. VI, art. 4.
(5) *Ibid.*, Q. XLVI.

ont ainsi une véritable aptitude à nous révéler la gloire du Créateur ; car les essences qu'on y découvre offrent à nos yeux différentes perfections, et celles-ci, quand on les purifie de tout alliage de limites ou de défauts, et qu'on les réduit à leur élément le plus actuel et le plus formel, nous donnent une idée, bien faible sans doute et bien obscure, de ce qui appartient à la cause première. Or, dans la doctrine de saint Thomas, cette propriété qu'ont les créatures de nous révéler les perfections divines, s'explique par la théorie de l'exemplarisme. Car nous ne connaissons les choses qu'autant qu'elles existent, et elles n'existent qu'autant qu'elles possèdent un degré plus ou moins parfait de ressemblance avec Dieu ; et si elles se distinguent entre elles, ce n'est précisément qu'en vertu de leur plus ou moins grand éloignement de ce suprême exemplaire ; et par conséquent elles en représentent et en expriment toutes à notre esprit, d'une manière plus ou moins vive, la noblesse et l'excellence. *Intellectus noster, cum cognoscat Deum ex creaturis, sic cognoscit ipsum secundum quod creaturæ ipsum repræsentant. Ostensum est autem supra* (Q. IV, art. 2.) *quod Deus in se præhabet omnes perfectiones creaturarum, quasi simpliciter et universaliter perfectus. Unde quælibet creatura in tantum eum repræsentat et est ei similis, in quantum perfectionem aliquam habet, non tamen ita quod repræsentat eum sicut aliquid ejusdem speciei vel generis, sed sicut excellens principium a cujus forma effectus deficiunt, cujus tamen aliqualem similudinem effectus consequuntur* (1).

N'insistons pas davantage sur cette merveilleuse théorie. Invitons plutôt le lecteur à consulter par lui-même dans la *Somme théologique* les passages qui se rapportent à cette doctrine dont nous n'entendions donner ici qu'une rapide esquisse.

ARTCLE V

L'exemplarisme par rapport à la Psychologie.

273. Les créatures dépourvues de raison sont, il est vrai, des représentations de Dieu ; mais, dans la rigueur des termes, elles ne le représentent pas à titre d'images. Elles n'en sont que des vestiges. L'image, en effet, est plus qu'une ressemblance quelconque, elle doit exprimer la similitude d'un objet donné, même

(1) *Summa th.*, I. P., Q. XLVI.

dans le degré d'être où il subsiste. Or, Dieu subsiste dans le degré d'être intellectuel, qui est le plus parfait de tous ; et il en doit être ainsi pour l'être infini qui a la plus noble et la plus parfaite de toutes les subsistances possibles. D'un autre côté, l'homme possède une nature raisonnable qui lui donne une ressemblance avec son Créateur dans ce degré d'être intellectuel. On peut donc dire avec raison qu'il est l'image de Dieu quant à cette partie supérieure de lui-même qui l'élève au-dessus de toutes les natures inférieures : *Cum in omnibus creaturis sit aliqualis Dei similitudo, in sola creatura rationali invenitur similitudo Dei per modum imaginis ; in aliis autem creaturis, per modum vestigii. Id autem in quo creatura rationalis excedit alias creaturas, est intellectus sive mens.... Cujus ratio manifeste cognosci potest, si attendatur modus quo repræsentat vestigium et quo repræsentat imago. Imago enim repræsentat secundum similitudinem speciei, ut dictum est* (1) ; *vestigium autem repræsentat per modum effectus, qui sic repræsentat suam causam, quod tamen ad speciei similitudinem non pertingit. Impressiones enim quæ ex motu animalium relinquuntur, dicuntur vestigia. Et similiter cinis dicitur vestigium ignis ; et desolatio terræ, vestigium hostilis exercitus.* (2). Ces exemples proposés par le saint Docteur don-

(1) Dans l'article second de cette même question, saint Thomas avait expliqué ce qu'il faut comprendre par cette représentation *secundum similitudinem speciei.* Cela s'entend, dit-il, de deux choses qui ont pour point commun de ressemblance, non une perfection générique quelconque, mais l'élément même qui constitue la dernière différence spécifique. *Similitudo speciei attenditur secundum ultimam differentiam.* Par rapport à Dieu, ceci ne se rencontre que dans les créatures intelligentes; car Dieu est une nature intellectuelle. Les autres êtres, inférieurs à l'homme, sont des imitations de Dieu, seulement quant à l'existence ou quant à la vie. *Assimilantur autem aliqua Deo, primo quidem et maxime communiter, in quantum sunt, secundo vero, in quantum vivunt, tertio vero, in quantum sapiunt vel intelligunt.* D'où il conclut que seules les créatures intelligentes sont, à proprement parler, faites à l'image de Dieu. *Sic ergo oportet quod solæ intellectuales creaturæ proprie loquendo sint ad imaginem Dei.*

(2) *Summa th.*, I. P., Q. XCIII, art. 6.

Saint Thomas emprunte cette doctrine à saint Augustin, comme le prouve ce passage du livre XI, *de Trinitate* (c. 5) : *In quantum ergo bonum est quidquid est, in tantum scilicet, quamvis longe distantem, habet tamen nonnullam similitudinem summi boni : et, si naturalem, utique rectam et ordinatam ; si autem vitiosam, utique turpem atque perversam. Nam et animæ in ipsis peccatis suis nonnisi quamdam similitudinem Dei, superba et præpostera, et, ut ita dicam, servili libertate sectantur. Ita nec primis parentibus nostris persuaderi peccatum posset nisi diceretur : Eritis sicut*

nent assez clairement à entendre ce qu'est la « similitude de vestige » et en quoi elle diffère de la « similitude d'image ». L'empreinte laissée par le pied du cheval sur le sable représente en quelque sorte cet animal et nous en rappelle aussitôt l'idée à l'esprit. Mais comment nous le représente-t-elle ? D'une manière fort imparfaite. Elle n'en reproduit pas intégralement la forme, comme ferait un portrait ; seule, la plante du pied s'y trouve marquée, et c'est de là que nous partons pour arriver, par des analogies et des associations de phantasmes et de concepts, à nous représenter l'animal tout entier. Il en est de même pour la cendre, qui certes ne possède point la nature du combustible dont elle provient ; elle fait voir seulement que cette nature se trouvait dans la cause qui l'a produite. Ainsi, les créatures dépourvues de raison ne participent point au degré propre de l'être divin, qui est le degré intellectuel. Les unes participent à la vie, les autres à la pure existence. Par leur ordre et leur symétrie elles démontrent l'intelligence et la sagesse qui les a produites et harmonisées. Cette démonstration, l'homme peut, il est vrai, la fournir dans sa partie inférieure ; mais sa raison lui permet, en outre, de représenter immédiatement l'être pour ainsi dire spécifique de Dieu. Nous disons *pour ainsi dire spécifique*, parce que, à proprement parler, l'être infiniment actuel et simple de Dieu n'admet aucune composition de genre et de différence, et par conséquent aucune créature ne peut avoir de ressemblance spécifique avec Dieu (1). Par cette expression : *pour ainsi dire spécifique*, nous voulons seulement faire entendre que l'homme, dans son être raisonnable, imite le degré propre de l'être divin,

dii. *Non sane omne quod in creaturis aliquo modo simile est Deo, etiam ejus imago dicenda est, sed illa sola qua superior ipse solus est. Ea quippe de illo prorsus exprimitur, inter quam et ipsum nulla interjecta natura est.*

(1) Saint Thomas tire de là cette conclusion que, si les créatures sont d'un côté semblables à Dieu par l'imitation qu'elles en participent en tel ou tel degré de perfection, d'un autre côté elles s'en éloignent, non seulement *quantitativement*, en plus ou en moins, mais aussi *qualitativement*, c'est-à-dire quant à l'essence, à cause de l'impossibilité où elles sont d'avoir en commun avec lui une raison spécifique ou générique au sens propre du mot : *Eadem* (les créatures) *sunt similia Deo et dissimilia : similia quidem, secundum quod imitantur ipsum, prout contingit eum imitari, qui non perfecte imitabilis est : dissimilia vero, secundum quod deficiunt a sua causa, non solum secundum intentionem et remissionem, sicut minus album deficit a magis albo, sed quia non est convenientia nec secundum speciem nec secundum genus.* Summa th., I. P., Q. IV, art. 3, ad, 1.

le degré intellectuel. Car, comme Dieu, l'âme est esprit, quoique d'une manière infiniment inférieure à son divin prototype.

274. D'après ces explications on peut dire, dans la propriété des termes, que l'homme est l'image de Dieu. Mais il ne faut pas oublier que c'est là une image incomplète et limitée. L'image est parfaite quand il n'y manque rien de la perfection propre de l'être qu'elle représente. Or, cette dénomination d' « image » ne convient parfaitement qu'au Verbe éternel, qui procède si bien du Père, comme image, qu'il est en tout consubstantiel au principe dont il émane. On ne saurait jamais en dire autant d'un sujet qui possède une nature essentiellement et radicalement différente de celle où subsiste son exemplaire. Ainsi, pour éclairer ceci par un exemple, considérons une statue qui représente Alexandre. C'est une véritable image d'Alexandre, car dans sa forme elle en exprime bien tous les caractères ; mais elle en diffère quant à la nature, puisqu'elle n'est pas constituée par l'humanité, mais seulement par le bois ou le marbre. Il en est de même, proportions gardées, pour l'homme par rapport à Dieu. Par son intelligence, il possède un caractère spécial de ressemblance avec la nature divine, sans participer pour cela à l'être divin dont sa condition de créature l'éloigne infiniment. Saint Thomas fait justement observer à ce propos que l'homme est une image de Dieu, comme une pièce de monnaie est l'image d'un prince, c'est-à-dire tout autrement que son fils, héritier naturel de sa couronne. *Quia similitudo perfecta Dei non potest esse nisi in identitate naturæ, imago Dei est in Filio suo primogenito, sicut imago regis in filio suo connaturali ; in homine autem, sicut in aliena natura, sicut imago regis in nummo argenteo* (1). Quand la Sainte Écriture nous dit que l'homme a été formé *à l'image de Dieu* il faut entendre par là que l'homme a quelque rapport de similitude avec Dieu, sans jamais arriver à une parfaite ressemblance. *In homine dicitur esse imago Dei, non tamen perfecta sed imperfecta. Et hoc significat Scriptura cum dicit hominem factum* ad *imaginem Dei. Præpositio enim* ad *accessum quemdam significat qui competit rei distanti* (2).

275. L'homme est l'image de Dieu, non seulement quant à la nature, mais encore quant à la Trinité des personnes. *Dicendum est in homine esse imaginem Dei, et quantum ad naturam, et quantum ad Trinitatem personarum* (3). Saint Thomas trouve

---
(1) *Summa th.*, I. P., Q. XCIII, art. 2.
(2) *Ibid.*
(3) *Ibid.*, art. 5.

la raison de cette ressemblance, plus lointaine, il est vrai, dans le verbe mental que nous produisons en nous-mêmes et dans l'amour qui est la conséquence naturelle de cette production. Ici encore, saint Thomas ne fait que suivre les traces de saint Augustin qui avait déjà, dans un langage élevé et profond, expliqué pourquoi l'image de la Sainte Trinité se trouve dans l'âme humaine, à cause des trois éléments principaux qui s'y rencontrent: l'intelligence, le concept et l'amour (1). *Est quædam imago Trinitatis ipsa mens et notitia ejus, quod est proles ejus, ac de se ipsa verbum ejus, et amor tertius; et hæc tria unum sunt atque una substantia* (2). Voici comment raisonne saint Thomas à la suite d'un maître si sublime. La foi nous apprend que la nature divine subsiste dans trois personnes. La Trinité des personnes en Dieu est donc chose intimement liée avec sa nature. Or, l'homme est image de la nature divine; il doit donc également être, d'une certaine manière, image des trois personnes en qui elle subsiste. Cette seconde ressemblance, loin d'être en opposition avec la première, en est plutôt la conséquence nécessaire (3). Mais, avons nous dit, c'est dans sa partie spirituelle que l'homme est l'image de Dieu : c'est donc là aussi que doit se trouver en lui l'image de la Trinité, puisque cette dernière ressemblance est comme un corollaire de la première. Or, il faut remarquer que la distinction des personnes divines a sa raison d'être dans les « relations d'origine », le Verbe procédant du Père, et le Saint-Esprit tout à la fois de l'un et de l'autre. Par conséquent, l'image de la Trinité, dans la partie intellective de l'homme, doit avoir pour fondement quelque chose d'analogue à ces divines processions. *Cum increa-*

---

(1) L'intelligence, en tant qu'elle conserve habituellement les idées, reçoit de saint Augustin le nom de mémoire; aussi dit-il parfois que l'image de la Sainte Trinité est exprimée en nous par ces trois caractères propres de la partie intellective; la mémoire, l'intelligence et la volonté. Il entend alors par intelligence le concept actuel, et par volonté l'acte d'amour qui en procède : *Quia verbum esse sine cogitatione non potest (cogitamus enim omne quod dicimus, etiam illo interiore verbo quod ad nullius gentis pertinet linguam), in tribus potius illis imago ista cognoscitur, memoria, intelligentia, voluntate. Hanc autem nunc dico intelligentiam, qua intelligimus cogitantes, id est quando eis repertis quæ memoriæ præsto fuerant, sed non cogitabantur, cogitatio nostra formatur ; et eam voluntatem sive amorem vel dilectionem, quæ istam prolem parentem-que conjungit, et quodammodo utrisque communis est.* De Trinitate, L. XIV, c. VII, n. 10.

(2) *De Trinitate*, L. IX, c. 11, n. 18.
(3) *Summa th.*, I. P., Q. XCIII, art. 5.

ta Trinitas distinguatur secundum processionem Verbi a Dicente et Amoris ab utroque, in creatura rationali, in quantum invenitur processio verbi secundum intellectum et processio amoris secundum voluntatem, potest dici imago Trinitatis increatæ, per quamdam repræsentationem speciei (1).

Toute perception, en effet, est accompagnée d'un concept mental de l'objet. On donne à ce concept le nom de « verbe », et c'est par lui que la chose perçue se trouve dans le sujet intelligent. De même, quand de la perception intellectuelle nous passons à l'amour, il se produit dans l'acte de la volonté une certaine impression de l'objet lui-même, qui nous fait dire que celui qui aime possède l'objet aimé, tout comme dans l'ordre intellectuel l'objet connu est dans le sujet pensant. Ainsi, quand quelqu'un se connaît et s'aime, il se triple pour ainsi dire dans son propre être ; car il se trouve en lui-même, d'abord dans l'identité de son être, puis en tant qu'objet connu, dans un principe intelligent, et enfin en tant qu'objet aimé, dans un sujet aimant (2).

276. Il résulte de tout ceci que l'image de la Trinité dans l'âme humaine existe tout d'abord et principalement dans l'actualité du concept et de l'amour. Ce n'est qu'en second lieu et par voie de conséquence qu'on peut la chercher dans les puissances et les habitudes où les actes sont virtuellement contenus. La raison en est claire ; car l'acte d'intelligence et l'acte d'amour expriment mieux les deux processions d'où résultent en Dieu la distinction des trois personnes ; et il est évident qu'on doit, chez l'homme, trouver l'image de la Trinité dans ce qui exprime le mieux et le plus directement cette distinction (3).

---

(1) *Ibid.*, art. 4.
(2) *Summa th.*, I. p., q. xxxvii, art. 1.
(3) *Ad rationem imaginis pertinet aliqualis repræsentatio speciei. Si ergo imago divina debet accipi in anima, oportet quod secundum illud principaliter attendatur quod maxime accedit (prout possibile est) ad repræsentandam speciem divinarum personarum. Divinæ autem personæ distinguuntur secundum processionem Verbi a Dicente et Amoris connectentis utrumque. Verbum autem in anima nostra sine actuali cogitatione esse non potest. Et ideo primo et principaliter attenditur imago Trinitatis in mente secundum actus, prout scilicet ex notitia quam habemus cogitando, interius verbum formamus, et ex hoc in amorem prorumpimus. Sed quia principia actuum sunt habitus et potentiæ, unumquodque autem virtualiter est in suo principio, secundario et quasi ex consequenti imago Trinitatis potest attendi in anima secundum potentias et præcipue secundum habitus, prout in eis scilicet actus virtualiter existunt.* Summa th., I. p., q. xciii, art. 7.

277. On peut voir par là combien peu raisonnable est la théorie Rosminienne, qui explique l'image de la Trinité en nous par l'idée innée de l'être en vertu des trois formes qu'elle lui suppose ; *idéale, réelle* et *morale*. Admettons un instant que ces trois formes se trouvent bien dans l'idée de l'être ; jamais elles ne sauraient représenter les trois personnes divines, qui ne sont pas des formes mais des subsistances, distinctes entre elles, ainsi que nous l'avons dit plus haut, en vertu des processions. Si pour une image il faut la représentation spécifique du prototype, nous devons évidemment chercher l'image de la Trinité en nous dans ce qui rappelle la distinction des trois personnes divines. Or, celles-ci ne se distinguent pas par des formes, mais par des « oppositions relatives » résultant des deux processions d'intelligence et d'amour. Par conséquent, cette image est reproduite en nous par ce qui imite le mieux cette double procession, c'est-à-dire par la production du verbe mental et par celle de l'amour qui en est la conséquence. *Oportet quod imago Trinitatis attendatur in anima secundum aliquid quod repræsentat divinas personas repræsentatione speciei, sicut est possibile creaturæ. Distinguuntur autem divinæ personæ secundum processionem Verbi a Dicente et Amoris ab utroque* (1). Les trois prétendues formes de Rosmini ne sont que trois manières d'être, trois points de vue différents de la même essence, sans aucune procession ni opposition entre elles. Loin de constituer en nous une image de la Sainte Trinité, elles sont plutôt faites pour nous en donner une fausse idée.

Il n'y a d'ailleurs rien d'étonnant à cela ; car l'idée de l'être n'est même pas apte à constituer l'image de la nature divine. Cette idée est un objet de notre perception, et non une partie intégrante de notre être. Avec elle nous ne serions pas images de Dieu, mais nous connaîtrions une image de Dieu. La véritable image de Dieu serait précisément cette fameuse idée interposée entre Dieu et nous comme objet perpétuel de notre pensée. C'est vraiment en elle que brillerait la similitude avec Dieu, étant donnés les caractères divins que lui attribue Rosmini. Quant à nous, notre seul avantage serait d'être admis en sa présence, à la condition, toutefois, de ne point nous faire illusion en prenant sa triple forme comme image des trois personnes divines.

278. Laissons de côté cette doctrine quelque peu téméraire

---

(1) S. Thomas, *Summa th.*, I. p., q. xciii, art. 8.

et revenons à notre sujet, pour conclure que l'image de la Trinité se trouve en notre âme, en tant qu'elle est douée d'intelligence et de volonté, principalement dans la connaissance et l'amour qu'elle a par rapport à elle-même. Car c'est vraiment dans ce cas que se vérifie le mieux l'identité d'un seul être qui se reproduit en lui-même sous deux autres modes différents. Cependant l'image de la Trinité sera aussi parfaite que possible si l'on entend cette connaissance et cet amour d'une manière non pas absolue mais relative, c'est-à-dire en ce sens que l'âme sort d'elle-même pour s'élever à la connaissance et à l'amour de Dieu ; car il faut surtout chercher cette image dans ce qu'il y a de plus élevé en notre âme. Or, quoi de plus noble et de plus élevé que l'acte par lequel elle comprend et aime, non pas un bien créé quelconque, mais le bien incréé ? c'est là que l'image de la Sainte Trinité se révèle avec le plus parfait éclat et que l'âme devient le plus semblable à Dieu, puisque le Verbe procède de la connaissance que Dieu a de lui-même, et que le Saint-Esprit procède de l'amour qui résulte de cette connaissance. *Verbum Dei nascitur de Deo secundum notitiam sui ipsius et Amor procedit de Deo secundum quod seipsum amat: manifestum est autem quod diversitas objectorum diversificat speciem verbi et amoris. Non enim idem est specie, in corde hominis, verbum conceptum de lapide et equo, nec idem specie amor. Attenditur divina imago in homine secundum verbum conceptum de Dei notitia et amorem exinde derivatum, et sic imago attenditur in anima secundum quod fertur, vel nata est ferri in Deum* (1). Il n'est pas besoin d'ailleurs que cette connaissance et cet amour soient toujours en acte pour constituer en nous l'image de la Trinité ; il suffit de les considérer comme contenus dans les puissances et les habitudes qui sont en notre âme. *Actus, etsi non semper maneant in seipsis, manent tamen semper in suis principiis, scilicet potentiis et habitibus. Unde Augustinus dicit* (de Trinitate, Lib. XIV): *si secundum hoc facta est ad imaginem Dei anima rationalis, quod uti ratione atque intellectu ad intelligendum et conspiciendum Deum potest, ab initio quo esse cœpit fuit in ea Dei imago* (2).

(1) S. Thomas, *Summa th.*, I. p., q. xciii, art. 8.
(2) *Ibid.*, art. 7, ad 1.

ARTICLE VI

L'exemplarisme par rapport à l'Idéalogie.

279. Pour rendre compte de notre connaissance, saint Thomas n'a point recours, comme la philosophie poétique de nos jours, aux fictions des « formules » ou «intuitions idéales ». C'est de l'observation des faits qu'il remonte aux principes qui peuvent en fournir l'explication. Il n'introduit pas *Deum ex machina*; mais il fait agir les causes secondes sous l'influence de la cause première, à laquelle d'ailleurs il ne fait appel que lorsqu'il faut donner la raison dernière des choses. Pour lui, la connaissance a son point de départ dans les sens. Dans l'ordre intellectuel il lui assigne pour cause une lumière innée de notre esprit, qui a pour mission d'illuminer les objets perçus par la sensation, et d'y rendre intelligibles les quiddités ou essences d'où émanent en dernière analyse les vérités premières et les principes immédiats de la science humaine toute entière. Tout ceci a été expliqué et démontré plus haut; nous allons essayer pour le moment de faire voir comment, d'après saint Thomas, l'origine et la vérité de nos idées sont intimement liées avec la théorie de l'exemplarisme divin.

Dieu détermine notre intelligence comme le maître détermine l'intelligence de son disciple : *Docens movet intellectum addiscentis, sed Deus docet hominem scientiam, ergo Deus movet intellectum hominis* (1). De même que le maître enseigne le disciple en lui communiquant, dans la mesure dont il est susceptible, sa propre science au moyen de la parole, de même aussi Dieu nous instruit en nous donnant une participation de ses idées par le moyen de l'univers créé qui est le langage dont il se sert pour nous parler dans l'ordre naturel.

280. Deux éléments concourent à la connaissance : un élément subjectif qui n'est autre que la faculté intellectuelle, et un élément objectif, c'est-à-dire la détermination produite dans la puissance intellective par la présence de l'objet intelligible. Saint Thomas donne à cet élément déterminatif le nom d' « espèce », par ce qu'il contient la représentation de l'objet qui est ensuite vitalement reproduite dans le verbe mental : *Operationis*

---

(1) *Summa th.*, I. P., Q. cv, art. 3.

intellectus est duplex principium in intelligente : unum scilicet, quod est ipsa virtus intellectualis, quod quidem principium est etiam in intelligente in potentia ; aliud autem est principium intelligendi in actu, scilicet similitudo rei intellectæ in intelligente (1). Or, l'un et l'autre élément nous conduit également bien à la connaissance, grâce à l'exemplarisme divin dont la puissance intellective et l'objet intelligible reçoivent communication, chacun à sa manière ; car l'intelligence créée est une image de l'intelligence divine et elle doit participer, autant que sa nature le permet, à la vertu intellective et aux raisons intelligibles qui sont en Dieu. La différence qui sépare les êtres doués de connaissance d'avec ceux qui ne le sont point, consiste principalement en ce que ceux-ci ne possèdent en eux-mêmes que leur propre forme ou nature, tandis que les premiers reçoivent ou peuvent recevoir, outre leur forme propre, la forme ou l'être d'autres choses distinctes d'eux-mêmes. C'est ainsi qu'on a pu dire de l'âme humaine que, par la connaissance, elle devient « toutes choses », soit dans l'ordre sensitif, soit surtout dans l'ordre intellectif où le sujet intelligent acquiert une sorte d'infinité, à cause de l'extension indéterminée de son objet. *Forma in his quæ cognitionem participant, altiori modo invenitur quam in his quæ cognitione carent. In his enim quæ cognitione carent, invenitur tantummodo forma ad unum esse proprium, determinans unumquodque, quod etiam naturale uniuscujusque est... In habentibus autem cognitionem sic determinatur unumquodque ad proprium esse naturale per formam naturalem, quod tamen est receptivum specierum aliarum rerum ; sicut sensus recipit species omnium sensibilium, et intellectus omnium intelligibilium. Et sic anima hominis fit omnia quodammodo secundum sensum et intellectum, in quo cognitionem habentia ad Dei similitudinem quodammodo appropinquant* (2).

Toutefois, l'esprit humain se trouvant au dernier degré de l'échelle des êtres intelligents, ne possède pas en acte, comme les Anges, la forme des autres choses, mais seulement en puissance. *Intellectus angelicus semper est in actu suorum intelligibilium, propter propinquitatem ad primum intellectum qui est actus purus. Intellectus autem humanus, qui est infimus in ordine intellectuum, et maxime remotus a perfectione divini intellectus, est in potentia respectu intelligibilium* (3). Il peut cependant passer de

(1) *Ibid.*
(2) *Ibid.*
(3) *Ibid.*, Q. LXXIX, art. 2.

la puissance à l'acte grâce à sa lumière intellectuelle qui est une participation et comme un rayon de la lumière incréée où sont contenues les raisons intelligibles de toutes choses. *Ipsum lumen intellectuale quod est in nobis, nihil est aliud quam quædam participata similitudo luminis increati in quo continentur rationes æternæ* (1).

281. Quant à l'autre élément, c'est-à-dire à la détermination subjective produite par la présence de l'objet, il trouve, lui aussi, sa dernière explication dans l'exemplarisme divin. Les créatures, en effet, ne peuvent se révéler à l'intelligence, et la déterminer à les connaître, que parce qu'elles sont des copies réalisées des archétypes divins : *Sicut enim omnes rationes rerum intelligibiles primo existunt in Deo, et ab eo derivantur in alios intellectus ut actu intelligant ; sic etiam derivantur in creaturas ut subsistant* (2). Dieu est la première et suprême vérité, comme il est le suprême et le premier Être. Il est donc tout à à la fois cause première de toute réalité qui existe dans la nature et de toute idée qui surgit dans l'intelligence. Mais il faut remarquer que son influence n'enlève rien à l'efficacité propre des causes secondes par rapport à la vérité, pas plus qu'elle ne met obstacle à cette efficacité dans l'ordre des phénomènes physiques de la nature. Lorsqu'il a tiré du néant les créatures, Dieu leur a donné un véritable pouvoir, une véritable causalité pour produire leurs opérations ; de même aussi, il leur a donné leur degré propre d'intelligibilité par rapport à la connaissance. Pour l'homme, cette intelligibilité des choses visibles s'explique par deux raisons : d'abord, parce que ces choses sont de véritables essences, et ensuite parce qu'elles se trouvent, au moyen des sens, en relation avec l'intelligence, qui peut avec sa lumière propre les éclairer et les faire apparaître comme telles en dépouillant l'objet sensible de tout élément concret d'individualité matérielle. Mais ces deux raisons s'appuient précisément sur l'exemplarisme. Car les choses visibles ne sont des essences que parce qu'elles sont des copies créées d'exemplaires incréés ; et, par ailleurs, l'intelligence humaine ne possède cette lumière révélatrice des essences que parce qu'elle a été formée à la ressemblance de la lumière divine où subsistent les raisons intelligibles de toutes choses.

282. Voilà pourquoi l'on peut dire avec raison que nous

---

(1) *Ibid.*, Q. LXXXIV, art. 5.
(2) *Summa th.*, I. P., Q. CIV, art. 3.

voyons toute vérité dans la vérité éternelle. On dirait de même que nous voyons les corps dans le soleil ; non que nous les percevions dans le disque solaire lui-même, mais parce que nous ne pouvons les percevoir qu'au moyen des rayons lumineux du soleil. C'est ainsi que Dieu est tout spécialement en nous par la connaissance, outre son mode de présence ordinaire qui résulte de la création et de la conservation. Nos idées ne sont que des images de l'idée divine qui se réflète dans nos intelligences, à la manière d'un objet réfléchi par plusieurs miroirs à la fois, de façon à se multiplier en plusieurs images parfaitement semblables entre elles. De là vient pour tous les hommes un accord unanime dans les jugements naturels relatifs aux vérités premières et à leurs conséquences légitimes ; jugements et conséquences qui viennent en dernière analyse se résoudre dans les raisons éternelles de l'intelligence divine. Il y a, en effet, une véritable participation de ces raisons éternelles, tant dans la lumière intellectuelle qui est la source de nos jugements, que dans l'être même des objets qu'elle a pour mission d'éclairer : *Non solum sic veritas est in anima sicut Deus per essentiam in rebus omnibus esse dicitur ; neque sicut in rebus omnibus est per suam similitudinem, prout unaquæque res in tantum dicitur vera in quantum ad similitudinem Dei accedit ; non enim in hoc anima aliis rebus præfertur. Est ergo speciali modo in anima, inquantum veritatem cognoscit. Sicut igitur anima et res aliæ, veræ quidem dicuntur in suis naturis, secundum quod similitudinem illius summæ naturæ habent, quæ est ipsa veritas, quum sit per intellectum esse ; ita id quod per animam cognitum est, verum est, in quantum illius divinæ veritatis, quam Deus cognoscit, similitudo quædam existit in ipsa. Unde et Glossa super illud Psalmistæ* (Ps. XI, 2) : Diminutæ sunt veritates a filiis hominum, *dicit quod,* « *sicut ab una facie resultant multæ facies in speculo, ita ab una prima veritate resultant multæ veritates in mentibus hominum.* » *Quamvis autem diversa a diversis cognoscantur et credantur vera, tamen quædam sunt vera, in quibus omnes homines concordant, sicut sunt prima principia intellectus, tam speculativi quam practici, secundum quod universaliter in mentibus hominum divinæ veritatis quasi quædam imago resultat. In quantum ergo quælibet mens, quidquid per certitudinem cognoscit, in his principiis intuetur, secundum quæ de omnibus judicatur, facta resolutione in ipsa, dicitur omnia in divina veritate vel in rationibus æternis videre et secundum eas de omnibus judicare. Et hunc sensum confirmant verba Augustini qui dicit in* Soliloquiis (L. 1, c. 8.) *quod scientiarum spectamina videntur in divina veritate, sicut visibilia in lumine solis ; quæ constat non videri in ipso corpore solis, sed per lumen quod est similitudo solaris claritatis in aere et similibus corporibus relicta* (1).

ARTICLE VII

L'exemplarisme par rapport à la Morale.

283. Dans l'ordre moral, c'est-à-dire dans l'ordre de nos actions libres, il faut considérer deux choses : l'objet de nos actions, et le principe régulateur qui les dirige. L'objet est le bien, et le principe régulateur est le jugement pratique de la raison. Rien de plus évident pour qui considère avec quelque attention la nature de la volonté humaine. Qu'est-ce, en effet, que la volonté, sinon l'appétit rationnel de l'homme, ou, en d'autres termes, l'inclination et la tendance qui nous portent vers les objets que la raison nous propose comme appétibles ? Or, une nature quelconque ne peut avoir d'inclination que pour une chose qui lui convient et la perfectionne d'une certaine manière, c'est-à-dire pour le bien ; et, dans une faculté appétitive subordonnée à la raison, le choix à établir entre plusieurs objets différents doit évidemment dépendre de la décision pratique d'un jugement. Saint Thomas fait encore, sur ces deux points, une heureuse application de l'exemplarisme.

284. Quant au premier, il rapporte d'abord la doctrine de Platon qu'il divise en trois parties : 1° l'existence séparée des formes de tous les êtres de la nature, de la forme abstraite d'homme par exemple, dont la participation constituerait, d'après ce philosophe, les individus de l'espèce humaine ; 2° l'existence, également séparée, de l'être en soi et de l'un en soi, identifiée avec l'existence du souverain bien, puisqu'il y a identité et réciprocité entre l'être, l'un et le bien ; 3° enfin, cette opinon d'après laquelle tous les biens particuliers ne sont bons que par participation du bien suprême. Saint Thomas rejette, il est vrai, la première partie de cette doctrine comme absolument fausse ; mais il tient la seconde pour parfaitement vraie et il la prouve par les raisons qui lui avaient servi à démontrer qu'il doit exister un premier être essentiellement bon qu'on

(1) S. Thomas, *Contra Gentiles*, lib. III, c. 47.

appelle Dieu. *Quamvis hæc opinio irrationabilis videatur quantum ad hoc quod ponebat species rerum naturalium separatas per se subsistentes, tamen hoc absolute verum est quod aliquid est primum quod per suam essentiam est ens et bonum, quod dicimus Deum.* Quant au troisième point de la doctrine platonicienne, le Docteur angélique concède volontiers que les biens particuliers ne sont tels qu'en vertu d'une sorte d'assimilation avec la bonté divine, en tant qu'ils représentent plus ou moins dans leur être la bonté parfaite du souverain bien. Pour éviter toute équivoque, il propose une distinction fort utile en pareille matière ; les choses créées, dit-il, sont constituées bonnes par la bonté divine *efficiemment*, mais non *formellement*. Leur bonté procède de Dieu comme de leur cause première efficiente, exemplaire et finale, non comme d'une cause formelle, qui serait l'acte même intrinsèque et constitutif de leur être, un tel acte devant nécessairement être distinct de l'être divin, et par conséquent aussi de la divine bonté. *A primo igitur per essentiam ente et bono unumquodque potest dici bonum et ens, in quantum participat ipsum per modum cujusdam assimilationis, licet remote et deficienter, sic ergo unumquodque dicitur bonum bonitate divina sicut primo principio exemplari, effectivo et finali totius bonitatis. Nihilominus tamen unumquodque dicitur bonum similitudine divinæ bonitatis sibi inhærente, quæ est formaliter sua bonitas denominans ipsum. Et sic est bonitas una omnium et sunt etiam multæ bonitates* (1).

285. Après avoir appliqué la doctrine de l'exemplarisme à la volonté, saint Thomas l'applique encore à la règle directrice de nos actions. Cette règle, avons-nous dit, consiste dans les décisions pratiques de la raison, gardienne et dépositaire de cette loi naturelle que saint Thomas considère comme une participation de la loi éternelle dans la créature raisonnable. Il résulte de là que la règle suprême et dernière de nos actions se trouve, en fin de compte, dans la loi éternelle de Dieu, d'après laquelle nous devons diriger nos actes. Or, comment saint Thomas conçoit-il la loi éternelle ? Il la conçoit précisément comme un point de vue particulier des éternels exemplaires. Dieu est en même temps créateur et gouverneur de tous les êtres qui composent l'univers. Il est leur créateur, puisqu'il les a tirés du néant : il les gouverne, puisqu'il les dirige, chacun vers sa fin particulière en même temps que vers la fin commune à tous.

(1) *Summa th.*, I. P., Q. IV, art. 1 et 4.

Dans l'un et l'autre cas, Dieu agit comme être intelligent, et sa raison éternelle constitue vraiment la règle directrice de ses opérations quand il exerce son influence sur les créatures. Dans la création cependant, la raison divine a plutôt raison d'art, d'exemplaire ou d'idée, tandis qu'elle revêt la forme de loi quand il s'agit du gouvernement de choses déjà créées. La loi éternelle de Dieu est donc substantiellement la même chose que l'idée ou l'exemplaire éternel, considéré, non plus quant à la production des créatures, mais par rapport à leur gouvernement; c'est pour ainsi dire un simple changement de point de vue qui à Dieu artiste suprême substitue Dieu suprême gouverneur de ses œuvres : *Sicut ratio divinæ sapientiæ, in quantum per eam cuncta sunt creata, rationem habet artis, vel exemplaris, vel ideæ, ita ratio divinæ sapientiæ moventis omnia ad debitum finem obtinet rationem legis* (1). D'autre part, la loi éternelle, tout comme les types idéaux des choses, est contenue dans le Verbe divin par lequel Dieu le Père s'exprime à lui-même tout ce que peut renfermer sa science. Par conséquent, la loi éternelle, encore qu'elle ne soit pas, rigoureusement parant, une propriété personnelle, est cependant un attribut personnel; car on la rapporte, par appropriation, à la seconde personne de la Sainte Trinité, à cause de l'intime connexion qui relie l'objet connu au verbe mental qui l'exprime : *In divinis ipsum Verbum, quod est conceptio paterni intellectus, personaliter dicitur. Sed omnia quæcumque sunt in scientia Patris, sive essentialia, sive personalia, sive etiam Dei opera, exprimuntur in hoc Verbo; et inter cætera, quæ hoc Verbo exprimuntur, etiam ipsa lex æterna Verbo ipso exprimitur. Nec tamen propter hoc sequitur quod lex æterna personaliter in divinis dicatur : appropriatur tamen Filio propter convenientiam quam habet ratio ad verbum* (2).

Voilà comment l'exemplarisme divin donne la dernière et suprême raison de l'ordre moral. Dans cette merveilleuse doctrine, la loi éternelle, qui est comme la source et la racine de toutes les autres, n'est en réalité autre chose que le concept pratique de l'intelligence divine, en ce sens que la règle qui préside à la production des créatures devient la règle de leur gouvernement.

286. Afin d'enlever aux Ontologistes toute possibilité de dé-

---

(1) *Summa th.*, I-II., Q. XCIII, art. 1.
(2) *Summa th.*, I-II. P., Q. XCIII, art. 2.

tourner le sens de cette belle doctrine de saint Thomas en faveur de leur système imaginaire, nous devons ajouter que le saint Docteur se hâte d'expliquer aussitôt comment cette connaissance de la loi éternelle est le fruit du raisonnement, et non pas un produit d'intuition immédiate. Voici ses propres paroles : « On peut connaître une chose de deux manières : d'abord en elle-même, et ensuite dans ses effets où elle laisse quelque vestige de sa ressemblance, comme par exemple lorsqu'on voit le soleil, non dans sa substance, mais dans les rayons qui en émanent. C'est ainsi que personne ne peut connaître immédiatement la loi éternelle en elle-même, ce mode de connaissance n'appartenant qu'à Dieu et aux bienheureux qui jouissent de la vision intuitive de l'essence divine. La créature raisonnable n'acquiert la connaissance de cette loi qu'autant qu'elle en contemple des irradiations plus ou moins parfaites; car toute connaissance de la vérité est comme une irradiation ou participation de la loi éternelle qui est l'immuable vérité ; et tout homme peut acquérir une certaine connaissance de la vérité, au moins quant aux principes généraux de la loi naturelle (1). »

287. Je constate, hélas ! l'impuissance de mes efforts à traiter comme il le mériterait un sujet si élevé, et j'ai trop lieu de craindre que mon pauvre langage n'ait trahi la sublimité d'une si merveilleuse doctrine. Je serais heureux pourtant que cette pâle esquisse pût décider les lecteurs intelligents à mieux approfondir cet enseignement dans les écrits mêmes de saint Thomas. Ils y verront comment la théorie de l'exemplarisme devient, entre ses mains, comme l'âme et la vie de toute la philosophie, âme et vie qui ne détruisent point, comme il arrive chez d'autres philosophes, le sujet même qu'elles doivent animer et vivifier. Ils pourront y apprendre aussi comment les exemplaires éternels constituent tout d'abord le monde intelli-

---

(1) *Dupliciter aliquid cognosci potest : uno modo in se ipso; alio modo in suo effectu, in quo aliqua similitudo ejus invenitur ; sicut aliquis non videns solem in sua substantia, cognoscit ipsum in sua irradiatione. Sic igitur dicendum est quod legem æternam nullus potest cognoscere, secundum quod in seipsa est, nisi solus Deus et beati qui Deum per essentiam vident; sed omnis creatura rationalis ipsam cognoscit, secundum aliquam ejus irradiationem vel majorem vel minorem. Omnis enim cognitio veritatis est quædam irradiatio et participatio legis æternæ, quæ est veritas incommutabilis ; veritatem autem omnes aliqualiter cognoscunt, ad minus quantum ad principia communia legis naturalis.* Summa th., I-II, q. XCIII, art. 1.

gible et entrent en participation de la vie même de Dieu, dès là qu'ils sont contenus dans le Verbe éternel. C'est de là qu'ils dirigent l'œuvre divine de la création dont le plan conçu de toute éternité sert de modèle à l'art divin dans la production du monde ; ils fournissent enfin la raison suprême et dernière de la distinction, de la gradation hiérarchique, de la vertu des choses créées, et de l'aptitude qu'elles ont à nous manifester les perfections divines. Enfin, étant donnée la nature de l'âme humaine, ils nous permettent d'expliquer la véracité de nos connaissances, la légitimité et la bonté de nos actions, sans toutes ces interventions d'intuition ou d'être idéal introduites par pur jeu d'esprit dans la philosophie, et qui, après avoir dépouillé les causes secondes de leur efficacité naturelle, tendent finalement à les dépouiller aussi de leur substantialité et de leur existence propre.

En Dieu seul, être infiniment simple, l'idéal s'identifie avec le réel. Dans tout être distinct de Dieu, la forme idéale se distingue de la forme réelle. Ceci vient de ce que dans la créature l'essence n'est pas l'existence, tandis que c'est le contraire dans l'être incréé en qui tout est parfaitement simple et acte pur. Avant de revêtir la forme réelle, les créatures participent à la forme idéale, en tant qu'elles subsistent éternellement dans le divin intellect. Là elles sont véritablement *vie* et *vie divine*. Elles parviennent ensuite, par la création, à subsister en elles-mêmes ; et, tant qu'elles gardent cet état, elles possèdent, outre leur être propre, le pouvoir d'opérer ; d'où leur aptitude à se manifester à notre intelligence où elles acquièrent une vie nouvelle dans l'œuvre de la connaissance. Là elles constituent le point de départ de l'art humain dont les règles esthétiques n'ont d'autres fondements que les essences intelligibles des choses ; elles tendent ainsi à se reproduire réellement sous un autre forme, grâce au génie de l'artiste. Tout ceci est la doctrine de saint Thomas, bien qu'il soit disciple d'Aristote ; et tout ceci est si intimement lié avec l'exemplarisme platonicien qu'il n'y a vraiment point d'autre manière d'attribuer aux archétypes la double prérogative d'être principes de connaissance et principes d'opérations, d'influer à la fois sur l'être réel et sur l'intelligence, sans se heurter à des erreurs qu'une interprétation vraie ou fausse, mais certainement fort répandue parmi les érudits, attribuait à Platon.

CONCLUSION DE TOUT L'OUVRAGE

La pensée dominante de notre travail a été d'éclaircir et de confirmer, pour ainsi dire, la doctrine de saint Thomas sur l'origine des idées, en réfutant principalement les théories opposées de l'Ontologisme et des idées innées. C'est à ce dessein capital, ainsi que le lecteur s'en sera aisément aperçu, que se rapportent de plus ou moins près toutes les parties de notre travail, qui revêt ainsi tout à la fois le caractère d'une démonstration et d'une réfutation sur un seul et même sujet. Afin de mieux faire saisir l'intention et le plan de ce traité, nous allons, dans une conclusion générale, en résumer brièvement les points les plus importants qui se trouvent développés dans les neufs chapitres de ce volume.

I. — La connaissance intellectuelle est comme un enfantement spirituel par lequel le sujet pensant reproduit idéalement en lui-même la forme, c'est-à-dire l'être de l'objet qu'il perçoit. C'est ce que prouve évidemment l'expérience de tous les hommes : car, dès que l'on comprend une chose, on a conscience d'en avoir en soi le concept idéal qui est, dans l'ordre intelligible, comme une reproduction de ce qui existe dans l'ordre réel. Cette génération spirituelle, ce concept exprimant l'objet connu, a reçu des anciens philosophes le nom de « verbe », parce qu'il est comme la parole intérieure que s'adresse à lui-même le sujet connaissant. Ce concept serait impossible si l'intelligence ne recevait du dehors une détermination possédant une sorte de vertu formative du concept à produire ; tout comme il arrive dans la génération matérielle où le germe d'une plante ne se développe à l'état d'embryon qu'autant qu'il a été préalablement fécondé par le pollen. Cette semence intellectuelle, qui a pour mission de féconder l'intelligence en la déterminant à la production de tel ou tel concept, est désignée par saint Thomas sous le nom d' « espèce intelligible »; d'autres scholastiques l'appelaient encore « espèce impresse » en réservant le nom d' « espèce expresse » au verbe mental. Les modernes se servent généralement du mot « idée ». Mais, peu soucieux de la précision du langage, ceux-ci n'expliquent point suffisamment s'ils entendent par là la représentation qui informe l'acte cognitif ou la détermination qui doit précéder cet acte dans l'intelligence. Pour nous conformer au langage moderne, tout en évitant l'équivoque qu'il renferme, nous avons distingué l' « idée en acte premier » de l' « idée en acte second », en ayant soin de faire remarquer que la première correspond à l'espèce impresse, et la seconde à l'espèce expresse des anciens philosophes.

II. — De quelque façon qu'on veuille considérer l'idée, soit en acte premier (*espèce intelligible*), soit en acte second (*verbe mental*), jamais on ne doit la regarder comme l'objet intelligible lui-même, mais seulement comme le « moyen » par lequel et dans lequel nous le percevons. L'idée en acte premier n'étant qu'une ressemblance de l'objet, reçue dans l'esprit à titre de semence fécondante, il est clair que, loin d'être le terme de la connaissance, elle en est bien plutôt le principe. Quant à l'idée en acte second, bien qu'elle soit le terme de l'acte intellectuel considéré subjectivement comme *action*, puisqu'elle est le produit intérieur de l'esprit, toutefois, on ne doit point la regarder comme terme de ce même acte considéré comme *connaissance*; car, dans cette idée l'esprit ne voit que l'objet qui s'y trouve exprimé, sans faire la moindre attention à la forme idéale sous laquelle il lui est présenté. C'est ce que saint Thomas explique très ingénieusement par l'exemple d'un miroir dont la surface serait exactement découpée suivant les contours de l'objet qui s'y réfléchit. Quiconque aurait devant les yeux ce miroir n'y verrait absolument rien autre chose que l'objet, sans apercevoir la glace qui le réflète. L'objet direct de la perception intellectuelle n'est pas l'idée mais l'essence exprimée dans l'idée.

Il faut observer ici que nous ne connaissons cette essence que d'une manière absolue et abstraite, sans tenir compte de sa subsistance réelle dont la perception appartient à une connaissance ultérieure, ainsi qu'il arrive pour la subsistance idéale dont la connaissance appartient à l'ordre réflexe. La raison en est que l'essence peut subsister dans deux états différents, réel ou idéal, sans que ni l'un ni l'autre fasse partie des caractères propres qui la constituent. Supposons, en effet, que la subsistance idéale soit un des caractères intrinsèques de l'essence, celle-ci ne pourrait jamais se rencontrer dans l'ordre réel; de même qu'elle ne pourrait jamais subsister dans l'ordre idéal s'il lui était indispensable d'avoir la subsistance réelle. Or, ces deux hypothèses sont également fausses, puisqu'il est bien vrai que nous pensons, et que les choses existent en dehors de nous. Puis donc que l'essence est susceptible de ce double mode de subsistance, en elle-même et dans l'intelligence, il nous faut conclure que, considérée en elle-même, elle fait abstraction de l'un et de l'autre de ces deux états, et qu'on peut parfaitement la connaître, sous ce point de vue, quand on ne considère que les caractères intrinsèques qui la constituent. C'est ainsi que la perçoit notre intelligence dans son acte de connaissance directe. Il est vrai qu'en faisant ensuite réflexion sur ce même acte, nous pouvons la voir dans son état idéal; de même que, par réflexion sur la sensation ou encore par voie de raisonnement, nous pouvons la saisir dans sa subsistance réelle. Seul l'être divin, s'il était connu intuitivement, ne serait pas susceptible d'une pareille abstraction, parce qu'en Dieu l'essence ne se distingue point de l'existence.

III. — L'essence ainsi conçue, c'est-à-dire dans ses seuls caractères intrinsèques et abstraction faite de sa condition de subsistance réelle, constitue *l'universel direct* qui est, à proprement parler, l'intelligible. On peut dire que cet intelligible se trouve dans toute chose existante, quant à l'objet perçu et non quant à l'état abstrait dans lequel on le perçoit. Ainsi, quand vous pensez : *animal raisonnable*, cette essence se trouve véritablement dans Pierre, Paul et ainsi de suite ; mais elle s'y trouve revêtue des caractères particuliers d'individuation dont vous la débarrassez dans votre perception. Si l'on vient ensuite à comparer, par une réflexion de l'esprit, l'essence conçue tout d'abord abstraitement avec les individus dans lesquels elle subsiste ou peut subsister, elle devient un moyen propre à représenter ceux-ci quant aux caractères qui les réunissent dans une commune ressemblance. Sous ce rapport, l'essence constitue *l'universel réflexe*, c'est-à-dire cet universel que nous désignons sous les noms de *genre* ou d'*espèce*, et qui exprime une forme commune à plusieurs sujets, d'une communauté d'attribution qui peut convenir à tout ou partie de leur nature.

L'universel réflexe renferme tout à la fois l'unité et la multiplicité ; unité de concept et multiplicité de relation ; ce qui se comprend de reste, puisqu'il exprime l'essence conçue en tant qu'elle peut s'appliquer à un nombre indéfini d'individus. Aussi l'universel réflexe n'existe-t-il, à proprement parler, que dans l'intelligence. Les choses réelles ne nous en offrent que le fondement, en tant que l'être d'un individu quelconque peut être connu, abstraction faite de son individualité, et par conséquent considéré par réflexion de l'esprit comme susceptible de se rencontrer en d'autres individus. On est souvent tombé dans de graves erreurs, faute d'avoir tenu compte de cette distinction de l'universel direct et de l'universel réflexe, et d'avoir remarqué que ce dernier se trouve dans les choses quant à l'essence qu'il exprime et non quant à l'état abstrait où il l'exprime. Et, de fait, supprimez pour un instant ces distinctions et demandez-vous d'une manière générale si l'universel a une existence réelle dans les choses. Si vous répondez négativement, il en résultera que l'universel est un simple mot, *flatus vocis*, ou une pure création de notre esprit. Dans le premier cas, vous êtes nominaliste, et conceptualiste critique, dans le second. Répondrez-vous affirmativement? Je vous demanderai alors s'il existe en dehors des individus ou confondu avec eux? Si vous le dites séparé, nous voici dans le platonisme ou dans l'ontologisme, suivant que l'universel subsistera en lui-même ou dans l'intelligence divine. Si, au contraire, vous le confondez avec les individus, vous tomberez inévitablement, soit dans le panthéisme des faux réalistes du moyen âge, soit dans celui des subjectivistes allemands contemporains, suivant que vous expliquerez la distinction de ces individus par les seuls accidents ajoutés à l'essence, ou par les seuls phénomènes ou apparences que se créé en lui notre propre esprit.

Toutes ces erreurs tombent devant la double distinction rapportée plus haut. Si l'on en tient compte, on voit aisément comment les premiers intelligibles consistent dans l'essence des choses, conçue en elle-même, abstraction faite du sujet où elle se trouve individuée. Ce concept renferme deux éléments, l'être que l'on perçoit et l'abstraction sous laquelle on le perçoit. Le premier de ces deux éléments est bien dans les singuliers existants, tandis que le second procède exclusivement de l'intelligence. C'est aussi, à proprement parler, le premier et non le second que l'esprit considère dans son concept. Par conséquent, l'intelligible, qui est l'objet propre de l'acte direct de la connaissance, est vraiment quelque chose qui se trouve dans l'ordre de la subsistance réelle, mais que l'on considère seulement comme essence et non comme existence. Voilà le réalisme de saint Anselme, de saint Thomas et, en général, de tous les docteurs orthodoxes de l'école.

IV. — Désormais, la voie nous est ouverte pour résoudre la question de l'origine des idées. Ce problème capital s'identifie avec la question des concepts universels où se trouvent exprimées les essences des choses. Or, pour expliquer ces concepts, il suffit d'admettre dans l'âme humaine une vertu abstractive, ou, en d'autres termes, une « lumière intellectuelle » capable de faire briller au sein des objets perçus par les sens la quiddité ou essence, abstraction faite des caractères matériels qui l'individualisent dans l'existence réelle.

A cette explication, les Ontologistes substituent la vision directe des divins archétypes ou l'intuition de l'existence de Dieu, à l'exclusion de son essence. Or, il est impossible de voir les divins archétypes en Dieu, être absolument simple, sans voir en même temps l'être divin qui n'est en aucune façon distinct de l'intelligence divine. Par ailleurs, l'intuition de l'être divin emporte nécessairement l'intuition de l'essence qui, en Dieu, s'identifie absolument avec son existence. La vision immédiate de Dieu n'appartient qu'aux bienheureux, de même que la connaissance par espèces infuses est une pérogative spéciale de la nature angélique. L'homme n'étant ni ange ni bienheureux, est condamné par son mode particulier de connaissance à chercher l'origine de ses connaissances dans le monde corporel avec lequel il entre en communication au moyen des sens.

L'être réel, quel qu'il soit, tend naturellement à se reproduire dans l'ordre de la connaissance. Ceci s'applique même aux choses matérielles, puisqu'elles possèdent une véritable réalité, et présentent, quoique dans un domaine fort inférieur, un certain degré d'imitation divine. Mises en contact avec un sujet capable de connaissance, elles y reproduisent leur forme, proportionnellement à la nature des facultés que possède ce sujet. Chez l'homme, être sensitif et intellectif tout à la fois, cette forme, reçue d'abord dans les sens extérieurs, se reproduit plus complètement dans l'imagination ; elle tend à se révéler d'une manière plus parfaite dans l'intelligence et à y reprendre, en quelque sorte, l'éclat de pureté et de simplicité qu'elle possédait dans l'intelligence divine (1). Mais, pour arriver là, il lui

---

(1) Saint Augustin explique fort bien comment la forme réelle se reproduit dans les sens, par les sens dans l'imagination, et par l'imagination, dans l'intelligence. *Cum incipimus a specie corporis* (la forme subsistant dans la nature), *et pervenimus usque ad speciem quæ fit in contuitu cogitantis* (la forme subsistant dans l'intelligence), *quatuor species requiruntur, quasi gradatim natæ altera ex altera, secunda de prima, tertia*

faut le secours d'une vertu d'ordre supérieur ; car, bien que l'objet brille déjà dans l'imagination d'une manière assez vive et assez complète, il ne sort cependant point du domaine de l'individualité matérielle ; d'où la nécessité d'un nouveau principe donné par Dieu à notre âme. Mais dans l'ordre naturel Dieu n'intervient point *ex machina*, pour résoudre de lui-même les difficultés sans employer le concours actif des êtres qu'il a produits. Il dispose et ordonne toute créature à sa fin propre et lui donne toute l'efficacité nécessaire pour l'atteindre. Pourquoi refuserait-on à l'homme, qui est la plus parfaite des natures visibles, ce que l'on accorde volontiers à la plus infime des créatures ? Dieu donc concourt à la production de nos idées au moyen d'une vertu (*intellect agent*) qu'il a imprimée en nos âmes, vertu dont l'efficacité dispose le phantasme à déterminer la faculté intellective à la reproduction de la forme idéale.

V. — Étant donné que cette disposition préalable du phantasme consiste à faire apparaître au regard de la faculté appréhensive de notre intellect, c'est-à-dire à l'*intellect possible*, l'essence des choses, qui est à proprement parler l'intelligible, il en résulte qu'on donne à l'intellect agent le nom de lumière, par une métaphore tirée de la lumière corporelle qui rend les couleurs visibles à nos yeux ; et, comme l'apparition de cette essence se fait sous un point de vue universel, de là vient qu'on appelle aussi cette lumière intellectuelle « vertu abstractive ». On peut encore la regarder comme un moyen universel de connaissance puisqu'elle nous sert à acquérir les notions premières qui, par leur application à des sujets différents, deviennent la source de tout raisonnement.

Cette lumière a donc pour fonction, non pas de créer mais seulement de nous révéler l'intelligible. Elle ne produit point dans l'objet l'essence qu'on doit y percevoir, comme paraissent le dire les défenseurs de l'être idéal, qui sur ce point se rapprochent beaucoup des disciples du criticisme. L'essence se trouve bien réellement dans l'objet sensible ; car celui-ci, par là même qu'il existe, ne peut pas ne pas avoir une essence. Il ne reste plus qu'à constituer cette essence dans l'ordre idéal en la

---

de secunda, quarta de tertia. A specie quippe corporis quod cernitur (la forme réelle des choses visibles) *exoritur ea quæ fit in sensu cernentis* (la forme produite dans les sens) ; *et ab hac, ea quæ fit in memoria* (c'est-à-dire le phantasme de l'imagination à laquelle se rattache la mémoire sensitive) ; *et ab hac, ea quæ fit in acie cogitantis* (dans la vision de l'intelligence). *De Trinitate*, lib. XI, cap. 9.

dépouillant des caractères individuels propres à sa subsistance matérielle. C'est précisément ce que fait cette lumière que saint Thomas nomme intellect agent, comme nous l'avons expliqué en son lieu. La première opération de l'esprit humain consiste donc dans l'analyse et non dans la synthèse, puisqu'elle consiste simplement à séparer de son individualité l'essence renfermée dans l'objet perçu par les sens, et non à lui appliquer je ne sais quelle forme innée, ce qui supposerait que l'intelligence fabrique d'elle-même l'objet de sa propre perception, ainsi que l'affirme le système idéaliste de Kant.

VI. — La première idée qui apparaisse en nous est l'idée de *l'être*; et c'est à cette idée absolument universelle et simple que viennent se réduire toutes les autres. La priorité de l'être est donc tout à la fois chronologique et logique. *Illud quod mens concipit quasi notissimum, et in quod omnes conceptiones resolvit, est ens.* Du concept de l'être résulte aussitôt en nous la vision intellective de sa répugnance avec le néant; d'où le principe de contradiction : *une chose ne peut à la fois être et n'être pas.* Dans l'ordre des jugements, ce principe est le premier, de même que l'idée dont il dérive est la première dans l'ordre des simples appréhensions. Tout de même, le principe de substance découle immédiatement de l'idée de substance, et le principe de causalité, de l'idée de cause, et ainsi de même pour tous les autres jugements, qui, parce qu'ils tirent directement leur origine de l'analyse des idées, s'appellent « analytiques », ou « premiers principes », ou enfin « vérités immédiates ».

L'essence considérée absolument en elle-même ne présente point, il est vrai, l'idée de « possible formel »; mais elle offre néanmoins l'idée de « possible fondamental ».

Pour arriver ensuite à l'idée de possible formel il faut considérer l'essence relativement à sa dernière et parfaite actuation, c'est-à-dire par rapport à l'existence réelle qui la rend subsistante en elle-même. On voit alors apparaître dans l'essence la raison de possible « interne » ou « externe », suivant qu'on regarde en elle l'aptitude à exister par rapport à ses caractères intrinsèques ou par rapport à l'activité d'une cause capable de la produire.

VII. — Jusqu'ici l'esprit conçoit, juge et raisonne sur les seules essences abstraites, sans sortir du domaine de l'ordre idéal. Pour passer ensuite à la science d'ordre réel, il faut qu'il applique ses concepts et ses jugements à quelque existence perçue immédiatement, afin d'arriver ensuite par voie de raisonnement à d'autres existences liées avec les précédentes. Or, les existences perçues immédiatement par l'âme humaine sont de deux sortes : notre essence propre et celle des corps extérieurs. Nous percevons la première par réflexion sur un quelconque de nos actes, et la seconde par réflexion sur les seuls actes sensitifs. Or, comme nos premières idées sont, par voie d'abstraction, tirées des phantasmes que produit la sensation externe dans l'imagination, il s'ensuit que l'esprit, dans le premier retour qu'il fait sur lui-même, aperçoit nécessairement et le phantasme et la sensation externe d'où il provient. Aussi, dans ce premier acte réflexe, nous nous connaissons comme intelligents et comme sentants; c'est-à-dire que nous prenons conscience, non seulement de notre existence propre, mais aussi de celle des corps qui nous environnent. Là se trouve le principe de la science dans l'ordre réel; et celle-ci ne provient ni de l'intelligence seule ni de la seule expérience, mais du concours et de la synthèse de l'une et de l'autre.

De la connaissance que nous avons du monde et de nous-mêmes nous nous élevons à la connaissance de Dieu en vertu du principe de causalité, qui nous oblige à admettre l'existence d'une cause suprême et incréée de toutes les créatures, et à la considérer comme distincte de celles-ci et comme les surpassant infiniment dans sa perfection. Nous ne connaissons donc l'existence de Dieu qu'*a posteriori*. Nous la déduisons de ses manifestations tant réelles qu'idéales. Nous arrivons jusqu'à lui par les trois voies de « causalité », de « rémotion », et d' « éminence », que nous avons longuement définies et expliquées au cours de cet ouvrage.

VIII. — Parvenus jusqu'à Dieu par l'analyse, nous pouvons ensuite redescendre vers les créatures par la synthèse, et rendre ainsi plus parfaite la science acquise auparavant. C'est ici que se place la théorie des exemplaires éternels. Dieu crée le monde comme une manifestation ou révélation de son essence, et l'univers sensible présuppose en lui l'univers intelligible nécessairement lié à la vie divine elle-même.

Dieu se comprend lui-même, non seulement sous un aspect absolu mais encore sous un aspect relatif, c'est-à-dire en tant qu'il est indéfiniment participable dans les créatures, par voie de similitude limitée. En vertu de cette connaissance pleine et adéquate de son propre être, il produit en lui son Verbe consubstantiel, dans lequel il exprime et prononce les raisons intelligibles de toutes choses susceptibles d'être créées. Ces raisons intelligibles constituent les idées archétypes, grâce auxquelles les créatures sont « vie » en Dieu avant d'exister réellement en elles-mêmes, ce qui permet de dire qu'elles ne sont pas tirées du pur néant, si par néant l'on veut entendre l'absolue négation de tout être réel et idéal. Dans l'œuvre de la création, Dieu ne présuppose aucun sujet préexistant, aucune matière d'où il ferait éclore, pour ainsi dire, l'être qu'il produit. Toutefois il n'agit qu'en dépendance de son art et de sa sagesse où se trouve le modèle d'après lequel il forme et harmonise son travail.

De là vient la variété et la merveilleuse disposition des choses qui composent l'univers sensible, les créatures étant comme des ombres et des vestiges de la perfection du souverain Artiste, et pouvant, par leur multiplicité et leur harmonie, révéler l'infinité et l'unité du principe d'où elles émanent. Mais il n'y a de vraie ressemblance de l'être divin, de ressemblance spécifique, allions-nous dire, que dans la créature raisonnable dont on peut dire, en toute propriété de langage, qu'elle est faite à l'image de Dieu. En elle, en effet, se trouve l'empreinte de l'essence divine, non seulement quant à ses éléments absolus, c'est-à-dire quant à l'intelligence et la volonté, mais aussi quant à la Trinité des personnes que représente en nous la double procession immanente de l'intelligence et de l'amour.

L'exemplarisme divin rend compte de l'être et de l'opération de toutes choses. L'art divin, en effet, en tant qu'il prescrit des règles à l'action des créatures, revêt la forme et la raison de « loi ». Cette loi est éternelle en Dieu comme sa sagesse. Chacune des règles qui dirigent dans son exercice une force créée quelconque, n'est autre chose qu'un effet et une participation de cette loi éternelle. Mais les créatures intelligentes seules reçoivent une participation de l'art divin, sous forme de loi, de même qu'elles sont seules également à en recevoir communication sous forme de connaissance. Seul aussi, l'être raisonnable peut recevoir le précepte divin formellement considéré comme précepte ; tandis que les créatures d'ordre inférieur ne le reçoivent qu'à titre de détermination ou d'instinct régulateur de leurs opérations, sans en jamais comprendre le pourquoi ni le comment. De là cette loi appelée « naturelle » et qui se trouve originairement imprimée dans nos intelligences; loi qui nous prépare et nous dispose à nous diriger nous-mêmes en nos actes libres d'après les desseins et la fin voulue par le suprême régulateur qui est Dieu.

Telles sont, en résumé, les doctrines que nous avons développées dans cet ouvrage, et qui, sans trop charger l'esprit du lecteur, suffisent pour lui indiquer les lignes principales de tout le travail de la pensée. La connaissance intellectuelle s'y trouve étudiée, non seulement sous un aspect général, quant à sa forme et à ses principes idéaux, mais encore au point de vue particulier des différents objets qui peuvent servir de termes à nos perceptions dans l'ordre réel. Dans ce travail, je me suis efforcé d'apporter quelque lumière à un des plus difficiles problèmes de la philosophie, en essayant en même temps de faciliter aux lecteurs l'étude de la doctrine de saint Thomas sur ce point. Si j'ai atteint mon but, que la gloire en revienne à Celui qui est l'auteur de tout bien. Si je suis resté au-dessous de ma tâche, à moi seul et à la faiblesse de mon esprit doit en revenir toute la faute. Quoiqu'il en soit, j'espère au moins que mon travail pourra exciter les lecteurs à étudier par eux-mêmes les précieux ouvrages du Docteur angélique, et ce sera là, certes, pour mes faibles efforts une ample récompense.

FIN.

TABLE DES MATIÈRES

CHAPITRE I

DE L'IDÉE

Art. I. — **Ce que saint Thomas entend par « idée ».**

§ 1. Deux sortes de connaissance : spéculative et pratique. — Différentes acceptions du mot *idée* dans l'une et l'autre.   19

2-3. L'*idée*, à proprement parler, se rapporte plutôt à la connaissance pratique ; — l'*espèce*, à la connaissance spéculative.. 21

Art. II. — **Vaine jactance de Kant relativement au mot « idée ».**

4-5. Kant reproche à tort aux philosophes d'avoir abandonné le sens platonicien du mot idée. — Comment saint Thomas et les scholastiques l'ont conservé et perfectionné.   23

6. Définition du mot idée d'après Kant.................. 25

7. La définition de Kant est aussi peu platonicienne que possible. — Erreurs graves qui en découlent............. 26

Art. III. — **L'idée, comme forme représentative, peut être considérée en « acte premier » ou en « acte second ».**

8. Ce que c'est que l'idée considérée comme forme *exemplaire*, — comme forme *représentative*..................... 27

9-10. Il faut admettre en nous l'existence d'images représentant les objets de nos pensées ; — et ceci dans tous nos actes de connaissance....................................... 28

11. L'intellection est un véritable enfantement spirituel, une conception, dont le terme est l'idée en « acte second », appelée aussi *verbe mental*, *espèce expresse*............ 29

12. La forme ou image représentative, en tant que principe objectif, déterminant, au début pour ainsi dire, la fécondation de l'intelligence par l'objet, est l'idée en « acte pre-

mier », appelée aussi *espèce impresse*, ou communément *espèce intelligible*.. 31

13. L'idée en acte premier est nécessaire pour avoir l'idée en acte second.. 31
14. Conclusion : quatre éléments sont requis pour la connaissance intellectuelle : la faculté, l'espèce intelligible, l'intellection, le verbe.. 32

Art. IV. — **Étrange opinion des Ontologistes niant les idées comme formes représentatives.**

15-16. Erreur des Ontologistes qui entendent par idée l'objet même de la connaissance....................................... 33
17-18. Réfutation.. 34
19. Discussion de la théorie rosminienne, analogue à celle des Ontologistes. — Dans quel sens l'idée peut être considérée comme objet de la connaissance.............................. 36

Art. V. — **Inutilité des « notions » introduites par les Ontologistes modérés.**

20. Théorie des *notions* d'après les Ontologistes modérés...... 38
21-22. Inutilité de ces notions.. 39

Art. VI. — **Dans quel sens l'on peut et l'on doit dire que l'idée est subjective.**

23. L'idée doit se trouver dans l'acte vital et immanent de la connaissance ; — d'où il suit qu'elle est subjective...... 40
24. Profonde théorie de saint Thomas sur la nature des êtres doués de connaissance ; — propriété qu'ils ont de recevoir des formes distinctes d'eux-mêmes.................. 40
25. Merveilleuse application de cette théorie à la gradation hiérarchique des êtres qui composent l'univers............. 41

Art. VII. — **La subjectivité de l'idée ne rend pas l'objet subjectif.**

26. L'idée n'est pas le *terme*, mais le *moyen*, de la connaissance. — Cette distinction écarte tout péril de subjectivisme.... 42
27-29. Comment le subjectivisme découle de la théorie de l'*idée-objet* des Ontologistes, des Rosminiens et de Kant........ 43

Art. VIII. — **L'idée, d'après saint Thomas, n'est pas le terme, mais le « moyen » de la connaissance.**

30. Pour saint Thomas, l'idée n'est pas *id quod* mais *id quo intelligitur*.. 46
31-34. L'idée n'est objet de connaissance que si on la prend comme forme exemplaire, dans l'ordre réflexe de la connaissance pratique. — Textes de saint Thomas................. 47

Art. IX. — **Pour saint Thomas, l'idée en acte second est, tout aussi bien que l'idée en acte premier, « moyen » et non pas objet de la connaissance.**

35-36. D'après saint Thomas, l'espèce *expresse* est tout aussi bien que l'espèce *impresse* le moyen et non le terme de la connaissance 50

Art. X. — **Les caractères intrinsèques de l'idée, considérée dans son entité, n'ont rien de commun avec les caractères propres de l'objet qu'elle représente.**

37. Objection des Ontologistes touchant la prétendue impossibilité de connaître Dieu au moyen d'une idée finie......... 52
38-39. Il faut remarquer avec soin que les caractères subjectifs de l'idée n'ont rien de commun avec ses caractères objectifs, qui lui viennent de l'objet qu'elle représente............ 54

Art. XI. — **Dans quel sens l'on peut et l'on doit dire que l'idée est « objective ».**

40. Perpétuelle équivoque de l'Ontologisme qui confond les caractères subjectifs et objectifs de l'idée................ 55
41. Autre chose est l'idée quant à son entité physique, autre chose l'idée quant à sa valeur représentative............ 56
42-44. D'où saint Thomas conclut que ce n'est pas l'idée que l'on connaît, mais bien l'objet qui s'y trouve représenté...... 57

Art. XII. — **Du verbe mental.**

45. Origine de cette dénomination. — Comment elle convient mieux à la parole interne de l'intelligence qu'au son extérieur de la voix.. 59
46. Toute intellection doit avoir son verbe................... 60
47. Comparaison du verbe avec l'idée. — Du Verbe *in divinis*. 61
48-49. Le verbe n'est pas l'objet perçu par l'intelligence ; — l'idée est le moyen *par lequel*, le verbe le moyen *dans lequel* on connaît l'objet.. 62

Art. XIII. — **Comment Rosmini entend le verbe mental.**

50-51. Le verbe n'est pas un jugement obtenu par voie de connaissance réflexe, comme Rosmini le fait dire faussement aux scholastiques.. 63
52. Le verbe existe même dans la simple appréhension........ 65
53-54. Rosmini condamné par les textes de saint Thomas dont il invoque l'autorité.. 66

CHAPITRE II

DE L'INTELLIGIBLE

Art. I. — **L'intelligible pour l'homme est, à proprement parler, l'universel.**

55. Notre intelligence possède des concepts universels........ 68
56. L'objet immédiat de l'intelligence est l'universel.......... 69

57. Comment l'intelligence perçoit tout d'abord et directement le seul principe formel des choses.................... . 70
58. Importance capitale du problème des *universaux* pour l'explication de la connaissance intellectuelle ....: 71

Art. II. — **Le contenu du concept universel est l'essence ou quiddité, principalement la quiddité substantielle.**

59-60. Vraie nature de la notion *universelle* ; — sa différence d'avec la notion *collective*.................... 73
60-61. L'essence substantielle est le véritable terme de l'intuition intellective....................................... ... 75

Art. III. — **Différentes opinions des philosophes sur les universaux.**

62-63. Historique de la question jusqu'au moyen âge............,... 78
64. La question des universaux au moyen âge................: 79
65-66. La question des universaux dans la philosophie moderne.. 80

Art. IV. — **Différence de l'universel direct et de l'universel réflexe.**

67. Différence de la connaissance directe et de la connaissance réflexe.......... 81
68. Nature de l'universel direct; — de l'universel réflexe.... 82

Art. V. — **Caractères de l'nniversel direct en opposition avec ceux de l'universel réflexe.**

69. L'idée universelle (*directe*) ne s'obtient pas par la comparaison de plusieurs individus entre eux................. 84
70. La comparaison des individus n'est requise que pour l'universel réflexe.................................... 85
71. L'universel réflexe se divise en cinq *prédicables* ou *universaux*............. 86

Art. VI. — **L'universel réflexe n'a qu'une existence idéale.**

72. Le caractère *formel* d'universalité ne peut appartenir à aucun être existant réellement dans la nature... 88
73-74. L'universel réflexe (formel) n'existe que dans l'esprit qui l'obtient par réflexion sur l'universel direct. — Ce qu'on entend par *intentio universalitatis*........ 89

Art. VII. — **Comment l'universel direct a une existence réelle.**

75-76. L'essence, en tant qu'objet direct de connaissance, en dehors du mode d'abstraction ou d'universalité sous lequel on la connaît, est un élément objectif et réel ; — c'est ainsi que l'universel existe réellement dans les choses... 91
77. Termes précis de la distinction qu'il faut donner quand on

demande si l'universel existe ou n'existe pas réellement dans les choses.................. 94

Art. VIII. — **Pour obtenir l'universel direct, l'intelligence n'a besoin que de l'exercice spontané de sa vertu abstractive.**

78. Nécessité d'une abstraction intellectuelle pour que l'élément sensible devienne intelligible, c'est-à-dire, universel : *Singulare dum sentitur, universale dum intelligitur*.... 96
79. L'individualité réelle de l'objet n'empêche point que l'intelligence puisse le percevoir sous un mode abstrait universel. 97
80. C'est par une abtraction purement idéale, et non pas réelle, que l'intellligence atteint directement l'essence (universelle) sans les caractères individuels de sa réalité concrète. 98

Art. IX. — **La doctrine que nous venons d'exposer ouvre la voie pour arriver à résoudre la question de l'origine des idées.**

81. Chercher l'origine des idées revient à chercher l'origine des concepts universels............................... 99
82. Division des systèmes de philosophie d'après leurs diverses théories sur l'origine des universaux.................. 100

Art. X. — **Épilogue de tout ce que nous avons dit jusqu'ici.**

83. Résumé et conclusions générales de la théorie scholastique de l'*idée* et de l'*intelligible*............................ 103

CHAPITRE III

RÉPONSE A QUELQUES OBJECTIONS

Raison du présent chapitre..... 105

Art. I. — **Principaux points de la doctrine proposée par notre adversaire : leur opposition avec celle de saint Thomas.**

84. Conclusions de l'adversaire. — Conclusions contradictoires de saint Thomas..................................... 106

Art. II. — **On discute l'objection tirée de l'impossibilité de former l'universel.**

85. Principaux points de la discussion.... 108
86-88. L'objet, bien que particulier en réalité, peut, sans contradiction, devenir universel grâce à l'abstraction intellectuelle... 110
89. L'intelligence ne communique pas à l'objet les caractères

de nécessité et d'éternité, qui s'y trouvent indépendamment de son opération 112

Art. III. — Nature et origine des caractères de « nécessité » et d'« éternité » que l'on découvre dans l'essence.

90. Comment les essences sont éternelles............ 111
91. Comment les essences sont nécessaires............ 116
92-93. D'où proviennent l'éternité et la nécessité des essences. — Preuve de l'existence de Dieu.......................... 117

Art. IV. — De la prétendue impuissance des sens à participer à la connaissance.

94. D'après les Rosminiens, les sens ne sont point doués de la faculté de connaître. — Comment ils interprètent le langage de saint Thomas à ce sujet................. 118

Art. V. — Que la pensée de saint Thomas n'est pas contraire au sens que présentent ici ses paroles.

95-96. Toute connaissance n'est pas nécessairement un jugement. — Application de ce principe aux facultés sensitives. ... 121
97. Toute perception n'a pas nécessairement une essence pour objet. — Application de ce principe aux facultés sensitives. 123
98. On peut avoir connaissance d'un acte qui n'est pas universel, mais singulier. — Application de ce principe aux facultés sensitives. — Textes de saint Thomas............ 123

Art. VI. — Digression sur d'autres écrivains.

99. Saint Thomas est accusé de *Sensualisme* 126
100. Ce que saint Thomas entend par *nature des choses sensibles*, et par *objet proportionné* de l'intelligence............ 127
101. Pourquoi saint Thomas dit que nous pouvons parvenir à une *certaine* connaissance des choses invisibles 129

Art. VII. — Attribuer la connaissance aux sens, ce n'est pas les confondre avec l'intelligence.

102. Objection puérile de Malebranche................. 130
103-104. Différences de la connaissance sensitive et de la connaissance intellective....................... 130
105. Double erreur de la philosophie moderne touchant la sensation............................. 133

Art. VIII. — Combien est peu fondée l'opinion qui voudrait nous faire considérer comme « innée » l'idée universelle d'être.

106-107. L'idée *innée* de l'être n'est pas nécessaire......... 134
108-109. On résout l'objection tirée de la prétendue origine innée du principe de causalité........................ 135
110. L'idée de l'être suppose l'abstraction préalable de l'intellect agent............................. 137

Art, IX. — **Subjectivisme inévitable de l'opinion opposée.**

111-115. Discussion et réfutation directe de la théorie de l'idée innée de l'être. — Subjectivisme inévitable de cette théorie ... 139

CHAPITRE IV

DU RÉALISME DE SAINT THOMAS DANS SES RAPPORTS AVEC ARISTOTE ET LA PHILOSOPHIE DU MOYEN AGE

Art. I. — **Des deux réalismes, orthodoxe et hétérodoxe.**

116. Nominalisme et réalisme. — Origine de ces dénominations. 145
117. Du conceptualisme.. 145
118. Deux sortes de réalisme ; orthodoxe, hétérodoxe.......... 147

Art. II. — **Le réalisme des scholastiques ne tire son origine ni des Arabes ni d'une influence directe d'Aristote.**

119-121. Première preuve, tirée de l'histoire: Origines de la philosophie scholastique. — Apparition tardive des œuvres d'Aristote 149
122-123. Deuxième preuve, tirée de raisons intrinsèques. — Comment la scholastique n'est qu'un prolongement et une efflorescence de la philosophie des saints Pères.... 153

Art. III. — **De l'Averroïsme.**

124. La philosophie arabe au moyen âge. — Origines de l'Averroïsme... 155
125-126. Averroès n'a point connu le texte grec d'Aristote. — Aristotélisme bâtard d'Averroès............................ 156
127-128. Comment la philosophie arabe pénétra dans l'Occident au XIIe siècle.
129. Mauvais accueil et condamnation dont l'Averroïsme fut l'objet de la part des écoles catholiques du moyen âge. ... 161

Art. IV. — **Saint Thomas d'Aquin.**

130. Péril que courut l'Europe au XIIIe siècle, au double point de vue de la science et de la morale...................... 162
131. Saint François et saint Dominique.................... 163
132-133. Le génie de saint Thomas résume et concilie dans une merveilleuse synthèse les plus profonds enseignements de la science païenne et de la tradition patristique...... 164

Art. V. — **L'Aristote des scholastiques est tout différent de l'Aristote d'Averroès.**

134-136. Les scholastiques ont mieux connu que les arabes le vrai texte d'Aristote.. 169

137. L'aristotélisme scholastique s'est toujours conformé à la doctrine catholique...	171
138. Saint Thomas combat perpétuellement les doctrines d'Averroès	171

Art. VI. — Doctrine de Boèce sur les universaux.

139-142. Explication de Boèce sur la nature des universaux.........	173
143-144. La solution de Boèce est juste, mais un peu confuse ou incomplète............	174

Art. VII. — Perfectionnement apporté par saint Thomas à la réponse de Boèce.

145. Saint Thomas montre que l'erreur où sont tombés nombre de philosophes dans la question des universaux vient de ce qu'ils n'ont pas pris soin de distinguer le mode d'être propre à l'objet réel d'avec le mode d'être spécial qu'il possède dans l'intelligence.....	178
146-147. Cette distinction n'apporte aucune fausseté dans la connaissance. — Nature de l'abstraction intellectuelle..........	179
148-149. Saint Thomas corrige la réponse de Boèce en déterminant avec plus de précision la différence de l'universel direct et de l'universel réflexe.	181

Art. VIII. — Objections de Rosmini contre Boèce

150. Exposé des quatre objections de Rosmini contre Boèce....	183
151. Comment ce qui est singulier dans les objets réels peut devenir universel dans l'esprit........	184
152. Comment l'universel se trouve à la fois tout entier dans un individu et tout entier dans plusieurs.....	185
153-155. Comment on perçoit les universaux en *dehors* des particuliers *où* ils existent.	186

CHAPITRE V

DE L'INTELLIGENCE

Art. I. — L' « intellect possible » est pour saint Thomas ce qu'on appelle faculté intellective dans le langage moderne.

156. Corruption du langage philosophique introduite par la réforme cartésienne............	190
157-158. Par *intellect possible*, saint Thomas entend la faculté intellective proprement dite	191

Art. II. — L'intellect possible est appelé « puissance passive », parce qu'il doit recevoir en lui-même les représentations idéales ou espèces intelligibles.

159. Ce que c'est, en général, qu'une puissance active, — passive. — L'intellect possible est une puissance passive.........	192

160. On ne saurait en dire autant de l'intellect agent............ 194
161. La passivité de l'intelligence ne l'empêche pas d'être, sous un autre rapport, puissance active...................... 194

Art. III. — L' « intellect agent », pour saint Thomas, est une vertu abstractive de l'âme, nécessaire à la formation des espèces intelligibles.

162-163. Rôle et nécessité de *l'intellect agent* dans l'œuvre de la connaissance. — L'abstraction de l'intellect agent est tout autre chose que l'abstraction de l'intellect possible . 195

Art. IV. — L'intellect agent est exclusivement une puissance active.

164-165. L'intellect agent est toujours en acte............... 198
166-167. Comparaison des deux intellects. — Leur mutuel concours. 200

Art. V. — On répond aux objections de Rosmini.

Où l'on démontre :
168. I. — Que les vérités premières ont leur source dans les choses sensibles.................................. 202
II. — Qu'il y a une différence plus qu'accidentelle entre les sens et l'intellect............................. 203
III. — Que la théorie de l'abstraction ne reste point dans le vague... 204
IV. — Que l'universel se trouve bien, *en puissance*, dans les phantasmes.................................. 205
V. — Que les sens, dans notre explication, n'ont aucun jugement à faire pour percevoir les objets sensibles concrets................................... 206
VI. — Qu'il n'y a point de contradiction à admettre que l'universel est tiré des singuliers................. 207
VII. — Que les sens et l'intellect n'ont point des objets totalement différents et opposés.................... 207
VIII. — Que l'abstraction de l'intellect agent peut se faire sans la connaissance préalable des éléments sur lesquels elle s'exerce.......................... 208
IX. — Que saint Thomas ne reste pas dans le vague, quand il dit que l'intelligence connaît les singuliers *per quamdam reflexionem*.................. 209
X. — Que l'éducation de l'intellect agent n'est point chose si difficile que se l'imagine Rosmini; — qu'elle est plus aisée que celle de l'*être idéal*........ 210

Art. VI. — Nécessité des images sensibles dans la connaissance intellectuelle.

169. Dans l'état présent de son union avec le corps, l'esprit ne connaît rien sans le secours d'une représentation sensible existant dans l'imagination. — Preuves d'expérience.... 211
170. Trois observations importantes sur les rapports intimes de l'idée et du phantasme dans la connaissance............. 214

CHAPITRE VI

DE LA LUMIÈRE INTELLECTUELLE

Art. I. — Dans quel sens se prend le mot « lumière » par rapport à l'intelligence.

171. L'origine des mots est un excellent moyen pour découvrir l'origine des idées. — Sens propre et sens métaphorique. ... 217
172-173. Acceptions diverses du mot *lumière* 219

Art. II. — En quoi consiste pour saint Thomas la lumière de notre intelligence.

174-176. Tout moyen de manifestation de la vérité à notre intelligence peut être appelé lumière 220
177-178. La lumière de l'intelligence est, à proprement parler, l'intellect agent 221
179. En quoi consiste l'action illuminative de l'intellect agent 223

Art. III. — La nécessité de l'abstraction pour obtenir l'intelligible s'applique également à l'idée de l'être.

180-182. Comment l'idée de l'être provient de l'abstraction de l'intellect agent 224

Art. IV. — Réponse aux objections d'un anonyme.

183-185. Contrairement aux assertions des Rosminiens, la lumière de l'intelligence, pour saint Thomas, n'est pas l'être en général, mais bien l'intellect agent 229

Art. V. — Où l'on examine un subterfuge des adversaires, qui consiste à distinguer l'intellect agent de sa lumière.

186. Pour saint Thomas, la lumière de notre raison n'est pas un objet premier de connaissance; ce qui est vrai pourtant de l'idée de l'être 236
187. Pour saint Thomas, l'intellect agent est vraiment la lumière de notre intelligence 238

Art. VI. — Retour aux objections de l'auteur anonyme.

188. Où l'on répond à quelques difficultés touchant la connaissance en général, et, en particulier, la nature et l'opération de l'intellect agent 240

CHAPITRE VII

DE L'ORIGINE DES IDÉES

Art. I. — Théorie de saint Thomas.

189-191. Exposé de la théorie de l'origine des idées d'après saint Thomas d'Aquin 252

Art. II. — Comment, d'après saint Thomas, le phantasme et l'intellect agent concourent à la formation des espèces intelligibles.

192. L'espèce intelligible produite dans l'intellect possible procède de l'intellect agent comme d'une cause principale, du phantasme comme d'une cause instrumentale 257
193-194. Développement de la doctrine de saint Thomas sur la causalité instrumentale du phantasme........................ 258
195. De la double fonction de l'intellect agent : l'illumination et l'abstraction... 265

Art. III. — Dans l'explication de l'origine des idées, il faut avoir présente à l'esprit cette règle : qu'on doit donner la préférence au système qui emploie le moins d'éléments *a priori*.

196-197. Démonstration de cette règle...................................... 267

Art IV. — La théorie de saint Thomas est celle qui répond le mieux à la règle énoncée ci-dessus.

198-199. Des quatre hypothèses proposées par les philosophes pour expliquer l'origine des idées 269
200. La théorie de saint Thomas est celle qui emploie le moins d'éléments *a priori* 270
201. Saint Thomas n'admet comme élément inné que la seule faculté intellectuelle. — De l'axiome : *Nihil est in intellectu, etc* 272

Art. V. — L'élément *a priori* admis par saint Thomas est suffisant pour expliquer l'origine des idées.

202-203. La vertu illuminative et abstractive de l'intelligence suffit à expliquer l'origine des concepts universels, et, par conséquent l'origine des idées 274
204. La théorie de saint Thomas est de toutes la plus conforme à la nature du composé humain............................. 276

Art. VI. — La théorie de saint Thomas n'est qu'un progrès sur celle de saint Augustin.

205-206. Observation préliminaire sur la méthode de saint Augustin en matière de questions philosophiques 277

207-208. Conformité de la doctrine de saint Thomas avec celle de saint Augustin sur la question de l'origine des idées..... 279

Art. VII. — Il n'y a pas de divergence entre saint Bonaventure et saint Thomas au sujet de l'origine des idées.

209. Texte célèbre de saint Bonaventure, d'où les Ontologistes prétendent tirer un argument en faveur de leur système. 281
210. Véritable interprétation du texte de saint Bonaventure..... 282
211-212. Dans quel sens l'on peut dire que Dieu est la lumière qui nous éclaire, le maître qui nous enseigne, la vérité qui nous dirige... 283
213-214. Étude du contexte de saint Bonaventure............ 285
215. Dieu est la lumière *efficiente* et non pas *formelle* de notre intelligence................................... 287

Art. VIII. — La théorie de saint Thomas n'a aucun rapport avec le système de Locke.

216. Analogie apparente de la doctrine de saint Thomas avec le système de Locke sur l'origine des idées........... 288
217. Conclusions contradictoires de saint Thomas et de Locke sur la question de la connaissance intellectuelle........ 289
218. Exposé de la théorie de Locke. — La sensation et la réflexion. 290
219. L'abstraction de Locke est insuffisante, et absolument différente de celle qu'admet saint Thomas............. 291

Art. IX. — La théorie de saint Thomas n'a aucun rapport avec le système de Kant.

220. Principes de la théorie transcendantale............... 292
221. Il est faux que nos idées émanent du fond même de notre esprit... 294
222. On résout l'objection tirée des caractères d'universalité et de nécessité (*subjectifs d'après Kant*) qu'on découvre dans l'essence.. 295
223. Il est faux qu'on doive refuser toute valeur objective à nos connaissances intellectuelles........................ 296
224. Comparaison et opposition des deux théories de saint Thomas et de Kant...................................... 297

CHAPITRE VIII

DU DÉVELOPPEMENT DE LA CONNAISSANCE HUMAINE

Art. I. — La première opération de notre esprit est l'analyse et non la synthèse.

225. D'après Kant la première opération de notre esprit est une synthèse. — Subjectivisme d'une pareille théorie...... 299

226. Pour saint Thomas, dans toute chose créée, outre l'existence contingente, il faut considérer l'essence qui est immuable. — Comment l'essence est rendue présente à l'esprit 299
227. D'où l'on conclut que la première opération de l'esprit est une analyse.. 302

Art. II. — **De la perception des essences.**

228. Ce que c'est qu'une essence. — Dénominations synonymes. — L'essence des choses matérielles est l'objet premier et immédiat de l'intelligence.. 303
229. Toutes les essences ne nous sont pas également connues. . 304
230. Triple division des essences d'après leur relation avec la matière. — Application à la classification des sciences : Physique, Mathématique, Métaphysique.................... 305
231. Les essences d'ordre métaphysique peuvent très bien être abstraites des choses sensibles, où, de fait, elles sont réalisées 307

Art. III. — **Dans la perception immédiate des essences, notre esprit commence par les concepts les plus généraux.**

232. L'esprit commence toujours par les connaissances les plus universelles. — Confirmation tirée de l'étude du langage. 308
233. Cette loi se vérifie également, proportions gardées, dans la connaissance sensitive................................. 309
234. L'idée de l'être en général, est la première qui apparaisse en nous. — Doctrine de saint Thomas sur le *primo cognitum*... 310

Art. IV. — **Comment s'identifient les deux concepts d'« essence » et de « possible ».**

235. Définitions : possible relatif, absolu..................... 312
236. L'essence n'est autre chose que le possible absolu fondamental... 313

Art. V. — **Des premiers principes.**

237. Des trois opérations de l'intelligence................... 316
238. Ce qu'on entend par jugements ou principes premiers, — vérités connues par elles-mêmes, — jugements *immédiats*. 317
239-240. Le principe de contradiction est vraiment le principe *premier* par excellence................................. 318
241. Ce qui ne veut pas dire qu'il soit le seul immédiatement intelligible par lui-même............................... 320

Art. VI. — **De l'« habitude » innée des premiers principes.**

242. Les premiers principes nous sont innés en *habitude* ; — ce qu'il faut entendre ici par habitude..................... 322

Art. VII. — **Application de la doctrine précédente à la loi naturelle.**

243. Des principes universels de l'ordre pratique. — Ce que c'est que la loi naturelle. 325
244. Comment les créatures raisonnables ont un mode spécial de participation à la loi éternelle. 327
245. La loi naturelle nous est innée à l'état d'*habitude*. 328
246-247. Vraie nature de l'habitude, d'après saint Thomas 329

Art. VIII. — Comment notre âme connaît les objets corporels.

248-249. L'intelligence perçoit les singuliers matériels par une sorte de réflexion sur les phantasmes 331
250-251. Nous avons donc deux manières de connaître les objets corporels : directement par les sens, indirectement par l'intelligence. 333

Art. IX. — Comment notre âme se connaît elle-même.

252. Comment l'âme se connaît *actuellement*, — *habituellement*. 335
253. Comment saint Thomas entend le *Cogito ergo sum*. — Ce que c'est qu'avoir une connaissance *innée* de soi-même. 336
254. De la connaissance parfaite et essentielle de l'âme. 339

Art. X. — Comment notre âme connaît Dieu.

255. Nous n'arrivons à la connaissance de Dieu que par la connaissance préalable des créatures. . . . . , . . 340
256. Le premier concept que nous ayons de Dieu est celui de son existence, sous la raison de *cause première*. — Impossibilité d'une démonstration *a priori* de l'existence de Dieu. 341
257-258. Des trois manières d'arriver à connaître les perfections divines : *via causalitatis, remotionis, eminentiæ*. 342
259. Dieu est *acte pur*. — Différence de l'être pur de Dieu d'avec l'*être universel* des panthéistes. — Textes de saint Thomas. 345
260. Comment les perfections des créatures se trouvent en Dieu. 346

CHAPITRE IX

DE L'EXEMPLARISME DIVIN

Art. I. — Saint Thomas, tout en embrassant l'exemplarisme platonicien, ne contredit pas Aristote.

261. Saint Thomas conserve et concilie, dans leurs parties saines, les deux doctrines de Platon et d'Aristote sur l'exemplarisme divin. — Point précis du dissentiment d'Aristote et de Platon 348
262-263. On peut tenir pour fondée l'interprétation que donne Aristote des *Idées* platoniciennes. — Injustes accusations portées contre le Stagirite à cette occasion. 349

263. Plusieurs Pères adoptent l'interprétation d'Aristote, touchant la subsistance séparée des *Idées* de Platon. — Opinion contraire de saint Augustin 350
264. Saint Thomas, tout en restant d'accord avec Aristote, conserve la partie vraie de l'exemplarisme platonicien 352

Art. II. — L'exemplarisme dans ses rapports avec les possibles et la vie divine.

265. Comment saint Thomas prouve l'existence en Dieu des archétypes éternels 353
266. La multiplicité des exemplaires éternels ne contredit point la simplicité divine. 354
267. Corollaires de cette merveilleuse doctrine :
   I. Dieu est le premier et unique exemplaire de toutes choses. 355
   II. Dieu connaît tous les possibles dans les archétypes éternels 356
   III. Les possibles participent à la vie divine ;— *Quod factum est, in Ipso vita erat* 357
   IV. La création nie la préexistence réelle, mais non la préexistence idéale des choses créées. 358
   V. Les archétypes éternels sont contenus dans le Verbe divin . 359

Art. III. — De l'exemplarisme par rapport à la création.

268. Comment le Verbe divin est l'origine de la production *ad extra* de toutes les créatures. — Comment l'acte créateur procède du Saint-Esprit 359
269. Du vestige de la sainte Trinité dans les créatures 362

Art. IV. — L'exemplarisme par rapport à la Cosmologie.

270-272. L'exemplarisme donne la raison de l'ordre, de la multiplicité et de la puissance des créatures. — Gradation hiérarchique des êtres suivant leurs différents degrés de participation à la perfection divine. 363

Art. V. — L'exemplarisme par rapport à la Psychologie.

273-274. Des deux sortes de similitude, de *vestige* et d'*image*. — La créature raisonnable a seule le privilège d'être une image de Dieu ; — image imparfaite, il est vrai 365
275-276. L'homme est l'image de Dieu, même quant à la Trinité des personnes. — Doctrine de saint Augustin 368
277-278. L'idée innée de l'être n'explique en aucune façon l'image de Dieu en nous 371

Art. VI. — L'exemplarisme par rapport à l'Idéalogie.

279. Comment Dieu est le maître qui nous enseigne. 373
280. Subjectivement, l'exemplarisme nous rattache à Dieu, puisque notre lumière intellectuelle est une participation de la lumière incréée 373
281. Objectivement, l'exemplarisme nous rattache à Dieu, puisque les choses créées, objets de nos connaissances, sont des participations ou copies des archétypes éternels. . . . 375

282. D'où l'on peut dire que nous voyons toute vérité dans la vérité éternelle 375

Art. VII. — L'exemplarisme par rapport à la Morale.

283. Deux éléments à considérer : l'objet appétible (objectif), le principe régulateur de nos actions (subjectif) 377
284. Application de l'exemplarisme au premier. — Doctrine de Platon sur le Bien. 377
285-286. Application de l'exemplarisme au second. — La loi naturelle est une participation de la loi éternelle. 378
287. Résumé de la doctrine de l'exemplarisme. 380

Conclusion

Résumé, en huit conclusions, de toute la doctrine de l'ouvrage. 382

FIN DE LA TABLE DES MATIÈRES

INDEX ALPHABÉTIQUE

Le premier chiffre renvoie à la page, le second au paragraphe ; l'article ou le chapitre seul est indiqué quand il doit être lu en entier.

A

Abstraction. — Deux sortes d'abstraction intellectuelle, par simple appréhension et par jugement, **179**, 146. — Nécessité d'une vertu abstractive dans l'intelligence, **96**, 78. — Nature de l'abstraction intellectuelle, **98**, 80 ; **110**, 87 et suiv. ; **179**, 146. — **204**, 3º obj. ; **223**, 179. — De l'abstraction des espèces intelligibles, **195**, art. III. — Concours du phantasme et de l'intellect agent dans l'abstraction des espèces intelligibles, **257**, art. II. — Abstraction et illumination de l'intellect agent, **223**, 179 ; **265**, 195. — Comment l'abstraction de l'intellect agent diffère de l'abstraction de l'intellect possible, **195**, 162. — Nécessité d'une abstraction préalable pour obtenir l'idée de l'être, **137**, 110 ; **224**, art. III. — L'abstraction de l'intellect agent ne requiert pas la connaissance préalable de l'objet sur lequel elle s'exerce, **208**, 8º obj. ; — elle suffit parfaitement pour expliquer l'origine des concepts universels, **273**, 202. — De l'abstraction de Locke comparée avec celle de saint Thomas, **288**, 216.

Ame. — Comment notre âme se connaît elle-même, **335**, art. IX. — Comment elle connaît les objets corporels, **330**, art. VIII. — Comment elle parvient à connaître l'existence et les perfections de Dieu, **340**, art. X.

Arabe (Philosophie). — Origines et développement de la philosophie arabe au moyen âge, **155**, 124. — Son introduction chez les Latins au XIIº siècle, **159**, 127. — Comment elle fut accueillie par les écoles catholiques, **161**, 129.

Aristote. — Véritable appréciation de son influence sur la philosophie scholastique, **144**, ch. IV. — Ce qu'il faut penser de la manière dont il interprète les *Idées* platoniciennes, **348**, art. I.

Aristotélisme de la scholastique, **144**, ch. IV. — Comparaison de l'aristotélisme de la scholastique avec l'aristotélisme de la philosophie arabe ; leurs différences, **169**, 134.

Averroïsme. — Son origine et son développement en dehors de toute influence aristotélicienne, **155**, 124 et suiv. ; — son introduction chez les Latins au XIIº siècle, **159**, 127 ; — condamnation dont il fut l'objet de la part des Docteurs catholiques du moyen âge, **161**, 129. — Les scholastiques, et en particulier saint Thomas, ont toujours combattu l'averroïsme, **169**, 134 et suiv.

Augustin (Saint). — Parfait accord de la doctrine de saint Augustin avec celle de saint Thomas sur la question de l'origine des idées, **277**, art. vi. — Comment il interprète la théorie des *Idées* de Platon, **350**, 263. — Son commentaire du texte : *Quod factum est, in Ipso vita erat;* **357**, iii.

B

Boèce. — Sa doctrine sur les universaux, **173**, 139. — Perfectionnement apporté par saint Thomas à la doctrine de Boèce, **178**, art. vii. — Objections de Rosmini contre Boèce, **183**, 150.

Bonaventure (Saint). — Parfait accord de sa doctrine avec celle de saint Thomas sur la question de l'origine des idées ; — saint Bonaventure n'est pas ontologiste ; — interprétation d'un texte célèbre du saint Docteur, **281**, art. vii.

C

Causalité (Principe de). — Son origine *a sensibilibus*, **135**, 108.

Conceptualisme. — **145**, 116.

Connaissance. — Belle théorie de saint Thomas sur la nature des êtres doués de connaissance, **40**, 24. — Des deux sortes de connaissance intellectuelle, spéculative et pratique, **19**, 1. — Connaissance sensitive et connaissance intellectuelle, **130**, 103. — Nature de la connaissance intellectuelle, **40**, 23. — Les sens sont vraiment doués de connaissance ; théorie de la connaissance sensitive, **118**, art. iv et v. — La connaissance débute par les perceptions des objets les plus généraux, **308**, 232. — Comment s'obtient la connaissance intellectuelle de soi-même, **335**, art. ix ; — des objets corporels, **330**, art. viii ; — de Dieu et de ses perfections, **340**, art. x.

Contradiction (Principe de). — Voyez **Principe**

Cosmologie. — Ses rapports avec la doctrine de l'exemplarisme divin, **363**, 270.

Création. — Application de la doctrine de l'exemplarisme à la création, **359**, 268.

D

Dieu. — Comment une *espèce* finie peut nous conduire à la connaissance de Dieu, **52**, 37. — Comment notre âme connaît Dieu, **340**, art. x. — Impossibilité de démontrer *a priori* l'existence de Dieu, **341**, 256. — Des trois manières d'arriver à la connaissance des perfections divines, **342**, 257 et suiv. — L'*être pur* de Dieu et l'*être universel* des Panthéistes, **345**, 259. — Comment les perfections des créatures se trouvent en Dieu, **346**, 260. — De l'*image* de Dieu dans l'homme, **365**, 273 et suiv.

E

Espèce intelligible. — Synonyme d'idée, **22**, 3. — Espèce *impresse, expresse,* **31**, 11 et suiv. — Comment les espèces intelligibles sont produites par le concours du phantasme et de l'intellect agent, **257**, art. II. *Voyez* **Idée**.

Espèce sensible. — Nécessité des espèces sensibles pour la connaissance intellectuelle, **211**, art. VII.

Essence. — Défintion ; synonymes, (nature, quiddité, raison, forme), **303**, 228. — Les essences des choses matérielles sont l'objet premier et immédiat de l'intelligence, **303**, 228. — Trois sortes d'essences, suivant les différents degrés d'abstraction *a materia*, **305**, 230. — Comment les essences sont abstraites *a sensibilibus*, **307**, 231. — Comment les essences nous sont connues immédiatement ou médiatement, **304**, 229. — Comparaison des deux concepts d'*essence* et de *possible*, **312**, 235 et suiv. — Comment les essences sont nécessaires et éternelles, **113**, art. III. — Dans tout fait contingent il y a une essence, **299**, 226; **264**.

Être (Idée de l'). — Théorie de l'idée innée de l'être ; réfutation, **134**, art VIII et IX. — L'idée de l'être requiert l'abstraction préalable de l'intellect agent, **224**, 180. — L'*être en général* n'est pas la lumière de l'intelligence, **229**, 183 ; — ni par conséquet l'intellect agent, **238**, 187. — Le concept de l'être est le premier qui se forme en notre intelligence, **310**, 234. — Différence profonde de l'*être pur* de Dieu et de l'*être universel* des Panthéistes, **345**, 259.

Éternité des essences, 113, art. III.

Exemplarisme. — De l'exemplarisme de Platon ; — comment saint Thomas l'a conservé en le corrigeant, **348**, 261 et suiv. — Critique de l'interprétation, donnée par Aristote, des *Idées* platoniciennes, **349**, 262 et suiv. — L'exemplarisme par rapport aux possibles, **353**, art. II. — Dieu connaît les possibles dans les archétypes éternels, **356**, II. — Préexistence idéale des choses avant leur création, **358**, III. — L'exemplarisme et la création, **359**, art. III ; — comment la création procède du Verbe divin et du Saint-Esprit, **359**, 268 ; — du vestige de la Trinité dans les créatures, **362**, 269. — L'exemplarisme et la Cosmologie, **363**, 270 ; — gradation hiérarchique des êtres expliquée par l'exemplarisme, *ibid*. — L'exemplarisme et la Psychologie, **365**, 273 ; — l'homme est l'image de Dieu, **368**, 275. — L'exemplarisme et l'Idéalogie, **373**, art. VI ; — comment nous voyons toute vérité dans la vérité éternelle, **375**, 281 et 282. — L'exemplarisme et la Morale, **377**, 283 ; — Doctrine de Platon sur le Bien, **377**, 284 ; — application de de l'exemplarisme à la loi naturelle, **378**, 285.

F

Forme. — Ce que l'intelligence perçoit d'abord dans les choses, c'est leur forme, **70**, 57. — Forme intelligible, synonyme d'espèce intelligible, **22**, 3. — Forme et matière de la connaissance d'après Kant, **298**, 225 ; **44**, 28.

G

Gioberti. — Sa théorie sur la nature des idées, **34**, 16 et suiv. ; — comment elle conduit à identifier l'ordre réel avec l'ordre idéal, *ibid*.

H

Habitude. — Sa nature, **322**, 242; **329**, 246, — De l'habitude innée des premiers principes, **322**, 242. — Comment la loi naturelle nous est innée *en habitude*, **328**, 245. — Comment l'âme se connaît *habituellement*, **335**, 252. — Différence de l'intellect agent et de l'habitude des premiers principes, **233**, 185.

I

Idée. — Nature de l'idée, d'après saint Thomas, **19**, 1; — **40**, 23; d'après Gioberti, **34**, 16; — d'après Rosmini, **36**, 19; — d'après Platon, **23**, 5. — **26**, 7; — d'après Kant, **23**, 4; — **25**, 6. — Double acception du mot *idée* dans les deux ordres, spéculatif et pratique, **19**, 1 et suivants. — Synonymes, (espèce, forme intelligible), **23**, 3. — Idée ou espèce *impresse*, *expresse*, **29**, 11 et suiv. — Idée en acte premier, en acte second, **27**, 8 et suiv. — Comment l'idée est subjective, **40**, 23; — objective, **42**, 26; **52**, 37; **55**, 40; forme purement représentative, **33**, 15. — L'idée est le *moyen* et non le *terme* de la connaissance, ID QUO et non ID QUOD *intelligitur*, **46**, art. VIII; **50**, art. IX; **42**, 26; **245**, III; — ce qui est également vrai de l'idée en acte second, **50**, 35. — Distinction fondamentale des caractères subjectifs et objectifs de l'idée, **52**, 37. — Rapports de l'idée avec le phantasme, **214**, 170. — Théorie de l'origine des idées, d'après saint Thomas, **252**, ch. VII. — De l'idée de l'être, *voyez* **Être**. — Application de la doctrine de l'exemplarisme à la connaissance intellectuelle, **373**, 279.

Image. — Nécessité des images sensibles dans la connaissance intellectuelle, **211**. art. VII. — Différence de l'image et du vestige, **365**, 273.

Intellect ou **Intelligence**. — Sa nature, son objet, **69**, 56 et suiv.; **303**, 228. — Comparaison de son objet avec celui des sens, **207**, 7e obj. — Distinction spécifique des sens et de l'intelligence, **130**, 102; **203**, 2e obj. — De la lumière de l'intelligence, **217**, ch. VI. — Dépendance nécessaire de l'intelligence par rapport à la sensation, **211**, art. VII; **267**, 196.

Intellect possible. — C'est l'intelligence dans son acception commune, **190**, 156 et suiv. — Comment il est puissance passive, **192**, 159; — et sous un autre rapport, puissance active, **194**, 161. — De l'abstraction de l'intellect possible, **195**, 163. — Comparaison des deux intellects, agent et possible, **200**, 166. — Leur nécessité, **189**.

Intellect agent. — Sa nature, son opération, **195**, 162; **240**, 188. — Il est exclusivement puissance active, **198**, 164. — Sa nécessité, **179**, 146; **195**, 162; **224**, art. III; **273**, 202. — Abstraction de l'intellect agent, **208**, 8e obj.; **223**, 179; **265**, 195; **195**, art. III. — Comparaison de cette abstraction avec celle de l'intellect possible, **195**, 163. — Illumination de l'intellect agent, **223**, 179; **263**. — Comment il concourt avec les phantasmes dans la production des espèces intelligibles, **257**, art. II. — L'intellect agent est à proprement parler la lumière intellectuelle, **221**, 177. — Erreur des Ontologistes qui distinguent

l'intellect agent d'avec sa lumière, **236**, 186.
Intelligible. — C'est l'universel, **68**. art, I. — Comment l'intelligible existe dans les choses sensibles, et comment l'intelligence l'y découvre, **68**, ch. II.

J

Jugement. — C'est la seconde opération de l'intelligence; elle ne se trouve point dans la connaissance sensitive, **206**, 5º obj. — Ce qu'on entend par jugements premiers ou immédiats, **317**, 238.

K

Kant — Comment il définit l'idée, **23**, 4. — Sa théorie de la connaissance, **44**, 28 ; **298**, 225. — Point de départ du transcendantalisme, **292**, 220 ; **295**, 222. — Objection de Kant sur la nécessité et l'universalité des essences, *Ibid.* — Discussion sur la valeur objective de nos idées, **296**, 223. — Comparaison et opposition de la théorie de Kant avec celle de saint Thomas, sur l'origine des idées, **297**, 224. — Pour Kant la première opération de l'esprit est une synthèse, **299**, 226.

L

Langage. — Rapport du verbe mental avec la parole extérieure, **59**, 45 et suiv. — Sens propre, sens métaphorique, **217**, 174. — Principe pour apprécier le degré de perfection d'une langue, **308**, 232.
Locke. — Système de Locke sur l'origine des idées, **290**, 218. — Comparaison et opposition de ce système avec la doctrine de saint Thomas, **288**, art. VIII. — En quoi l'abstraction de Locke diffère de celle qu'admet saint Thomas, **291**, 219.
Loi naturelle. — Sa définition, **325**, 243. — Comment elle se trouve dans la créature raisonnable, **327**, 244. — Comment elle est innée en nous à l'état d'habitude, **328**, 245. — Application de la doctrine de l'exemplarisme à la loi naturelle, **378**, 285.
Lumière. — Significations diverses du mot lumière, **217**, 171. — Ce que c'est que la lumière intellectuelle en général, **220**, 174. — La lumière intellectuelle proprement dite, **221**, 177 ; **238**, 187. — L'être en général n'est pas la lumière intellectuelle, **229**, 183 ; **236**, 186. — Dans quel sens on peut dire que Dieu est la lumière qui nous éclaire, **283**, 211 et suiv. — Comparaison de la lumière de l'intelligence avec la lumière corporelle, **240**, 188. — La lumière de l'intelligence n'est pas une et identique dans tous les hommes, **249**, V.

M

Mathématique. — Son objet, **305**, 230.
Métaphysique. — Son objet, **305**, 230. — Les essences d'ordre métaphysique sont tirées des choses sensibles, **307**, 231.

Morale. — Ses rapports avec la doctrine de l'exemplarisme divin **377**, art. VII. — L'exemplarisme divin et la loi naturelle, **378**, 285.

N

Nécessité des essences; son origine, **112**, 89; **116**, 91 et suiv.; **299**, 226.

Nominalisme. — **145**, 116.

Notions. — Ce que les Ontologistes entendent par notions, **34**, 16. — Examen de leur théorie des notions, **38**, 20.

O

Objectivité de l'idée, **55**, art. XI.

Objet. — Objet proportionné, adéquat de l'intelligence, **308**, 232. — Objet premier et immédiat de l'intelligence, **69**, 55, et suiv.; **303**, 228. — Comment l'intelligence connaît les objets corporels, **331**, 248. — L'idée est le *moyen* et non l'*objet* de la connaissance, **46**, art. VIII et IX.

Ontologisme. — Erreur des Ontologistes sur la valeur représentative de l'idée; leur théorie de l'*idée-objet*, **33**, 15. — Théorie des notions, **38**, 20. — Voyez **Être**.

Opérations (les trois) de l'intelligence, **316**, 237.

Origine des idées. — Quatre principales hypothèses, **269**, 198. — Théorie de saint Thomas, **252**, ch. VII.

P

Phantasme. — Sa nature, **57**, note 2. — Comment les phantasmes sont universels en puissance, **205**, 4ᵉ obj. — Nécessité des phantasmes dans la connaissance intellectuelle, **211**, art. VII; **267**, 193. — Concours du phantasme et de l'intellect agent dans la production de l'espèce intelligible, **257**, art. II.

Physique. — Son objet, **305**, 230.

Platon. — Sa théorie des *Idées*; interprétations d'Aristote, de saint Augustin, **348**, art. I. — Cf. **23**, 5; **26**, 7; **78**, 62.

Prédicables. — **86**, 71; **95**.

Primo cognitum. — C'est l'être en général, **310**, 234.

Principes. — Nature des premiers principes, **317**, 238. — Comment ils sont innés, **322**, 242. — Des premiers principes de l'ordre pratique, **325**, 243. — Du principe de contradiction; — comment il est le principe premier par excellence, **318**, 239. — Origine du principe de causalité, **135**, 108.

Possible. — Définition; division, **312**, 235. — Comparaison du concept d'essence avec celui de possible, **313**, 236.

Psychologie. — Ses rapports avec la doctrine de l'exemplarisme divin, **365**, 273.

Q

Quiddité. — Synonyme d'essence, **303**, 228. — Voyez **Essence**. — La quiddité substantielle des choses matérielles constitue l'objet premier et direct de l'intelligence, **73**, 59 et suiv.

R

Réalisme. — Deux sortes de réalisme, **145**, 116. — Origines du réalisme scholastique, **149**, art. II.

Réflexion psychologique, ontologique, **81**, 67. — Comment l'intelligence connaît les singuliers par réflexion sur les phantasmes, **331**, 248.

Rosmini. — Sa théorie sur la nature des idées, **36**, 19; — sur le verbe mental, **63**, 50; — sur les universaux, **183**, 150.

S

Sens. — Ils sont doués de la faculté de connaître, **118** art. IV. **247**, IV. — Théorie scholastique de la connaissance sensitive, *ibid*; **123**, 97 et suiv. — Objet des sens et objet de l'intelligence, **207**, 7e obj. — Distinction essentielle des sens et de l'intelligence, **130**, 102; **203**, 2e obj. — Il n'y a point de jugement dans la connaissance sensitive, **206**, 3e obj.

Sensation. — Dépendance nécessaire de l'intelligence par rapport à la sensation, **211**, art. VII; **267**, 193. — Erreur de la philosophie moderne sur la nature de la sensation, **133**, 105.

Sensualisme. — Saint Thomas accusé de sensualisme, **126**, 99.

Similitude de vestige et d'image, **365**, 273. — Comment les créatures sont des similitudes participées de l'essence divine, **348**, ch. IX.

Singuliers. — Comment l'intelligence les connaît indirectement, *per quamdam reflexionem*, **209**, 9e obj.

Subjectivisme. — La théorie de saint Thomas évite parfaitement le subjectivisme, **42**, art. VII; **46**, art. VIII; **50**, art. IX; — qui est la conséquence nécessaire de la théorie de l'*idée-objet* et de la théorie de l'idée innée de l'être, **43**, 27; **139**, 111. — Dans quel sens l'on peut dire que l'idée est subjective, **40**, 23 et suiv. — La subjectivité de l'idée ne rend pas l'objet subjectif, **42**, 26.

Systèmes de philosophie classés d'après leur théorie sur l'origine des universaux, **99**, 81.

T

Thomas (Saint). — Véritable caractère de son génie et de sa mission au IIe siècle, **162**, 130. — Comment il a corrigé et résumé les doctrines d'Aristote et de Platon, en les conciliant avec les enseignements de la tradition patristique, *ibid*.

Tout. — Différence du tout intégral et du tout universel, **185**, 152. — Comment l'universel est tout entier dans les singuliers, *ibid*.

U

Universel. — Du concept universel en général, **68**, art. I. — La notion universelle est tout autre chose que la notion collective, **73**, 59. — Universel direct et universel réflexe (formel), **81**, art. IV; VIII. — Comment l'universel (direct) existe réellement dans les choses, **91**, 75 et suiv.; **134**, 106. — Comment l'universel est *en puissance* dans les phantasmes, **205**, 4º obj. — Il n'y a point de contradiction à admettre que l'universel est tiré du singulier, **207**, 6º obj. — Comment l'intelligence obtient le concept universel, **96**, 78 et suiv.; **108**, 85; **273**, 202.

Universaux. — Leur nature, **86**, 71. — Division de l'universel réflexe en cinq prédicables ou universaux, *ibid.* — Historique de la controverse des universaux, **78**, 62. — Principes pour la solution du problème des universaux, **68**, ch. II et **105**, ch. III. — Relation du problème des universaux avec la question de l'origine des idées, **71**, 58; **99**, 81. — Comment les universaux existent *a parte rei*, **91**, 75 et suiv.; **185**, 152.

V

Verbe mental. — Origine de cette dénomination. **59**, 45. — Nécessité du verbe dans tout acte d'intellection, **60**, 46. — Rapports du verbe avec l'idée, **61**, 47. — Comment l'intelligence connaît l'objet *dans* le verbe, **62**, 48-49. — Le verbe d'après Rosmini; **63**, 50.

Vérité. — Nous connaissons toute vérité dans la vérité éternelle, **375**, 282. — Une vérité immuable peut se trouver dans un fait contingent, **134**, 106 et 107. — Les vérités premières ont leur source dans les choses sensibles, **202**, 1ʳᵉ obj.

Vestige. — Ce qu'on entend par *image* et *vestige*, **365**, 273. — Du vestige de la Trinité dans les créatures, **362**, 269.

FIN DE L'INDEX ALPHABÉTIQUE.

Le Mans. — Impr. Leguicheux-Gallienne.